Europäische Bürgerschaft in Bewegung

Deutsch-Französisches Jugendwerk
Office franco-allemand pour la Jeunesse

Dialoge – Dialogues

Schriftenreihe des Deutsch-Französischen Jugendwerks
Collection de l'Office franco-allemand pour la Jeunesse

Band 1

*Die Zukunft soll man nicht
voraussehen wollen,
sondern möglich machen.*

*Pour ce qui est de l'avenir,
il ne s'agit pas de le prévoir,
mais de le rendre possible.*

Antoine de Saint-Exupéry

Die Reihe „Dialoge – Dialogues" im Waxmann Verlag ist eine vom Deutsch-Französischen Jugendwerk (DFJW) initiierte Publikationsreihe, mit der die Ergebnisse angewandter Forschung und Evaluierung im Rahmen deutsch-französischer Projekte einem breiteren Publikum zugänglich gemacht werden sollen.

Das DFJW, im Jahr 1963 gegründete internationale Organisation mit Standorten in Paris und Berlin, fördert seit Jahrzehnten den transnationalen und interdisziplinären deutsch-französischen Wissenschaftsdialog. In der vorliegenden Reihe, die vom Forschungsbereich des DFJW betreut wird, werden Theorie, Methode und Praxis vor dem Hintergrund unterschiedlicher nationaler und kultureller Erwartungshorizonte gewinnbringend miteinander verknüpft.

Neben der quantitativen und qualitativen Evaluierung von Austauschprojekten sollen zusätzlich Einblicke in die Welt des interkulturellen Lernens und der Begegnungspädagogik vermittelt werden.

Europäische Bürgerschaft in Bewegung

herausgegeben von Christine Delory-Momberger,
Gunter Gebauer, Marianne Krüger-Potratz,
Christiane Montandon, Christoph Wulf

Waxmann 2011
Münster / New York / München / Berlin

Die französische Fassung dieser Publikation erscheint unter dem Titel
Citoyenneté européenne – désirs d'Europe, regards des marges.

Bibliografische Informationen der Deutschen Nationalbibliothek
Die Deutsche Nationalbibliothek verzeichnet diese Publikation in
der Deutschen Nationalbibliografie; detaillierte bibliografische
Daten sind im Internet über http://dnb.d-nb.de abrufbar.

Dialoge – Dialogues Band 1

ISBN 978-3-8309-2570-5
ISSN 2192-9416

© Waxmann Verlag GmbH, 2011
Postfach 8603, 48046 Münster
Waxmann Publishing Co.
P.O. Box 1318, New York, NY 10028, USA

www.waxmann.com
order@waxmann.com

Übersetzung und Lektorat:
Gisela Dreyer, Amandine Guillon, Volker Köhler, Valentine Meunier,
Myriam Ochoa-Suel, Frank Weigand, Jan Werquet und Guilhem Zumbaum-Tomasi
Motto auf S. 2: Antoine de Saint-Exupéry. Die Stadt in der Wüste, S. 228.
© 1959 und 2009 Karl Rauch Verlag, Düsseldorf
Umschlaggestaltung: Pleßmann Design, Ascheberg
Umschlagbild: © Felix Pergande – Fotolia.com
Satz: Stoddart Satz- und Layoutservice, Münster
Druck: Hubert & Co., Göttingen

Gedruckt auf alterungsbeständigem Papier,
säurefrei gemäß ISO 9706

Printed in Germany
Alle Rechte vorbehalten. Nachdruck, auch auszugsweise, verboten.
Kein Teil dieses Werkes darf ohne schriftliche Genehmigung des
Verlages in irgendeiner Form reproduziert oder unter Verwendung
elektronischer Systeme verarbeitet, vervielfältigt oder verbreitet werden.

Inhalt

Einleitung 9

Christoph Wulf
Bildung für eine europäische Bürgerschaft: eine interkulturelle Aufgabe 13

Beobachtungsfeld 1: Bildungsprozesse

Christine Delory-Momberger & Stéphanie Dupont
Europa vom Rande aus gesehen: Europa-Vorstellungen von Kindern
in einer Pariser Banlieue 27

Gerald Blaschke, Ingrid Kellermann, Juliane Lamprecht
& Christoph Wulf
„Europa ist anstrengend" – zwischen Wunschbild und Praxis
europäischer Integration 39

Marie Brégeon
Zur europäischen Identität von Schülern mit besonderem
Förderbedarf (SEGPA) in einer Pariser Banlieue 51

Christiane Montandon
Die Funktion des Anderen 63

Brigitte Leclaire
Die Bedeutung des „Lehrereffekts" bei der Erziehung
zur europäischen Bürgerschaft in der Schule 77

Elsa Lechner
Der „Moinho da Juventude": von der alltäglichen Praxis einer solidarischen
demokratischen Bürgerschaft unter Migranten 91

Beobachtungsfeld 2: Institutionelle Logiken

Pascale Delormas & Christiane Montandon
Konzeptionen europäischer Bürgerschaft in der Schule:
Dissonanzen auf institutioneller Ebene 103

Marianne Krüger-Potratz
Wer gehört dazu?
Europa im Spiegel nationaler Integrations- und Bildungspolitik –
eine Analyse ausgewählter Dokumente..117

Bernd Wagner
Nationalstaatliche Zeremonien: Einbürgerungsfeiern
in Frankreich und Deutschland..133

Bruno Michon
Die Religionen, eine Chance für die europäische Bürgerschaft? 147

Beobachtungsfeld 3: Kontakt und Konfrontation

Franck Hofmann
Transurbane Felder – Europa als Bewegungsraum und
Ort neuer Bürgerschaftlichkeit 159

Gunter Gebauer
Das Recht zu fordern 173

Diogo Sardinha
Spaltung im Innern des Volks: Nation, Pöbel und Kanaille
in Kants *Anthropologie*..181

Ralf Marsault
„On the road again!"
Nomadentum, Zugehörigkeit und europäische Bürgerschaft
im Kontext der Berliner *Wagenburgen* 193

Markus Messling
Die Texte der Anderen. Philologische Gegendiskurse
für ein europäisches Denken 207

Beobachtungsfeld 4: Erfahrung mit Fremdheit

Valérie Melin
Konstruktion – Dekonstruktion – Rekonstruktion einer
europäischen Bürgerschaft ausgehend vom Konzept des Anderen..............219

Jérôme Mbiatong
Gestalten des Fremden – von der Komplexität des Bürgerschafts-Begriffs.................231

Augustin Mutuale
Über die Notwendigkeit der Begierde bei einer
Erziehung zur europäischen Bürgerschaft 249

Karsten Lichau
Unbehagen und Resonanz: interkulturelle Schlüsselmomente 261

Lavinia Barlogeanu
Die „heiligen Kühe" des kulturellen Europa:
zwischen Kanon und Metamorphose 273

Brigitte Kather & Michel Cullin
Zwischen Inklusion und Exklusivität: Juden in Deutschland und
Frankreich heute – Beobachtungen eines europäischen Wandels? 289

Autorinnen und Autoren 301

Europäische Bürgerschaft in Bewegung

Einleitung

Während für die meisten Europäer ihre nationale Identität und somit auch ihre Staatsbürgerschaft wie selbstverständlich zu ihrem Leben gehört, führt die Frage nach ihrem Selbstverständnis als europäische Bürger häufig zu Erstaunen, Ratlosigkeit oder sogar Abwehr. Doch politisch-rechtlich ist für die Angehörigen der Europäischen Union die europäische Bürgerschaft (Unionsbürgerschaft) genauso eine Realität ihres Lebens wie ihre nationale Zugehörigkeit. Im Vergleich zu der in Jahrhunderten gewachsenen nationalen Identität sind die Züge der europäischen Bürgerschaft jedoch bislang weniger deutlich sichtbar. Auch ist hier vieles noch in Bewegung und oszilliert zwischen Wunsch und Praxis. Zurzeit ist es daher nicht möglich, einen präzisen Begriff von europäischer Bürgerschaft zu entwickeln; eine Präzisierung ließe sich nur durch das Ausklammern vieler, sich erst allmählich entwickelnder Dimensionen erkaufen. Für die Weiterentwicklung unseres Verständnisses von europäischer Bürgerschaft scheint es uns daher fruchtbarer zu sein, den Begriff offen zu halten und lediglich zentrale Dimensionen für sein Verständnis vorzustellen.

Das vorliegende Buch ist das Ergebnis eines vom Deutsch-Französischen Jugendwerk (DFJW) initiierten Forschungsprojekts. Mit der Frage nach den Schlüsselkompetenzen für ein „Europa der Bürger" greift es ein Thema auf, das zu den Hauptanliegen des Deutsch-Französischen Jugendwerks gehört. Nicht von ungefähr haben wir also für dieses bilinguale Projekt den Titel gewählt: „Europäische Bürgerschaft durch Erfahrung lernen: Mit der Vielfalt der Sprachen und der Kulturen" (« Comment apprendre la citoyenneté européenne? Avec la pluralité des langues et des cultures »). Der Titel der gemeinsamen Publikation nimmt die mit dem Projekttitel verbundene Idee wieder auf: „Europa in Bewegung" bzw. in der französischen Fassung: « Citoyenneté européenne – désirs d'Europe, regards des marges ». In der ersten Etappe des Projekts haben (junge) deutsche und französische Forscherinnen und Forscher aus unterschiedlichen Disziplinen – aus der Erziehungswissenschaft, der Psychologie, der (Religions-)Soziologie, der Ethnologie, der Literaturwissenschaft, der Geschichte, der Kunstgeschichte und der Philosophie – ihre Erfahrungen, Sichtweisen und Forschungsergebnisse im Rahmen von Arbeitstagungen ausgetauscht, die von dem Forschungsbereich des Deutsch-Französischen Jugendwerks organisiert und begleitet wurden. Sehr bald stellte sich heraus, dass die meisten sich darin einig waren, dass die Qualität des ‚Projekts Europa' und die Akzeptanz europäischer Bürgerschaft sich am deutlichsten am Verhältnis von Zentrum und Peripherie, von Inklusion und Exklusion zeigen lässt. Daher nähern sich die Autorinnen und Autoren der Frage nach der europäischen Bürgerschaft behutsam, den

Blick immer wieder auch auf die ‚Ränder Europas' und auf die ‚Anderen' gerichtet, auf die verschiedenen Randgruppen oder auch auf die Zugewanderten. Einige Autorinnen und Autoren beziehen dabei explizit die eigene oder auch fremde biographische Erfahrungen mit ein.

Den in Politik und Wissenschaft – und damit auch im öffentlichen europäischen Bewusstsein – eher marginalisierten Gruppen wird dabei viel Raum gegeben; es wird versucht zu zeigen, wie, aber auch warum sie in den Diskursen über Europa und die europäische Bürgerschaft ausgegrenzt werden bzw. wie sie sich in die Diskurse über die europäische Bürgerschaft einzubringen versuchen. Auf diese Weise wird die Problematik aus unterschiedlichen Perspektiven beleuchtet. Immer wieder zeigt sich, wie vielschichtig und unabgeschlossen dieses Thema ist, und wie sehr die europäische Bürgerschaft noch im Schatten der nationalen steht.

Die meisten Autorinnen und Autoren kommen zwar aus Deutschland und Frankreich, doch zeigt sich bei genauerem Hinsehen, dass die deutschen und französischen Perspektiven schon *in sich* vielfältig sind. Europa ist nicht nur als Summe von Mitgliedsstaaten ein heterogenes Gebilde, sondern in jedem der Mitgliedsstaaten leben Personen aus den verschiedensten europäischen und außereuropäischen Ländern. In Europa trifft man sozusagen auf mehreren Ebenen auf eine auch über Europa hinausweisende Vielfalt von Sprachen und Kulturen. So wurde unsere Arbeit in der Projektgruppe ebenso durch rumänische, portugiesische, kamerunische und kongolesische Perspektiven mit geprägt.

Diese Fülle unterschiedlicher biographischer und disziplinärer Herkünfte resp. Hintergründe hat zu mehreren, im Laufe einer dreijährigen Arbeit aufeinander bezogenen Diskursen, Begriffen und methodischen Zugängen geführt, in denen die Grenzen zwischen den Disziplinen durchlässig(er) geworden sind. Das Spektrum der disziplinären wie methodischen Zugänge zum Thema „Europäische Bürgerschaft" reicht von historischen und kunsthistorischen Untersuchungen, literaturwissenschaftlichen und philosophischen Analysen, über ethnographische Feldforschungen und erziehungswissenschaftliche Untersuchungen bis hin zu biographischen Rekonstruktionen und Reflexionen. Von den Rändern und von den Rand- und Alternativgruppen Europas werden gemeinhin wenig bekannte bzw. beachtete Perspektiven in die Diskurse unserer Untersuchung eingebracht. In biographischen Analysen wird herausgearbeitet, wie Menschen europäische Bürgerschaft erleben, und in der Analyse von Texten – auch historischen Texten – werden Diskursstränge offengelegt, die in der Geschichte wie in der Gegenwart die Konstruktion Europas beeinflussen. Im Hinblick auf die europäische Bürgerschaft entsteht in diesem Prozess eine *unitas multiplex*, eine Einheit in der Vielfalt, die nicht definitorisch bestimmt werden kann; sie wird eher als Leerstelle gefasst, in die verschiedene Perspektiven aus unterschiedlichen Zusammenhängen eingebracht werden. Die Ergebnisse unserer Diskussionen und Arbeiten haben wir in vier Kapiteln zusammengefasst; jedes Kapitel ist einer der Dimensionen zugeordnet, zu denen im Projekt „Europäische Bürgerschaft durch Erfahrung lernen …" gearbeitet worden ist:

1. Bildungsprozesse
2. Institutionelle Logiken
3. Kontakt und Konfrontation
4. Erfahrungen mit Fremdheit

Der Schwerpunkt unserer Untersuchung liegt auf der Erforschung von *Bildungsprozessen*. Die mit diesem Stichwort angesprochenen Fragen spielen letztlich in allen Kapiteln eine Rolle. Im ersten Kapitel interessiert uns jedoch speziell, inwieweit mit einer europäischen Bürgerschaft verbundene Prozesse Einfluss auf Bildungsprozesse in Frankreich und Deutschland und darüber hinaus haben. Natürlich haben wir diese Frage nur an einigen Beispielen mit begrenzter Aussagekraft untersuchen können. So hat eine Autorengruppe eine ethnographische Untersuchung in der Karlsruher Europäischen Schule durchgeführt, eine andere analysiert die Europa-Vorstellungen von Kindern in einer Pariser Banlieue. Gegenstand der Untersuchung anderer Beiträge sind die Europa-Vorstellungen bzw. die Frage nach der Bedeutung Europas für Kinder im Grundschulalter bzw. für benachteiligte Jugendliche mit Migrationshintergrund. Dabei spielt auch die Frage nach der inklusiven und exklusiven Funktion des innereuropäischen Austauschs eine Rolle wie auch die spannende Frage, ob die Akzeptanz für die europäische Bürgerschaft (nur) über die Anerkennung im nationalen Rahmen zu gewinnen ist.

Im zweiten Kapitel geht es um die Bedeutung von *Institutionen* für die Vermittlung der Idee von europäischer Bürgerschaft. In einer Analyse deutschsprachiger bildungspolitischer Dokumente werden die Vorstellungen von „Europabildung in der Schule" mit denen zu „interkultureller Bildung" verglichen, und es zeigt sich, dass aus Sicht der Bildungspolitik Bildung für Europa und interkulturelle Bildung getrennt werden – sowohl in Bezug auf die Zielsetzungen wie hinsichtlich der Adressatengruppen, auch wenn beide Konzepte nicht zielgruppenspezifisch ausgewiesen sind. Eine Analyse entsprechender französischer Texte folgt. Dabei zeigen sich deutliche Unterschiede in beiden Ländern hinsichtlich des Umgangs mit dem „Thema Europa", und es wird deutlich, dass interkulturelle Bildung aus der Perspektive der deutschen Bildungsadministration – trotz aller feststellbaren Veränderungen aus jüngster Zeit – eng mit der Vorstellung von Migration als Konfliktmoment verbunden ist, während dieser Bezug im französischen Kontext fast keine Rolle spielt. Ein weiterer Beitrag nimmt die Frage nach der europäischen Bürgerschaft mit Blick auf die Einbürgerungsverfahren in Deutschland und Frankreich auf, um herauszufinden, ob die europäische Bürgerschaft in diesem Prozess eine Rolle spielt bzw. welche sie spielen könnte. Es schließt sich ein Versuch an, die Rolle der Religionen für die Entwicklung einer europäischen Bürgerschaft einzuschätzen.

Im dritten Kapitel geht es um *Kontakt und Konfrontation*, um die Dynamiken der Entwicklung. Es werden historische Beispiele aus der Stadtentwicklung in Italien untersucht, um zu zeigen, wie sich Europa als Bewegungsraum entwickelt hat. Eine Analyse unterschiedlicher Formen des Umgangs mit Alterität resp. Fremdheit folgt, an die eine Untersuchung von Kants Anthropologie anschließt, in der

Spaltungsprozesse im Inneren eines Volkes analysiert werden, die bis heute auch Auswirkungen auf die Vorstellungen von europäischer Bürgerschaft haben. In einem philologischen Beitrag geht es um die Rolle der Philologien in der Identitätsgeschichte Europas und speziell um die Politik der Wertschätzung der anderen Sprachen bzw. der „Texte der Anderen". Im letzten Beitrag zu diesem Kapitel werden schließlich alternative Lebensformen analysiert, in denen sich die Offenheit und Toleranz einer europäischen Bürgerschaft artikuliert, bei gleichzeitiger Distanz der Beteiligten zum ‚Projekt Europa'.

Im vierten Kapitel steht die *Erfahrung mit Fremdheit* im Mittelpunkt der Untersuchung. Wie nachhaltig jemand als Europäer angesehen wird und sich als solcher fühlt, ist von vielen unterschiedlichen Faktoren abhängig. Zu den entscheidenden Fragen gehört, wie im Rahmen einer europäischen Bürgerschaft mit Fremdheit umgegangen wird. Hier gibt es ein großes Spektrum, in dessen Rahmen die unterschiedlichen Migrationshintergründe eine zentrale Rolle spielen. Zwischen der Tendenz, ein eher homogenisierendes Konzept europäischer Bürgerschaft zu entwickeln, und der Tendenz, eine große Vielfalt von Fremdheit und Anderssein bzw. Andersleben zuzulassen, kommt es zu Spannungen, die nicht einfach zu lösen sind, zumindest solange Inklusion immer auch Exklusion bedeutet. Dies zeigen vor allem die biographischen Berichte, aber auch die in einem weiteren Beitrag herangezogenen literarischen Zeugnisse. Den Abschluss bildet eine Untersuchung der historischen und gegenwärtigen Situation der Juden zwischen Inklusion und Exklusion in Deutschland und Frankreich.

Mit der Untersuchung dieser für die Entwicklung einer europäischen Bürgerschaft vier wichtigen Dimensionen und Perspektiven möchten wir engagierte Europäerinnen und Europäer erreichen, die bereit sind, diese Entwicklung kritisch und reflexiv zu begleiten und sich für neue Lösungen zu engagieren. Dazu gehören neben Kultur- und Sozialwissenschaftlern, die an einer internationalen und interdisziplinären auf Europa bezogenen Forschung interessiert sind, Lehrerinnen und Lehrer und in der Jugendarbeit engagierte Pädagoginnen und Pädagogen. Sie hoffen wir mit den Ergebnissen unserer internationalen transdisziplinären Forschungen und Diskussionsbeiträge zu erreichen. Wir hoffen, dass wir ihnen neue Perspektiven vermitteln und sie zu entsprechenden Diskussionen oder auch neuen Projekten anregen können.

Abschließend möchten wir allen danken, die zum Gelingen dieses Buch beigetragen haben, den Übersetzerinnen und Übersetzern sowie den Lektorinnen und Lektoren. Wir danken ihnen für ihren Einsatz, ohne den die vorliegende deutsche Fassung wie auch die parallel bei L'Harmattan in Paris erscheinende französische Fassung nicht möglich gewesen wäre. Ein besonderer Dank gilt den Mitarbeiterinnen und Mitarbeitern des Forschungsbereichs des DFJW, die das Projekt in allen Phasen begleitet und unterstützt haben.

Die Herausgeberinnen und Herausgeber
Berlin, Paris, Münster, im Juli 2011

Christoph Wulf

Bildung für eine europäische Bürgerschaft: eine interkulturelle Aufgabe

Angesichts von Globalisierung und Europäisierung ist Bildung heute mehr denn je eine die Grenzen der eigenen Kultur überschreitende interkulturelle Aufgabe. Bei dieser kommt es in Europa darauf an, Perspektiven kultureller Diversität mit Perspektiven zu verbinden, die eine europäische Bürgerschaft im Rahmen der Weltgesellschaft insgesamt betreffen. Eine Vermittlung zwischen diesen beiden Bezugspunkten ist nicht einfach und stellt eine erhebliche Herausforderung an Erziehung und Bildung dar. Zu den großen eine europäische Bürgerschaft betreffenden globalen Problemen gehören die *Erhaltung des Friedens*, der *Umgang mit kultureller Diversität* und die *Bildung für Nachhaltigkeit*[1], die eng miteinander verschränkt sind und von deren konstruktiver Bearbeitung die Zukunft Europas und der Menschheit insgesamt mitbestimmt wird. Diese Probleme stellen sich regional unterschiedlich dar und erfordern daher auch regional und lokal unterschiedliche Formen der Bearbeitung.

Globalisierung und kulturelle Diversität

Globalisierung durchzieht heute in Europa fast alle Bereiche des Lebens, so dass sich auch krisenhafte Entwicklungen wie die Finanz- und Bankenkrise der Gegenwart nicht mehr nur national, sondern europa- und weltweit auswirken. Der als Europäisierung und Globalisierung gekennzeichnete gesellschaftliche Wandel der Gegenwart ist ein *multidimensionaler Prozess, der ökonomische, politische, soziale und kulturelle Auswirkungen* hat und der das Verhältnis von Lokalem, Regionalem, Nationalem und Globalem verändert. In diesem Prozess werden vor allem folgende Veränderungen wichtig (Wulf/Merkel 2002):

- Die Europäisierung und Globalisierung internationaler Finanz- und Kapitalmärkte.
- Die Europäisierung und Globalisierung der Unternehmensstrategien und Märkte mit global ausgerichteten Strategien der Produktion, Distribution und Kostenminimierung durch Verlagerung.
- Die Europäisierung und Globalisierung von Forschung und Entwicklung und Technologien mit der Entwicklung globaler Netzwerke, neuer Informations- und Kommunikationstechnologien sowie die Ausweitung der Neuen Ökonomie.

---

[1] Siehe hierzu ausführlicher: Wulf 2008, 1974, 1973; zu kultureller Diversität Wulf 2006 und zu Bildung für Nachhaltigkeit Wulf/Newton 2006.

- Die Europäisierung und Globalisierung transnationaler politischer Strukturen mit der Abnahme des Einflusses der Nationen, der Entwicklung internationaler Organisationen und Strukturen und dem Bedeutungszuwachs von Nicht-Regierungsorganisationen (NGOs).
- Die Europäisierung und Globalisierung von Konsummustern, Lebensstilen und kulturellen Stilen mit der Tendenz zu ihrer Vereinheitlichung. Die Ausbreitung des Einflusses der neuen Medien und des Tourismus und die Europäisierung und Globalisierung von Wahrnehmungsweisen und Bewusstseinsstrukturen, die Modellierung von Individualität und Gemeinschaft durch die Wirkungen der Globalisierung sowie die Entstehung einer Eine-Welt-Mentalität[2].

Auch wenn die fortschreitende Europäisierung und Globalisierung heute das Leben vieler Menschen beeinflusst, so sind Bewegungen nicht weniger wichtig, die die kulturelle Diversität betonen und häufig in Spannung zur Europäisierung und Globalisierung geraten. Seit der UNESCO-Konvention von 2005, der Magna Charta der internationalen Kulturpolitik, haben sich die Anstrengungen verstärkt, das Recht auf kulturelle Diversität durchzusetzen (UNESCO 2005). Der Schutz und die Förderung kultureller Diversität ermöglichen die Entwicklung kultureller Identität. Angesichts der globalen Homogenisierungsprozesse sind diese zum Teil gegenläufigen Tendenzen besonders wichtig. Im Rahmen dieser von allen deutschsprachigen Ländern in Europa in der Zwischenzeit ratifizierten Konvention werden Schutz und Förderung der Vielfalt kultureller Ausdrucksformen ausdrücklich gefordert.

Dabei wird davon ausgegangen, dass kulturelle Vielfalt ein bestimmendes Merkmal und ein gemeinsames Erbe der Menschheit ist, das eine Hauptantriebskraft für ihre nachhaltige Entwicklung darstellt und für Frieden und Sicherheit unabdingbar ist. Diese Vielfalt wird durch die Einzigartigkeit und die Pluralität der Ausdrucksformen der „Völker" und Gesellschaften konstituiert. Sie ermöglicht den Austausch zwischen den Kulturen und sichert die Lebendigkeit der Kulturen und des Verhältnisses zwischen ihnen. Kulturelle Vielfalt sichert Kreativität und erfordert Achtung der Unterschiedlichkeit und Alterität. Dabei versteht es sich von selbst, dass das Recht auf kulturelle Diversität nur insofern Geltung beanspruchen kann, als es die übergeordneten Menschenrechte nicht verletzt (UNESCO 2005).

Ganz ähnlich argumentiert das *White Paper on Intercultural Dialogue* „Living together as equals in dignity", das von den 47 Mitgliedsstaaten des Europarats 2008 verabschiedet wurde. Der Europarat geht davon aus, dass die in der Geschichte Europas begründet liegende kulturelle Vielfalt Europas den Reichtum des Kontinents darstellt, mit dem umzugehen gegenwärtige und zukünftige Generationen lernen müssen (Council of Europe 2008). Es gilt die Menschenrechte zu schützen, aber auch weiterzuentwickeln, so wie sie in der europäischen Übereinkunft über Menschenrechte, Demokratie und Rechtstaatlichkeit festgelegt sind, um das wechselseitige Verständnis zu fördern. Ausgegangen werden muss dabei von

---

2 Vgl.: Group of Lisboa, 1995; Appadurai, 1996; Beck, 1998.

der Menschenwürde des Einzelnen, den miteinander geteilten Werten und dem gemeinsamen kulturellen Erbe. Aufgabe ist es, die kulturelle Diversität des Anderen zu achten. Im interkulturellen Dialog kommt es darauf an, mit den ethnischen, religiösen, linguistischen und kulturellen Unterschieden demokratisch umzugehen. Nach Auffassung des Europarats ist dazu erforderlich:

> „the democratic governance of cultural diversity should be adapted in many aspects; democratic citizenship and participation should be strengthened; intercultural competences should be taught and learned; spaces for intercultural dialogue should be created and widened; and intercultural dialogue should be taken to the international level" (Council of Europe 2008, S. 3).

Der Europarat empfiehlt fünf Strategien zur Förderung des interkulturellen Dialogs: 1) Demokratische Regierung und kulturelle Diversität. Ziel ist es, eine politische Kultur zu schaffen, in der im Rahmen demokratischer Werte, des Pluralismus und der Anerkennung kulturelle Diversität geachtet wird; Voraussetzung ist die Anerkennung der Menschenrechte, der Grundfreiheiten und der gleichen Rechte; 2) die demokratische Staatsbürgerschaft und die Partizipation an Rechten und Pflichten; 3) die Vermittlung interkultureller Kompetenzen. Hierzu bedarf es der Fähigkeit, demokratische Bürgerrechte wahrzunehmen sowie sprachliche und historische Kompetenzen zu erwerben; 4) Raum für interkulturelle Dialoge und 5) die Förderung des interkulturellen Dialogs in den internationalen Beziehungen. Schließlich gilt es Perspektiven für zukünftiges Handeln zu entwickeln.

Der Andere in Erziehung und Bildung

Um die Möglichkeiten der Berücksichtigung von Alterität in Erziehung und Bildung in Europa am Anfang des 21. Jahrhunderts einzuschätzen, bedarf es zunächst der Vergegenwärtigung dreier wichtiger Gründe dafür, dass es den europäischen Erziehungs- und Bildungssystemen im Laufe der Geschichte häufig so schwer gefallen ist, sich der Alterität anderer Menschen und Kulturen zu öffnen und sich mit ihr auseinanderzusetzen. Bei diesen Gründen handelt es sich um den europäischen *Egozentrismus*, *Logozentrismus* und *Ethnozentrismus* und die damit einhergehenden psychologischen, epistemologischen und kulturellen Reduktionen, die es schwer machen, den Anderen zu verstehen. Im Prozess einer gewaltfreien Annäherung an den Anderen gilt es zu vermeiden, Alterität zu ontologisieren und zu einem festen Objekt zu machen. Stattdessen ist Alterität als Relation zu begreifen, die sich im Prozess der Begegnung mit Menschen anderer Kulturen in unterschiedlichen historischen und kulturellen Kontexten bildet.

Egozentrismus

Im Prozess der modernen Subjektkonstitution spielt der Egozentrismus eine zentrale Rolle. Technologien des Selbst werden dazu verwendet, Subjekte zu bilden. Die ungewollten Nebenwirkungen dieser Entwicklungen zu einem sich selbst genügenden Subjekt sind vielfältig. Nicht selten scheitert das *Sich-selbst-setzende-Subjekt* am Akt der Selbstsetzung. Die erhoffte Selbstbestimmung und das erwartete Glück autonomen Handelns werden von anderen sich diesen Ansprüchen nicht unterordnenden Kräften konterkariert. Die Ambivalenz der Subjektkonstitution zeigt sich darin, dass der in der Subjektkonstitution implizite Egozentrismus einerseits als Überlebens-, Aneignungs- und Machtstrategie, andererseits als Reduktions- und Nivellierungsstrategie dient. Der in der Zentrierung auf die Ich-Kräfte liegende Versuch, den Anderen auf seine Nützlichkeit, seine Funktionalität und seine Verfügbarkeit zu reduzieren, scheint gleichzeitig gelungen und gescheitert zu sein. Daraus ergibt sich für den Umgang mit dem Anderen ein neuer Horizont und ein neues Erkenntnis- und Aufgabenfeld.

Logozentrismus

Der Logozentrismus hat dazu geführt, vom Anderen wahrzunehmen und zu verarbeiten, was der Vernunft entspricht. Was nicht vernunftfähig und vernunftförmig ist, gerät nicht in den Blick, wird ausgeschlossen und abgewertet. Wer auf der Seite der Vernunft steht, ist im Recht. Das gilt selbst von der eingeschränkten Vernunft funktionaler Rationalität. Auf dieser Grundlage kommt es leicht dazu, dass es den Anschein hat, Erwachsene hätten gegenüber Kindern, Zivilisierte gegenüber Primitiven, Gesunde gegenüber Kranken Recht. Durch den Besitz der Vernunft beanspruchen sie, denen überlegen zu sein, die über Vorformen oder Fehlformen der Vernunft verfügen. Wenn sich der Andere vom Allgemeinheit beanspruchenden Charakter der Sprache und der Vernunft unterscheidet, wachsen die Schwierigkeiten, sich ihm anzunähern und ihn zu verstehen. Nietzsche, Freud, Adorno und viele andere haben diese Selbstgefälligkeit der Vernunft der Kritik unterzogen und gezeigt, dass Menschen auch in Zusammenhängen leben, zu denen die Vernunft nur unzulänglichen Zugang hat.

Ethnozentrismus

Nachhaltig hat auch der Ethnozentrismus die Unterwerfung des Anderen betrieben. Todorov (1985), Greenblatt (1994) und andere haben die Prozesse der Zerstörung fremder Kulturen analysiert. Zu den furchtbaren Taten gehörte die Kolonialisierung Lateinamerikas im Namen Christi und der christlichen Könige. Mit der Eroberung des Kontinents ging die Vernichtung der dortigen Kulturen einher. Bereits beim ersten Kontakt wurde der Anspruch auf Anpassung und Assimilierung erhoben. Versklavung oder Vernichtung waren die Alternativen. Mit einer ungeheuerlichen Herrschaftsgeste wurde das Eigene durchgesetzt, als müsste eine Welt ohne den Anderen bzw. das Andere geschaffen werden. Mit Hilfe eines machtstrategischen Verstehens wurde es möglich, die Ausrottung der Völker der Eingeborenen zu betreiben. Die Indios begriffen nicht, dass sich die Spanier skrupellos berechnend verhielten und ihre Sprache zur Täuschung einsetzten: Freundlichkeit meinte nicht, was sie vorgab; Versprechen dienten nicht dazu, etwas zu vereinbaren, sondern dazu, den Anderen zu hintergehen. Jede Handlung diente anderen Zielen als vorgegeben wurde. Legitimiert wurde dieser Umgang mit dem Interesse der Krone, dem Missionsauftrag des Christentums und der Minderwertigkeit der Eingeborenen. Verschwiegen und aus dem eigenen Selbst- und Weltbild ausgegrenzt wurden Goldgier und ökonomische Motive. Kolumbus nahm an den Eingeborenen das wahr, was er schon von ihnen wusste. Er sah in ihrer Welt nur Zeichen, die ihn auf Bekanntes verwiesen und die er in Bezug auf seinen Referenzrahmen las, einordnete und interpretierte. Dieser Referenzrahmen glich dem Bett des Prokrustes, in das alles Fremde so hineingezwungen wurde, dass es in dessen vorgegebene Strukturen „passte". Der Andere wurde von den Bildern und Symbolen des Eigenen zugedeckt und in sie eingeschlossen. Was sich nicht einfügte, blieb außerhalb der Wahrnehmung und der Verarbeitung. Dadurch entstand keine Bewegung zum Anderen.

„Ich ist ein Anderer"

Die immer mehr Lebensbereiche durchwirkende Globalisierungsdynamik führt dazu, dass es schwerer wird, dem Anderen als dem Nicht-Nichtidentischen und Fremden zu begegnen, der für den Einzelnen und die Gemeinschaft eine konstitutive Funktion hat. Die Akzeptanz des Anderen erfordert Selbstüberwindung; erst diese erlaubt die Erfahrung des Anderen. Die Fremdheit des Anderen erleben zu können, setzt die Bereitschaft voraus, auch den Anderen in sich kennen lernen zu wollen. Kein Individuum ist eine Einheit; jeder Einzelne besteht aus widersprüchlichen Teilen mit eigenen Handlungswünschen. Rimbaud formulierte diese Situation des Einzelnen in einem Brief an Demeny 1871 einprägsam: *Ich ist ein Anderer*. Durch die Verdrängung der gröbsten Widersprüche versucht zwar das Ich, seine Freiheit herzustellen, doch wird diese immer wieder von heterogenen Triebimpulsen und normativen Geboten eingeschränkt. Die Einbeziehung ausgesperrter Teile des Ichs in seine Selbstwahrnehmung ist daher eine unerlässliche Voraussetzung für einen akzeptierenden Umgang mit dem Anderen.

Die Komplexität des Verhältnisses zwischen dem Ich und dem Anderen besteht darin, dass das Ich und der Andere sich nicht als zwei voneinander abgeschlossene Entitäten gegenüber stehen, sondern dass der Andere in vielfältigen Formen in die Genese des Ichs eingeht. Der Andere ist nicht nur außerhalb, sondern auch innerhalb des Individuums. Der im Ich internalisierte Andere erschwert den Umgang mit dem Anderen außen. Aufgrund dieser Konstellation gibt es keinen festen Standpunkt diesseits oder jenseits des Anderen. In vielen Ausprägungen des Ichs ist der Andere immer schon enthalten. Wer der Andere ist, und wie er gesehen wird, ist jedoch nicht nur abhängig vom Ich. Genauso wichtig sind die Selbstdeutungen, die sich der Andere gibt. Sie müssen nicht homogen sein, gehen aber in das Bild ein, das sich das Ich vom Anderen macht.

Wenn die Frage nach dem Anderen die Frage nach dem Eigenen und die Frage nach dem Eigenen die Frage nach dem Anderen beinhaltet, dann sind Prozesse der Verständigung zwischen dem Fremden und dem Eigenen immer auch Prozesse der Selbstthematisierung und Selbstbildung. Wenn sie gelingen, führen sie zur Einsicht in die *Nicht-Verstehbarkeit des Fremden* und bewirken Selbstfremdheit. Angesichts der auf die Entzauberung der Welt und das Verschwinden des Exotischen zielenden gesellschaftlichen Entwicklung besteht die Gefahr, dass in Zukunft sich die Menschen in der Welt nur noch selbst begegnen und es ihnen an einem Fremden fehlt, in Auseinandersetzung mit dem sie sich entwickeln können. Wenn der Verlust des Fremden eine Gefährdung menschlicher Entwicklungsmöglichkeiten bewirkt, dann kommt seinem Schutz, d.h. der Entfremdung des Bekannten und der Bewahrung der Selbstfremdheit Bedeutung zu. Bemühungen um die Erhaltung des Fremden im menschlichen Inneren und in der Außenwelt wären dann notwendige Gegenbewegungen gegen eine die Differenzen nivellierende Globalisierung.

Nur zu leicht kann das Schwinden des Fremden auch zum Verlust des Individuellen führen, das sich aus der spezifischen Verarbeitung des Fremden konstituiert. Die Unhintergehbarkeit des Individuums greift das in jedem Individuum wirkende Bedürfnis nach Selbstvergewisserung auf. Selbstvergewisserung zielt auf ein Wissen darüber, wie das Individuum geworden ist, was es ist und was es werden will. In der Genese dieses Wissens spielen Selbstthematisierung, Selbstkonstruktion und Selbstreflexion eine wichtige Rolle. Derartiges Wissen ist nur vorläufig und verändert sich im Verlauf des Lebens. André Gide drückt diese Erfahrung in den *Falschmünzern* so aus: „Ich bin immer nur das, was ich zu sein glaube, und das wechselt so unablässig, dass – wäre ich nicht da, um den Verkehr zu vermitteln – oft mein Wesen vom Abend das vom Morgen nicht wiedererkennen würde. Nichts kann verschiedener von mir sein als ich selbst."

Die Nichtidentität des Individuums

Ein Bewusstsein von der Nichtidentität des Individuums bildet eine wichtige Voraussetzung für die Offenheit gegenüber dem Anderen. In der Auseinandersetzung mit fremden Kulturen, mit dem Anderen in der eigenen Kultur und dem Fremden in der eigenen Person soll die Fähigkeit entwickelt werden, vom Fremden bzw. vom Anderen her wahrzunehmen und zu denken. Durch diesen Perspektivenwechsel gilt es, die Reduktion des Fremden auf das Eigene zu vermeiden. Versucht werden soll, das Eigene zu suspendieren und es vom Anderen her zu sehen und zu erfahren. Ziel ist die Entwicklung *heterologischen Denkens*. In seinem Mittelpunkt steht das Verhältnis von Vertrautem und Fremdem, von Wissen und Nichtwissen, von Gewissheit und Ungewissheit. Infolge von Enttraditionalisierung und Individualisierung, Differenzierung und Globalisierung sind viele Selbstverständlichkeiten des alltäglichen Lebens fragwürdig geworden und erfordern individuelle Reflexion und Entscheidung. Dennoch entspricht der Gestaltungsspielraum, der dem Individuum in Folge dieser Entwicklungen zuwächst, nicht einem wirklichen Gewinn an Freiheit. Häufig hat der Einzelne nur dort einen Entscheidungsspielraum, wo er die Voraussetzungen der Entscheidungssituation nicht verändern kann. Im Umweltbereich ist dies beispielsweise der Fall, in dem der Einzelne zwar umweltbewusste Entscheidungen fällen kann, die aber auf die gesellschaftlichen Makrostrukturen, die die Qualität der Umwelt wirklich bestimmen, nur wenig Einfluss haben.

Eine wichtige Form der Annäherung an das Fremde, an den Anderen vollzieht sich in mimetischen Prozessen. Diese Annäherung an das Fremde erfolgt mit Hilfe verschiedener Formen der Repräsentation, in denen sich das Eigene und der Andere überlagern. Jede *Repräsentation des Anderen* hat eine performative Seite. In ihr wird etwas zur Darstellung gebracht; in ihr erfolgt eine Vergegenständlichung bzw. Verkörperung. Die mimetischen Energien führen dazu, dass eine Repräsentation nicht ein bloßes Abbild eines Vorbildes ist, sondern sich von diesem unterscheidet und eine neue Welt erzeugt. In vielen Fällen bezieht sich die Repräsentation auf eine noch nicht ausgebildete Figuration des Anderen und ist die Darstellung eines Nichtdarstellbaren, seine Vergegenständlichung bzw. seine Verkörperung. Dann erzeugt Mimesis die Figuration der Repräsentation, das Objekt der Nachahmung selbst.

In mimetischen Prozessen wird das Fremde in die Logik und Dynamik der eigenen imaginären Welt eingefügt. Dadurch wird das Fremde in eine Repräsentation transformiert. Als Repräsentation wird es noch nicht zum Eigenen; es wird zu einer Figuration, in der sich Fremdes und Eigenes mischen, zu einer *Figuration des Dazwischen*. Dem Entstehen einer solchen Figuration des „Dazwischen" kommt in der Begegnung mit dem Anderen außerordentliche Bedeutung zu. Eine mimetisch geschaffene Repräsentation bietet die Möglichkeit, das Fremde nicht festzusetzen und einzugemeinden, sondern es in seiner Ambivalenz als Fremdes und zugleich Bekanntes zu erhalten. Die *mimetische Bewegung* gleicht einem Tanz zwischen dem Fremden und dem Eigenen. Weder verweilt sie beim Eigenen noch beim Anderen; sie bewegt sich hin und her zwischen beiden. Repräsentationen des Anderen sind kontingent. Sie müssen nicht so sein, wie sie sind; sie können sich auch in anderen Figurationen bilden. Zu welcher Figuration die mimetische Bewegung führt, ist offen und abhängig vom Spiel der Phantasie und dem symbolischen und sozialen Kontext. Keine Form der Repräsentation oder Figuration ist notwendig. Viele differente und heterogene Formen sind denkbar. Welche Figuren getanzt werden, welche Formen des Spiels gewählt werden, ergibt sich in der mimetischen Bewegung. Mimesis des Anderen führt zu ästhetischen Erfahrungen; in ihnen kommt es zu einem Spiel mit dem Unbekannten, zu einer Ausweitung des Eigenen ins Fremde. Sie bewirkt eine Anähnlichung an das Fremde. Sie ist sinnlich und kann sich über alle Sinne vollziehen; sie führt nicht zu einem „Hineinfallen" ins Fremde und zu einer Verschmelzung mit ihm. Eine solche Bewegung implizierte die Aufgabe des Eigenen. Sie wäre Angleichung, Mimikry ans Fremde unter Verlust des Eigenen. Mimesis des Fremden dagegen beinhaltet Annäherung und Abstand in einem, Verweilen in der Unentschiedenheit des *Dazwischen*, Tanz auf der Grenze zwischen Eigenem und Fremdem. Jedes Verweilen auf einer Seite der Grenze wäre Verfehlung, entweder des Eigenen oder des Fremden, und das Ende der mimetischen Bewegung (Wulf 2005, 2009). Die mimetische Annäherung an den Anderen ist *ambivalent*. Sie kann gelingen und zu einer Bereicherung des Eigenen werden. Sie kann aber auch fehlschlagen. Die Begegnung mit dem Anderen oszilliert zwischen den Polen des Bestimmten und des Unbestimmten. Wieweit es gelingt, Verunsicherungen durch das Nicht-Identische des Anderen auszuhalten, entscheidet über das Gelingen der Annäherung und des Umgangs mit dem Fremden. Weder das Eigene noch das Andere dürfen als in sich abgeschlossene und voneinander vollständig getrennte Einheiten begriffen werden. Vielmehr bestehen Fremdes und Eigenes aus einer sich in „Fragmenten" konstituierenden Relation. Diese Relation bildet sich in Prozessen der Anähnlichung und Differenz; sie ist historisch und verändert sich nach Kontext und Zeitpunkt.

Mit der Zunahme der *Undurchschaubarkeit der Welt* wächst die *Verunsicherung des Einzelnen*, der die Differenz zwischen sich und dem Anderen aushalten muss. In dieser Situation werden Ungewissheit und Unsicherheit zentrale Merkmale gesellschaftlichen Lebens. Ihren Ursprung haben sie einerseits in der Welt außerhalb des Menschen, andererseits in seinem Inneren und schließlich im Wechselverhältnis zwischen Innen und Außen. Angesichts dieser Situation fehlt es nicht an Versuchen, diese Unsicherheit durch scheinbare Gewissheiten erträglich zu machen. Doch helfen diese Gewissheiten nicht, die verlorene Sicherheit wiederzugewinnen. Ihre Geltung ist relativ und entsteht meistens durch den Ausschluss von Alternativen. Was ausgeschlossen wird, bestimmen einerseits die psychisch-soziale Konstitution des Einzelnen und andererseits die gesellschaftlichen Machtstrukturen und die aus ihnen resultierenden Prozesse des Setzens und Ausschließens von Werten, Normen, Ideologien und Diskursen.

Der Andere im europäischen Geschichtsunterricht

Die Bedeutung des Anderen in Erziehung und Bildung hat auch der Europarat gesehen, der in einem groß angelegten Projekt versucht, die Bilder des Anderen zum Referenzpunkt für den Geschichtsunterricht in Europa zu machen, um damit auch einen Beitrag zu einer europäischen Bürgerschaft zu leisten. Dieses Projekt ist ein Beispiel dafür, dass und wie Alterität stärker ein Teil des Geschichtsunterrichts werden und wie eine solche Orientierung auch dazu dienen kann, den Unterricht auch in didaktischer und methodischer Hinsicht zu reformieren. Neben dem Beitrag, den der Geschichtsunterricht für die Herausbildung kultureller Identität liefert, gilt es, den Horizont des Geschichtsunterrichts zu erweitern und verstärkt europäische und globale Perspektiven aufzunehmen. Dadurch kann der Geschichtsunterricht zu einem Medium interkulturellen Lernens in einem multikulturellen Europa werden. Mit dieser Orientierung am Bild der Anderen wird ein Beitrag zu einem besseren Verständnis kultureller Diversität und zu einem produktiven Umgang mit Alterität geleistet. Dies beinhaltet die Akzeptanz unterschiedlicher Sichtweisen und die Bereitschaft, diese in ihrer Vielfalt gelten zu lassen.

Um die Reduktion historischer Unterschiedlichkeit auf das Gleiche und die Homogenisierung historischer Mannigfaltigkeit zu vermeiden, ist eine Sensibilisierung für die Heterogenität erforderlich. Dadurch, dass ein Gespür für Heterogenität entwickelt wird, kann eine Vereinheitlichung des Geschichtsunterrichts und eine Reduktion auf die Vermittlung nationaler Identität vermieden werden. Selbst wenn es so aussieht, als ließe sich Alterität auflösen, die Entwicklungen der letzten Jahre zeigen deutlich, im Geschichtsunterricht ist dies nicht möglich. Historische und kulturelle Identität ist nicht ohne Alterität vermittelbar. Eine für Bilder des Anderen offene historische Bildung beinhaltet eine relationale Verbindung zwischen einem fraktalen irreduziblen Subjekt und zahlreichen Formen historischer Alterität.

Das zentrale Ziel eines interkulturellen Geschichtsunterrichts liegt in der Entwicklung eines *historischen Bewusstseins*, das an historischen und zeitgeschichtlichen Strukturen und Phänomenen erarbeitet wird. Die Arbeit am Erreichen dieses Ziels ist wichtiger als die Vermittlung vieler oft nicht zusammenhängender und nur unzulänglich begriffener historischer Fakten. Geschichtsunterricht muss dazu beitragen, die Fülle des historischen Wissens mit Hilfe eines exemplarischen, an ausgewählten Beispielen gründlich erarbeiteten Wissens zu strukturieren. Im Zentrum des historischen Bewusstseins steht ein Wissen davon, dass frühere Welten wie die der Antike, des Mittelalters, der Renaissance, der Neuzeit oder andere kulturelle Welten der Gegenwart historisch entstanden sind und dass sie als geschichtlich gewordene veränderbar und daher *zukunftsoffen* sind. Historisches Bewusstsein umfasst ein Bewusstsein der Einmaligkeit und damit auch der Partikularität und Vielfalt gesellschaftlicher und kultureller Situationen. Zur Entwicklung eines historischen Bewusstseins beizutragen, ist auch das Ziel einer historisch-kulturellen Anthropologie, in der die Phänomene des Menschen Gegenstände der Forschung sind (Wulf 2009). Um ein historisches Bewusstsein zu vermitteln, gilt es die *doppelte Geschichtlichkeit und Kulturalität* zu begreifen, die einmal den historischen und den kulturellen Charakter unserer Zeit, zum anderen die Geschichtlichkeit und Kulturalität der historischen Epoche und Kultur umfasst, mit der sich Kinder und Jugendliche im Geschichtsunterricht auseinandersetzen sollen.

Neben dem Plädoyer für die Ausweitung *exemplarischen und forschenden Lernens* im Geschichtsunterricht bedarf es seiner Einbettung in ein umfassendes, heute oft von Reduktionen bedrohtes Verständnis von Bildung. Ein interkultureller Geschichtsunterricht zielt daher darauf: „Lernen zu lernen, Handeln zu lernen, miteinander Leben zu lernen, Sein zu lernen". Dies wird in der UNESCO-Schrift

Lernfähigkeit: unser verborgener Reichtum (Delors 1997) empfohlen, in der auch die über das fachliche Lernen hinausreichende Bildungsfunktion des Unterrichts gesehen wird. Diese Sicht beinhaltet mediale, mimetische und performative Formen des Lernens.[3] Mit Hilfe moderner Medien können geschichtliche Ereignisse den Schülerinnen und Schülern so vor Augen geführt werden, dass sie nicht nur an Fakten erinnern, sondern vielmehr in Bildern und Filmen repräsentiert und lebendig erfahren werden. Entsprechendes gilt für die Bedeutung mimetischer Prozesse. In ihnen beziehen sich Kinder und Jugendliche auf vergangene Ereignisse der Geschichte; in kreativer Nachahmung können sie sich den historischen Bildern und Erzählungen „anähneln", sie zu einem Teil ihres Imaginären machen und sie so inkorporieren (Hüppauf/Wulf 2006). Die Vermittlung von Geschichte ist auch ein affektiver und performativer Prozess. Um das Interesse an Geschichte zu wecken und historisches Wissen lebendig und nachvollziehbar zu machen, ist ein bewusster Umgang mit der Performativität der Geschichte und des Unterrichts erforderlich. Performativität bedeutet erstens Geschichtsunterricht als kulturelle Aufführung, zweitens die Performativität ikonischer und sprachlicher historischer Quellen und drittens die Berücksichtigung der aisthetischen bzw. ästhetischen Dimension der Vermittlung von Geschichte (Wulf/Zirfas 2007; Wulf/Göhlich/Zirfas 2001).

Interkulturelle Kontaktzonen

In der Europäisierung und Globalisierung wirken zwei widersprüchliche Tendenzen aufeinander. Die eine ist durch den homogenisierenden Charakter vieler Entwicklungen, die andere durch die Betonung kultureller Diversität bestimmt. Beide Tendenzen stoßen in Kontaktzonen interkulturellen Lernens aufeinander und bieten die Chance zu neuen Lernerfahrungen (Wulf 2010). Ein Beispiel für eine Kontaktzone zwischen Menschen verschiedener Herkunft stellt die im Rahmen der Berliner Ritualstudie erforschte innerstädtische Grundschule mit 300 Kindern aus mehr als 20 kulturellen Hintergründen dar (Wulf 2008; Wulf u.a. 2001, 2004, 2007, 2011). In dieser Schule machen die Kinder im unterrichtlichen Alltag und bei schulischen Festen wichtige Erfahrungen von Alterität, die pädagogisch gestaltet werden, um zur Entwicklung interkultureller Kompetenz beizutragen.

In der Berliner Ritualstudie wurde herausgearbeitet, dass sich Rituale und rituelle Arrangements dazu eignen, Kinder und Jugendliche mit unterschiedlicher kultureller Herkunft zu befähigen, zusammen zu leben und zusammen zu lernen. Diese bislang wenig bearbeitete Strategie des Lernens enthält ein hohes Potenzial für interkulturelle Bildung. Gemeinsames Lernen, gemeinsames Handeln, Zusammenleben Lernen von Kindern und Jugendlichen mit verschiedenen kulturellen Hintergründen führt zu neuen Formen ritualisierter Interaktion. Diese können dazu beitragen, kulturelle und soziale Differenzen gewaltfrei und konstruktiv

---

3 Vgl. u.a. Wulf 2005; Werler/Wulf 2006; Suzuki/Wulf 2007; Imai/Wulf 2007.

zu bearbeiten. Sie ermöglichen es, durch ihren repetitiven und performativen Charakter neue Kommunikationsformen einzuüben und Kindern auch für das spätere Leben verfügbar zu machen. Als performativ werden Rituale bezeichnet, weil sie Interaktionen inszenieren und aufführen und weil ihr körperlicher Charakter nachhaltige Wirkungen hat. Der repetitive und zugleich dynamische Veränderungen notwendig implizierende Charakter von Ritualen des Lernens sichert Ordnungsstrukturen, ohne innovatives Handeln zu verhindern. Rituale bieten Möglichkeiten, in mimetischen Prozessen ein praktisches Wissen für den Umgang mit kultureller Differenz zu erwerben und einzuüben.

Bei den Versuchen, neue Formen interkultureller Bildung zu entwickeln, geht es nicht nur darum, Erfahrungen mit dem Fremden analytisch aufzuarbeiten. Vielmehr führt der performative Charakter von Ritualen dazu, ein praktisches interkulturelles Wissen zu schaffen (Wulf/Zirfas 2007; Wulf 2006; Wulf u.a. 2004). Dies entsteht weitgehend in mimetischen Prozessen, in denen „Abdrücke" von sozialen Praktiken genommen werden, in denen die sich mimetisch verhaltenden Kinder und Jugendlichen dazu befähigt werden, später in ähnlichen Situationen kompetent zu handeln. Interkulturelle praktische Handlungen sind kulturelle Aufführungen, die eine körperliche, eine sprachliche und eine ästhetische Dimension haben, welche in mimetischem Verhalten angeeignet wird.

Zur Dynamik interkultureller Bildungsprozesse

Interkulturelles Lernen findet in einem „dritten Raum" statt, der nicht einer Kultur zugeordnet werden kann, sondern der zwischen Kulturen, Menschen und unterschiedlichen Vorstellungen entsteht. Dieser „dritte Raum" kann etwa im Fall von Kontaktzonen real sein. Er hat aber auch immer eine imaginäre Dimension und bietet daher Spielraum für Bewegung und Veränderung. Die in diesem „dritten Raum" stattfindenden Lernprozesse führen häufig zur Wahrnehmung von „Differenz", des Öfteren zu Prozessen der „Transgression" und münden manchmal in neue Formen der „Hybridität".

Differenz

Differenzen erzeugen Grenzen und tragen zu ihrer Dynamisierung bei. Ohne Differenzen ist eine kulturelle Identitätsbildung nicht möglich. Durch die Inklusion und Exklusion z.B. in Ritualen werden Differenzen erzeugt. Bourdieu hat diesen Mechanismus der Differenzerzeugung am Beispiel von Einsetzungsritualen verdeutlicht. Ein solches ist die Einsetzung eines neuen amerikanischen Präsidenten in sein Amt (Wulf 2005). Besondere Bedeutung gewinnt die Kategorie der Differenz in der oben erwähnten UNESCO-Konvention zum Schutz kultureller Diversität, in der kulturelle Differenz als ein universelles Menschenrecht angesehen wird, auf dessen

Grundlage kulturelle Identitätsbildung möglich ist. In die gleiche Richtung verweist die Empfehlung des Europarats über den interkulturellen Dialog. In beiden Fällen spielt die durch diese Differenzierungen erzeugte Diversität eine zentrale Rolle dabei, wie mit Heterogenität und Alterität umgegangen wird (Wulf 2006).

Transgression

Transgression erfolgt einmal als Überschreitung von Regeln, Normen und Gesetzen, zum anderen als Überschreitung kulturell erzeugter Grenzen. Diese Überschreitungen können gewaltfrei sein, sind aber oft mit manifester, struktureller oder symbolischer Gewalt verbunden. Beim Umgang mit kultureller Diversität kommt es häufig zur Transgression tradierter Grenzen, in deren Verlauf Neues entsteht. Transgressionen verändern Normen und Regeln, Lebensformen und Praktiken. Sie verschieben Grenzen und erzeugen dadurch neue kulturelle Relationen und Konstellationen. In der Dynamik interkultureller Lernprozesse lassen sich solche Transgressionsprozesse ethnographisch untersuchen.

Hybridität

Von besonderem Interesse ist die Entstehung neuer hybrider kultureller Formen infolge von Differenz und Transgression. Auf Grund der immer dichter und schneller werdenden Kommunikation und Interaktion zwischen den verschiedenen Kulturen und Gesellschaften der Welt, der Intensivierung des wirtschaftlichen, politischen, sozialen und kulturellen Austauschs entstehen immer mehr hybride Kulturformen. Der Begriff der Hybridität stammt aus der landwirtschaftlichen Genetik und bezeichnet dort die Kreuzung unterschiedlicher Pflanzen- oder Tierarten. Im 20. Jahrhundert findet der Begriff der Hybridisierung Eingang in viele wissenschaftliche Disziplinen, in denen er vor allem zur Bezeichnung von Zwitter- und Mischbildungen dient. In den 80er Jahren erfolgt eine immer stärkere Verbreitung des Begriffs in den Kulturwissenschaften. Im Anschluss an Homi Bhabha (2000) dient der Begriff der Hybridisierung dazu, Kulturkontakte nicht mehr nur dualistisch und essentialistisch zu bestimmen, sondern zu zeigen, dass sie Identität mit Hilfe eines „third space" schaffen. Dieser dritte Raum ist liminal; er ist ein Zwischenraum und betont die *in-between-ness*. In diesem liminalen Raum werden Grenzen unterlaufen und umstrukturiert und Hierarchien und Machtverhältnisse verändert. Entscheidend ist die Frage, inwieweit diese Prozesse und ihre Ergebnisse von performativen Praktiken bestimmt werden und *wie* dabei neue Formen der Hybridisierung entstehen. Diese Formen sind Mischformen, in denen einzelne Elemente aus verschiedenen Systemen und Zusammenhängen in einem mimetischen Prozess ihren Charakter verändern und eine neue kulturelle Identität entsteht. Diese Identität konstituiert sich nicht mehr in Abgrenzung von einem Anderen, sondern in einer mimetischen

Angleichung an den Anderen (Wulf/Merkel 2002). „Die offenkundigen Zusammenhänge mit Transgression und Performativität erlauben es, Phänomene der Hybridisierung in sozialen Praktiken, theatralen Aufführungen, Ritualen, literarischen Texten und in der Sprache zu untersuchen. Dass dies mit Gewinn möglich ist, zeigen Donna Haraways medientheoretische und feministische Studien zu Maschinenmenschen (*cyborgs*) und den Grenzen zwischen Mensch und Tier. Andererseits ist eine Gefahr der Verwässerung des Begriffsfeldes nicht von der Hand zu weisen, wenn Hybridität als Zauberwort in der Multikulturalismus-Debatte missbraucht oder als logische Folge der Globalisierung verstanden wird. Wenn alle Kulturen hybrid sind, kann Hybridität nicht mehr als Instrument der Analyse benutzt werden, denn das Hybride impliziert ja das Vorhandensein von stabilen Identitäten, Nationen, Kulturen und Ethnien" (Audehm/Velten 2007, S. 35).

Ausblick

Bildung kann heute nicht mehr nur im nationalen Rahmen konzeptualisiert werden; sie kann auch nicht einfach unter die Standards einer globale kulturelle Diversität kaum beachtenden Bildungsforschung subsumiert werden. Mehr denn je müssen Bildungsprozesse für Erfahrungen von Alterität geöffnet werden und muss kulturelle Diversität als eine konstitutive Bedingung von Bildung als interkultureller Bildung im Rahmen europäischer Bürgerschaft begriffen werden.

Literatur

Appadurai, A. (1996): Modernity at Large. Santa Fe: University of Minnesota.
Audehm, K./Velten, R. (Hg.) (2007): Transgression – Hybridisierung – Differenzierung: Zur Performativität von Grenzen in Sprache, Kultur und Gesellschaft. Freiburg: Rombach.
Beck, U. (1997): Was ist Globalisierung? Frankfurt/M.: Suhrkamp.
Bhabha, H. K. (2000): Die Verortung der Kultur. Tübingen: Stauffenburg Verlag.
Council of Europe (2008): White Paper on Intercultural Dialogue „Living together as equals in dignity". Strasbourg: Council of Europe.
Delors, J. (Hg.) (1997): Lernfähigkeit: unser verborgener Reichtum. Neuwied: Luchterhand.
Greenblatt, S. (1994): Wunderbare Besitztümer. Die Erfindung des Fremden: Reisende und Entdecker. Berlin: Wagenbach.
Group of Lisboa (1995): Limits of Competition. Cambridge, Mass.: MIT Press.
Hüppauf, B./Wulf, Ch. (Hg.) (2006): Bild und Einbildungskraft. München: Wilhelm Fink (English version: Routledge 2006).
Imai, Y./Wulf, Ch. (eds.) (2007): Concepts of Aesthetic Education. Münster/New York: Waxmann.
Suzuki, S./Wulf, Ch. (Hg.) (2007): Mimesis, Poiesis and Performativity in Education. Münster/New York: Waxmann.
Todorov, T. (1985): Die Eroberung Amerikas. Das Problem des Anderen. Frankfurt/M.: Suhrkamp.

UNESCO (2005): Übereinkunft über Schutz und Förderung der Vielfalt kultureller Ausdrucksformen, hrsg. von DUK. Bonn.
Werler, Th./Wulf, Ch. (Hg.) (2006): Hidden Dimensions of Education. Münster/New York: Waxmann.
Wulf, Ch. (Hg.) (1973): Kritische Friedenserziehung. Frankfurt/M.: Suhrkamp.
Wulf, Ch. (Hg.) (1974): Handbook on Peace Education. Oslo/Frankfurt/M.
Wulf, Ch. (2005): Zur Genese des Sozialen. Mimesis, Performativität, Ritual. Bielefeld: Transcript.
Wulf, Ch. (2006): Anthropologie kultureller Vielfalt. Bielefeld: Transcript.
Wulf, Ch. (2008): Friedenskultur und Friedenserziehung in Zeiten der Globalisierung. In: Grasse, R., Gruber, B., Gugel, G. (Hrsg.): Friedenspädagogik. Grundlagen, Praxisansätze, Perspektiven. Reinbek bei Hamburg: Rowohlt Verlag 2008. S. 35-60.
Wulf, Ch. (2009): Anthropologie. Geschichte, Kultur, Philosophie. 2., erweiterte Aufl. Köln: Anaconda.
Wulf, Ch. (Hg.) (2010): Kontaktzonen. Dynamik und Performativität kultureller Kontaktzonen. Paragrana. Internationale Zeitschrift für Historische Anthropologie, 19 (2010) 2.
Wulf, Ch./Göhlich, M./Zirfas, J. (Hg.) (2001): Grundlagen des Performativen. München: Juventa.
Wulf, Ch./Merkel, Ch. (Hg.) (2002): Globalisierung als Herausforderung der Erziehung. Theorien, Grundlagen, Fallstudien. Münster/New York: Waxmann.
Wulf, Ch./Bryan, N. (Hg.) (2006): Desarrollo Sostenible. Conceptos y ejemplos de buenas prácticas en Europa y América Latina. Vol. 22, Reihe European Studies in Education. Münster/New York: Waxmann.
Wulf, Ch./Althans, B./Audehm, K./Bausch, C./Göhlich, M./Sting, S./Tervooren, A./Wagner-Willi, M./Zirfas, J. (2001): Das Soziale als Ritual. Zur performativen Bildung von Gemeinschaft. Opladen: Leske und Budrich.
Wulf, Ch./Althans, B./Audehm, K./Bausch, C./Jörissen, B./Göhlich, M./Mattig, R./Tervooren, A./Wagner-Willi, M./Zirfas, J. (2004): Bildung im Ritual. Schule, Familie, Jugend, Medien. Wiesbaden: Verlag für Sozialwissenschaften.
Wulf, Ch./Althans, B./Blaschke, G./Ferrin, N./Göhlich, M./Jörissen, B./Mattig, R./Nentwig-Gesemann, I./Schinkel, S./Tervooren, A./Wagner-Willi, M./Zirfas, J. (2007): Lernkulturen im Umbruch. Rituelle Praktiken in Schule, Medien, Familie und Jugend. Wiesbaden: Verlag für Sozialwissenschaften.
Wulf, Ch./Althans, B./Audehm, K./Blaschke, G./Ferrin, N./Kellermann, I./Mattig, R./Schinkel, S. (2011): Die Geste in Erziehung, Bildung und Sozialisation. Ethnografische Fallstudien. Wiesbaden: Verlag für Sozialwissenschaften.
Wulf, Ch./Zirfas, Jörg (Hg.) (2007): Die Pädagogik des Performativen. Theorien, Methoden, Perspektiven. Weinheim/Basel: Beltz.

Christine Delory-Momberger & Stéphanie Dupont

Europa vom Rande aus gesehen: Europa-Vorstellungen von Kindern in einer Pariser Banlieue

Im Verlauf der historischen und kulturellen Entwicklung hat die Idee von Europa immer wieder unterschiedliche Dimensionen angenommen: militärische, religiöse, politische, philosophische, ökonomische und bürgerliche. Das europäische Projekt wurde zum Gegenstand von Diskussionen, Verhandlungen, Verträgen, Gesetzen und Reformen, die erkennen lassen, dass seine Verwirklichung stets mit den Bedürfnissen, Sorgen und Vorstellungen einer bestimmten religiösen, sozialen und politischen Klasse in Beziehung stand. Europa ist für die einen eine Notwendigkeit, anderen erscheint es problematisch, ja sogar suspekt. Sein Territorium erstreckt sich heute über die Grenzen der traditionell als europäisch anerkannten Länder hinaus. Europa hat heute unterschiedliche Gesichter, umfasst neue Sprachen und ist Gegenstand von Glauben, Anhängerschaft und Begeisterung, aber auch von Ablehnung, Irritation, Verärgerung, Gleichgültigkeit oder Unwissen. Die nationale Identität geht inzwischen Hand in Hand mit der europäischen Bürgerschaft, mit der das Wahlrecht verliehen wird sowie weitere juristische, diplomatische und soziale Rechte. Die Bewegungsfreiheit innerhalb der Europäischen Union erleichtert nicht nur touristische Reisen, sondern auch den Austausch von Studenten und Berufstätigen oder die Zusammenarbeit der unterschiedlichen nationalen Rechtssysteme.

Wie aber wird heute die europäische Realität gelebt? Haben alle europäischen Bürger die gleiche Vorstellung von Europa? Ist Europa nicht vielmehr eine unklare Idee geblieben, die für einige Bevölkerungsgruppen, die wenig oder nicht direkt damit befasst sind, in weiter Ferne liegt? Könnte eine bürgerschaftliche Früherziehung eine mentale Bezugnahme zum gemeinsamen europäischen Raum ermöglichen? Sind die Unterschiede der nationalen Kulturen und die damit verbundenen sozialen Zugehörigkeiten ein wertvoller Beitrag oder eher ein Hindernis für die Entwicklung einer europäischen Kultur? Fördert die Vielfalt der Sprachen die Kommunikation in Europa oder stellt sie vielmehr ein Hemmnis dar?

Dieser Beitrag macht es sich zur Aufgabe, diese Fragen und die damit zusammenhängenden historischen und kulturellen Bezüge zur europäischen Idee zu untersuchen. Zu diesem Zwecke werden zunächst die Ergebnisse einer ethnographischen Studie über die Europa-Vorstellungen von Grundschulkindern in einer Pariser Banlieue präsentiert. Anschließend wird ein Projekt vorgestellt, bei dem Schüler unter pädagogischer Anleitung in Kreativ-Workshops für die europäische Bürgerschaft sensibilisiert werden sollten.

Historische und kulturelle Bezüge zwischen der Idee von Europa und ihrer Verwirklichung

Europas Ursprung ist in erster Linie militärischer Natur. Das Konzept entstand im fünften Jahrhundert n. Chr. und sollte die Verteidigung gegen Eindringlinge von Außen sicherstellen. Im Osten wurde ein ‚limes' zur Abwehr der Krieger aus den Steppen Ost- und Mitteleuropas errichtet und im Süden gegen das Vordringen des Islam. Barbaren und Ungläubige sollten von der sogenannten zivilisierten christlichen Welt ferngehalten werden. Dieses Ziel veranlasste die Länder, gemeinsam eine geografische Linie zu ziehen, die zur ersten größeren Eingrenzung von Europa führte. In der Folge bildet sich ein Netzwerk von christlichen Orden (Bettelorden, Zisterzienser usw.) heraus, die sich überall in Europa ansiedeln. Pilger überschreiten die Grenzen und tragen zum Ausbau der Handelswege zu Wasser und zu Lande bei. Die ersten Universitäten werden im 13. Jahrhundert gegründet (Bologna, Montpellier, Paris, Oxford). Ende des 15. Jahrhunderts gibt es fünfzehn Universitäten im christlichen Abendland. Im Jahre 1550 sind es bereits ungefähr sechzig. Die dort eingeschriebenen Studenten stammen aus der Mittelschicht (Großbauern, Händler, Offiziere, niedriger Adel etc.). Sie verlassen oft ihr Heimatland, um an der Universität ihrer Wahl studieren zu können. Die Studiengebühren sind hoch, doch werden für die Ärmsten Kollegien geschaffen, in denen für Unterkunft und Verpflegung gesorgt ist.

Das bekannteste Beispiel ist die 1252 gegründete Sorbonne. Der Hochadel wird erst ab dem 16. und 17. Jahrhundert an den Universitäten studieren, zuvor sieht er darin weder Sinn noch Nutzen. Die dort unterrichtenden Gelehrten tauschen sich über die Grenzen hinweg untereinander aus. Die lateinische Sprache ermöglicht den Austausch von Ideen und fördert die Auseinandersetzung unter den Gebildeten. Nach und nach breitet sich eine Wissensgemeinschaft über ganz Europa aus. Zwischen dem 15. und 17. Jahrhundert wird die europäische Idee durch die Entwicklung zentralisierter Staaten und Herzogtümer zunächst geschwächt, ohne dass dies jedoch ihre Grundwerte in Frage stellen würde. Das politische Projekt eines europäischen Zusammenschlusses erscheint zunächst bei Sully (1559-1641), Montesquieu (1689-1755), Rousseau (1712-1778) und später bei Wieland (1733-1813), der von einer „Gemeinschaft der Völker" spricht. Die Idee eines vereinten Europa bleibt jedoch einer intellektuellen Elite vorbehalten.

Das Zeitalter der Aufklärung (1715-1789) bedeutet für Europa eine Periode des wissenschaftlichen Fortschritts und eine Blütezeit der kritischen Vernunft. Die Philosophen Diderot und Voltaire beschreiben die Grundsätze des Naturrechts, der Gleichheit zwischen den Menschen und der notwendigen gesellschaftlichen Erneuerung. Sie fordern die Befreiung der Unterdrückten und rufen nach Bildung für die Armen. Allerdings beruhen diese Prinzipien in Wirklichkeit auf dem aufgeklärten Despotismus der mit göttlichem Recht ausgestatteten mächtigen Monarchen, deren Entscheidungen von Vernunft geleitet sind. Die Aufklärung wird zu einer europäischen Bewegung der Intellektuellen, die Reformen hervorbringt. Die aufklärerischen

Ideen lösen intellektuelle und politische Debatten zwischen und innerhalb der europäischen Staaten aus, die von drei Prinzipien geleitet werden: der Autonomie des Denkens, der humanistischen Gesellschaft und der Universalität und Gleichheit des Menschen.

Diese Ideen werden von der Überzeugung getragen, dass Wissen zu Fortschritt führt und somit eine bessere und gerechtere Gesellschaft hervorbringt. Durch Finanzgeschäfte, Handel und Manufaktur entwickelt sich das gehobene Bürgertum und wird zu einer politischen Kraft. Die Französische Revolution beendet die Herrschaft der Monarchie, das ‚Ancien Régime'. Die von ihr eingeführte Republik proklamiert die Menschenrechte und definiert die Rechte des Staatsbürgers durch Gesetze.

Die Eroberungen Napoleons, der bestrebt ist, seine Macht auf andere Länder auszudehnen, stellen Europa vor große Herausforderungen. Nach dem Sturz seiner Herrschaft entstehen neue Projekte, und Saint-Simon (1760-1825) schreibt in seinem *Essay* von der „*Reorganisation der europäischen Gesellschaft und der Notwendigkeit, die Völker Europas in einem einzigen politischen Gebilde zusammenzufügen*". Er befürwortet ein parlamentarisches System wie in England und die Einführung einer sozialen Ordnung in Übereinstimmung mit den Ideen der Aufklärung. Er möchte kein Europa der Prinzen, sondern eine Vereinigung der produktiven Kräfte der Nationen. Durch das Entstehen eines neuen europäischen Bewusstseins soll das Europa der Völker das Europa der Herrschenden ablösen. Alphonse de Lamartine und Victor Hugo sprechen von der Errichtung der „Vereinigten Staaten von Europa". In nur drei Jahren (1848-1851) gelingt es der zweiten Französischen Republik, eine demokratische Regierungsform auf der Grundlage der republikanischen Werte einzuführen, die bald europaweit zum Symbol wird.

Die beiden Weltkriege in der ersten Hälfte des 20. Jahrhunderts schwächen die westlichen Länder. 1945 liegt Europa in Trümmern. Die Ideen vom Zusammenschluss Europas und einer bundesstaatlichen Vereinigung tauchen wieder auf. Dabei geht es darum, für Frieden, Demokratie und Menschenrechte und für eine wirtschaftliche und politische Gemeinschaft der Staaten zu kämpfen. Das Projekt wird von den westlichen Alliierten unterstützt, die es als Möglichkeit sehen, eine Verteidigungslinie gegen den Kommunismus aufzubauen.

Jean Monnet, Robert Schuman und Konrad Adenauer sind die Hauptakteure des Aufbaus Europas auf der Grundlage einer ‚*deutsch-französischen Partnerschaft*'. Die Fortschritte dieses Projektes schlagen sich in Verträgen nieder. Mit dem Vertrag von Rom entsteht im Jahr 1957 die Europäische Wirtschaftsgemeinschaft, die durch den Rat der Staatschefs offiziell Realität wird. Im Jahre 1992 folgt der Vertrag von Maastricht, der die Europäische Union konstituiert, eine gemeinsame Währung beschließt und die Schaffung einer *europäischen Bürgerschaft* ins Auge fasst.

Die Staatsangehörigen der europäischen Länder genießen fortan Bewegungsfreiheit innerhalb der Gemeinschaft. Dies gilt für Studenten, Arbeitnehmer und Selbstständige sowie für ihre Familienangehörigen und für Touristen. Unabhängig von ihrem Wohnort innerhalb der Gemeinschaft und unabhängig von ihrer Nationalität genießen sie auf europäischer und auf kommunaler Ebene das aktive und passive Wahlrecht. Sie genießen diplomatischen und konsularischen Schutz durch jeden Mitgliedsstaat in allen Ländern der Europäischen Gemeinschaft, auch dort, wo ihr Herkunftsland diplomatisch nicht vertreten ist. Sie verfügen über das Petitionsrecht beim Europäischen Parlament und das Recht auf Einsatz eines Mediators bei administrativen Regelwidrigkeiten. Der Vertrag von Amsterdam aus dem Jahre 1999 präzisiert das Verbot jeder Form von Diskriminierung und verstärkt den Schutz der Bürgerrechte durch eine ganze Reihe von Richtlinien und Bestimmungen. Dieser Prozess der juristischen und politischen Einführung der europäischen Bürgerschaft – von den Römischen Verträgen bis zum Vertrag von Amsterdam – führt zur Schaffung einer Ebene der Rechte und Freiheiten, welche die rein wirtschaftliche Ebene überlagert, und auf der der europäische Bürger nicht allein wirtschaftlich handelt, sondern zugleich sozial und politisch auftritt. Die Anzahl der Mitgliedsländer der europäischen Gemeinschaft steigt von ursprünglich 7 auf 27 Länder.

Vorstellungen von der Europäischen Bürgerschaft in der Realität der Pariser Banlieue

Europa ist für die meisten Bewohner des europäischen Raumes zu einer wahrnehmbaren Realität geworden. Dies wird höchst unterschiedlich, manchmal auch widersprüchlich bewertet und ist Gegenstand extrem unterschiedlicher Vorstellungen, je nachdem, ob die Bürger von der Existenz Europas direkt betroffen sind, indem ihnen dadurch Vorteile erwachsen (Bewegungsfreiheit als Berufstätiger, als Student oder als Tourist, im Dienstleistungssektor und im Kapitalverkehr, durch Produktionshilfen oder durch subventionierte Forschungsprogramme, Stipendien etc.) oder ob sie seine Nachteile zu spüren bekommen (Stilllegungen von Unternehmen und Produktionsstätten, Einschränkungen in bestimmten Berufskategorien, die mit der gemeinsamen europäischen Politik verbunden sind, die regulierend in die Produktion eingreift usw.) oder ob sie in Gebieten wohnen und arbeiten, die sich dem Einfluss und der Gesetzgebung Europas zu entziehen scheinen.

Welche Vorstellungen von Europa haben junge Leute, die unter prekären Bedingungen an der Peripherie der großen Städte leben? Was wissen sie über den europäischen Raum und seine Organisationsformen? Inwieweit sind sie über ihre europäische Bürgerschaft informiert und wie bewerten sie diese? Ist sie ein Teil ihrer Realität? Spielt sie eine Rolle in der Wahrnehmung ihrer Zugehörigkeit und ihrer Identität? Um diese Fragen zu erforschen und um die Bedingungen einer frühen Erziehung zur Bürgerschaft zu ermitteln, haben wir uns auf den Weg zu einer experimentellen Grundschule in einem Wohnviertel an der nördlichen Peripherie von Paris gemacht. In dieser Einrichtung werden Kinder aus Migrantenfamilien betreut, die man als „benachteiligt" bezeichnet, sowie eine größere Gruppe von Kindern, deren Familien erst seit kurzem sesshaft sind. Die Schule umfasst 152 Schüler im Alter zwischen 7 und 10 Jahren, die in drei Klassen aufgeteilt sind, C1 (32 Schüler),

C 2 (60 Schüler), C 3 (60 Schüler). Das pädagogische Team besteht aus sechs Lehrern und einem Erzieher mit Spezialausbildung.

Die Rolle des Direktors, genannt „Koordinator", wird nach dem Rotationsprinzip jeweils von einem der Lehrer übernommen. Das Lehrerteam entscheidet über die Lehrpläne und das pädagogische Vorgehen. Die Schule arbeitet in jahrgangsübergreifenden Projekten und hat somit die traditionelle Organisationsform der Schulklasse aufgegeben. Im Unterricht lernen Kinder der genannten Altersstufen je nach ihrem aktuellen schulischen Leistungsstand. Kinder mit stark ausgeprägten Lese- und Schreibschwächen werden durch einen speziell für diese Aufgabe ausgebildeten Erzieher zusätzlich betreut. Die Kinder aus den ehemals nichtsesshaften Familien bleiben häufig dem Unterricht fern, weil sie von ihren Familien nicht zum regelmäßigen Schulbesuch angehalten werden, da diese oft selbst nur selten oder gar keine Schule besucht haben. Sie leben von kleineren immer schwerer zu findenden Handwerksarbeiten und durch gegenseitige Unterstützung innerhalb ihrer Gruppe.

Ursprünglich hatten wir die Absicht, mit den Kindern Gespräche über ihr Alltagsleben zu führen, in der Hoffnung, bestimmte Aspekte ihres Bezugs zur europäischen Bürgerschaft zu finden, zumindest auf der Ebene ihrer Vorstellungen von Europa. Wie zuvor in unserer Forschungsgruppe „Wie kann europäische Bürgerschaft gelernt werden? Durch die Vielfalt von Sprachen und Kulturen" besprochen, haben wir versucht, die Methode der rekonstruktiven Hermeneutik (Bohnsack 2003) anzuwenden. Diese Methode *„hat das Ziel, das jeweilige (praktische) Wissen der handelnden Personen, ihre Sicht der Welt, ihre ‚Weltanschauung'*[1] *und ihre Gewohnheiten zu erfassen"* (Delory-Momberger 2009). In diesen Gesprächen in einer offenen Gruppensituation – es werden dabei Ton- und/oder Filmaufzeichnungen gemacht – übernehmen nicht die Forscher die Gesprächsführung, sondern sie greifen nur die vorherrschenden Aspekte des jeweiligen Themas – hier das Thema Europa – auf und lassen den Interaktionsprozess frei entstehen. Dieses Vorgehen erweist sich im vorliegenden Fall als äußerst schwierig. Als wir sie an einem internationalen Gymnasium in Freiburg anwendeten, ermöglichte diese Methode des heuristischen Vorgehens eine Erforschung der Frage nach Europa in Bezug auf das Alltagsleben der Schüler. Dagegen verschlägt es den kleinen Grundschülern in dieser Pariser Banlieue vollkommen die Sprache. Obwohl diese Kinder – angeregt durch die an ihrer Schule praktizierte aktive Pädagogik – durchaus daran gewöhnt sind, offen ihre Meinung zu äußern, erscheinen sie in Bezug auf dieses viel zu allgemeine Thema völlig hilflos. Wir gewinnen den Eindruck, dass das Thema Europa für diese Kinder alles andere als eine alltägliche Selbstverständlichkeit darstellt. Sie waren offensichtlich in ihrer Wahrnehmung in keiner Weise an diese Realität herangeführt worden.

Wir entschließen uns daher, die Methode dahingehend anzupassen, dass wir während des freien Meinungsaustauschs in der Gesprächsgruppe „wie in einer Konversation" strukturierende, flexibel definierte „Hinführungen" vornehmen, um die

---

1 Deutsch im französischen Text (Anm. d. Übers.).

Diskussion zu fördern. Dabei geht es nicht darum, Antworten auf von uns gestellte Fragen zu induzieren, sondern um den Versuch, eine kollektive Diskussion auszulösen und – wenn nötig – anzuleiten. Wir sind also Teilnehmende des Gesprächs, bleiben dabei aber im Hintergrund und zeigen trotzdem deutlich unsere Bereitschaft, aktiv zuzuhören. Drei Gruppen werden gebildet, von jeweils vier bis fünf Schülern, Mädchen und Jungen unterschiedlichen Alters. Die Lehrer hatten in den Klassen zuvor unser Kommen angekündigt und mitgeteilt, dass wir gerne mit Schülern sprechen wollten, die freiwillig bereit wären, über Europa zu reden.

Anschließend breiten Stéphanie Dupont und ich eine in einem Jugendbuch abgebildete Europakarte aus und stellen uns vor. Dann sind die Kinder an der Reihe. Jedes sagt, wo es wohnt und welchen Schulweg es zurücklegen muss. Einige werden mit dem Auto gebracht, andere kommen mit dem Bus oder zu Fuß oder müssen durch ein Waldstück laufen. Einige Schüler erzählen z.B., dass sie umgezogen seien, dass sie lieber ihren alten Schulweg behalten hätten und dass der Schulweg, wenn es geschneit hat, im Winter lang und beschwerlich sei. Wir selbst erzählen ebenfalls, wie wir früher in unsere Grundschule gelangt sind und berichten, ob wir gerne oder ungern in die Schule gegangen sind.

Durch diese „warming up"-Phase war es möglich, in den drei Gruppen ein angenehmes Klima zu schaffen und die erste Frage zu stellen: *„Wir fragen uns oft, was heißt Europa. Wir wollen verstehen, was Europa für Kinder wie euch bedeutet. Habt ihr schon mal etwas von Europa gehört?"* Nach dieser Einführung haben wir im Gespräch bestimmte Themen angesprochen, von denen wir annahmen, sie könnten zu unserer Fragestellung überleiten. Am Ende des ersten Gesprächs haben wir Bilanz gezogen und die Überleitungen neu formuliert, von denen wir glaubten, sie könnten für die Fortführung wichtig sein. Nach dem zweiten Gespräch sind wir ebenso verfahren.

Die *„narrative Kompetenz"* (Delory-Momberger 2005) der drei Gruppen ist sehr unterschiedlich ausgeprägt. Die Schüler der ersten Gruppe nannten viele Einzelheiten und unterstrichen die vorangegangenen Ausführungen; die zweite Gruppe war bereits weniger gesprächig, und die Kinder der dritten Gruppe hatten stellenweise große Schwierigkeiten, ihre Meinung in Worte zu fassen. Kinder äußern sich nicht zwangsläufig in Form eines Berichts, meist handelt es sich um affirmative und kontrastive *performative Speckakte* (Wulf 2007). Genauer gesagt handelt es sich um *performative biographische Akte* (Delory-Momberger 2005) und nur selten um eine von Argumenten gestützte Reflexion. Falls Sprechen tatsächlich gleichbedeutend ist mit Existieren, dann trifft dies wahrscheinlich noch eindringlicher für in der Banlieue aufwachsende benachteiligte Kinder zu. Dennoch ist es bei der Kategorienanalyse der Gespräche gelungen, bestimmte Aussagen und Themen herauszuarbeiten, die uns logisch erschienen.

Unsere erste Feststellung bestand darin, dass bei diesen Kindern ein sehr vages Konzept von Europa vorherrscht: Es ist *„einer der reichsten Kontinente, der reichste ist Nord-Amerika"*; *„Es ist ein Bündnis: man verbündet sich, alle sind zusammen"*;

„Man ist stärker, als wenn jeder für sich alleine steht"; „Europa wurde von den Menschen gemacht"; „Europa wurde von den Menschen in der Frühgeschichte gemacht, vorher existierte es nicht"; „Ich glaube, es gibt Europa seit dem Mittelalter".

Daraus ergaben sich mehrere Themen. Zunächst der Krieg: Europa ist ein Mittel, die blutigen Konflikte der Vergangenheit zu vermeiden: „Europa gibt es, weil damit Kriege zwischen Nachbarstaaten vermieden werden"; „Die haben Europa gemacht, damit es keinen Krieg mehr gibt, so wie den Ersten und den Zweiten Weltkrieg, als Deutschland gegen Frankreich gekämpft hat, woraus ein Weltkrieg wurde, denn alle anderen sind dazu gekommen".

Andere Kinder sehen in Europa nicht zwangsläufig einen Weg, um Krieg zu verhindern, sondern vielmehr die Möglichkeit, sich zu schützen, falls es zum Krieg kommt: „Europa braucht man, denn wenn noch mal Krieg ist, dann halten alle zusammen"; „Wenn jemals wieder Krieg kommt, dann ist man stärker, als wenn Frankreich allein da stünde, genau wie Korsika, wenn es ganz allein wäre, könnte es nicht kämpfen, wäre viel zu klein"; „Selbst wenn wir keine Aussichten hätten, gegen Russland zu gewinnen, ganz Europa, das wäre jedenfalls mehr, als wenn Portugal oder Frankreich oder Korsika oder andere allein wären"; „Ich bin der Meinung, dass sie statt Waffen und Bomben zu nehmen, so wie es im Fernsehen gezeigt wird – all die Toten, das ist abscheulich – sie sollten lieber miteinander reden, statt zu kämpfen und sich einigen und – so wie in Europa – Verträge abschließen. Das hätten wir auch tun sollen, bevor wir die beiden Kriege begonnen haben." Solidarität könnte einer der Grundwerte von Europa werden: „Es hilft, sich zu verbinden und sich gegenseitig zu helfen, um anderen Ländern in Schwierigkeiten zu helfen, um solidarisch zu sein"; „Europa ist ein wenig wie Bruderschaft". Das Thema Europa kommt im Leben der Kinder vor, aber es ist kein Alltagserlebnis. Sie sprechen von Europa, wie sie es von den Eltern hören oder auf Reisen erleben, doch bleibt es für sie eine Angelegenheit von Erwachsenen: „Ich fühle mich davon nicht wirklich betroffen"; „Darüber wird zu Hause nicht viel gesprochen"; „Die Erwachsenen denken viel mehr an ihre Arbeit als an das, was in einem anderen Land in Europa geschieht, während wir – mit den Freundinnen – manchmal darüber sprechen"; „Ich fahre oft nach Perpignan, praktisch immer in den Ferien, und manchmal fahren wir nach Spanien, das gehört ja auch zu Europa und das kenne ich ein wenig". Die Vorteile der gemeinsamen Währung sind für diese Kinder nicht von Bedeutung. Es wird als Stärke gesehen, sich der Übermacht der Vereinigten Staaten entgegen zu stellen: „Mit dem Euro kann man überall mit dem gleichen Geld bezahlen"; „Der Euro ist stark, stärker als der amerikanische Dollar".

Die Frage der Sprachen wurde von den Kindern fast gar nicht thematisiert und dies, obwohl sie in der Schule eine Frühförderung in einer Fremdsprache erhalten und häufig aus zweisprachigen Familien stammen. Lediglich eine Zehnjährige äußerte sich dazu: „Wenn man verreist, dann heißt das, man ist schon erwachsen. Wenn man alleine reist, versucht man, die Sprache des Landes zu sprechen". Obwohl die Europakarte vor uns auf dem Tisch ausgebreitet liegt, erkennen sie die Grenzen von Europa nicht: *„Alle Länder hängen irgendwie aneinander"*; *„Diese Länder dort gehören zu Europa und da ist Schluss, da ist die Ukraine. Russland gehört nicht dazu und wird es auch niemals. Asien auch nicht, du meinst vielleicht, da gibt es ein Meer …"*; *„Ich will nur sagen, dass man dort mit dem Auto bis nach Asien fahren kann, die Länder gehen ineinander über"*. Wir haben dann schließlich die Frage gestellt, was der Begriff europäische Bürgerschaft für sie bedeutet: *„Ich fühle mich mehr als Franzose und weniger als Europäer"*; *„Ich fühle mich als erstes als Pariser, dann als Franzose, dann als Europäer, und schließlich als ‚Planetarier'"*; *„Wenn man sagt, man ist Europäer, dann ist das keine wichtige Information, man muss sagen, ich wohne in Belgien oder in Frankreich. Wer sagt er lebt in Europa, das bedeutet doch gar nichts"*. Diese Aussage kommt in allen Gesprächen vor. *„An erster Stelle ist man Franzose, bevor man Europäer ist"*. Abschließend gab es einige Aussagen, die deutlich machen, dass der Nationalstolz größer ist als die Emotionen für Europa: *„Das bekannteste europäische Land ist Frankreich, weil es in Frankreich den Eiffelturm gibt"*; *„Am Anfang steht Frankreich, es ist das reichste Land von Europa"*. Darauf antwortet ein anderer Schüler: *„Nein, es ist nicht das reichste Land"*, worauf der erste Schüler einwendet: *„Doch, das habe ich im Fernsehen gesehen"*.

Diese Gespräche lassen erkennen, dass Europa für diese Kinder eine weit entfernte Realität darstellt, die bei ihnen kein unmittelbares Interesse weckt. Demgegenüber nehmen sie ein wenig abstrakt wahr, dass der Zusammenschluss der europäischen Länder eine wirtschaftliche und politische Kraft darstellt und übersehen die mit der Bewegungsfreiheit im europäischen Raum verbundenen Vorteile. Sie reisen wenig innerhalb Europas, denn die vormals als ‚fahrendes Volk' bezeichneten Bevölkerungsgruppen sind sesshaft geworden, und die Kinder aus maghrebinischen oder afrikanischen Ländern fahren während der Ferien nach Hause in ihr Herkunftsland. Die Einheitswährung wird von ihnen als ein Vorteil gegenüber dem amerikanischen Dollar gesehen, doch sind die Grenzen von Europa für sie nicht augenfällig, und die europäische Bürgerschaft bedeutet ihnen wenig. Die Kinder äußern sich nur dann detailliert, wenn es um ihren positiven Bezug zu Frankreich geht, und sie vergleichen Frankreich mit anderen Ländern.

Die zentrale Idee der These von Carmel Camillieri (1995) besteht darin, dass Europa nur dann real existieren kann, wenn jeder Einzelne, der sich als Europäer versteht, dies subjektiv als Indikator für Zugehörigkeit und Identität verinnerlicht. Europa aufbauen bedeutet, Individuen heranzubilden, die Europäer sein wollen, indem sie sich einer neuen Gruppe zugehörig fühlen. Dabei sollen notwendigerweise bestehende Zugehörigkeiten nicht aufgelöst, sondern subsumiert werden. Die Europäische Kommission behauptet, dass das Kennenlernen von Sprachen und Kulturen ein wesentliches Element der Ausübung der europäischen Bürgerschaft darstellt. Doch wie soll dies bei jungen Leuten vonstatten gehen, die nur bedingt Zugang zu sozialem Aufstieg und „kulturellem Kapital" haben? Wie soll bei Kindern, die in gemischten kulturellen Welten aufwachsen und für die interkulturelle Unterschiede zum Alltag gehören, das Bewusstsein für eine europäische Identität entstehen?

Kreativ-Workshops zur Sensibilisierung für die europäische Bürgerschaft

Wir haben der Leitung der Grundschule vorgeschlagen, mit den Schülern Kreativ-Workshops zum Thema Europa und europäische Staatsbürgerschaft durchzuführen. Wir baten erneut darum, dass die Teilnahme freiwillig erfolgen sollte. In drei Gruppen wurden jeweils unterschiedliche Themen erarbeitet, um herauszufinden, wie wir die Kinder unter Einsatz kreativer Techniken für das Thema Europa sensibilisieren könnten.

Der erste Kreativ-Workshop trägt den Namen „Wörter von Europa". Wir haben uns bei der Konzeption von den Arbeiten von Cléopâtre Montandon (2005) inspirieren lassen. Sie beginnt die Gespräche mit Kindern, indem sie zunächst folgende Frage stellt: *„Woran erinnert Dich das Wort Bildung? Welche anderen Wörter fallen Dir dazu ein?"* Sie veranlasst die Kinder dazu, sich spielerisch ausdrücken, indem sie sie auffordert, frei zu assoziieren und die Begriffe zu nennen, die ihnen dazu gerade einfallen. Wir haben dies als Einführung benutzt und gefragt: *„Woran denkt Ihr, wenn Ihr das Wort Europa hört, welche anderen Worte fallen Euch noch dazu ein?"* Jedes Kind schreibt zunächst für sich die Wörter auf, die es mit Europa verbindet. In Kleingruppen erhalten sie die Aufforderung, ca. zehn Begriffe auszuwählen und sich in der Gruppe darauf zu einigen. Danach werden sie gebeten, diese Wörter nach ihrer Bedeutung in eine Reihenfolge zu bringen und in großen, fett gedruckten oder kleinen Buchstaben niederzuschreiben und sie mit Filzstift zu markieren. In dieser ersten Übung nennen die Kinder zahlreiche Länder, von denen sie annehmen, dass sie zu Europa gehören. Zu unserer großen Überraschung tauchen Begriffe wie „Euro" und „Reise" auf, Begriffe, die in den Gesprächen zuvor kaum benutzt worden waren.

Die Teilnehmer des zweiten Workshops wurden angeleitet, eine Collage anzufertigen. Wir hatten Bildmaterial vorbereitet und schlugen den Kindern vor, sich in kleinere Gruppen aufzuteilen und das Thema „Europa" in den Collagen auszudrücken. Diese Arbeit erweist sich aus zweierlei Gründen als sehr mühsam: Die Vorgabe ist offensichtlich zu allgemein, und das Material, das wir in der Schule auftreiben konnten, ist nicht abwechslungsreich genug. Diese Arbeitsgruppe ist wenig ergiebig. Die Kinder lassen es uns durch ihr Verhalten spüren und geben deutlich zu erkennen, dass sie nicht wissen, was sie tun sollen. Dieser Workshop sollte mit einer präziseren Vorgabe wiederholt werden. Es wäre sinnvoll, die Kinder im Vorfeld zu bitten, ihr eigenes Material für die Collage mitzubringen. Damit wäre eine gewisse kreative Entwicklung möglich und die Arbeit der Gruppe erfolgreicher.

Der dritte Kreativ-Workshop ging strukturierter vor. Wir baten jedes Kind, einen Europäer zu malen, so wie es ihn sich vorstellte. Wir beobachteten dabei, dass die Kinder nach nationaler Verankerung suchten, um sich darüber als Europäer erleben zu können. Es wurden Männchen in der Nähe des Eiffelturms und des

Triumphbogens gemalt, aber auch Euros. Die gezeichneten Personen waren meist weißer Hautfarbe oder rosa, aber fast keine Farbigen, obwohl sich dunkelhäutige Kinder in der Gruppe befanden. Dieser Aspekt erscheint uns im Hinblick auf die Darstellungen bedeutsam. Wie stellen sich Kinder, die in einem interkulturellen Umfeld aufwachsen, einen Europäer vor? Kann ein Europäer eine andere Hautfarbe als weiß oder rosa haben? Und wie können sich Kinder mit sehr stark oder sehr geringer ausgeprägter Unterschiedlichkeit in ihrem Aussehen als Europäer fühlen, wenn sie sich Europäer als Weiße vorstellen? Wie ist es für sie, wenn sie aus einem Land stammen, das zu Europa gehört?

Für uns sind die drei Arbeitsgruppen, mit denen wir für Europa sensibilisieren wollten, rein explorativ. Immerhin wurde dadurch deutlicher, wie schwierig es in der Arbeit mit Kindern ist, eine Beziehung zu Europa und zur europäischen Bürgerschaft herzustellen, wenn diese einem Milieu angehören, das aus sozialen, kulturellen und wirtschaftlichen Gründen weit von den Bestrebungen auf europäischer Ebene entfernt ist. Der Versuch, kreative Verfahren einzusetzen, ließ die „Schlüsselbegriffe" zu Europa schneller hervortreten: der Euro z.B., die Reisen (Bewegungsfreiheit). Diese Begriffe und Realitätsbezüge, die in den Gesprächen zweitrangig waren, veranlassten die Kinder in den „Diskussionen", ‚politischer' über Bündnisfragen, über Solidarität usw. nachzudenken – über Themen, die im Mittelpunkt der europäischen Bemühungen stehen. Für ein längerfristiges Projekt wäre es wichtig, den Ablauf zu verändern und in den Kreativ-Workshops zunächst die Themen zu entwickeln, die zu einem späteren Zeitpunkt in den Gesprächsgruppen bearbeitet werden können. Das Forschungsprojekt in der Grundschule der Pariser Banlieue ließ uns erkennen, wie weit entfernt der Aufbau Europas und die europäische Bürgerschaft für bestimmte Randgruppen der Bevölkerung sind. Da sie sich nicht direkt betroffen fühlen, sind diese Begriffe für sie alles andere als selbstverständlich. Die Europäische Union wirbt für das Erlernen von Fremdsprachen und das Kennenlernen von Kulturen. Dies war das Thema unserer Forschungsgruppe. Doch zeigt unsere Untersuchung, dass sich die Frage stellt, ob sich Kinder – wenn sie zweisprachig aufwachsen und sich täglich in einem interkulturellen Umfeld bewegen – allein dadurch als Europäer erleben und ein entsprechendes Selbstbild entwickeln können.

Die zweite Sprache, die diese Kinder beherrschen, ist oft keine europäische Sprache, doch kann die zweisprachige Kompetenz eine linguistische Öffnung für andere Fremdsprachen darstellen. Außerdem kann das Aufwachsen in gemischten Kulturen ein Ausgangspunkt für das Interesse an anderen europäischen Kulturen sein. Ist es dann nicht angezeigt, darüber nachzudenken, wie die sozio-ökonomischen und kulturellen Verschiedenheiten der Einwohner von Europa berücksichtigt werden können und wie ein Bild entstehen kann, das ihnen näher ist und von dem sie sich unmittelbarer betroffen fühlen? Das Bildungsprojekt europäische Bürgerschaft könnte in der Schule beginnen, indem man eine Beziehung zu den Lebensgeschichten der einzelnen Schüler herstellt, ihrer Familie, ihrer lokalen und nationalen Bezüge und diese durch eine subjektive und objektive Untersuchung der Verankerung in einem

Lebensraum und in einer historischen Realität, die über unser aller Zukunft entscheidet, mit der langen Geschichte Europas verknüpft.

Aus dem Französischen von Gisela Dreyer

Literatur

Bohnsack, R. (2003): Rekonstruktive Sozialforschung. Einführung in qualitative Methoden. Ein Handbuch (2. Auflage). Reinbek bei Hamburg: Rowohlt.
Delory-Momberger, Ch. (2005): Histoires de vie et recherche biographique en éducation. Paris: Anthropos.
Delory-Momberger, Ch. (2009): La méthode herméneutique « reconstructive », texte de travail pour la recherche OFAJ « Comment apprendre la citoyenneté européenne? Avec la pluralité des langues et des cultures ».
Camilleri, C. (dir.) (1995): Différences et cultures en Europe. Les éditions du Conseil de l'Europe.
Montandon, C./Maulini, O. (2005): Les formes de l'éducation: variétés et variations. Bruxelles: De Boeck.
Schütze, F. (1977): Die Technik des narrativen Interviews in Interaktionsfeldstudien – dargestellt an einem Projekt zur Erforschung von kommunalen Machtstrukturen. Manuskript.
Wulf, Ch. (2007): Une anthropologie historique et culturelle. Rituels, mimésis sociale et performativité. Paris: Téraèdre.

*Gerald Blaschke, Ingrid Kellermann, Juliane Lamprecht
& Christoph Wulf*

„Europa ist anstrengend"[1] – zwischen Wunschbild und Praxis europäischer Integration

Der *europäische Integrationsprozess* spiegelt seit Ende des Zweiten Weltkrieges den politischen Willen der beteiligten Staatsführungen zur Versöhnung und Verständigung der ehemaligen Kriegsgegner wider. Der Umgang mit Differenz soll – in Zukunft – friedlich gelöst werden. Diese Argumentationsfigur lässt sich nicht nur in historischen, sondern auch in bildungspolitischen Diskursen wiederfinden, in denen ein bestimmter Umgang mit dem Fremden bzw. dem Anderen – als Integration – dargelegt ist, der sich auf der Grundlage der hier durchgeführten Studie in ein produktives Spannungsverhältnis zu differenten Ansätzen zum Umgang mit Alterität setzen lässt, so wie es eine Lehrerin treffend formuliert hat. „In diesem Wechselverhältnis geht es um das Verstehen des Nichtverstehens und den kreativen Umgang mit Alterität" (Wulf 2006, S. 11).

Dieses Vorgehen erscheint uns der Komplexität des Phänomens bzw. konzeptioneller Annäherungen an EU und an eine EU-Bürgerschaft angemessen. Vernachlässigt werden so weder politisch affirmative Standpunkte, noch praktische Beispiele möglicher Umsetzungen von EU-Bürgerschaft. Darüber hinaus reagiert diese Forschungsperspektive auf die momentan ersichtliche Kluft zwischen den politischen Entscheidungen, Maßnahmen und Gesetzen der EU auf der einen Seite und dem Bürger als Engagiertem, Aktivem und Mitwirkenden auf der anderen Seite.

Die Europäischen Schulen als ‚Instrument' europäischer Integration

Bereits das Ziel der Erziehung zum europäischen Bürger macht die Berührungspunkte der europäischen Schulen zum Projekt *Europäische Bürgerschaft – durch Erfahrung lernen* bzw. zu unserer Frage nach europäisch-bürgerschaftlicher Praxis deutlich.

Selbstbewusst zeigt sich Jean Monnet, der wesentliche Wegbereiter der europäischen Schulen: „Der Erfolg der Europäischen Schulen beweist, dass Europa künftig eine ganz eigene Kultur entwickeln kann, ohne dass die Nationen, die dieses Europa bilden, ihre Kultur aufgeben müssen" (Schola Europaea 2003). Das Motto der Europäischen Schulen lautet dabei: Einheit auf Grundlage der Kenntnis der Unterschiedlichkeit in Sprache und Kultur. Aus diesen Gründen sind diese Schulen unseres

---

1 Zitat einer Lehrerin in einer Gruppendiskussion an der Europäischen Schule in Karlsruhe.

Erachtens besonders geeignet, sich auf der Basis diskursiver Praktiken in Gruppeninterviews auf die Suche nach Implikationen eines Begriffes ‚europäischer Bürgerschaft' zu machen.

Die Zusammensetzung der Schülerschaft sowie die Organisation der Europäischen Schulen verweist in diesem Sinne auf die Anknüpfungspunkte an unser Forschungsinteresse. So sind an den 14 Europäischen Schulen momentan Schüler und Schülerinnen mit 21 verschiedenen europäischen Staatsangehörigkeiten angemeldet, die – je nach Schule und Erfordernis – in fünf bis acht Sprachsektionen eingeteilt unterrichtet werden. Dabei können diese Sprachsektionen alle offiziellen Sprachen der EU repräsentieren. Beispielsweise gibt es an der Europäischen Schule in Karlsruhe eine deutsche, eine englische, eine italienische, eine französische und eine niederländische Sprachsektion, in der Europäischen Schule Brüssel I hingegen neben der deutschen, englischen und französischen Sektion eine dänische, eine spanische, eine ungarische, eine italienische und eine polnische Sektion. Die Schüler und Schülerinnen werden bei Eintritt in die Europäische Schule zunächst gemäß ihrer Muttersprache einer dieser Sprachsektionen zugewiesen. Diese Sprache bleibt während der gesamten Schulzeit ihre *erste* Sprache, in der sie den Hauptteil des Unterrichts erteilt bekommen. Ab der ersten Klasse erhalten die Kinder ferner Sprachunterricht in der ersten Fremdsprache, ab der siebten Klasse in einer zweiten Fremdsprache. Zudem kann ab der neunten Klasse eine dritte oder vierte Fremdsprache gewählt werden. Schließlich wird ab der neunten Klasse der Geschichts- und Geographieunterricht in der ersten Fremdsprache abgehalten.

In dem hier präsentierten Forschungssampling haben wir uns auf die Europäische Schule in Karlsruhe konzentriert und möchten exemplarisch anhand zweier Gruppendiskussionen institutionell gerahmte Lernprozesse diskutieren, indem wir der Frage nachgehen, wie die Beteiligten selbst europäisch-bürgerschaftlicher Praxis gestalten.

Die dokumentarische Methode der Interpretation

Mit Blick auf unsere Fragestellung und Zielsetzung haben wir je zwei Gruppendiskussionen mit einer Lehrergruppe (eine Lehrerin, zwei Lehrer) und einer Schülergruppe (Schüler/innen der letzten Abschlussklassen) durchgeführt und diese mithilfe der dokumentarischen Methode der Interpretation ausgewertet.[2]

Die Anwendung der dokumentarischen Methode bedeutet dabei zunächst einmal grundlegend, dass wir uns als Forschende nicht über das Wissen der Erforschten erheben. Es geht vielmehr darum, die Praxis und das in dieser Praxis zum Ausdruck kommende Wissen der Erforschten zur begrifflich-theoretischen Explikation zu bringen. „Somit gehen die Beobachter – und dies ist entscheidend – nicht davon aus, dass sie mehr wissen als die Akteure oder Akteurinnen, sondern davon,

---

2   Zu Gruppendiskussionsverfahren und zur dokumentarischen Methode der Interpretation ausführlich: Bohnsack 2003.

dass letztere selbst nicht wissen, was sie da eigentlich alles wissen" (Bohnsack 2009, S. 19). Auf Grundlage selbstläufiger Erzählungen sowie detaillierter Beschreibungen werden die Äußerungen in der Analyse auf ihren expliziten sowie impliziten Bedeutungsgehalt hin untersucht. In der dokumentarischen Interpretation von Diskursen wird dazu das empirische Material mit Interpretationsschritten erschlossen, die das, *was* wörtlich gesagt wird, von der Art und Weise unterscheiden, *wie* und *in welchem Rahmen* es behandelt wird.

Im Umgang mit Fremden und Eigenen eröffnen Metaphern und Wunschbilder einen Zugang zu Imaginationsprozessen, die zeigen, wie Lehrer/innen und Schüler/innen ihre eigene Praxis implizit bewerten bzw. ihr Erleben im Schulalltag auf einer impliziten Folie ihrer Werthorizonte beurteilen. Alltägliches Handeln in Schulen entsteht an der Schnittstelle zwischen alltagspraktischem, berufssozialisatorischem Wissen (Lamprecht 2007) und Wunschbildern (Lamprecht 2010). Es sei darauf verwiesen, dass die Rekonstruktionen der Orientierungen auf der Basis zahlreicher Passagen basieren und die hier präsentierten Abschnitte lediglich einer analytischen Exemplifizierung dienen (können).

Empirische Rekonstruktion[3]

Gegenhorizont nationale Schule/Gesellschaft

In beiden Diskussionsrunden zeigte sich, dass die Lehrkräfte dazu neigten, den Exklusivitätsstatus der Schule qua Abgrenzung von anderen Schulen herzustellen:

Lw: Das war überhaupt nicht mein Traumziel. Ich wollte ins Ausland und bin jetzt hier in so einem extraterritorialen Gebiet, das ist …

Dass sich die Europäische Schule von den staatlichen Schulen unterscheidet, bezieht die Lehrerin zunächst auf eine räumlich-geographische Ebene. Mit der Bezeichnung der Europäischen Schule als einem ‚extraterritorialen Gebiet' grenzt sie die Schule nicht nur vom staatlich-institutionellen Schulsystem ab, vielmehr betont sie, dass sie die Schule außerhalb des Territoriums und somit in gewisser Weise auch außerhalb des Einflussbereichs der deutschen Gesellschaft verortet. Damit räumt sie der Schule einen Sonderstatus im Vergleich zu der sie umgebenden ‚Gesellschaft' ein und macht deutlich, dass in einem derart abgegrenzten Rahmen gleichsam andere Regeln gelten bzw. Möglichkeiten existieren.

Lm2: … weil das an einer nationalen Schule so gar nicht sein kann. Das wäre für mich dann wieder die Kritik an der nationalen Schule, gerade hier in Baden-Württemberg. Wir schaffen es ja bis hin zum Gymnasium, bis hin zum Abitur, alles

---

3 Die Interpretationen der Äußerungen, die hier exemplarisch den Gruppendiskussionen entnommen sind, basieren auf umfangreichen Transkripten, d.h. auf einer Verschriftlichung der Audioaufnahmen, die nach allgemeinen Transkriptionsregeln unterschiedlich detailliert (z.B. Prosodie, Pausen, Intonation einschließend) angefertigt werden kann (vgl. auch Bohnsack 2003, S. 195).

auszusortieren, was nicht so ganz auf den Weg passt. Also da gibt es einen Vorzeigetürken, einen Vorzeigerussen und vielleicht noch zwei Vorzeigeexjugoslawen ...

Bei Lehrer 2 fungieren die „nationalen Schulen" explizit als negativer (Gegen-)Horizont. Dabei kritisiert er das Vorgehen des „Aussortierens" an Gymnasien von allem, „was nicht so ganz auf den Weg passt". D.h. an den nationalen Schulen herrsche eine bestimmte Art und Weise der „Gleichmacherei" und die damit verbundenen Exklusionsstrategien, die die Schüler zu Objekten machen („von allem"). Schließlich ermögliche die ‚Gleichmacherei' nur einigen wenigen (Vorzeige-)Schülerinnen und Schülern nichtdeutscher Nationalität aus repräsentativen Gründen den Verbleib auf der Schule („Vorzeigetürken"). Das Aussortieren von nicht-deutschen Schülerinnen und Schülern wird von ihm somit als institutionell erwünschtes Vorgehen dargestellt, bei der Passung das entscheidende Kriterium bildet. Sie „passen" eben nicht auf den „Weg". Hier zeigt sich die implizite Verknüpfung von Schulerfolg und Nationalität. Die Kategorie der Nationalität dient ihm dabei insofern als Projektionsfläche, als sie *ex negativo* einen Bezugspunkt darstellt, der das Erreichen des Abiturs und somit gesellschaftliche Teilhabe qua Aussortieren bestimmt. Von diesem System, das schulischen Erfolg von Nationalitäten abhängig mache, hebe sich die europäische Schule ab.

Auch in der Gruppendiskussion mit den Schülern werden die nationalen Schulen als Gegenhorizont konstruiert. Hier allerdings geht es vielmehr darum, wie sich der Alltag an den staatlichen Schulen von demjenigen an der Europäischen Schule unterscheidet bzw. wie sich die Kinder und Jugendlichen dort im Unterschied zur Europäischen Schule fühlen bzw. ihren eigenen Weg finden könnten.

Schw4: Man wächst auch von klein auf an mit Leuten aus verschiedenen Nationen [auf]. Also, auch wenn man in seiner Klasse ist, und mit den Franzosen oder auch mit den Deutschen oder den Engländern zu tun hat also, man lernt dann über das Spiel auf dem Pausenhof, wenn man kleiner ist. Oder auch, wenn man etwas größer ist, dann lernt man die Leute kennen und wenn ich viele nur oberflächlich kenne. Ich kenne ein paar Italiener, ein paar Engländer, ein paar Deutsche und das ist schon eine Bereicherung, die man in anderen Schulen nicht hätte. Ich nehme an, wenn ich jetzt auf einer ganz normalen deutschen Schule wäre, dann würde ich bestimmt weniger Leute aus Italien oder aus England oder aus Frankreich kennen. Das ist dann für immer ein Vorteil, würde ich sagen und das ist an den Europäischen Schulen immer so gewesen, nehm ich an und das zeichnet sie auch aus.

Schw5: Und auch im Zusammenhang zu den Lehrern, die Muttersprachler sind und auch im Unterricht geht man tiefer in die Sprache ein. Ich hab früher in Frankreich gelebt und da war der Englischunterricht wirklich miserabel und meine Englischlehrerin konnte kaum mit mir englisch reden. Hier ist es wirklich ganz anders. Vom ersten Tag an wird man in dieser Sprache unterrichtet.

Schm1: Mein erster Englischlehrer konnte gar kein Deutsch.

Schw5: Man muss sich dann mit denen auf Englisch verständigen.

Schw5:   In Frankreich hatte ich nie n' Grammatikunterricht und es gab keine Unterhaltung oder so etwas.

Mittels des teils konstruierten („ich nehme an") Vergleichs mit staatlichen Schulen in Deutschland und Frankreich wird insbesondere die nationale Vielfalt an der Europäischen Schule positiv hervorgehoben. Da man an der Europäischen Schule von „klein auf" mit Personen anderer Nationen zu tun habe, lerne man diese „Leute" aus anderen Nationen kennen, auch wenn dies teils nur „oberflächlich" der Fall sei bzw. Schülerin 4 auch nur wenige Schüler/innen aus den anderen Sprachabteilungen kennt. Die Vielfalt auch auf Seiten des Lehrpersonals, eröffne besondere Möglichkeiten des Spracherwerbs, da man allein im Sprachunterricht dazu gezwungen sei, sich in der Sprache des Kurses/Lehrers zu verständigen. Insofern dokumentiert sich hier ein besonderer Modus der Aufwertung der europäischen Schule anhand der Abwertung staatlicher Schulen: Der Vergleich mit staatlichen Schulen dient den Schülerinnen nach Meinung von Lm2 gleichsam dazu, Vorteile der Europäischen Schule besonders herauszustreichen und beispielhaft auszuführen und zugleich die wahrgenommene Schwächen im Umgang mit der Vielfalt („kenne nur oberflächlich", „kenne ein paar" etc.; siehe gebündelt weiter unten) zu übergehen.

Die Ambivalenz zwischen ‚positiven Aspekten' nationaler Vielfalt an der Schule sowie ihren ‚negativen Seiten' stellt sich dabei als das entscheidende Orientierungsproblem in beiden Diskussionen dar. Beide Gruppen bearbeiten diese Ambivalenz, wie sich hier bereits andeutet, auf eine ähnliche Weise.

(Sprachen)Vielfalt, Rückzug in Nischen und Tabuierung von Unterschieden

Was sich in den Passagen zuvor bereits andeutete, ist die besondere Wahrnehmung nationaler Vielfalt an der Schule. In der Wahrnehmung der beiden deutschen Lehrkräfte ist der Alltag an der Schule insbesondere durch die (Sprachen)Vielfalt geprägt, die von ihnen jedoch gleichsam als chaotisch empfunden wird. Zusätzlich bemängeln alle Lehrkräfte und einige der Schüler/innen, dass sich der Alltag an der Schule durch eine Zergliederung in nationale Ecken, Nischen oder Inseln auszeichnet.

Lm2:   Was mir einfach auffällt im Alltag, das erste Wesentliche ist einfach die Sprachenvielfalt. Also das ist so der Punkt, der für mich und im Alltag eine ganz wesentliche Umstellung und auch eine ganz wesentliche Wahrnehmung war, dass hier viel offener, viel direkter, viel selbstverständlicher, natürlich durch die Schülerklientel völlig unterschiedliche Sprachen unterwegs sind. Und dann haben wir ja immer diesen doppelten Alltag. Ich hab dann im Alltag mit den Kollegen relativ wenig Zeit, aber so ein bisschen, vielleicht kriegt man zehn Minuten zusammen im Verlauf des Schultages. Und dann den Alltag mit den Schülern und das ist auf Lehrerebene ähnlich, dass eben im Vergleich zur normalen nationalen Schule einfach auch hier viel mehr an, ich möchte jetzt nicht sagen,

Sprachwirrwarr ist, aber die erste Wahrnehmung ist natürlich schon so, dass es eine riesengroße Vielfalt ist.

In dieser Passage zu Beginn der Gruppendiskussion legt der Lehrer dar, dass die „Sprachenvielfalt" für ihn das „Wesentliche" der europäischen Schule darstellt, und diese Vielfalt nach seinem Wechsel an die Schule vor nicht allzu langer Zeit, die „wesentliche" oder die „ganz wesentliche Umstellung" und „ganz wesentliche Wahrnehmung" für ihn bedeutete. Der Ausdruck „wesentlich", den er hier dreimal kurz hintereinander verwendet, verweist ebenso wie der Begriff der „Umstellung" oder „Wahrnehmung", auf eine Körpergebundenheit bzw. Sinnlichkeit der Erfahrung der Sprachenvielfalt. Gemeinsam mit der Aufzählung „viel offener, viel direkter, viel selbstverständlicher" betont seine Schilderung die beträchtliche Bedeutung dieser Erfahrung für ihn sowie die tiefgreifende Veränderung seines Alltags gerade aufgrund dieser „Vielfalt".

Darüber hinaus (und auch später) verwendet er den Ausdruck, dass in der Schule viele „Sprachen unterwegs" seien. Diese Metapher der Bewegung, die letztlich wiederum in einen Zusammenhang mit dem Körper gebracht werden kann, weckt im Zusammenspiel mit den Begriffen des „Sprachenwirrwarrs" oder des „Durcheinanders" die Assoziation einer nahezu erdrückenden, babylonischen Chaotik oder etwas, dem er sich nicht entziehen kann. Im Gesagten zeichnet sich somit eine gewisse, auch körperliche Belastung bzw. Anstrengung angesichts der Sprachenvielfalt ab, die er allerdings nicht expliziert. Alles in allem bewertet er die gelebte Vielfalt jedoch dennoch äußerst positiv.

Lm2: Und das andere, was mir dann auffällt, das war eine Schüleräußerung aus einer Abitursklasse: Wo finde ich euch, wenn ihr noch was braucht? Ja, wir sind in der italienischen Ecke. Das heißt, auf der einen Seite so dieses Gemeinsame, Durcheinander, Vielfalt, und auf der anderen Seite trotzdem, für mich das Empfinden, dass im Grunde jedes Sprachabteil, und da würde ich auch wieder sagen, Schüler und Lehrer, ihre Nische suchen, also das italienische Eck, das deutsche Eck, diese Ecken gibt es alle und das ist für mich so das einfach Auffallendste gewesen.

Der Lehrer erlebt wie der Schulalltag der Schülerinnen und Schüler von nationalen „Ecken" geprägt ist, in denen sich diese Schülerinnen und Schüler und die Lehrkräfte überwiegend aufhalten. Dabei spricht er hier nicht von ‚Sprachabteilungen', sondern von „jede[m] Sprachabteil". In dieser Formulierung kommt ebenfalls eine Metapher der Bewegung zum Ausdruck (Zugabteil), die sich bereits zuvor in seiner Bezeichnung des „Unterwegs der Sprachen" andeutete und die auch an anderen Stellen gebraucht wird. Sie steht zunächst der Erfahrung von Nischen gegenüber, wird jedoch im Rahmen der falleigenen Logik verständlich, bei der auf Metaphern der Bewegung und der damit einhergehenden körperlichen Anstrengung, Bedürfnisse des Rückzugs artikulieren. Schließlich sind Nischen Orte, in denen sich unterwegs ausgeruht oder geschlafen werden kann, so wie die Schlafnischen in Zügen oder in Booten – bzw. evolutionsmetaphorisch sichern sie das Überleben von Arten. In diesen Formulierungen scheint somit abermals durch, dass die Sprachenvielfalt bei ihm eine besondere Anstrengung hervorruft, von der man sich letztlich in seiner Nische erholt.

Bemerkenswert ist, dass die Lehrkräfte ihre Erfahrungen mit jenen der Schülerinnen und Schüler gleichsetzen, indem sie ihnen gleiche Erlebnisse und Wahrnehmungen zuschreiben. Auch auf dieser Ebene wird der bereits zu Beginn der Diskussion auffallende Modus der Nicht-Thematisierung von (sozialen) Differenzen erkennbar, der sich letztlich durch die gesamte Diskussion zieht. Es ist offenbar nicht möglich, Unterschiedlichkeit als Ausgrenzungsfaktor einerseits explizit zu verneinen (Vorzeigetürken) und Differenz andererseits zu thematisieren.

Zudem hebt die Lehrerin in einer anderen Passage hervor, dass es an einer derart vielfältigen Schule für die Kinder und Jugendlichen schwieriger ist, aus den „Ecken" herauszukommen, als in sprachlich-national eher homogenen Schulen. Auch hier dokumentiert sich also eine Belastung angesichts der Vielfalt an der Schule, welche gleichsam auf die Schüler projiziert wird. Der einzige Lehrer mit Migrationshintergrund in der Gruppendiskussion beschreibt die Nischenbewegung allerdings mit einem anderen Bild.

Lm1: Ja daran anschließend würde ich sagen, was mir auffällt ist, dass der Alltag hier aus Inseln besteht. Und die Inseln sind wirklich Sprachabteilungen. Es ist nicht so, wenn man, wie meine Erfahrung in einer anderen nationalen Schule war. Ich hab in den Niederlanden gearbeitet, aber auch in England und in Frankreich, dass man da geneigt ist, zu Leuten zu gehen, zu Kollegen mit den gleichen Affinität, vielleicht im Fach oder vom Alter her oder was auch immer. Aber hier ist das wirklich so. Unsere Abteilung ist auch sehr klein; in der niederländischen Abteilung gibt es nur vier Lehrer. Hier ist es mehr so, dass jeder seine Nationalität aufsucht. In dem Lehrerzimmer, das ist ein gutes Beispiel, gibt es drei Tische, einen deutschen Tisch, einen englischen Tisch, einen französischen Tisch und so ist es. Die Italiener, die sind am Computer, die haben keinen Tisch.

In dieser Passage kontextualisiert Lm1 die Nischenbewegung weiträumiger als seine Kolleginnen und Kollegen. Darüber hinaus bringt er sie auch nicht bzw. sehr viel weniger mit einem Gefühl von Chaotik in Verbindung. Für ihn sind die Nischen oder Ecken Inseln, das heißt im metaphorischen Sinne, dass er im Unterschied zu seinen Kollegen die Sprachabteilungen als weiter auseinander liegend wahrnimmt. Ihm scheinen die ‚Entfernungen' zwischen den ‚Ecken' oder ‚Nischen' des Schulalltags sehr viel größer bzw. schwerer zu überwinden. Ferner sind Inseln auch nicht nur Rückzugsgebiete zum Schutz vor der Chaotik des bewegten und vielfältigen Alltags, sondern sie sind weitgehend unabhängige Lebens- und Kulturräume. Die Wahrnehmung eines vielfältigen und „chaotischen" Mit- oder Nebeneinanders der Sprachabteilungen scheint er also nicht zu teilen, allerdings thematisiert er diese unterschiedliche Wahrnehmung nicht explizit.

Die Inseln begründet er nicht mit der Vielfalt bzw. der Chaotik an der Schule, sondern mit Alltagserfahrungen an anderen Schulen im Ausland. Denn auch dort fühle man sich zu Leuten mit der gleichen „Affinität" zu bestimmten Themen hingezogen; und an dieser Schule seien dies eben die Sprachabteilungen. Die Verallgemeinerung von „ich" zu „man" deutet auf ein Legitimationsbedürfnis hin. Nicht nur einem selbst oder anderen gehe es derart, sondern das sei eben so. Sich selbst nimmt er dabei allerdings explizit aus. Dennoch thematisiert auch er nicht – ebenso wenig wie seine Kolleginnen und Kollegen – wieso es gerade die Sprachabteilungen sind, die die ‚Inseln' oder ‚Nischen' darstellten oder zu denen man eine besondere Affinität verspüre. Damit werden die Gründe, die womöglich letztlich für die Zerstreutheit der Alltagspraxis verantwortlich sein könnten, wiederum nicht reflektiert.

In der Schülerdiskussion wird die ‚Nischenbildung' ebenfalls gleich zu Beginn angesprochen – auch hier stellt sie ein wesentliches Orientierungsproblem zwischen Idealvorstellung und Alltagspraxis dar.

Schw1: Also, wir kommen hier morgens ungefähr um 8 Uhr in die Schule und dann ist es zum Beispiel bei uns in der Klasse so, dass die Klassen so ein bisschen in die einzelnen Sektionen aufgeteilt sind. Die Italiener haben ihre Ecke und die Deutschen ihre andere und die Engländer sitzen dann da vorne, die haben einen Arbeitsraum. Die sind dann halt alle so ein bisschen über die Schule verteilt und klar, man redet schon irgendwie mit den andern, aber man hat eigentlich morgens auch nicht soviel Zeit. Zum Teil haben wir dann gemischt Unterricht, also auch mit anderen Sektionen, wenn wir irgendwie Geschichte oder Bio oder so was haben, so dass man dann auch mit der Parallelklasse irgendwie zusammen ist. Aber ansonsten ist es schon so, dass man nicht soo viel [gedehnt gesprochen] direkt mit den Parallelklassen zu tun hat, außer man hat jetzt wirklich irgendwo Kontakt mit Leuten aus den anderen Sektionen. Ja, also, das ist eigentlich so, irgendwie so mit den Sprachen, dass man jetzt eigentlich vielleicht denken würde, die machen bestimmt total viel mit den anderen, wenn sie schon die ganzen Sprachen um sich herum haben. Aber das ist nicht so, finde ich, das trennt sich dann doch irgendwie.

Auch Schw1 spricht gleich zu Beginn der Diskussion an, dass die Sprachabteilungen ihre Ecken bzw. „nicht soo viel" miteinander zu tun haben. Allerdings dokumentiert sich in der Schülerdiskussion nicht das von Lm2 und Lw1 ausgedrückte Gefühl von Chaotik. Die Aufteilung der Sprachsektionen im Schulgebäude scheint vielmehr gut strukturiert und übersichtlich. Gründe für diese Separation der Sektionen kann Schw1 allerdings auch nicht nennen, was insbesondere ihr „irgendwie" zeigt. Dabei fällt auch hier auf, dass die Kinder und Jugendlichen durchaus eine Vorstellung davon haben, wie sich der Umgang mit der nationalen Vielfalt im Unterschied zur momentanen Alltagspraxis gestalten ließe bzw. wie „Leute" dies im Unterschied zur jetzigen Alltagspraxis sich „denken" oder „sagen" könnten. Als eigene Idealvorstellung wird dies von Schw1 jedoch nicht markiert, sondern vielmehr als die Idealvorstellung anderer, die jedoch an der Alltagspraxis scheitere.

Genau wie in der Diskussion der Lehrkräfte beschreiben auch die Schüler/innen die Diskrepanz zwischen Idealvorstellung und Realität. Die Darstellung der tatsächlich gelebten Alltagspraxis rechtfertigt dabei die Differenz zu dem idealiteren Bild einer ‚Vielsprachengemeinschaft'.

Bewegungsmetaphern repräsentieren sowohl in der Schülergruppe als auch in der Lehrergruppe zentrale Dimensionen ihrer Erfahrungen im Umgang mit Alterität. Sie beschreiben die dynamischen Elemente des Schulalltags, während Rückzugsorte (‚Nischen', ‚Inseln', ‚Ecken') den Abstand zu und die Erholung von fremder Kultur symbolisieren. Der Umgang mit dem Fremden ist in diesem Spannungsverhältnis angesiedelt. Widersprüchlich und tabuisiert erscheint der Diskurs im Hinblick auf das Sprechen über das Fremde bzw. Andere. Es ist offenbar nicht möglich, Gleichheit – im Sinne gleicher Behandlung unterschiedlicher Nationen – zu fordern, sie somit weiterhin als Referenz zugrunde zu legen und zugleich Differenzen offen zu anzusprechen. Auf dieser Ebene zeigen sich Widersprüche, die Ideal und Praxis unverbunden lassen.

In der Beurteilung dieser Widersprüche zeigt sich die Lehrerin durchaus ambivalent. Zwar sei es im Sinne des Ideals einer „großen europäischen Familie", das man bereits „verinnerlicht hätte" und bei Bedarf „schnell abspulen" könne. Der Gedanke eines ‚integrierten' Europas sei insofern bereits gut ‚verhaftet'. Allerdings impliziere dieses Ideal auch, sich nicht mehr mit den „Problemen beschäftigen" zu müssen, die eine Thematisierung der Unterschiede bereiten könne. Auch wenn sie das verinnerlichte Ideal dabei nicht expliziert, die Metapher einer „großen europäischen Familie" legt nahe, dass es ihr beim Konzept einer „europäischen Mentalität" um ein Gefühl von Zusammengehörigkeit, um ein Mit- und nicht bloß Nebeneinander geht. Letztlich stehe dieses verinnerlichte Ideal gleichsam einer Thematisierung von Unterschieden im Weg, die jedoch durchaus fruchtbar sein könne. Schließlich sieht sie dieses Ideal in der Alltagspraxis an der Schule noch nicht umgesetzt, nur „abstrakt" in den Sichtweisen bzw. als „Ausrede" für eine Nicht-Thematisierung von Differenzen. Ohne Übergang geht sie von diesem Beispiel der Schüler zur Situation im Lehrerzimmer über und setzt somit die Alltagspraxis von Lehrern und Schülern gleich.

Lw: Also ich finde auch dieses Lehrerzimmer bei uns ist wirklich ein gutes Beispiel. Ich war geschockt, als ich das wahrgenommen habe. Seither ist es eine meiner Lieblingssportaktionen, die Kollegen darauf anzusprechen und so ein bisschen Mobilisierung zu betreiben, dass man doch etwas mal daran ändern könnte. Aber auch wenn dann wieder jeder sagt, dass das eigentlich doch komisch ist und dass man das auch nicht gut findet und dass das anscheinend früher auch nicht so war. Aber es ändert sich im Prinzip doch nichts. Und wenn ich dann mal zu den Franzosen gehe, werde ich immer sehr freundlich empfangen, aber so nach dem Motto, oh wir haben Besuch. Und bei den Engländern, da ist es eigentlich noch enger, nach unserem Empfinden, da haben wir noch mal einen Kollegen gefragt, und der hat gesagt, eigentlich ist es gar nicht so. Wir sind gar nicht so eng, wir sehen uns auch nie in der Freizeit. Aber der Eindruck besteht wohl, dass man eigentlich gar keine Chance hat, sich auch mal an den Tisch zu setzen. Und ich glaube, bei Schülern ist das halt auch.

Anhand dieser Episode lässt sich in gebündelter Weise die Wahrnehmung einer Kluft zwischen Ideal und Praxis herausarbeiten, die sich in beiden Gruppen aufgrund ihres paradoxal angelegten Umgangs mit Differenz auftut. Auch das Lehrerzimmer zeichnet sich durch die Separation der national-sprachlichen Gruppen aus, was angesichts des programmatischen Bildungsoptimismus im Widerspruch zu angestrebten Zielen steht. Dass Differenzen nicht benannt werden dürfen, macht es unmöglich, diese Erfahrungen, die von den Beteiligten als Bewegung *zwischen* Nischen und Kontaktzonen beschrieben wird, als Teil der europäischen Praxis (an)zuerkennen. Dieser Widerspruch in der ‚Alltagslogik' zeigt sich auch, wenn die Lehrerin es dabei als ihre „Lieblingssportaktion" ansieht, dies anzusprechen, wobei sie auf Zuspruch ihrer Kolleginnen stößt. In ihren metaphorischen Erzählungen wird ein progressiver Umgang mit Differenzen erkennbar, der jedoch ob des programmatischen Bildungsoptimismus negativ gerahmt werden muss: Sie fühlt sich am Tisch *der* Franzosen „zu Besuch", bei *den* Engländern ist es noch „enger", was ein Gefühl zum Ausdruck bringt, dort nicht genug bzw. keinen Platz zu finden. Innerhalb der Nationalitäten wird dabei nicht differenziert: Tisch *der* Franzosen, bei *den* Engländern. Das Andere wird hier als Kollektiv wahrgenommen und verhandelt.

Dieser Sachverhalt wird von den Lehrpersonen und den Schülern bzw. Schülerinnen unterschiedlich wahrgenommen: Die Lehrkräfte agieren in einem Spannungsfeld zwischen programmatischen Ideen und Alltagspraxis. Ihr Wunschbild lässt offenbar diese Differenz zum Gegenstand der (positiven) Beurteilung ihrer Praxis werden, wobei es um einen reflektierenden, kritischen Umgang mit Differenz im Gegensatz zum „Aussortieren", unter Beibehaltung eines „Vorzeigetürken", geht. Die Schüler und Schülerinnen verknüpfen dagegen ihre Wunschbilder mit der Praxis, indem sie sie als besonders im Sinne von exklusiv und progressiv im Umgang mit (sprachlicher) Differenz rahmen, was sie ebenfalls zu einem positiven Fazit kommen lässt.

Zum Verhältnis von gesellschaftlich-historischen Wunschbildern und Wunschbildern in der Schulpraxis

Vor dem Hintergrund des politischen Willens zur Versöhnung, Zusammenführung und Verständigung der ehemaligen Kriegsgegner in Europa wird im Rahmen des europäischen Integrationsprozesses der Umgang mit Vielfalt als ein partner- und gemeinschaftlicher angestrebt. Diese begrenzenden und ausschließenden Diskursivierungen ließen sich auf der Grundlage weiteren empirischen Materials – der Logik der Praxis erweitern und der stark positiv konnotierte ‚integrative' Ansatz Europäischer Bürgerschaft auf der Grundlage von Praxisbeobachtungen im Feld institutioneller, schulischer Bildung ergänzen. Unsere Überlegungen orientierten sich dabei am Begriff des *bürgerschaftlichen Engagements*, wie er im Diskurs des Bundestages ‚verhandelt' wird. Im Sinne einer Praxisforschung geht es in der Studie jedoch entgegen der Logik solch zweckrationaler Motive darum, herauszufinden, wie im Zusammenhang mit solchen Diskursen ‚europäische Integration' hervorgebracht wird. Vor dem Hintergrund dieser Fragestellung erweisen sich besonders die über ganz Europa verteilten 14 Europäischen Schulen als interessant, da sie sich konzeptionell den ‚europäischen Bürger' hervorzubringen zum Auftrag gesetzt haben. In ihnen treffen auf fokussierte Art und Weise konzeptionell bzw. zweckrational motivierte Vorstellungen bzw. Wunschbilder von „guter Praxis des gelebten Europas" mit der tatsächlich gelebten Praxis des Umgangs mit national-sprachlicher Heterogenität aufeinander.

Auf der Basis der dokumentarischen Interpretation zweier Gruppendiskussionen lassen sich Wunschbilder und ihre Verknüpfung mit der Praxis in ihren falleigenen Logiken nachvollziehen. Ausgehend von einem nicht diskutierten Ideal „europäischer Mentalität", „europäischen Feelings", einer „großen europäischen Familie" setzt sich vor dem Hintergrund einer wahrgenommenen Zergliederung der Alltagspraxis in nationale ‚Nischen', ‚Ecken' oder auf ‚Inseln' insbesondere in der Beiträgen der Lehrkräfte eine kritische Sichtweise auf den in der Schule praktizierten Umgang mit der Vielfalt als konstitutiv durch. Sie zeigen, wie sie ‚Europäische Bürgerschaft' zwischen der anstrengenden Bewegung aufeinander zu und dem Zurückziehen in Ecken und Nischen erleben. Die Rückzugsorte werden somit implizit als Bedingung für die ‚Bewegungsmöglichkeiten' und Annäherungen beschrieben. In den Äußerungen der Schülerinnen und Schüler wird die Diskrepanz zwischen dem Wunschbild geteilter Erfahrungsräume und der (Sprach-)Praxis von der Mehrzahl der Beteiligten als erfolgreich erlebt: trotz der – durch die Zusammenfassung in Klassengemeinschaften hervorgerufenen – Nischenbildung beschreiben sie ein Gefühl europäischer Zu(sammen)gehörigkeit.

Ruft man sich noch einmal die (bildungs-)politische Affirmativität, von der der Diskurs zur Europäischen Bürgerschaft geprägt ist, ins Gedächtnis, so wird deutlich, dass ein nur integrativer Ansatz nicht genügt bzw. nicht genügen kann. Solange der Umgang mit Differenz von einem tabuierten und tabuierenden Blick verstellt wird, bleiben alltagspraktische Grenzen weitgehend unüberschritten. Ist man daran interessiert, sich die Genese und (Re-)Produktion dieser Grenzen genauer anzuschauen, sehen sich Pädagogen mit einer Problemlage konfrontiert, die ihnen nicht unbekannt sein dürfte: dem Problem des Umgangs mit Vielfalt (vgl. Prengel 2007), der sie hier nicht nur in Bezug auf Leistung vor das paradoxe Problem der Bestimmung von Ungleichheit zur Herstellung von Gleichheit stellt, sondern zugleich vor die Frage der Andersheit von sich selbst und anderen am Beispiel zugeschriebener Differenzen. So ließe sich mit Paul Mecheril (vgl. Mecheril 2003) darauf verweisen, dass Differenzen erst bearbeitet werden können, wenn sie als solche anerkannt und nicht per se negiert werden. Dies zeigen die Lehrerkräfte wie die Schülerinnen und Schüler auf der Ebene ihrer Praktiken, die jedoch offenbar nicht sprachlich diskursivierbar werden.

Das Problem besteht allerdings darin – wie wir sowohl auf verfassungsrechtlicher als auch auf alltagspraktischer Ebene zeigen konnten –, dass der Umgang mit dem Fremden, Anderen von normativen Diskursen geprägt ist, die einer offenen Thematisierung von Differenzen eher im Wege stehen und somit oftmals zu einer Festschreibung derselben in und durch die Praxis beitragen.

Literatur

Bohnsack, Ralf (2003): Rekonstruktive Sozialforschung. Einführung in qualitative Methoden. Opladen: Verlag Leske und Budrich.
Bohnsack, Ralf (2009): Qualitative Bild- und Videointerpretation. Opladen: Verlag Barbara Budrich.
Lamprecht, Juliane (2007): Die Bewertung von Schülerleistungen. Eine kritische Reflexion auf der Basis der Dokumentarischen Evaluationsforschung. Berlin: Logos Verlag.
Lamprecht, Juliane (2010): Evaluation und Imagination. In: Bohnsack, Ralf/Nentwig-Gesemann, Iris (Hrsg.): Dokumentarische Evaluationsforschung. Theoretische Grundlagen und Beispiele aus der Praxis. Opladen: Verlag Barbara Budrich, S. 303-324.
Mecheril, Paul (2003): Prekäre Verhältnisse. Über natio-ethno-kulturelle (Mehrfach-) Zugehörigkeit. Münster: Waxmann Verlag.
Prengel, Annedore (2007): Diversity Education – Grundlagen und Probleme der Pädagogik der Vielfalt. In: Krell, Gertraude/Riedmüller, Barbara/Sieben, Barbara/Vinz, Dagmar (Hg.): Diversity Studies. Grundlagen und disziplinäre Ansätze. Frankfurt/Main: Campus, S. 49-68.
Schola Europaea (2003): Die Europäische Schule Frankfurt am Main. Frankfurt/Main. URL: http://www.esffm.org/brochure/brochure_de.pdf (Stand: 27.7.2010).
Wulf, Christoph (2006): Anthropologie kultureller Vielfalt. Interkulturelle Bildung in Zeiten der Globalisierung. Bielefeld: Transcript.

Marie Brégeon

Zur europäischen Identität von Schülern mit besonderem Förderbedarf (SEGPA[1]) in einer Pariser Banlieue

Einleitung

Mittlerweile ist Europa durch seine Rolle in der Weltpolitik und -wirtschaft international anerkannt. Es behauptet seine Besonderheit sowohl durch seine Geschichte als auch durch seine auf demokratische Werte gestützte Verfassung. Allerdings stellt sich nunmehr die Frage nach der Kluft zwischen der zugeschriebenen und der tatsächlich gelebten europäischen Identität. Zwar wird heutzutage jeder Bürger eines Landes der Europäischen Union *de facto* als Europäer identifiziert, doch ob die europäische Bürgerschaft tatsächlich zu seiner Identitätsbildung beiträgt, ist fraglich. Ich werde diese Frage anhand der Identitätsbildung von benachteiligten Jugendlichen aus einer Pariser Banlieue, die in ihrer Schule einen Förderzweig (SEGPA) besuchen, analysieren. Im Rahmen meiner Dissertation im Fach Erziehungswissenschaft (Brégeon 2007) habe ich auf der Basis von Interviews untersucht, welches Modell kultureller Zugehörigkeit diese jungen Menschen und ihre Beziehung zur schriftlichen Kultur der Schule prägt, die das dominante Modell unserer westlichen Gesellschaft repräsentiert (vgl. Olson 1998).

Es erscheint mir besonders aufschlussreich, bei der Beschäftigung mit dem Begriff der europäischen Bürgerschaft von den Aussagen dieser Schüler auszugehen, da in ihrem sozialen Milieu die Phänomene Banlieuebevölkerung und Migrationshintergrund zusammentreffen. Wie ich feststellen musste, sind diese Jugendlichen gesellschaftlich und schulisch kaum anerkannt, ja sogar stigmatisiert. Meine Hypothese lautet, dass die Entwicklung und Ausprägung einer europäischen Identität stark vom sozialen Milieu der Individuen, den Gruppen, denen sie sich zugehörig fühlen, und ihrer Geschichte abhängig sind. Unter diesem Gesichtspunkt werde ich insbesondere analysieren, wie sich junge Mädchen aus dem Förderzweig (SEGPA) ihre Zugehörigkeit zu Europa vorstellen.

---

1 SEGPA: „Section d'enseignement général et professionnel adapté", was man mit dem euphemistischen Ausdruck „Abteilung zur Förderung von allgemeinem und berufsorientiertem Unterricht" übersetzen könnte; siehe weiter unten (Anm. d. Übers.).

Zur Methode

Über einen Zeitraum von sechs Jahren habe ich mehrere Interviews durchgeführt, um die Vorstellungen von vier jungen Mädchen aufzuzeichnen: Beim ersten Mal waren sie in der sechsten Klasse (2004); bei der zweiten Befragung dann in der neunten Klasse (2007); anschließend am Anfang der zehnten Klasse (2008); und schließlich am Ende der zehnten Klasse[2] (2009). Ich habe die Interviews über einen Zeitraum von mehreren Jahren hinweg analysiert, um die Prozesse der Identitätsbildung sichtbar zu machen.

Die Schülerinnen, die bei ihrem Eintritt in die sechste Klasse als Schulversagerinnen galten, waren im Förderzweig sehr erfolgreich. Drei von ihnen bereiteten sich sogar auf ein Fachabitur (BEP) vor, was nach dem Besuch eines Förderzweiges extrem ungewöhnlich ist.[3] Eine Schülerin entschied sich für die Vorbereitung eines CAP (berufsvorbereitender Hauptschulabschluss), da sie sich für einen bestimmten Beruf interessierte, doch hätte sie auch zum Fachabitur zugelassen werden können. Die Analyse ihrer Identitätsbildung wird zeigen, inwiefern die schulische Entwicklung dieser jungen Mädchen zur Entwicklung ihrer Beziehung zu Europa beigetragen hat.

Die Befragten

Um einen inhaltlichen Zusammenhang zu gewährleisten, habe ich mich dafür entschieden, vier Mädchen zu interviewen, die dieselbe Klasse des Förderzweigs (SEGPA) besuchen. Sie sind gleich alt, galten allesamt als Schulversagerinnen und erlebten dann einen schulischen Fortschritt. Alle vier sind außerdem in Frankreich geboren und haben die französische Staatsbürgerschaft. Ihre Familien stammen von außerhalb des französischen Mutterlands:
- M kommt aus Martinique und ist in Frankreich geboren
- A kommt aus Algerien und ist in Frankreich geboren
- H kommt aus Mali und ist in Frankreich geboren
- C kommt aus dem Kongo und ist in Frankreich geboren

Sie alle sprechen perfekt Französisch. Ihre Eltern wurden außerhalb des französischen Mutterlandes geboren und sprechen auch die Sprache ihres Herkunftslandes. Alle jungen Mädchen berichten von Sprachschwierigkeiten ihrer Eltern, besonders im Schriftlichen. Sie seien nicht in der Lage, ihre Kinder bei ihrer Schullaufbahn zu unterstützen – weder während der Vor- und Grundschulzeit noch während des Besuchs der weiterführenden Schule.

---

2   Zum besseren Verständnis wurden hier die Klassenstufen des französischen Schulsystems mit den Entsprechungen im deutschen System „übersetzt" (Anm. d. Übers.).

3   Der Großteil der Schüler orientiert sich in Richtung eines CAP (berufsvorbereitender Hauptschulabschluss), der auf die Arbeitswelt vorbereitet. Ungefähr die Hälfte der Schüler von Förderzweigen verlässt das Schulsystem ohne Abschluss.

Der Förderzweig (SEGPA)

Der Förderzweig nimmt Jugendliche auf, die große schulische Schwierigkeiten haben und nicht in der Lage sind, dem normalen Unterricht zu folgen. Diese Unterstützung beginnt nach Abschluss der Grundschule. In der sechsten und siebten Klasse des Förderzweigs sollen vor allem Lücken im Bezug auf allgemeine Grundkenntnisse und Kompetenzen ausgeglichen werden. In der neunten und zehnten Klasse wird die theoretische Schulbildung von einer Ausbildung in Arbeitsgruppen begleitet. So sollen die Jugendlichen berufspraktische Kompetenzen entwickeln, die sie auf ihre spätere Orientierung vorbereiten. Anschließend besuchen die meisten eine Fachoberschule oder bereiten sich auf das CFA (Centre de Formation d'Apprentis – eine Art Berufsschule) vor, das mit dem CAP (Certificat d'Aptitude Professionnel – Äquivalent des berufsqualifizierenden Hauptschulabschlusses) abgeschlossen wird. Das französische Erziehungsministerium[4] empfiehlt das CAP als Mindestabschluss für jeden Schüler.

Zur Identität der Migrantenkinder

Im Verlauf der Analyse habe ich festgestellt, dass sich die Frage nach der Europa-Zugehörigkeit dieser Teenager nicht behandeln lässt, ohne sich zunächst mit ihrer Erfahrung als Migrantenkinder auseinanderzusetzen. Die Analyse der Interviews zeigt, dass sich die Mädchen viel stärker durch ihre Lebensumstände geprägt fühlen als durch ihre Zugehörigkeit zu Europa, die bei der Identitätsbildung nur eine periphere Rolle spielt. In der Tat wenden sie sich sehr schnell von meiner ursprünglichen Frage[5] ab und bringen ihre Zerrissenheit zum Ausdruck – das Zugehörigkeitsgefühl zu dem Land, das sie aufgenommen hat, wie auch zu ihrem Herkunftsland:

> „Ich fühle mich kongolesisch!" (C). „Ich bin französisch, denn ich war noch nie in Mali" (H). „Ich persönlich fühle mich als Französin (…) Das hat nichts damit zu tun, dass ich Algerierin bin … Und sie ist Guadeloupianerin, also Französin" (A).

Die Forderung nach einer französischen Identität

Die Problematik, die diese Jugendlichen hauptsächlich beschäftigt, ist: Fühlen sie sich französisch? Ihre Antwort klingt wie eine Forderung:

> „Ich bin in Frankreich geboren, meine Großeltern haben für Frankreich gearbeitet. Mein Großvater hat im Krieg für Frankreich gekämpft! Ich

---

4 Rundschreiben Nr. 2006-139 vom 29. August 2006.
5 „Was bedeutet Europa für euch?"

> persönlich fühle mich französisch, rein französisch, weil meine ganze Familie für Frankreich gearbeitet hat." (A).

Da sie auf französischem Boden geboren sind und den gleichen Lebensstil praktizieren wie Leute französischer Herkunft, fordern die jungen Mädchen ihr Recht auf Anerkennung als französische Bürgerinnen, so wie jede andere auch:

> „Wir sind in Frankreich geboren! Und ich fühle mich als Französin! Weil ich wie die Franzosen lebe." (H). Sie lehnen es ab, ihre Identität nur über ihr Herkunftsland definieren zu lassen: „Also wenn man von heute auf morgen zu mir sagt ‚Schau, du bist nicht Französin, du bist nur Algerierin', dann würde ich ‚nein' sagen, denn ich bin in Frankreich geboren!" (A).

Ihre Aussagen und ihr Tonfall zeigen ganz deutlich, dass sich der Identitätsbildungsprozess mittels der Verknüpfung einer privaten, persönlichen Identität mit einer von außen zugeschriebenen Identität vollzieht. Nach Claude Dubar entsteht Identität gleichzeitig auf individueller und auf kollektiver Ebene: *„Die soziale Identität ist eine Verknüpfung zwischen zwei Transaktionen: einer Transaktion innerhalb des Individuums und einer externen Transaktion zwischen dem Individuum und den Institutionen, mit denen es in Interaktion tritt"* (Dubar 2000, S. 67). Um eine kohärente Identität hervorzubringen, muss die Vorstellung, die das Individuum von sich selbst hat, mehr oder weniger mit derjenigen übereinstimmen, die ihm von außen zugeschrieben wird. Wird diese doppelte Identifikation in Frage gestellt, gelingt es dem Individuum nicht mehr, den Zusammenhang zwischen dem *„zugeschriebenen Ich und dem behaupteten Selbst"* aufrechtzuerhalten (Dubar 2000, S. 69).

> Jedoch verweist die Gesellschaft die Jugendlichen ständig zurück auf ihre Herkunftskultur: „Die Leute aus den afrikanischen und asiatischen Ländern, die werden von den Franzosen nicht herzlich empfangen! Die machen sich lustig über sie ... Die Deutschen dagegen ... die machen sich nicht über sie lustig! Sie wollen in ihrem Land, in Frankreich, lieber Europäer haben als Afrikaner, Asiaten, solche Leute! Weil wir nicht aus einem europäischen Land kommen! Wenn die ganze Welt in Europa wäre, gäbe es in Frankreich vielleicht keine Ungleichheiten mehr (bei der Behandlung)" (A).

Dies versetzt sie in eine paradoxe Lage: Einerseits fordern sie die Anerkennung des Werts ihrer Herkunftskultur und andererseits weigern sie sich, mit letzterer in Verbindung gebracht zu werden: zum einen weil ihr kulturelles Modell ihrer Integration im Weg steht, zum anderen aber auch, weil sie ein Zugehörigkeitsgefühl zur französischen Kultur entwickelt haben. Sie platzieren sich in einem „Zwischen" und dies erschwert ihnen die Ausbildung einer „kohärenten Identität", einer „identifizierbaren Identität".

Diese jungen Frauen sind in Widersprüche verstrickt, die sich durch die Forderung nach einer Zugehörigkeit zu Frankreich und zugleich durch die Gegenüberstellung von „*denen*" und „*wir*" ausdrücken. Einerseits fordern sie ihr Recht ein, genauso anerkannt zu werden wie jeder französische Bürger und nicht mehr aufgrund ihrer Herkunft als „anders" betrachtet zu werden; andererseits befinden sie sich im Konflikt mit der Bevölkerung französischer Abstammung, die sie als „*Sie*" im Gegensatz zu „*Wir*" bezeichnen:

> „Ich sage, dass Schwarze mehr von Ungerechtigkeiten betroffen sind. Zum Beispiel auf der Straße, wenn es da eine Ausweiskontrolle gibt, werden die nicht die Leute kontrollieren, die eine weiße Haut haben. Sobald sie einen Schwarzen sehen, kontrollieren sie ihn oder die Pakistanis, oder sie sehen jemand, der arabisch oder marokkanisch aussieht, dann werden sie sich den vornehmen, weil er nicht wie ein Franzose aussieht. Die kontrollieren nicht jeden! Das machen sie nur mit Leuten, die nicht dieselbe Hautfarbe haben wie sie!" (M).

Diese Äußerung zeigt deutlich, dass sie ihr Anderssein verinnerlicht haben. Auch wenn es ihr Ideal ist, als Französinnen wahrgenommen zu werden, erklären sie, dass sie sich nicht vollständig als solche anerkannt fühlen. Dies entspricht der Feststellung von Hoggart, der zufolge Personen aus nichtprivilegierten Milieus „eine scharfe Trennung zwischen „Sie" und „Wir" vornehmen" (Hoggart 1957, S. 134), und dass diese Trennung eine wesentliche Rolle in ihrer Weltsicht spielt. Die Außenwelt wird häufig als feindlich, unbekannt, mächtig und schwer angreifbar wahrgenommen: „Sie stellt eine zahlenmäßig starke und mächtige Geheimgruppe dar, die über eine nahezu uneingeschränkte Macht über die Gesamtheit des Lebens verfügt: Die Welt wird zwischen ihnen und uns aufgeteilt" (Hoggart 1957, S. 119). Wir finden diese Weltsicht bei den Jugendlichen wieder, wenn sie erklären, wie sehr sie sich ausgegrenzt fühlen, sowohl hinsichtlich ihrer Zugehörigkeit zu Frankreich als auch in Hinblick auf den Zugang zu einem annehmbaren Lebensstil:

> „Eine mittellose Mutter holt Sachen für ihr Kind beim Roten Kreuz oder bei der Altkleidersammlung. Und die Mutter, die 2000 Euro verdient und ihr Mann 5000 Euro, zieht ihr Kind mit Marken und so weiter an. Das ist dann glücklich! Das Kind dagegen, dessen Vater und Mutter arbeitslos sind, schämt sich, seine Kleidung zu zeigen. Und wenn es in einem hässlichen Haus wohnt, schämt es sich, sein Zuhause zu zeigen" (A).

Das Konzept einer „Zwischenidentität"

Die Analyse zeigt, dass sich diese jungen Mädchen weder als vollwertige französische Bürgerinnen noch als Vertreterinnen ihres Herkunftslandes fühlen. Diese Jugendlichen aus Familien ausländischer Herkunft befinden sich in einer Art „Identitätskrise". Sie versuchen mit der gleichzeitigen Zugehörigkeit zu ihrer ausländischen und ihrer französischen Herkunft umzugehen und daraus eine spezifische Identität zu entwickeln. Obwohl sie sich aus zwei kulturellen Referenzmodellen zusammensetzt, ist diese Identität etwas anderes als die Summe dieser beiden Kulturen. Keine der vier jungen Frauen verfügt über eine „eindeutig identifizierbare" Identität. Dies bedeutet jedoch nicht, dass sie sozusagen ohne Identität wären. Jedes Individuum definiert sich selbst durch die Verbindung seiner persönlichen Geschichte mit der Welt und es verortet diese Geschichte in seiner Entwicklung; zum Beispiel spielt die Herkunft der jungen Mädchen für ihre Identitätskonstruktion eine wichtige Rolle: Sie definieren sich über ihre Herkunftskultur und sie werden auch über sie definiert.

Meine Analyse veranlasst mich zu der These, dass man die Identität dieser jungen Menschen als „Zwischenidentität" bezeichnen kann. Darunter ist eine Identität im Spannungsfeld unterschiedlicher Kultur- und Gesellschaftsmodelle zu verstehen, die die Akteure selbst nicht miteinander in Einklang bringen wollen. Oftmals hat die Behauptung einer „Zwischenidentität" ideologische Gründe. Indem sich die jungen Mädchen gleichzeitig durch die Kulturen ihres Aufnahmelandes und ihres Herkunftslandes definieren, sind sie Widersprüchen und Gegensätzen ausgesetzt, die sowohl von dem Blick ausgehen, der von außen auf sie geworfen wird, als auch von ihrem eigenen Blick auf sich selbst. Sie haben keine „vereinheitlichte", sondern eine komplexe Identität.

Jugendliche aus der Wohnsiedlung

Diese Zwischenidentität der Jugendlichen ist auch von ihrer Zugehörigkeit zur Welt der Wohnsiedlungen geprägt: *„Ich wohne in einer Siedlung"* (C). Gleichzeitig identifizieren sie sich mit Gruppen von Gleichgestellten: *„Die Siedlung, das ist gut. Ich kenne jeden in der Siedlung"* (C). Diese Identität siedelt sie am Rand der sozialen Norm an: *„Da gibt es Jugendliche, die rumhängen ... die es schwer haben"* (A). Sie unterwirft sie auch ausgeprägten Stigmatisierungsphänomenen:

> „Die Polizisten halten am liebsten junge Leute an, die in den Siedlungen leben. Wenn ich mit meinem Bruder in das Auto unseres Vaters steige, na dann werden sie uns sofort anhalten, weil sie glauben, dass wir mit Drogen handeln oder sonst was in der Art machen" (A).

Zusammenfassend lässt sich sagen, dass diese jungen Frauen durch ihre Herkunft und ihre Zugehörigkeit zur Siedlung Trägerinnen marginalisierter und stigmatisierter Identitäten sind, die sie angesichts der bestehenden Machtverhältnisse auf Seiten derer positionieren, die Anerkennung einfordern. Sie haben eine „marginalisierte Zwischenidentität".

Das Erleben der Zugehörigkeit zu Europa

Die Unmöglichkeit des Zugangs zu einer europäischen Identität

Unter diesen Umständen wird deutlich, dass die Zugehörigkeit dieser Jugendlichen zu Europa nicht klar definiert werden kann: Das Gefühl, Europäer zu sein, erscheint extrem verschwommen, ja sogar inexistent. Sie äußern mehrmals ihren Trotz gegenüber der Union, die weit entfernt von ihren täglichen Sorgen ist:

> „Der Euro steigt schnell! Alles wird immer teurer" (C). „Du brichst einen Schein an, danach hast du nichts mehr, das ist wie Wind" (M).

Außerdem lenken sie die Diskussion auf ihre Lebensbedingungen in Frankreich und ihr Verhältnis zur nationalen Politik:

> „Nicolas Sarkozy macht keine gute Politik. Er verspricht Sachen, die er nicht hält" (C). „So was wie: ‚wer mehr arbeitet, verdient mehr', das ist pure Schwindelei. Es ist eher: ‚wer mehr arbeitet, verdient weniger'. Er hält uns für blöd, aber wir sind nicht gezwungen, superschnell zu arbeiten. Schließlich entscheiden nicht wir, ob wir später aufhören wollen, sondern der Arbeitgeber. Du machst deine Stunden und fertig" (M).

Die jungen Mädchen äußern eine Distanz gegenüber Europa. Die Ausgangsfrage wird von vornherein mit einer trotzigen, durch Lachen abgemilderten Haltung aufgenommen: *„Ganz schlechte Frage"* (M) und (C). Ich erkläre ihre Antwort durch die Kombination zweier Faktoren:
- Erstens haben sie nicht das Gefühl einer europäischen Identität und sprechen daher nur ungern darüber.
- Zweitens erschwert es ihnen ihre Lebenssituation als Schüler in großen schulischen Schwierigkeiten, ihr Konzept von Europa deutlich zu erklären. Sie haben „Angst", nicht die „richtige" Antwort zu formulieren.

Aufgrund der Zwischenidentitäts- und Ausgrenzungs-Prozesse, denen sie unterworfen sind, können die Teenager keine Zugehörigkeit zu Europa entwickeln. Sich als Europäer zu verorten, würde nämlich implizit bedeuten, dass sie ein Gefühl der französischen Bürgerschaft entwickelt hätten. Dies wäre ein grundlegender Schritt. Da Europa ausgehend von einer Union von Nationen definiert wird, müssen die Jugendlichen sich zunächst durch eine von ihnen definieren, um sich europäisch zu fühlen. Daher reproduzieren sie die Gegensätze, mit denen sie auf französischem Boden konfrontiert sind, auch auf der Ebene ihrer Zugehörigkeit zu Europa.

Um sich europäisch fühlen zu können, muss man zunächst als Angehöriger einer Nation der Union anerkannt werden. Ich stelle die Hypothese auf, dass dies einfacher ist, wenn man den herrschenden Klassen angehört, die die politische, kulturelle und wirtschaftliche Macht innehaben. Um anerkannt zu werden, muss man also in diesen Bereichen Kapital angesammelt haben:

> „Nicolas Sarkozy, so wie der gelebt hat … der hat es echt gut gehabt! Weil er ein reiches Kind war! Ich möchte den gerne mal in Armut sehen, da würde er sehen, dass sich nicht alle Leute leisten können, was er sich leistet! Wenn der bei VW anruft, sagen die zu ihm: ‚Natürlich, Monsieur le Président, Sie können sich jeden Wagen holen, den Sie wollen. Sie können reisen, wir schenken Ihnen, was Sie wollen. Wir können Ihnen den Präsidentenpalast schenken, kein Problem'" (A).

Die Gesellschaft schenkt denjenigen, die kulturelles, ökonomisches und soziales Kapital entwickelt haben, vorteilhafte Lebensbedingungen. Europa gründet heutzutage auf einer Konzentration dieser Kapitalsorten (siehe auch Bourdieu/Passeron 1964): auf der Entwicklung einer gemeinsamen Politik, auf der ökonomischen Allianz der Mitgliedsländer und auf der Anerkennung einer als gemeinsam anerkannten, von demokratischen, aber auch jüdisch-christlichen Werten geprägten Kultur.

Die Jugendlichen äußern jedoch, dass ihr Zugang zu diesen Kapitalsorten äußerst beschränkt ist. Vor allem haben sie nicht wirklich Zugang zur Kultur. Ich habe während der Recherche zu meiner Dissertation festgestellt, dass sie sich in einem eher mündlich-praktischen Verhältnis zur Welt befinden (Brégeon 2007), während die Schule, die bei der Verbreitung der Kultur unserer Gesellschaft eine Vorreiterrolle spielt, auf dem Modell der Schriftkultur beruht (Olson 1998). Ihr soziales Milieu erlaubt ihnen auch keinen Zugang zum ökonomischen Kapital. Sie sind somit von den Sphären der politischen Macht ausgeschlossen.

Gemeinsame Praktiken, die für eine europäische Identität nicht ausreichend sind

Dennoch bringen die jungen Frauen zum Ausdruck, dass ihre Lebensweise von Praktiken durchdrungen ist, die allen Ländern der Union gemeinsam sind:

> „In Europa ziehen sich fast alle gleich an, zum Beispiel trägt im Sommer fast jeder weiße Kleidung. Und im Winter hat man immer einen Schal, Mäntel, Rollkragenpullover …" (M).

Man kann jedoch sagen, dass jede Praktik auf Formen der Ritualisierung beruht, deren symbolische Kraft von den Individuen mehr oder weniger stark erlebt wird, und die untereinander Kontakte und Verbindungen etablieren. Zu diesem Thema analysiert Christoph Wulf (2004), wie Rituale eine „Kontaktzone" zwischen denen, die sie praktizieren, aufbauen:
- *„Rituale sind kommunitär, indem sie Gemeinschaften hervorbringen, restituieren und gestalten und dadurch ihren emotionalen und symbolischen Zusammenhalt gewährleisten"* (Wulf 2004, S. 18). Es gibt eine Reihe von Sprachen, von

gemeinsamen Verhaltensweisen, die die soziale Macht der Rituale ausmachen. Sie erzeugen eine Zugehörigkeit zu einer sozialen Gruppe, ein Gemeinschaftsgefühl.
- *„Rituale sind stabilisatorisch, indem sie Ordnung, Aufgabenverteilung und Planung gewährleisten, insofern aber auch Einordnung, Anpassung und Unterdrückung möglich machen"* (Wulf 2004, S. 54). Die Rituale erzeugen eine Organisation der Gesellschaft, z.B. durch die Entwicklung von Institutionen, die den sozialen Zusammenhalt begünstigen: *„In der Europäischen Union, da gehen alle Kinder zur Schule!"* (C). *„In Asien oder Afrika dagegen überhaupt nicht oder fast nicht!"* (A).
- *„Rituale lösen mimetische Prozesse aus und intensivieren sie, indem sie soziale Dispositive wiederholen oder verändern"* (Wulf 2004, S. 54). Die Jugendlichen haben Lebensweisen verinnerlicht, die sie mit anderen europäischen Ländern gemeinsam haben und die sie ganz selbstverständlich praktizieren: *„Wir essen Pizza und Nudeln: Das haben die Italiener erfunden. Aber auch wir essen das fast die ganze Zeit!"* (A).

Inwieweit tragen die Rituale, die den Unionsländern gemeinsam sind, zum Aufbau einer europäischen Identität bei? Die Analyse unserer Interviews zeigt deutlich, dass es zwar gemeinsame Rituale in den verschiedenen Ländern der Union gibt, doch dass die Individuen nicht im selben Maße durch diese Rituale geeint werden.

Bei der Analyse der Gespräche stelle ich fest, dass die Jugendlichen ihre Praktiken eher in aufzählender Form beschreiben als in Form der Erzählung einer Lebenserfahrung, die ihnen eine Zugehörigkeit zu Europa verschaffen würde:

> „Wir haben Gemeinsamkeiten unter Europäern ... Da gibt es die Kleidung, unsere Art und Weise zu gehen, die Schule, das Essen!" (A).

Außerdem finden sich die Verweise auf gemeinsame Praktiken mehrheitlich am Anfang des Gesprächs, wo sich die Befragten noch bemühen, die Ausgangsfrage „gut" zu beantworten. Abgesehen davon stelle ich fest, dass ihre Äußerungen Unklarheiten aufweisen. Sie geben falsche Beispiele an, die eigentlich der amerikanischen Kultur entstammen:

> „Wir haben englische Filme, die auf den französischen Sendern laufen. Und an Musik ... haben wir viele englische Lieder, wie Britney Spears" (M).

Die Untersuchung kommt zu dem Ergebnis, dass das Teilen von Praktiken zwar eine Bedingung, wenn auch noch keine hinreichende Bedingung für die Entwicklung einer europäischen Identität ist. Um eine europäische Identität entwickeln zu können, müssen die Individuen nach einem gemeinsamen Ideal streben.

Vom Fehlen eines gemeinsamen Ideals zur Unmöglichkeit des Zugangs zur europäischen Identität

Die Jugendlichen haben das europäische Ideal nicht verinnerlicht:

> *„Wir schaffen es ja noch nicht mal, von dem zu leben, was wir verdienen. An Weihnachten fällt es unseren Eltern schwer, ihren Kinder etwas zu schenken. Und man muss sich mal die Suppenküchen anschauen! Die Leute gehen mehr in die Suppenküche als noch vor ein paar Jahren. Es bleibt ihnen nichts anderes übrig! Und daneben gibt es die, die auf die Privatschulen gehen! Und es ist wahnsinnig teuer, sein Kind auf einer Privatschule unterzubringen. Und für die anderen gibt's die normalen Schulen!"* (H).

Sie haben das Gefühl, dass Europa weit von ihren täglichen Sorgen entfernt ist:

> *„Wenn du zum Beispiel zu Zara gehst, dann findest du keine Jeans unter 20 Euro. Die billigste kostet 49 Euro. Es ist unglaublich, wie sehr der Preis für Kleidung gestiegen ist. Danach fragt man sich, ob die Franzosen immer ärmer werden. In den Kinos zahlt ein Kind unter 6 Jahren 6,70 Euro Eintritt. Ein Kind unter 16 zahlt 7,80 Euro. Ein Kind über 18 zahlt 9,90 Euro für eine Vorstellung! Unglaublich, wie teuer das Leben ist! Die billigste Marmeladensorte kostet vielleicht 90 Cent, aber dafür ist die Qualität nicht besonders gut. Die haben da noch Sachen zugefügt!"* (A).

Diese wirtschaftliche Kluft erschwert den Jugendlichen die Entwicklung einer europäischen Identität. Und ihre eingefahrenen Verhaltensschemata erlauben es ihnen nicht, Strategien zum Zugang zur politischen und wirtschaftlichen Macht zu entwickeln. Bei der Analyse der Interviews wird deutlich, dass sie die Codes nicht verinnerlicht haben, die den Zugang zu den wichtigsten Diplomen ermöglichen; außerdem sind sie nicht vorausschauend genug, um Zugang zu diesen Ausbildungen zu erhalten.

Die jungen Frauen äußern, wie sehr ihre Familien den Mechanismen der Gesellschaft unterworfen sind, und dass sie materielle Schwierigkeiten haben:

> *„Zum Beispiel hat der Präsident auch gesagt, dass es mehr Wohnraum geben würde. Aber ich sehe hier keinen Wohnraum! Ich erinnere mich, dass wir früher in einer Wohnung gewohnt haben: Es gab zwei Schlafzimmer, und wir waren drei Kinder. Fünfzehn Jahre lang hat meine Mutter auf ein Häuschen gewartet. Aber es gibt viele Wohnungen, die leer stehen. Es gibt sogar Leute, die eine Wohnung kaufen, die sie bloß im Sommer bewohnen"* (A).

Die Jugendlichen sind gegen die aktuelle französische Politik:

> *„Ich finde, dass die jungen Leute von heute, von 18 bis 20, dass die gezwungen sind zu reagieren, nachdem sie sehen, dass die Politik sie ablehnt … Außerdem ist Nicolas Sarkozy der Letzte, der die Immigration*

kritisieren sollte, da alle wissen, dass er auch ein Immigrant ist. Also echt! Und im Grunde darf das nicht sein, dass jemand, der selbst Immigrant ist, so schlecht über die anderen Immigranten, seine Brüder, redet!" (M).

Sie fühlen sich als „junge Leute aus der Siedlung" ausgegrenzt:

„Ich sage, dass Schwarze mehr von Ungleichheiten betroffen sind. Zum Beispiel machen die Polizisten mehr Ausweiskontrollen bei Leuten, die nicht dieselbe Hautfarbe haben wie sie! Und sie halten oft die jungen Leute an, die in den Siedlungen leben" (M).

Ihr Alltag ist geprägt durch Formen von Ausgrenzung, die ihnen Wege versperren:

„Wenn ich mit meinem Bruder ins Auto meines Vaters steige, na dann werden die Polizisten uns anhalten und zu uns sagen: ‚Wie kommt das, dass ein 18-jähriger Junge ein schönes Auto fährt, das mehrere Hunderter und Tausender kostet?' Was sie nicht verstehen ist, dass unsere Eltern ihr ganzes Leben lang gearbeitet haben, um sich dieses Auto zu leisten" (A).

Schlussbemerkung

Auch wenn Europa heute als Organisation existiert, die die nationenübergreifende Ebene mit der regierungsübergreifenden Ebene kombiniert, reicht diese vertikale Existenzebene Europas nicht aus, um den Individuen, die ihm angehören, eine europäische Identität zu verleihen.

Um das Gefühl zu haben, zu einer Gemeinschaft zu gehören, muss man nämlich das Gefühl haben, an einem gemeinsamen Projekt teilzuhaben, in einem Rahmen von Rechten und Pflichten, die für jedes einzelne Mitglied dieselben sein müssen. Um eine Zugehörigkeit zu entwickeln, muss das Individuum notwendigerweise das Gefühl haben, dass die Gruppe es anerkennt. Ausgehend von diesem Prinzip des „gemeinsamen Miteinander" seiner Mitglieder kann sich Europa auch nach einem horizontalen Gesichtspunkt entwickeln: Das heißt, dass die Individuen Akteure eines Projektes sind, das sie zusammenbringt, und dass sie Praktiken entwickeln und so eine gemeinsame Geschichte aufbauen.

Es geht jedoch aus meinen Analysen hervor, dass innerhalb Europas die Herrschaftsbeziehung bestimmter sozialer Gruppen in Bezug auf andere viel zu stark ausgeprägt ist, um Letzteren die Entwicklung einer europäischen Identität zu erlauben. Diese Individuen haben innerhalb der Nationen der Union, denen sie angehören, eine ausgegrenzte Zwischenidentität, die es ihnen nicht erlaubt, in einem gemeinsamen Projekt ihren Platz zu finden. Sie haben keinen Zugang zu denselben Rechten wie die Individuen der Mittelklasse. Folglich finden sie auch keinen Platz in diesem Prinzip des „gemeinsamen Miteinanders", das notwendig ist, um Akteur des europäischen Projekts zu sein.

Um eine Zugehörigkeit zu Europa zu entwickeln, müssen die Individuen spüren können, dass Europa dazu beiträgt, ihre Lebensbedingungen zu verbessern; dass Europa danach strebt, ihnen Formen sozialer Anerkennung zu verschaffen. Doch äußern die befragten Teenager das Gefühl, dass Europa die Kluften und die Gegensätze vergrößert. Sie empfinden einen deutlichen Bruch zwischen „Denen", die von den Segnungen der politischen, wirtschaftlichen und kulturellen Macht profitieren, und „Uns", die davon ausgeschlossen sind.

Es wird also deutlich, dass das Gefühl einer europäischen Identität heute noch lange nicht für alle Individuen im gleichen Maße zugänglich ist. Die Machtbeziehungen, die auf Nationalebene herrschen, finden sich auch auf europäischer Ebene wieder. Um sich europäisch zu fühlen, müssen die Individuen erst einmal ein Zugehörigkeitsgefühl zu ihrer eigenen Nation innerhalb der Union entwickeln. Dies kann nur durch eine Anerkennung geschehen, die ihren Status als Migrantenkinder und junge Leute aus der Neubausiedlung akzeptiert und überwindet.

Aus dem Französischen von Frank Weigand

Literatur

Bourdieu, Pierre/Passeron, Jean-Claude (1964): Les héritiers. Paris: les Editions de Minuit [dt. 2007: Die Erben – Studenten, Bildung und Kultur. Konstanz: UVK].
Brégeon, Marie (2007): Analyse des rapports à la culture scripturale scolaire des élèves de SEGPA et leur évolution. Dissertation im Fach Erziehungswissenschaft, Université Paris-Est.
Dubar, Claude (2000): La crise des identités. Vendôme: PUF.
Hoggart, Richard (1957): The Uses of Literacy: Aspects of Working Class Life. London: Chatto and Windus.
Olson, David (1998): L' Univers de l' écrit. Paris: Retz.
Wulf, Christoph/Zirfas, Jörg (Hg.) (2004): Die Kultur des Rituals. Inszenierungen, Praktiken, Symbole. München: Fink.

Christiane Montandon

Die Funktion des Anderen

Für die Untersuchung des Begriffs der Europäischen Bürgerschaft möchte ich die Interviewaussagen von drei Auszubildenden, von denen zwei noch Arbeitssuchende sind und von zwei Ausbilderinnen einer Arbeitsvermittlungsagentur im Großraum Paris analysieren und einander gegenüberstellen. Diese Aussagen stammen aus nicht direktiv geführten Interviews, die ein Jahr nach Abschluss der Ausbildung durchgeführt wurden.

In der hier vorgestellten Untersuchung geht es um die Frage nach sozialen Repräsentationen und ihrer kognitiv-ideologischen Funktion. Ziel ist es, die von den verschiedenen Befragten mobilisierten Repräsentationsinhalte als paradigmatische Beispiele herauszuarbeiten, die von der Verschiedenartigkeit ihrer Standpunkte in Bezug auf den europäischen Raum und auf die Frage der affektiven Wahrnehmung eines Bürgerstatus zeugen, von dem sich die interviewten Praktikantinnen zunächst ausgeschlossen fühlten. Hierbei wird aus der Perspektive der klinischen Sozialpsychologie aufgezeigt, wie sich die Konfiguration der internen und externen Grenzen, die von den Auszubildenden erlebt und von den Ausbilderinnen interpretiert wird, mittels der Erfahrung einer anderen Selbstwahrnehmung durch einen Außenstehenden und mittels der Aufgeschlossenheit für eine andere Umgebung, verändern kann. Dies stellen die Ausbilderinnen als Charakteristika des europäischen Raumes dar.

Der Begriff der europäischen Bürgerschaft kann sich als vollkommen leeres bzw. mehrdeutiges Konzept erweisen, sofern er nicht mit anderen Repräsentationen verbunden wird: mit der Repräsentation des europäischen Raums oder dem Wunsch, als aktive Bürger anerkannt zu werden, die an der Entstehung und dem Funktionieren einer rechtlichen und ökonomischen Gemeinschaft beteiligt sind, die sich durch Rechte und Pflichten definiert. Außerdem erfordert der theoretische Rahmen der sozialen Repräsentationen, dass die Prozesse der Bewertung von Situationen, Ereignissen und zwischenmenschlichen Begegnungen als Elemente berücksichtigt werden, die eine Veränderung ebendieser sozialen Repräsentationen verursachen können. Michel Bataille definiert den Begriff der sozialen Repräsentation wie folgt: „Die soziale Repräsentation wird im klassischen Sinne als eine Form kollektiv entwickelten besonderen Wissens (ein praktisches Wissen des Gemeinsinns) beschrieben, die sich auf ein komplexes Objekt bezieht, das die Funktion der Orientierung, der Organisation, der Regulierung von Verhaltensweisen und der sozialen Kommunikation erfüllt" (Bataille 1997).

Die sozialen Repräsentationen in Bezug auf die (europäische) Bürgerschaft entstehen aus den von den Subjekten aufgenommenen Informationen, Bildern,

Gewohnheiten und religiösen Überzeugungen, aber auch durch die Position und den Status, die sie in der Gesellschaft und in den gesellschaftlichen Gruppen, denen sie angehören, einnehmen. Daraus erklären sich die Äußerungen der Befragten, die sich in Abhängigkeit von ihrer jeweiligen geschichtlichen Vergangenheit, von ihrem Status als Einheimische oder Migranten oder auch in Abhängigkeit von ihrem Bildungsniveau unterscheiden. Da sich herausstellt, dass der Bürgerschaftsbegriff einer Elite vorbehalten ist, beziehen sich nur bestimmte Gesellschaftsschichten eindeutig auf eine europäische Bürgerschaft.

Auf welchen Erfahrungen beruht eine solche Konzeption der europäischen Bürgerschaft? Da das von einer sozialen Gruppe geteilte Wissen implizit bleibt, da es „den Austausch in Bezug auf das Objekt unbewusst lenkt" (Bataille 1997, S. 61), stellt sich die Frage, wie diese implizite Bezugnahme auf die europäische Bürgerschaft in der Praxis zum Ausdruck kommt.

Meine Hypothese besagt, dass Interaktionen mit anderen europäischen Bürgern (es handelt sich im vorliegenden Fall um Mitarbeiter des öffentlichen Transportwesens der Stadt Athen) die Veränderungen der Repräsentationen begünstigen, da diese Konfrontation andere Konnotationen als die ursprünglich mit der Bürgerschaft verbundenen auslöst und somit eine entscheidende identitäre Veränderung herbeiführt. Es geht also darum, herauszufinden, unter welchen Bedingungen es zu einer solchen Veränderung der Identitätskonstruktion kommt, die mit einer Neudefinition des Selbst als französischer Bürger und/oder europäischer Bürger einhergeht. Da die sozialen Repräsentationen die kognitiven Instrumente zum Erfassen der sozialen Realität und der Ausrichtung des Verhaltens darstellen (Jodelet 1989), konzentriert sich die Analyse auf die Entwicklung der subjektiven und sozialen Positionen der Auszubildenden, parallel zur Entwicklung ihrer repräsentativen Inhalte.

Die sozialen Repräsentationen der Ausbilderinnen: Bezug zwischen nationaler und europäischer Bürgerschaft – Diskurs über die Grenzen

Die Ausbilderinnen stellen die Jugendlichen aus der südlichen Pariser Banlieue als Opfer von Diskriminierungen dar – sowohl bei der Arbeitssuche als auch in Bezug auf ihren Status als französische Bürgerinnen.

> „Es sind sechs junge Frauen und Männer, unter 27 Jahre, Franzosen mit ausländischem Hintergrund, die Eltern sind algerischer und marokkanischer Herkunft, sie selbst wurden meist in Frankreich geboren. Jedenfalls sind es Franzosen, und wir haben uns mit der Bürgerschaft beschäftigt, denn wir stellten fest, dass es für sie überhaupt keine Bedeutung hat, französische Staatsbürger zu sein, denn sie werden – obwohl sie Franzosen sind – systematisch diskriminiert, sobald sie irgendwo einen Lebenslauf hinschicken."

Um diese innere – wenn auch mentale – Grenze, die sich in der sozialen Realität durch Ausgrenzung manifestiert, zu verschieben, haben sich die Verantwortlichen der Ausbildung für Mitarbeiter des öffentlichen Transportwesens mit der Französischen Botschaft, den Vertretern des Transportwesens in Griechenland und den Ansprechpartnern bei der RATP (Pariser Verkehrsverbund) und der SNCF (Nationale Eisenbahngesellschaft, Anm. d. Übers.) in Verbindung gesetzt und schließlich einen Austausch zwischen Kollegen aus diesem Bereich vereinbart.

> „Wir haben gedacht, es wäre sicher viel netter, den Rahmen zu erweitern und von der europäischen Bürgerschaft zu sprechen. Man könnte sogar so weit gehen und von Weltbürgerschaft sprechen! Deshalb haben wir sie nach Griechenland gebracht. Weil es diesen Menschen aus dem Vorort Grigny (Grigny ist ein besonderer Ort, ein eigenes Land, eine Insel, ein Ghetto) in ihrem Alltag nicht so vorkommt, als seien sie Franzosen. Demgegenüber erscheint es sinnvoll, europäischer Bürger zu sein, denn man trifft andere Menschen. Sie haben dort ihre Kollegen und Partner, junge Leute wie sie, aber eben Griechen, kennengelernt. Sie wurden sehr gut aufgenommen. Und erstaunlicherweise wurden sie von den Griechen als Franzosen angesprochen, während sie für die Franzosen gar keine Franzosen sind; das ist doch komisch! Die Griechen waren überhaupt nicht schockiert, junge Leute zu sehen, die deutlich maghrebinischer Herkunft sind oder eine schwarze Hautfarbe haben."

Mit der Idee der europäischen Bürgerschaft brachten die Ausbilderinnen einen anderen Aspekt der sozialen Realität in dieses Projekt ein, und durch die Erfahrung der Alterität bei gleichzeitiger Wahrnehmung der Gemeinsamkeiten wurde eine Veränderung der Identität ausgelöst. In ihren Ausführungen versuchen sie darzustellen, wie diese Jugendlichen über den Umweg einer europäischen Erfahrung im Rahmen einer Berufsausbildung, bei der sie als Bürger des öffentlichen europäischen Raums empfangen wurden, nach und nach in der Lage sind, sich als Franzosen zu definieren und sich als solche anerkannt zu fühlen. Sie erlangen auf diese Weise zugleich eine andere soziale Identität, und zwar die von zukünftigen Mitarbeitern des öffentlichen Transportwesens, während sie sich zuvor aus der Berufswelt ausgeschlossen fühlten.

Bei dieser Verknüpfung von nationaler und europäischer Identität kann auf die Erfahrung und das Entdecken von Grenzen – sowohl äußerer als auch innerer – nicht verzichtet werden. Die sozialen Repräsentationen, die sich auf das Begriffsfeld Grenzen beziehen, enthalten widersprüchliche Konnotationen, je nachdem ob Grenzen als Schranken empfunden werden, die einengen und beschneiden, oder als Elemente der Öffnung oder örtliche Beschränkungen, die dazu einladen, überwunden zu werden.[1] Die Entdeckung des europäischen Raums wird in der Darstellung

---

[1] Man findet hier die Kantische Unterscheidung wieder – zwischen „Schranken", dem, was eingrenzt, indem es den Geist „beschränkt" macht, und „Grenzen", die Beschränkungen bezeichnen, die sich überwinden lassen.

der Ausbilderinnen also zum Synonym des Übergangs von der Unbeweglichkeit, vom Eingeschlossensein im Vorstadtghetto, hin zur sozialen und ökonomischen Mobilität, zur Entdeckung neuer Lebensräume und Selbstdefinitionen.

Die Analyse der Gespräche mit den Ausbilderinnen offenbart zahlreiche unsichtbare innere Grenzen. Diese sind umso schwieriger zu überwinden, weil sie offen oder implizit geleugnet werden. Es sind Grenzen, die durch den Mechanismus der Diskriminierung der ethnischen Zugehörigkeit den Zugang zur Arbeitswelt versperren. Sie verstärken zugleich die Disqualifikation von Frauen gegenüber den Männern. Schließlich wird auf die Jugendlichen aus den Vorstadtsiedlungen sozialer Druck ausgeübt, sich konform zu verhalten und entsprechende Verhaltensmodelle zu beachten, und dies vor allem im Bereich der Kleidung. Hier eine Beschreibung dieser unausgesprochenen Diskriminierung aufgrund eines fremdländisch klingenden Namens:

> „Im Ausland besteht kein Zweifel, da sind sie Franzosen. Hier dagegen erfahren sie regelrechte Diskriminierung, das ist eine Realität. Man muss aufhören, das zu bestreiten; denn wenn sie einen Lebenslauf einreichen und nicht ‚Dupont' oder so heißen, dann landet er gleich in der Tonne. Die europäischen Gesetze werden in Frankreich nicht beachtet und das wird in keiner Weise bestraft."

Die Verwendung dieses Verweises auf den europäischen Rahmen als juristischer Garant eines Betriebs, der die unsichtbaren Grenzen abgeschafft hätte, zeigt die ideologische Bedeutung des Glaubens an den Wert der europäischen Bürgerschaft, die es herbeizuführen gilt. Bei der ungleichen Behandlung von Männern und Frauen auf Arbeitssuche und der Gleichstellung von Frauen findet man dasselbe Verfahren. Die Konfrontation mit dem, was woanders anders abläuft, macht das Verschweigen noch deutlicher, insbesondere im gesellschaftlichen Umgang mit den Geschlechterrollen:

> „Diese jungen Leute sollten in das städtische Transportwesen einsteigen, d.h. bei der RATP und der SNCF. Sie sollten BusfahrerInnen werden. Und hier wurde überdeutlich, dass wir in Frankreich großen Nachholbedarf haben. Dort gab es viele Busfahrerinnen, sehr viel mehr als bei uns; sie haben mit ihnen gesprochen, über viele Dinge des Alltags in Athen, wie sie es geschafft haben, die Prüfung zu bestehen. Mit einigen Jugendlichen entstand ein sehr enger Kontakt, eine wirkliche Verständigung, ein regelrechter Austausch."

Eine andere Grenze – eine erhebliche – ist die der Kleidung, des „Looks", wie sie es nennen. Besonders der junge Mensch fühlt sich durch die endogene Kraft der Gruppe verpflichtet, die Verhaltensnormen des Umfelds, in dem er sich bewegt, zu übernehmen, wodurch er sich von anderen, z.B. der Arbeitswelt, absondert.

> „Der ‚Look Banlieue' bedeutet Jogginganzug bei den Jungen nicht nur zum Laufen, sondern immer und überall, dazu Turnschuhe – zu 200 Euro das Paar – aber ohne Schuhbänder."

Die Ausbilderinnen zwingen ihre Schützlinge seit Beginn der Ausbildung, diese undurchdringliche Grenze zu überwinden, den Sprung aus ihrem sozialen und beruflichen Umfeld heraus in ein neues zu wagen:

> „Wir helfen ihnen, den Sprung zu wagen. Das ist enorm, aber wir stehen hinter ihnen. Sie können nicht scheitern. Und dann ändern sie völlig ihre Einstellung. Wir sagen zu Anfang: Also, um in diese Gruppe aufgenommen zu werden, müsst Ihr Euch normale Stadtkleidung anschaffen, damit Ihr anders auftreten könnt und Euer Gegenüber ein anderes Bild von Euch bekommt."

Die Überwindung einer derartigen Grenze hinterlässt bei ihnen den Eindruck, als seien sie Überläufer. Sie erleben einen Loyalitätskonflikt in Bezug auf diejenigen, die auf der anderen Seite geblieben sind.

> „Das ist normal, sie müssen ihre Ängste ausdrücken dürfen. Der Jugendliche gestern sagte: Einen Anzug tragen, das ist schwierig! Die größte Herausforderung bestand darin, sie einzukleiden, weil einige es nicht wollten. Einen Anzug tragen, das tut man nicht. Am Anfang versteckten sie ihre Kleidung in einer Tüte und zogen sich erst hier um. Heute kommen sie direkt und sind schon auf dem Weg hierher umgezogen. Das ist jetzt anders, aber zu Anfang war da die Angst vor dem Blick der anderen."

Dieser Schritt zur Verwandlung geht mit einer Gewaltanwendung gegen sich selbst einher und vermutlich auch mit einem Schuldgefühl gegenüber den Freunden, die auf der anderen Seite des Arbeitsmarktes verblieben sind; denn räumliche Mobilität äußert sich durch soziale Mobilität. Sie verlassen das Ghetto der Siedlung, verletzen die Gesetze ihres Wohnorts, kleiden sich anders und übernehmen die Normen anderer Gruppen, um nicht mehr arbeitslos zu sein. Sie haben einen schwerwiegenden Loyalitätskonflikt zu bewältigen. Er lässt erahnen, wie stark die Kraft dieser verinnerlichten gewaltsamen Barrieren ist, die sie zum Stillstand verdammen würden. Am Ende der Ausbildung wurde der gesamte Jahrgang vom Präfekten empfangen, dem sie anvertrauten, wie sehr diese Ausbildung sie verändert habe, ihre Einstellungen, ihre Ansichten, die Kontakte zum Umfeld. Aber sie berichten auch, wie anders sie jetzt von ihren Angehörigen erlebt werden:

> „Es hat wirklich etwas mit Würde zu tun, sagten die jungen Leute gestern dem Präfekten. Sie waren gut gekleidet, sie hatten neue Kleidung gekauft, die sie zuvor niemals getragen hätten, weil sie jetzt einem Umfeld angehören, in dem sie nicht auffallen möchten! Zu Anfang haben sich die Freunde über sie lustig gemacht. Später respektierten sie sie, ja

> waren sogar neidisch und fragten, wann denn die nächste Ausbildung stattfindet, um vielleicht auch daran teilzunehmen."

Diesem Durcheinander der inneren Grenzen steht die deutliche Sichtbarkeit der äußeren Grenzen gegenüber, der Länder und Sprachen. Dank der Reisefreiheit auf der Grundlage der europäischen Bürgerschaft überwinden sie zunächst die äußeren Grenzen, um anschließend die inneren Barrieren zu bewältigen. Der Gegensatz zwischen dem engen Raum ihrer vorherigen Unbeweglichkeit und der Erweiterung des Horizonts hin zu dem Wunsch, Europa kennenzulernen, ist offenkundig:

> „Sie sagten schließlich, dass sie Lust hätten, anderswo zu leben, anderswo in Europa, in Spanien, in Italien. Es hat wirklich ihren Horizont erweitert, denn die meisten von ihnen kannten nichts anderes als Grigny, also ihr Ghetto und vielleicht noch ein wenig ‚Paname', wie sie Paris nennen. Das also ist Frankreich! Grigny und Paname!"

Auf dem Umweg über Griechenland wurden sie zu französischen Bürgern. Der Empfang in Athen machte sie zu anderen Menschen. Sie bekamen eine andere Vorstellung vom Raum und veränderten gleichzeitig den stark eingeschränkten Bezug zur Welt, den sie zuvor hatten.

> „Auf einmal haben sie entdeckt, dass es nicht nur andere Städte in Frankreich gibt, sondern auch andere Städte auf der Welt. Und das nennt man Europa. Das waren wirklich bewegende Momente. Wir hatten sie auch auf die Bürgerschaft vorbereitet und gesagt: Ihr seid Vertreter Frankreichs, benehmt Euch, Ihr seid auch ein Vorbild … was nicht einfach war! Es ist dann sehr gut gelaufen bei der Begegnung mit den Verantwortlichen in Athen, als sie mit ihnen in die Diskussion gegangen sind. Sie gaben ein gutes Bild ab. Die jungen Leute waren sehr ernst und wissbegierig, wollten verstehen, mehr wissen und mehr erfahren. Vielleicht war es vor allem das … etwas Neues erfahren. Sie stellten viele Fragen in Athen. Es gab zwei Übersetzer, sodass sie ihre Fragen auf Französisch stellen konnten, die dann übersetzt wurden. Einige Gesprächspartner in Athen sprachen Französisch und dann ging es auch ohne Übersetzung; sie hörten genau zu, wenn geantwortet wurde. Da lag eine anregende Dynamik in der Diskussion."

Darin liegt die Funktion der Triangulierung, bei der die europäische Bürgerschaft sozusagen das Dritte bildet, das Objekt, auf das sich die Ausbilderinnen beziehen, um gleichzeitig das Selbstbild der Teilnehmer und ihre Eigenwahrnehmung als Jugendliche zu verändern. Eine derartige Mediation ermöglicht eine heilsame Distanzierung.

Neukonfigurierung der Grenzen und Veränderung der Identitäten

Die Ausbilderinnen sind ebenfalls erstaunt über die neue Haltung der jungen Leute, über ihr stärkeres Engagement und ihre veränderten Standpunkte. In diesem veränderten Umfeld verändert sich auch das Bild, das die Ausbilderinnen von ihnen haben, und diese werden sich ihrer eigenen Vorurteile bewusst. Die ‚statische' Konzeption der Identität wurde durch einen interaktiven Ansatz ersetzt.

> „Was schön war, war, dass sie zum ersten Mal in ihrem Leben als Vertreter Frankreichs in Europa angesehen wurden, und das zweite, noch Wichtigere war, dass sie außerhalb von Frankreich als Franzosen wahrgenommen werden. Das hat uns ganz schön erstaunt (…) als es uns klar wurde."

Diese Erfahrung der Begegnung mit einer griechischen Gruppe, die formalrechtlich der gleichen juristischen und ökonomischen Gemeinschaft angehört, erlaubte es ihnen, sich anerkannt zu fühlen und damit ihre Eigenwahrnehmung zu verändern, die zuvor von einem Gefühl der Zurückweisung und Ausgrenzung getrübt war. Dadurch dass sie mit anderen den Status „europäische Bürger" teilen, gelang es ihnen, durch den Blick des Anderen, aber auch durch die Veränderung der Kommunikationsmodi und durch ihre neue Rolle als gleichberechtigte Partner in einer Kommunikationssituation, das Gefühl abzubauen, als Bürger nicht zu existieren. Sie erlangten durch die Anerkennung der Zugehörigkeit zur europäischen Bürgerschaft reale Anerkennung und eine nationale Identität.

> „Sie wurden wie eine Delegation empfangen und sehr ernst genommen. Sie fühlten sich aufgewertet und anerkannt. Das hat ihren Eintritt in das Berufsleben und den Zugang zu der neuen Identität erheblich erleichtert. Sie fühlten sich nun wirklich akzeptiert."

Diese Erfahrung unterschiedlicher Kommunikationsformen im Kontakt mit anderen Repräsentationen führt zu einer Neuorganisation der Verknüpfung der verschiedenen Identitätsebenen: nationale Identität, berufliche Identität, europäische Identität. In dieser verschachtelten Struktur unterschiedlicher Ebenen spielt der europäische Raum die Rolle einer Kontaktzone, die als symbolischer Raum andere Bezugnahmen zur Grenze zulassen und sichern kann. Diese Kontaktzone als Verbindungsstück unterschiedlicher Denkräume ist somit der Ort, an dem innere und äußere Grenzen aufeinandertreffen und sich gegenüber stehen. Bei dieser Konfrontation zwischen Selbst- und Fremdwahrnehmung wird die äußere Gestalt dieser Grenzen derart erschüttert, dass sie neu aufgebaut werden muss. Die Grenzen des einen sind nicht deckungsgleich mit den Grenzen des anderen. Unter dem Blick des anderen Europäers erfährt sich jemand als Franzose, der sich zuvor von seinen Landsleuten nicht als solcher wahrgenommen fühlte. Außerdem veränderte sich die

Einstellung zur Ausbildung und zu der Rolle, die die Befragten als Individuen in der Wohnsiedlung einnahmen.

Dies geschieht in erster Linie durch das Entdecken von anderen Formen sozialen Zusammenlebens und durch die interkulturelle Erfahrung der Gastfreundschaft im Ausland:

> „Man hat uns Busse zur Verfügung gestellt. In dem Bus waren eine Busfahrerin und der Leiter der Ausbildung. Er hat die ganze Zeit mit uns diskutiert. Wir haben einen Bahnhof besichtigt, er lag auf der Strecke, und auch ein Museum. Er hat uns alles erklärt. Eine beachtliche Gastfreundschaft und Hilfsbereitschaft. Als wir die Straßenbahn besichtigt haben, durften wir einen ganzen Waggon für uns haben. Einige hatten noch niemals das Meer gesehen und wir haben angehalten, um es ihnen zu zeigen. Darüber haben wir gesprochen und danach haben sie uns zurückgebracht."

Dieser Prozess der Ko-Konstruktion einer neuen Selbstdefinition wirkt sich auf ihre Einstellung zur Ausbildung aus. Wir beobachten, dass ihre passive Haltung, die das Kennzeichen einer Negativwahl war, nach und nach durch ein Engagement ersetzt wurde, das ihre Entscheidung für dieses Berufsfeld aufwertete:

> „Zunächst hatten wir den Eindruck, dass sie sich zu dieser Ausbildung entschlossen hatten, weil sie nichts Anderes fanden. Sie waren nicht besonders begeistert, im öffentlichen Transportwesen zu arbeiten. Und plötzlich erkannten sie, dass das ein vollwertiger Beruf war, sie sahen die Zusammenhänge und die Ergebnisse, die wir ihnen nie besonders erklärt hatten, da wir keine Experten im Transportwesen sind. Sie hatten es hingenommen, bei der RATP eingestellt zu werden, wegen der günstigen Sozialleistungen. Plötzlich änderte sich ihre Einstellung. Sie erkannten, dass sie einen Status erlangten. Die Zugehörigkeit zu einem Unternehmen – nicht zwangsläufig die RATP (auch private Transportunternehmen kamen in Frage) – ließ sie begreifen, dass damit auch ein sozialer Status verbunden ist."

Diese Dynamik der Identitätsveränderungen nach dem Schneeballsystem bricht mit einer rein juristischen und formalen Konzeption des Bürgers und ersetzt sie durch einen sozio-ökonomischen und kulturellen Ansatz, der auf eine Ausübung tatsächlicher Rechte verweist. Anstatt Betreuung zu benötigen, gehen die Jugendlichen fortan einer beruflichen Tätigkeit nach, sie ziehen in eine eigene Wohnung, zahlen Miete und verhalten sich im Alltagsleben ihrer Wohnorte wie Bürger.

> „Zuvor verschmolzen sie mit einem diffusen Ganzen, während sie jetzt eine Rolle übernommen haben, die des Angehörigen des öffentlichen Transportwesens. Wenn sie jetzt in einen Bus steigen, achten sie darauf, dass die Leute ihre Fahrscheine entwerten und sie halten die Fahrgäste im Auge, die die Bahn beschädigen. Die gesamte Sichtweise hat sich verändert, aber das geschieht langsam, nach und nach. Wir reden jeden Tag

darüber und täglich sprechen wir über die Bürgerschaft, ohne dass wir es explizit im Unterricht benennen, es ist in anderen Themen enthalten."

Ihre Stellung im Wirtschaftsleben, die Tatsache, dass sie am Ende ihrer Ausbildung einen Arbeitsplatz finden, ihr Gefühl, als aktive Mitglieder der Gesellschaft anerkannt zu werden – all dies führt zu einer neuen Handhabung der Bürgerschaft sowohl im Berufsleben als auch privat. Die Ausbilderinnen formulieren dies folgendermaßen:

> „Sie sind nicht mehr dieselben. Ihnen ist wirklich wichtig geworden, was sie tun: Man geht arbeiten, man stellt etwas dar: Man hat eine Wohnung, d.h. man hat auch Rechte, man hat etwas geschafft, man hat an Eigenwert gewonnen. Sie haben sich völlig verändert, sogar ihre Art und Weise, zu reden. Jetzt hört man nicht mehr: Ich will diese oder jene Sozialleistung erhalten – und basta! Darüber wird gar nicht mehr gesprochen. Es sind wirklich andere Menschen, wenn man sie heute wieder sieht. Einige kommen häufig wieder und reden mit uns. Alles ist verändert, sie selbst, ihr privates Umfeld. Da war zum Beispiel M.: Ihr Mann wollte nicht, dass sie arbeitet, und davon ganz zu schweigen, sie nach Athen fahren zu lassen! Und dann war er immerhin einverstanden, dass sie mit uns fuhr! Heute sieht er seine Frau und die Erfahrung, die sie gemacht hat, völlig anders. Er hat sich nun selbst um eine Anstellung bei der RATP beworben und eine bekommen. Er hat Verantwortung für sich selbst übernommen."

Nach Aussagen der Ausbilderinnen kam es zu einem regelrechten Sinneswandel der jungen Leute in Bezug auf ihre Rechte und Pflichten als Bürger. Die Definition der Bürgerschaft kann nicht ohne Verankerung in der sozio-ökonomischen Realität, ohne Bezug zur Arbeit gesehen werden. Dies ist entscheidend:

> „Es bedeutet, ein aktiver Teilnehmer im Wirtschaftsleben zu sein, nicht nur zu profitieren. Wenn man Akteur ist, wird man als solcher anerkannt, dann hat man Rechte, aber auch Pflichten. Sie haben den Begriff der Pflicht entdeckt, und dabei geht es um ganz simple Dinge: Ich denke dabei an diese junge Frau. Sie lebte irgendwo für umsonst. Das erste was sie nach ihrer Einstellung machte, und das lag ihr wirklich am Herzen, war, eine eigene Wohnung zu mieten und sie zu bezahlen, um aus eigener Kraft zu existieren. Aus der ‚Nicht-Existenz' gelangte sie in eine Existenz als Bürger. Während ich mich ständig darüber beklage, dass ich Steuern zahlen muss, freuen sie sich darüber. Denn das bedeutet für sie: Ich bin Franzose. Ich hoffe, dass sich diese Erfahrung der Gesellschaft auch weiterhin bestätigen wird."

Die Ausbilderinnen glauben an die Vorteile der europäischen Bürgerschaft und die gleichwertige Behandlung, die ihre Auszubildenden dadurch erfahren haben. In der Sozialpsychologie nennt man dies Kategorisierung der Gruppe der

Nichtzugehörigkeit (Aebischer/Oberlé 1990). Demgegenüber steht die abschließende Differenzierung der Meinungen dieser Teilnehmer in Bezug auf den Status als Bürger im europäischen Raum aufgrund ihrer unterschiedlichen wirtschaftlichen Stellung, je nachdem, ob sie beruflich eingegliedert wurden oder nach wie vor arbeitslos sind.

Der Standpunkt der Auszubildenden: Anerkennung/Missachtung der nationalen und europäischen Bürgerschaft

Die Aussagen der drei Auszubildenden über ihre Erfahrungen bei der Ausbildung, die Erinnerung an den Aufenthalt in Athen sowie die Entdeckung des europäischen Raums weichen sehr stark voneinander ab. Die eine beschreibt eine radikale Veränderung ihrer Einstellung zu Leben und Alltag und die Entdeckung eines gewissen ‚Patriotismus'. Andere beschreiben negative Erfahrungen oder vielmehr das Fehlen einer wie auch immer gearteten Erfahrung von Bürgerschaft, sei sie nun national oder europäisch.

Die erste der drei interviewten Frauen, Z., hat die französische Nationalität und ist algerischer Herkunft. Sie wurde soeben bei der SNCF fest angestellt. Die zweite Frau, S., Französin, ist nach wie vor arbeitslos und hat nur eine vage Berufsvorstellung. Die dritte, H., ist marokkanischer Herkunft. Sie versucht seit fünf Jahren, die französische Staatsbürgerschaft zu erlangen. Sie fand keine Anstellung im Transportwesen und arbeitet zur Zeit als Buchhaltungsassistentin in einem pharmazeutischen Unternehmen.

Die beiden letztgenannten Frauen fühlen sich nach wie vor ausgeschlossen, so als ob ihnen ihre Ausbildung nichts gebracht hätte. Ihre Aussagen sind von Forderungen geprägt, von negativen Bemerkungen über ihre Reise nach Athen, über die schlechte Verpflegung, das mangelnde Sprachverständnis – und offenbaren damit ihre mangelnde Aufgeschlossenheit gegenüber Anderen und kulturellen Unterschieden. Beide sprechen nicht über die Bürgerschaft und haben keinerlei Erinnerung an die europäische Dimension ihrer Begegnung mit dem griechischen Transportwesen. Dagegen unterscheiden sich die Aussagen der ersten Frau, Z., ganz deutlich von den beiden anderen: Sie unterstreicht, wie intensiv sie die europäische Solidarität erlebt habe und wie sehr sie die gegenseitige Hilfe im Bereich der Qualifikationen in den unterschiedlichen europäischen Ländern zu schätzen wüsste. Sie sagt, sie habe erst jetzt die Bedeutung der wirtschaftlichen Zusammenarbeit und der Gegenseitigkeit des Austauschs begriffen, die durch die Brüsseler Subventionen ermöglicht werden:

> „Ich wusste, dass es Zusammenarbeit gibt, aber nicht, dass der Europäische Fonds für die Organisation von Großveranstaltungen, z.B. die Olympischen Spiele in Athen verantwortlich ist. Es ist bekannt, dass französische Firmen durch Spenden ein wenig helfen können, aber ich wusste nicht, dass man so eng zusammenarbeiten kann. Ich hatte keine

Ahnung davon, was alles durch die europäische Einheit möglich wurde, dass bestimmte Länder sich weiterentwickelten, weil sie Hilfe erhielten und weil andere ihnen fehlendes Know-how zur Verfügung stellten. Einer der Verantwortlichen in Athen sagte, dass sie der Europäischen Gemeinschaft sehr dankbar seien, die ihnen beim Aufbau des Transportnetzes geholfen hatte, das den Zugang zu den olympischen Einrichtungen ermöglichte."

Diese Entdeckung der europäischen Zusammenarbeit und die verantwortungsvolle und bürgerschaftliche Haltung der Athener in Bezug auf ihr öffentliches Transportwesen veranlassten sie, das Verhalten der Einwohner des Großraums Paris mit dem der Athener zu vergleichen.

„Die Athener waren stolz auf die Sauberkeit, sie wussten das zu schätzen, das hat mich beeindruckt, das war mir neu, alles war sauber und neu, und alle passten auf. Für sie war das etwas sehr Wertvolles. Wenn bei uns eine neue Bahnstation eröffnet wird, dann ist das völlig normal, während es für sie etwas Besonderes ist. Man spürt bei ihnen einen gewissen Stolz, man könnte fast sagen, dass sie sich daran beteiligt fühlen."

Dieser Vergleich verändert ihre Vorstellung von Bürgerschaft: Sie unterstreicht die Notwendigkeit, sich für das Gemeinwohl verantwortlich zu fühlen, sie vergleicht dies mit dem Patriotismus der Athener, die den öffentlichen Dienst für ein kollektives Gut halten, das es zu schützen gilt. Eine solche vergleichende Konfrontation veranlasst sie, sich in ihrer doppelten kulturellen Zugehörigkeit zu engagieren, sich in den Bezugsrahmen der Unternehmenskultur der SNCF einzufügen, der sie sich fortan zugehörig fühlt und gleichzeitig die Werte zu teilen, die für sie die europäische Gemeinschaft repräsentiert.

„Als Fahrgast kann ich Ihnen versichern, dass wenn Sie dort etwas auf die Erde werfen (in Athen), Sie von den übrigen Mitreisenden böse angeschaut werden. Bei uns achtet kaum jemand darauf. Wenn etwas beschädigt wird, dann sind wir nicht sehr patriotisch; man versucht hier überhaupt nicht, die Dinge, die für unseren Alltag wichtig sind, zu schützen. Das ist ganz anders als in Griechenland. Nehmen wir zum Beispiel unseren RER. Die Linie C wurde erneuert, auch die Linie D. Wenn Sie sich heute den Zustand dieser Züge anschauen, das ist jämmerlich! Ich werde in diesen Zügen eingesetzt, ich begleite sie von Anfang bis Ende. Dieses Überwachungssystem wird nicht überall praktiziert. Innerhalb von Paris gibt es das nicht, das ist eher auf bestimmten Strecken in der Banlieue. Ich persönlich arbeite zwischen Brétigny Etampes und Brétigny Dourdan. Dort sind es immer Dreier-Teams, die die Züge abgehen. Sie fahren zwischen Bretigny Dourdan und Brétigny Etampes hin und her. Wenn in den Waggons junge Leute rauchen, wenn Sitze zerrissen werden, dann versteht man, warum die Waggons in einem schlimmen Zustand sind. Bei uns kapiert man nicht, wie gut es uns geht."

Der räumliche Abstand hat es ihr ermöglicht, einen zeitlichen Abstand einzunehmen und so eine historische Perspektive zu erlangen. So wurden ihr die Hindernisse bewusst, die überwunden werden mussten, um die Segnungen der Infrastruktur, des sozialen Fortschritts, der politischen Anerkennung und der Reisefreiheit zu erhalten. Die Behauptung ihres Status als Bürgerin hängt mit der Steigerung ihres Zugehörigkeitsgefühls zur Zivilgesellschaft und mit der Teilhabe an einem Arbeitskollektiv zusammen. Ihr Engagement für das Transportwesen ist umso verständlicher, wenn sie davon spricht, wie ihr jetzt das Fehlen bestimmter Infrastrukturen in Algerien bewusst wird. Es geht einher mit einer Überbewertung ihrer patriotischen Haltung, hinter der der Wunsch steht, als Französin anerkannt zu werden.

> „Die Athener haben diesen Komfort noch nicht so lange und sie passen darauf auf, während wir Franzosen uns daran schon gewöhnt haben. Vor allem für unsere Generation ist es selbstverständlich geworden. Sie wissen genau, dass selbst wenn Waggons beschädigt wurden und Sitzbezüge zerrissen sind, ein neuer Waggon eingesetzt wird. Jedenfalls läuft ihre Bahn am nächsten Tag auf dem Bahnsteig ein."

Die Vorstellung, die sie sowohl von der französischen wie auch der europäischen Bürgerschaft entwickelt haben, zeigt ein Gefälle zwischen der positiven Konnotation, die durch das Verhalten der *out group* (die Athener) und der von ihr gelieferten Bilder erzeugt wird, und der Negativbeschreibung durch ihre Landsleute, durch die Reaktionen der Mitglieder der *in group*. Die Erfahrung der europäischen Bürgerschaft steht für sie für Zusammenarbeit, beiderseitige Zufriedenheit, Anerkennung der jeweiligen Kompetenzen und gegenseitigen Respekt unter Mitbürgern.

> „Die Athener haben uns erzählt, wie es abgelaufen ist, der Weg von A nach Z, von der Organisation der Baustellen bis zur Vollendung. Es ist schön, dass in gewissen Ländern ein solches Bild von Frankreich widergespiegelt wird, ein gutes Bild, im Vergleich zu dem, was hier los ist. Hier sind die meisten Leute unzufrieden, sie meckern, wenn die Züge Verspätung haben oder wenn gestreikt wird, dann sind die Leute aufgebracht. Wenn man jedoch die Athener beobachtet und sieht, welches Bild sie von uns haben, dann war ich richtig stolz, das tat wirklich gut."

Bei der Zusammenfassung einer solchen Untersuchung muss die Vielfältigkeit des sozialen Engagements und der damit verbundenen Konnotationen in Bezug auf die europäische Bürgerschaft unterstrichen werden. Die mangelnde Einheit und die Zersplitterung einer solchen Repräsentation laden zu einer stärker systematischen Erforschung der unterschiedlichen Gruppen und beruflichen Kategorien ein, um herauszufinden, inwieweit der Glaube an den performativen Wert der europäischen Bürgerschaft einen Einfluss auf die gesellschaftliche Wirklichkeit hat.

Die Menschen agieren und reagieren aufgrund von Vorstellungen, die sie sich voneinander und von der Realität machen. Dies geschieht innerhalb von Kommunikationsprozessen, die wiederum durch Interaktionen in Gang kommen. Diese

Repräsentationen bestimmen die Wahrnehmung der Gesprächspartner voneinander, und die Rückkopplung bezieht sich nicht allein auf die beteiligten Personen, sondern auch auf die Beziehungen des Einzelnen zur Gruppe wie auch auf die Beziehungen zwischen den unterschiedlichen Gruppen, der Gruppe der außereuropäischen Migranten und der Gruppe der ehemaligen Migranten, die inzwischen Europäer sind.

Die regulative Funktion des konstitutiven Ideals eines europäischen Volkes als homogene Gesamtheit kann auf diese Weise aufzeigen, welche Bilder vom Anderen, welche Stereotypen, welche Selbstwahrnehmung und welche Fremdwahrnehmung durch soziale Repräsentationen transportiert werden und mit einigender und performativer Kraft ausgestattet sind, womit der Glaube und das Gefühl der Zugehörigkeit an eine Bürgergemeinschaft entsteht. Dieser Glaube als Ergebnis einer vereinigenden Vorstellung scheint mir ein konstitutives Vorgehen beim Entstehen jeder Identitätskonstruktion zu sein. Diese Untersuchung hat die unterschiedlichen Funktionen der sozialen Repräsentationen aufgezeigt:
- eine praktische Funktion zur Regulierung des Verhaltens und der Normalisierung von Haltungen;
- eine kognitive Funktion zur Interpretation der jeweiligen Umwelt und, davon ausgehend, ein neues Verständnis der Lebenswelt;
- unter bestimmten Voraussetzungen eine Funktion zur Entwicklung einer veränderten sozialen Realität.

Eine Anekdote zum Schluss

Am Samstag, 25. Juli 2009, höre ich im Radio folgende Information: Der Bürgermeister einer Stadt in der Bretagne weigert sich, ein Paar zu trauen mit der Begründung, dass es sich um eine reine Gefälligkeitsehe handele. Die Frau hat eine doppelte Nationalität, marokkanisch und spanisch, der Mann war Marokkaner. Das Argument bestand darin, dass ihnen durch diese Heirat aufgrund der spanischen Nationalität der Frau der Status europäischer Unionsbürger verliehen würde, mit dem besondere Rechte verbunden seien, und dies sei der einzige Grund für ihre Eheschließung.

Diese Anekdote verdeutlicht das Implizite, über das die Migranten, die Ausländer besser informiert sind, weil sie erleben, was die europäische Bürgerschaft beinhaltet und warum sie Europäer werden möchten. Sie wissen jedenfalls besser Bescheid als diejenigen, die sich dessen gar nicht bewusst sind, die nicht erfahren haben, welche Kämpfe und Forderungen notwendig waren, um diese Rechte zu erwirken.

Es sind also die Randgruppen, soziale Gruppen, die sich sowohl innerhalb als auch außerhalb der Gesellschaft befinden, die verdeutlichen, was die Idee der europäischen Bürgerschaft umfasst. Diese implizite Tatsache, die den meisten Europäern vollkommen unbekannt ist, ist erst über den Umweg der Aussagen und Berichte von Migranten einerseits und durch Analysen bestimmter intellektueller Eliten über die kulturelle Vielfalt andererseits zu erfassen. Dieser Umweg scheint mir ein methodologisch geeigneter Kunstgriff, der unverzichtbar ist, um sich dem Verständnis dieser Idee zu nähern, die noch unzureichend bestimmt ist, da sie historisch betrachtet niemals abgeschlossen sein wird.

Aus dem Französischen von Gisela Dreyer

Literatur

Aebischer, Verena/Oberlé, Dominique (1990): Le groupe en psychologie sociale. Paris: Dunod.
Bataille, Michel (1997): « Représentations sociales, représentations professionnelles ». In : L' année de la recherche en sciences de l' éducation. Paris: PUF.
Jodelet, Denise (1989): Les représentations sociales. Paris: PUF.

Brigitte Leclaire

Die Bedeutung des „Lehrereffekts" bei der Erziehung zur europäischen Bürgerschaft in der Schule

Harmonisch zusammenleben kann nur, wer eine gewisse Anzahl von Werten miteinander teilt. Der Artikel 1 des Vertrags von Maastricht erweitert die streng etymologische Definition des Begriffs „Bürger" (ein Individuum, das sich durch seine politischen Rechte definiert) um das Solidaritätsprinzip und verleiht ihm so eine Dimension von Humanismus und gegenseitiger sozialer Anerkennung. Sollte es folglich im Schulunterricht nicht auch darum gehen, zu vermitteln, wie man sich in interkulturellen Kontexten verhält? Denn schließlich trägt eine solche Kompetenz entschieden dazu bei, die Ideale von Frieden und Solidarität zu fördern. Zwar nimmt Europa einen immer wichtigeren Platz in den Lehrplänen ein, doch

> „Was zu allererst ins Auge fällt, ist die gewaltige Kluft, die sich zwischen dem Ausmaß der öffentlich erklärten Absichten und Projekte und dem punktuellen, extrem eingeschränkten und meist ungenügend beherrschten Charakter der pädagogischen Aktivitäten, die in den Klassen durchgeführt werden, auftut" (Solonel 1996, S. 49) [1].

So wird in der Schule ein umfangreicher, oft nur unzureichend eingegrenzter Themenkomplex behandelt, in dem es im weitesten Sinne um Europa geht. Die Vermittlung einer europäischen Bürgerschaft spielt dabei jedoch nur eine sehr untergeordnete Rolle.

Wann und wie soll die Schule eine „Erziehung zur europäischen Bürgerschaft" durchführen? Wie positioniert sich der Durchschnittslehrer, der gleichzeitig zwei unterschiedlichen Ansprüchen genügen will? Auf der einen Seite steht die Selbstbehauptung der Institution mit ihren amtlichen Verordnungen und Lernplänen, an die sich der Staatsbeamte halten muss, auf der anderen Seite die Dynamik, mit der sich die Gesellschaft selbst ständig neu organisiert. Wie stark wirken sich die Vorstellungen des Lehrers auf die Inhalte seines Unterrichts aus? Wie groß ist ihr Einfluss auf die Vorstellungen ihrer Schüler, die sich gerade erst entwickeln?

---

1 Außer dem Zitat aus dem Werk von Axel Honneth, das im deutschen Original vorliegt, habe ich alle Zitate von Sekundärliteratur ebenfalls ins Deutsche übertragen, da zum gegebenen Zeitpunkt für keines dieser Werke eine „offizielle" Übersetzung existiert (Anm. d. Übers.).

Erziehung zur europäischen Bürgerschaft in der Schule

Institutionelle Empfehlungen und amtliche Vorgaben des französischen Erziehungsministeriums

In Frankreich beziehen sich die Lehrkräfte auf eine gemeinsame Basis von Kenntnissen und Kompetenzen, die festlegt, was jeder Schüler am Ende der Schulpflicht wissen und beherrschen sollte. 2005 gesetzlich verankert, umfasst sie die Gesamtheit der Kenntnisse, Kompetenzen, Werte und Einstellungen, die notwendig sind, um seine Schulzeit, sein Leben als Individuum und als zukünftiger Bürger erfolgreich zu gestalten. Seit 2011 muss zur Erlangung eines Schulabschlusses, der dem deutschen qualifizierenden Hauptschulabschluss entspricht, die Beherrschung von sieben Grundkompetenzen nachgewiesen werden. Als sechste Grundkompetenz werden dabei „gesellschaftliche und bürgerschaftliche Kompetenzen" gefordert. Diese institutionelle Empfehlung spiegelt den offiziellen Kurs der Europäischen Union in den Bereichen Erziehung und Ausbildung wider. Die Union verfügt über eine im Vertrag von Lissabon beschriebene *Koordinationskompetenz*, die es ihr erlaubt, das Vorgehen der Mitgliedsstaaten zu unterstützen, zu koordinieren oder zu ergänzen.

Auch die Pädagogen beziehen sich auf Lehrpläne. Die letzten Grundschullehrpläne stammen aus dem Jahr 2008. Es finden sich darin Verweise auf eine Erziehung zur europäischen Bürgerschaft, und zwar sowohl im Hinblick auf Kenntnisse (Fähigkeit, die Symbole der Europäischen Union zu erkennen) als auch im Hinblick auf das „Zusammenleben" und die geistige Offenheit (Respekt für andere, Wissen um die Würde eines jeden Individuums, Respekt für die Regeln des gesellschaftlichen Miteinander, Verständnis, Annahme und Anwendung der Rechte und Pflichten, Zusammenarbeit, Diskussionsbereitschaft). Allerdings ist die Praxis meilenweit von einem dynamischen Ansatz entfernt, der versuchen würde, den Schülern ihren Status als zukünftige Akteure der europäischen Konstruktion bewusst zu machen. Im Lehrplan findet sich nämlich Folgendes zum Thema humanistische Bildung:

> „Die humanistische Bildung sensibilisiert die Schüler für die Diversität und für die Entwicklung der Zivilisationen, der Gesellschaften, der Herrschaftsgebiete, der unterschiedlichen Religionen und der Künste; sie ermöglicht es ihnen, sich zeitliche, räumliche, kulturelle und bürgerschaftliche Orientierungspunkte anzueignen. Gemeinsam mit der regelmäßigen Beschäftigung mit literarischen Werken trägt sie somit zur Ausbildung der Person und des Bürgers bei."

Blickt man in der Geschichte zurück, so hatte auch Europa selbst im Römischen Vertrag von 1957 keine spezifischen Elemente zur Erziehung zur europäischen Bürgerschaft vorgesehen. Das Auftreten der Begriffe „Erziehung", „Studenten ", „Jugend", „junge Leute", „Berufsausbildung" ist dem Vertrag von Maastricht zu verdanken. Der neue Vertrag enthält nunmehr ein Kapitel „Erziehung, Berufsausbildung und Jugend", das aus den Artikeln 149 und 150 besteht. Diese Verordnungen dienen als Grundlage für die Aufnahme von EU-Programmen in diesen Bereichen. 1987 begann die Union mit der Entwicklung ihres bislang erfolgreichsten Programms, mit dem ERASMUS-Programm.

Die Perspektive der Lehrkräfte

In semi-direktiven Interviews, die ich mit zwei Lehrern und ihren Klassen (Kinder zwischen 10 und 12 Jahren, aus zwei unterschiedlichen Gegenden, einer sozial schwächeren und einer wohlhabenderen) getrennt voneinander durchführte, habe ich untersucht, wie sich die jeweilige Lerntheorie der Pädagogen auf die Entwicklung der kindlichen Vorstellung von Europa auswirkt.

Claire ist 25 Jahre alt und unterrichtet seit drei Jahren. Ihrer Meinung nach ist zur Entwicklung einer europäischen Bürgerschaft vor allem Zeit nötig. Um bei Kindern ein Demokratieverständnis (Rechte und Pflichten der Einflussnahme auf das politische Leben) zu erzeugen, muss man ihnen zunächst wichtige Grundwerte (Respekt vor dem Anderen und Brüderlichkeit) vermitteln. Dabei geht es ihr vor allem um Toleranz, ein gegenseitiges Verständnis unter den Völkern, und darum, dass kulturelle Unterschiede auch als verbindend erlebt werden können. Für Claire ist die Ökonomie eher ein trennendes als ein verbindendes Element. Der Respekt für kulturelle Unterschiede bildet die Grundvoraussetzung ihres Unterrichts. Sie organisiert Diskussionen, freie Vorträge, eine Arbeit über die Öko-Bürgerschaft und behandelt mit ihren Schülern die geschichtliche Entwicklung der EU. Sie ist niemals sicher, ob sie Erfolg haben wird, denn es handelt sich um eine langfristige Arbeit, bei der auch die Familie und das Umfeld eine Rolle spielen.

Didier ist 47 Jahre alt. Er unterrichtet seit 27 Jahren, ist seit 14 Jahren Direktor und engagiert sich gewerkschaftlich, politisch und auf Vereinsebene. Seiner Meinung nach ist die Europäische Union etwas Grundlegendes: Sie ist sowohl ein „wirtschaftliches Gebilde" (der Euro, die Zentralbank, die gemeinsame Agrarpolitik, der Weizen, das Erdöl, die Airbus- und Ariane-Projekte usw.) als auch ein politisches (die europäischen Institutionen und die politischen Kontrollmechanismen) und sie spielt eine Rolle in Bezug auf das Gleichgewicht in der Welt (Europa muss Einfluss haben). Mit dem Begriff der europäischen Bürgerschaft hat er seine Schwierigkeiten. Er vertieft ihn im Unterricht nicht besonders, sondern behandelt lieber andere Fragen wie das Thema *„nachhaltige Entwicklung"*. Nichtsdestotrotz steht die Europäische Union auf dem Lehrplan der 5. Klasse. Also konzentriert er seinen Unterricht auf die Prinzipien des „wirtschaftlichen Gebildes". Dabei geht er vor allem davon aus, dass es den Schülern nach der Behandlung des Zweiten Weltkriegs leichter fällt, zu verstehen, dass man Bündnisse eingehen muss, um stärker zu sein. Er fügt hinzu, dass wir mit den uns umgebenden Ländern zu einer Gemeinschaft gehören, dass es jedoch keine Identität gibt, die sich beispielsweise durch eine gemeinsame Sprache ausdrücken würde. Seiner Meinung nach sind Toleranz und Respekt universelle Werte, die nur indirekt mit der europäischen Bürgerschaft zu tun haben, die er eher auf einer ökonomischen und politischen Ebene ansiedelt. Abschließend stellt er fest, dass das Thema europäische Bürgerschaft die Familien seiner Schüler nicht besonders „in Wallung bringt", während der Themenkomplex Zweiter Weltkrieg auf großes Interesse stößt: So hat beispielsweise der Enkel eines Résistance-Kämpfers seinen Mitschülern Dokumente und Photos mit in den Unterricht gebracht.

Er widmet diesem Thema drei Stunden Unterricht und führt anschließend eine kleine Evaluation durch. Beide interviewten Lehrer haben in ihrer Unterrichtspraxis die Begriffe Brüderlichkeit und Ökonomie erwähnt, doch messen sie ihnen vollkommen entgegengesetzte Bedeutung bei (Kräfteverhältnisse zwischen den Ländern kontra Solidarität). Die Evaluation ist bei Claire formativ (auf längere Sicht angelegt), bei Didier dagegen summativ (im Unterricht erworbene Kenntnisse). Beide erklären den Begriff der Bürgerschaft durch die Öko-Bürgerschaft und verankern ihre Darstellung in der Geschichte (Zweiter Weltkrieg), die sie jedoch extrem unterschiedlich auslegen (Kräfteverhältnis zwischen den Völkern kontra Solidarität). Während europäische Bürgerschaft für Claire ein sozialer Begriff ist, sieht Didier darin eher etwas Politisches. Abschließend betonen beide die erzieherische Partnerschaft mit den Familien.

Die Reaktionen der Kinder

Für Claires Klasse ist Europa in erster Linie ein geographisches Gebilde, das aus Denkmälern, aus *„Präsidenten"* (China, Monaco, Nicolas Sarkozy, Jacques Chirac, die Königin von England und George W. Bush werden wild durcheinander zitiert!), aus Ländern, die einander berühren, besteht. Die Europäer genießen ihre Freiheit und sind Bürger, die mit Rechten und Pflichten ausgestattet sind. Sie müssen Gesetze befolgen (nicht stehlen, keine Drogen nehmen, keinen Mord begehen! …). Doch nimmt der Respekt auch eine soziale Dimension an:

> „Europa, das dient dazu, einander zu respektieren! Davor gab es Hitler und ein anderes Deutschland als heute. […] Wir müssen Frieden haben, müssen uns alle gegenseitig respektieren [die Homosexuellen werden zitiert], und alle, die arm sind, sollen sich satt essen können und ärztlich behandelt werden wie die Reichen, und alle sollen ein Dach über dem Kopf haben, und man soll kein Papier mehr wegwerfen, wegen der Umweltverschmutzung!"

Die letzte Bemerkung wirft den Begriff einer „Welt-"Bürgerschaft auf. Als ich sie zu diesem Gruppeninterview mit ihren Schülern befrage, ist Claire überrascht und freut sich über die Reaktionen der Kinder:

> „Sie haben mich in Erstaunen versetzt! Das muss ich unbedingt sagen! Gerade eben, da sind Worte gekommen, wie Frieden, Respekt usw., und

> darüber bin ich wirklich begeistert! Für mich ist das wie eine Evaluierung ... das erlaubt es mir, genau zu sehen, wo ich stehe. Da sind einige Sachen gekommen, die mir am Herzen liegen. Dagegen sieht man einige Lücken in schulischer Hinsicht ... Sie haben Lust, mitzumachen, und das berührt sie! ... Das ist auch eine Frage der Reife ... das muss man vielleicht auch sehen! Das alles ist ein Mischmasch von unterschiedlichen Elementen, die irgendwann nach und nach durch die Wiederholung in eine Art Ordnung kommen."

An dieser Stelle ist ein deutliches Spannungsverhältnis feststellbar: Einerseits muss die Lehrerin sich (aufgrund ihrer Ausbildung und einer Art Selbstprägung) selbst verorten und ihre Schüler beurteilen. Auf der anderen Seite erkennt sie jedoch auch die Notwendigkeit, ein langfristig ausgerichtetes Lerndispositiv einzurichten, das auf der aktiven Teilnahme der Kinder aufbaut und dessen Auswirkung weniger leicht messbar ist.

Didiers Klasse gesteht der EU keine wirklichen Besonderheiten zu:

> „Das heißt nichts ... das heißt auf der Welt sein, egal ob wir Franzosen oder Europäer sind, das wird immer das Gleiche sein. [...] Ob ich Europäer bin, ob es 2050 vielleicht ein bisschen mehr Bevölkerung gibt! Das ist nicht unbedingt MEIN Problem! [...] Ein Bürger ist eine Person wie jede andere, die wählen darf." [Das MEIN wird sehr laut und entschieden ausgesprochen!]

Sie siedelt ihre Argumente eher auf der Ebene des Wettbewerbs an:

> „Damit wir uns nicht mehr untereinander prügeln und um gleichzuziehen, denn die USA, die haben viel Geld. [Die Krise hatte noch nicht begonnen!] Auf wirtschaftlicher Ebene heißt das, die anderen zu bekämpfen, aber im Guten. [...] Wir sind schon 27 Länder! Das ist gut! Das soll so weitergehen und ... nicht alle, weil *sonst hätten wir keine Konkurrenz.*"

Ebenso wie ihre älteren Familienangehörigen erwarten die Schüler von Europa in gewisser Weise, „dass es sich auszahlt":

> „Es gibt 27 Länder in der Europäischen Union, und einmal alle 27 Jahre gibt es einen Präsident, der Europa regiert, und jetzt ist es Frankreich, das die 27 Länder befehligen wird. Wenn es dieses Jahr Nicolas Sarkozy ist, dann soll er irgendwann mal was tun, damit sich die Dinge ändern! [...] Europa macht Versprechen. Sie sagen, dass sie die Überstunden der Arbeiter zahlen werden, und sie machen es nicht! Aber seine Versprechen muss man doch halten!".

Aus ihren Aussagen spricht eine gewisse Verbitterung, sicherlich ein Beweis dafür, dass sie in schwierigen Familiensituationen leben:

„Sarkozy, dem ist die Umweltverschmutzung doch eigentlich wurscht! Der muss sich keine Sorgen machen, in seinem Häuschen, in seinem Palast in Paris! Der lebt und hat Geld, mit dem er sich alles leisten kann!"

Die Prinzipien der Solidarität und der Anerkennung des Anderen sind gegenwärtig, springen jedoch nicht übermäßig ins Auge:

„Die anderen Kinder, die machen dieselben Sachen wie wir, das sagt für mich schon alles. [...] Wir sind alle gleich! Man darf nicht rassistisch sein! Über den Rathäusern, da steht, glaube ich, ‚alle Menschen sind gleich' drüber!"

Als er mit mir über das Interview mit seinen Schülern spricht, sagt Didier, er habe das Gefühl,

„es fällt ihnen schwer, sich eine Vorstellung von Europa zu machen. Bei der Ökologie sind sie ein bisschen mit eingestiegen, aber ist das vielleicht durch das vorgeprägt, was ich im Unterricht gemacht habe? Die wirtschaftliche Seite ist sehr stark rausgekommen, aber es ist ihnen schwer gefallen, weiterzugehen, zu … [Schweigen]."

Man spürt, dass es ihm unangenehm ist, dass nur dieser eine Aspekt herausgekommen ist, doch beruhigt er sich später wieder:

„Bürger! Als wir über den Begriff des Bürgers gesprochen haben! Den freien Bürger, der wählen geht, usw. Frei! Das war interessant! Er hat darüber gesprochen, was auf dem Portalgiebel stand, und was er nicht exakt wiedergeben konnte: „Freiheit, Gleichheit und Brüderlichkeit", das macht nichts, denn er hat es im Kopf, und sie haben das tatsächlich verinnerlicht! Da kann man nichts sagen! Sie haben die Demokratie verinnerlicht, und das ist positiv!"

Die Inhaltsanalyse dieser Gruppeninterviews zeigt, dass den Schülern beider Klassen zu allererst eine geographische und politische Definition von Europa in den Sinn kommt. Sie verweisen auf die Geschichte (den Zweiten Weltkrieg) und haben ein Mindestmaß von Kenntnissen angesammelt, auch wenn diese Kenntnisse flüchtig sind und noch gefestigt werden müssen. Die Schüler sind in der Lage, den Begriff der Bürgerschaft präzise zu beschreiben (Rechte, Pflichten, Dinge, die man respektieren muss, Gleichheit), doch haben sie unterschiedliche Vorstellungen von Demokratie. Während Didiers Klasse den Begriff der Freiheit nennt, sprechen Claires Schüler von einem Präsidenten, der die Geschicke Frankreichs in Händen hält, als sei er der einzige Entscheidungsträger.

Der Begriff der Konkurrenz unter den Ländern (Überbleibsel der Kriege mit den Alliierten resp. den Feinden), den die erste Klasse erwähnt, steht ganz deutlich dem von der zweiten Klasse angeführten Solidaritätsbegriff (dem Schwur „Nie wieder Krieg") entgegen. Die Empörung über menschliches Elend sticht in den

Äußerungen beider Gruppen stark hervor, während sie in den Interviews mit den Lehrkräften weniger präsent war. Bei den Kindern aus Didiers Klasse scheint sich diese Empörung jedoch vor allem auf ihr eigenes familiales Umfeld zu beziehen.

Meine Hypothese von der Wirkung der pädagogischen Konzepte auf die Vorstellungen der Schüler hat sich nicht unbedingt bestätigt. Zwar unterscheiden sich die pädagogischen Stile der beiden Lehrkräfte: Während Didiers traditioneller Ansatz den Wettbewerb zwischen den Ländern betont, unterstreicht Claires aktiver Ansatz die Bedeutung des Begriffes Solidarität. Doch lassen sich innerhalb ein und derselben Klasse unterschiedliche Vorstellungen zum Thema Europa finden. Die Standpunkte der einzelnen Schüler decken sich nicht unbedingt mit denen ihrer Klassenleiter. Dennoch erwähnt Didiers Klasse häufig den Begriff der Ökonomie, während Claires Klasse die humanistischen Werte betont: Von daher ist es gerechtfertigt, die Idee des „Lehrereffekts" einzubringen, ein Effekt, der durch die Abstimmung der Berufspraktiken auf die Ziele, die man erreichen möchte, sich auf den Prozess der Aneignung des Bürgerschaftsgedankens auswirkt. Auf einer anderen Ebene müssen beide Klassenlehrer auf eine Objektivierung des Begriffs „europäische Bürgerschaft" zurückgreifen: Beide behandeln die Öko-Bürgerschaft. Ich sehe darin die Möglichkeit, eine ungenaue Projekt-Ausrichtung[2] (das Konzept des europäischen Bürgers) zu übersetzen und zu konkretisieren, indem man sie durch Transposition in einen leichter einsetzbaren Modus mit einem leichter identifizierbaren Projekt-Programm[3] (dem Konzept der Öko-Bürgerschaft) verbindet. Nach der gleichen Logik verankern auch beide Lehrer ihre „Europa"-Vorstellung in der Geschichte (Zweiter Weltkrieg). Darin drückt sich meiner Meinung nach das pädagogische Unbehagen angesichts der Problematik eines Unterrichtsgegenstands aus, der schlicht und einfach nicht eindeutig genug definiert ist.

Unterschiedliche Vorstellungen bei Schülern und Lehrern

Haben Schüler und Lehrer unterschiedliche Vorstellungen vom Begriff der europäischen Bürgerschaft? Welche Vorstellung machen sich die Kinder von Europa? Ist diese Vorstellung mit der Vorstellung ihrer Lehrer deckungsgleich oder unterscheidet sie sich von ihr? Um diese Fragen weiter zu verfolgen, habe ich mich für die von Guimelli (1989) entwickelte und von Abric (1993) ergänzte Analysemethode (méthode des choix par blocs) entschieden. Diese Methode setzt eine Liste von Items in Bezug auf den Untersuchungsgegenstand voraus, die zuvor auf der Basis von Sondierungsinterviews ermittelt wurden. Ich ziehe es jedoch vor, den befragten

---

2 „Das Projekt ist zunächst eine ‚Projekt-Idee', die eine pädagogische Charta aufnimmt, die sich eine bestimmte Gruppe zu einem bestimmten Zeitpunkt und in einem bestimmten Umfeld als Regelwerk gibt, um die Integration der jungen Altersklassen zu steuern" (Boutinet 1990, S. 204).

3 Im Gegensatz zur erzieherischen Ausrichtung des Projekts beschränkt sich das pädagogische Projekt auf den Bereich der Schule „nicht in dem Sinne, dass es die äußere Umgebung zurückweist, sondern in dem Sinne, dass es nur mit zwei Hauptakteuren arbeiten kann: der Lehrkraft oder der Gruppe der Lehrkräfte und den Schülern" (Boutinet 1990, S. 206).

Lehrkräften bei der Wahl ihrer Worte und Ausdrücke freie Hand zu lassen (sieben Post-its pro Person, die mit Noten von -2 bis +2 bewertet werden). Die Berechnung des Durchschnitts-Scores eines jeden Items ermöglicht es, nebenbei eine Hypothese über die allgemein gängige Gesellschaftsvorstellung zu überprüfen. Eine zweite Ergebnisserie, diesmal eine kollektive, ergibt sich durch die Fragen auf zehn neuen Post-Its, die aus den zuvor gegebenen Antworten entwickelt wurden. Für die Schüler (französische Viert- und Fünftklässler zwischen neun und zwölf Jahren) habe ich die Äußerungen der Erwachsenen übernommen und in ungefähr dreißig Zeichnungen oder Bilder übersetzt. Dieses Ensemble erscheint mir umfangreich genug, auch wenn man darüber selbstverständlich diskutieren kann. Ich gehe dabei äußerst behutsam vor, denn ich will das Denken der Kinder nicht durch Hinweise beeinflussen. Die Untersuchung wird unter denselben Bedingungen durchgeführt wie bei ihren Lehrern, doch zusätzlich auch noch aufgezeichnet, um die Interpretation der Antworten zu erleichtern.

Bei der Analyse der Antworten der Lehrkräfte fällt sehr schnell auf, welche Vorrangstellung beide dem Respekt einräumen. Man weiß, wie vielschichtig dieser Begriff ist; ich beschließe, den Begriff des Rechts auf Anerkennung zu verwenden, in dem Sinne wie Axel Honneth den Begriff eingeführt hat. Seine Theorie bezieht sich auf die Wahrnehmung des Selbst durch den Anderen, auf die Tatsache, dass das Wissen, das eine Person von ihrem Selbstwert hat, von jemand anderem abhängt. Der deutsche Philosoph unterscheidet drei Prinzipien der Anerkennung, die unterschiedlichen sozialen Sphären entsprechen und die legitimen Erwartungen eines jeden Individuums bestimmen:

> „Um zu einem ungebrochenen Selbstverhältnis gelangen zu können, bedürfen menschliche Subjekte über die Erfahrung von affektiver Zuwendung und rechtlicher Anerkennung hinaus stets auch noch einer sozialen Wertschätzung, die es ihnen erlaubt, sich auf ihre konkreten Eigenschaften und Fähigkeiten positiv zu beziehen. [...] Wir können eine solche Art der praktischen Selbstbeziehung, für die umgangssprachlich der Ausdruck ‚Selbstwertgefühl' vorherrscht, in kategorialer Parallele zu den bislang verwendeten Begriffen des ‚Selbstvertrauens' und der ‚Selbstachtung' sinnvollerweise ‚Selbstschätzung' nennen" (Honneth 1992, S. 196; 209).

Davon ausgehend wird es möglich, die aus den Items meiner Kollegen gesammelten Informationen in drei thematische Bereiche einzuteilen:
- „Affekte und Bedürfnisse, Primärbeziehungen (Liebe, Freundschaft)",
- „Anerkennung individueller Leistungen, deren Wert nach der Tragweite bemessen wird, die man ihnen innerhalb einer bestimmten Gesellschaft zuschreibt",
- „universeller Respekt, juristische Anerkennung".

Nach der Einteilung stelle ich fest, dass es notwendig ist, noch einen vierten Bereich hinzuzufügen. Die verbliebenen Items beziehen sich alle auf *„das wirtschaftliche und politische Europa"*. Dieser Block, der mit den anderen nichts zu tun hat, überrascht mich nicht. Ich habe die Befragten aufgefordert, sich zum Thema „Erziehung zur europäischen Bürgerschaft" zu äußern. Sie sind Lehrkräfte: Es ist also normal, dass sich innerhalb dieser Rubrik Items wiederfinden, die von den Lehrplänen 2008 vorgeschrieben sind. Sie kommen vor, doch fällt auf, dass sie mit einer negativen Note versehen werden (-6), was sie von der allgemein gängigen Vorstellung abweichen lässt. Auch in Bezug auf die Rubrik der Primärbeziehungen (Liebe und Freundschaften) lässt sich die Hypothese aufstellen, dass sie von den allgemein gängigen Vorstellungen abweichen. Zwar hat der Schwur „Nie wieder" nach den brutalen Kriegen, die Europa durchzogen haben, zur Gründung der europäischen Gemeinschaft geführt, doch kann man sich fragen, ob er bei einer Bevölkerung, die immer nur Frieden gekannt hat, tatsächlich noch genauso präsent ist …

Die befragten Kollegen haben eine nichtautonome Vorstellung von der Erziehung zur europäischen Bürgerschaft, die sich auf zwei zentrale, voneinander unabhängige Punkte stützt. Der erste Punkt betrifft das Teilen einer gewissen Anzahl von Werten, *„die nach der Tragweite bemessen werden, die ihnen innerhalb einer bestimmten Gesellschaft zugeschrieben wird"* und die von allen Europäern geteilt werden. Diese Werte können das Gefühl hervorrufen, nützlich zu sein und etwas zu Europa beizutragen (Selbstwertgefühl). Der zweite Punkt bezieht sich auf das Gleichheitsprinzip, die Möglichkeit, sich innerhalb der gesamten EU der gleichen Rechte und Pflichten zu erfreuen (Selbstachtung). Bei der Auswertung der Kollektivantworten stelle ich fest, dass das „Solidaritätsprinzip" der möglichen Selbstentfaltung in der öffentlichen Sphäre eine bedeutende Abweichung erfährt. Die Aufzeichnung der Diskussionen innerhalb der Gruppe bestätigt mir, dass es nach der Diskussion in den Hintergrund gerückt ist. Somit tritt also der dynamische Aspekt von Personen, die sich als Akteure beim Aufbau und der Entwicklung Europas fühlen, nicht wirklich hervor.

So wie bei den Erwachsenen zeichnen sich bei den Schülern zwei Blöcke ab. Der erste ergibt sich aus der geographischen Definition Europas. Acht von neun Kindern haben einer physischen Karte Europas die Note 2 gegeben, und das neunte Kind die Note 1. Die gesamte Gruppe erkennt diese Entscheidung ohne zu zögern an. Der zweite Block vereinigt Werte, die den Kindern wichtig sind, die sie als von allen Europäern, trotz ihrer Unterschiede geteilt annehmen, die alle zu einer *„großen Familie" „zusammenschweißen"* und *„zusammenbringen"*. Gemäß Axel Honneths Einteilung handelt es sich dabei um eine gegenseitige Anerkennung in einer Werte- und Solidargemeinschaft. Genannt werden dabei: Nahrung, Familie, Schule und das schulische Universum. Da es sich um Kinder mit manifesten physiologischen und affektiven Bedürfnissen handelt, die stärker als bei Erwachsenen zum Ausdruck kommen, überrascht es mich nicht, diese Themen wiederzufinden. Auch die Umwelt findet ihren Platz ebenso wie das Bedürfnis, zu feiern und sich in seiner Freizeit zu amüsieren.

Die Kinder wissen Entwicklungen zu schätzen und erscheinen somit optimistisch (vielleicht sogar mehr als ihre älteren Familienmitglieder?) Gibt es einen Unterschied zwischen den Antworten der Lehrerin und den Antworten ihrer Schüler? Bei der Auswertung der individuellen Antworten ihrer Klassenlehrin Claire fällt mir eine fast vollkommene Übereinstimmung auf der Ebene der zwei *Primärbeziehungen* auf; *Liebe, Freundschaft* und *Wertegemeinschaft, Solidarität*.

Die Dominanz des Lehrer-Effekts

Nach dieser Untersuchung über die europäische Bürgerschaft war ich in der Lage, einige Feststellungen zu machen. Erstens gibt es, soweit unsere Problematik betroffen ist, über den didaktischen Stil hinaus einen „Lehrer-Effekt", der einerseits die pädagogische Effizienz[4] der Verankerung dieser Lerninhalte bei den Schülern betrifft. Vor allem wird jedoch andererseits der Einfluss der Vorstellungen deutlich, die der Lehrer von seinen Schülern hat; ein Einfluss, der sich auf ihre Beziehung zu diesem Schulgegenstand auswirkt. Es kann sich dabei um eine Reihe positiver Vorstellungen handeln, die auf dem Postulat der kognitiven Erziehbarkeit fußen, auf Enthusiasmus und auf großen Hoffnungen, die in den Erfolg der Schüler gesetzt werden. Die Frage danach, wie viel Energie die Lehrkraft aufwendet, spielt ebenfalls eine wichtige Rolle. Ich kann sogar, indem ich mich auf kürzlich veröffentlichte Arbeiten stütze, die Idee eines „umgekehrten Pygmalion-Effekts" vorbringen. Pascal Bressoux (1997) zitiert in einer zusammenfassenden Betrachtung der Schul- und Lehrer-Effekte die Studie der Psychologie-Dozentin Odile Espinoza von der IUFM Reims:

> „Studien haben gezeigt, dass die Energie, die Motivation und das Interesse der Lehrkraft positive Auswirkungen auf ihre Schüler haben."

Indem sie genau untersucht hat, wie sich die Beziehung zwischen Schülern und Lehrern auf die Ergebnisse auswirkt, ist es dieser Forscherin gelungen, einen „umgekehrten Pygmalion-Effekt" nachzuweisen. Demnach wäre es nicht mehr der Lehrer, der die voraussichtliche Entwicklung festlegt (das heißt, dass der Erfolg oder Misserfolg des Schülers von seinem Verhalten, seiner Einstellung abhängen würde), sondern die Schüler selbst (indem sie etwas Spezifisches von ihrem Lehrer erwarten). Wenn wir den Begriff der europäischen Bürgerschaft durch das bereits erwähnte Zusammenwirken von politischen Rechten und dem Solidaritätsprinzip definieren, stehen die Lehrkräfte vor einer ziemlich schwierigen Aufgabe:

> „[Man muss zunächst] das Demokratiedefizit im gegenwärtigen Fundament der Instanzen der Union offenlegen und gleichzeitig zu verstehen geben, dass es notwendig ist, diese Institutionen zu unterstützen, indem

---

4 „Alles deutet übereinstimmend darauf hin, dass das, was in der Schule praktiziert wird, in bestimmter Weise wirksam wird. Der Pädagoge darf sich diese Wirkungen nicht als Kausalbeziehung vorstellen: Da einzig und allein das Subjekt lernt und für dieses Engagement mobilisiert werden muss (was wohlgemerkt nicht mit einer zuvor existierenden Motivation verwechselt werden darf), gilt es, Situationen zu entwerfen, denen es gelingt, die Personen zu mobilisieren, und die es ihnen ermöglichen, sich ihrer eigenen Ressourcen bewusst zu werden, sie zu strukturieren, sie anzuwenden und zu transferieren" (Meirieu 2008).

man zeigt, dass sie über ein Entwicklungspotenzial verfügen, das zu einiger Hoffnung berechtigt" (Solonel 1996, S. 62).

Doch würde diese Aufgabe weit über den didaktischen Modus der Lehrer hinausgehen. Sie hinge nämlich stark von ihren persönlichen Prioritäten innerhalb dieser gleichermaßen politischen und sozialen Definition ab. Je nachdem ob sie das eine oder das andere betonen würden, würden ihre Schüler unterschiedliche Erkenntnisse und unterschiedliche Vorstellungen entwickeln, und dies, wie bereits erwähnt, in einem intersubjektiven Kontext, der umso stärker durch die Affektivität geprägt ist, je jünger der Schüler ist. Infolgedessen scheint mir der Einfluss von Schule und Lehrkräften während der Schullaufbahn eines jungen Menschen von großer Bedeutung für die Erziehung zur europäischen Bürgerschaft.

„Jenseits der trivialsten und am leichtesten kontrollierbaren Parameter hängt die Effizienz des erzieherischen Handelns von subtileren, weniger leicht messbaren, manchmal noch nicht konzeptualisierten Faktoren ab. Manche von ihnen sind keineswegs von Anfang an gegeben, sondern werden durch die pädagogische und didaktische Interaktion im Laufe der Schulzeit entwickelt. Zwischen einem Lehrer und einem Schüler entspinnt sich jedes Jahr eine einzigartige menschliche Geschichte, die sich nur schwerlich in ‚Variablen' übersetzen lässt, die beobachtet werden können. [...] Diese Elemente hängen nicht von der beruflichen Kompetenz ab, sondern von der persönlichen Identität und dem individuellen Dasein" (Perrenoud 1996, S. 28).

Zweitens stelle ich fest, dass weder erfahrene Lehrer noch Berufsanfänger wirklich dazu ausgebildet sind, ihre Schüler zur europäischen Bürgerschaft zu erziehen. Liest man die soeben zitierte Passage noch einmal, so ist dies umso beunruhigender. Besteht unter diesen Bedingungen nicht das Risiko, dass ihr einziger pädagogischer Anhaltspunkt aus einem Unterrichtsleitfaden besteht, der im allerbesten Fall zwei oder drei Seiten der EU widmet? Didier und Claire sagen mir, dass sie aus diesen Interviews etwas gelernt haben: Durch die Forschungsarbeit ist es mir gelungen, ihre Aufmerksamkeit zu wecken und sie an die Notwendigkeit einer Erziehung zur europäischen Bürgerschaft zu erinnern, eine Übung, die sie bereits praktizierten, doch mit mehr oder weniger Engagement. Ist ihr Engagement dadurch womöglich größer geworden? Beide Lehrer waren ebenfalls sehr interessiert an den Reaktionen ihrer Schüler während des Kollektivinterviews. Didier hat beispielsweise die Unterschiede zwischen seiner eigenen Vorstellung von Europa und derjenigen seiner Schüler genau richtig eingeschätzt. Daher konnte er das Ganze aus der Distanz betrachten und eine zunächst nicht unbedingt positive Evaluierung in Bezug auf die Spuren akzeptieren, die sein Unterricht hinterlassen hat (die Einprägung der neuen Kenntnisse war nicht gewährleistet gewesen). Später gelang es ihm, sich für die Wirklichkeitswahrnehmung seiner Schüler zu öffnen (der soziale und menschliche

Aspekt), für Aspekte, die in seinem Unterricht nur gestreift wurden, solange er auf die wirtschaftliche Dimension konzentriert blieb.

Drittens habe ich festgestellt, dass es nicht einfach ist, in der Grundschule den Unterschied zwischen dem Unterrichtsgegenstand Europa und der Erziehung zur europäischen Bürgerschaft herauszuarbeiten. Sowohl bei den Schülern als auch bei ihrem Lehrer muss die Vorstellung einer europäischen Bürgerschaft noch verankert und objektiviert[5] werden. Der Unterrichtsgegenstand Europa setzt die Vermittlung eines gewissen Grundwissens in Geographie, Geschichte und humanistischer Bildung voraus. Die Erziehung geht über diese bloße Vermittlung hinaus, und versucht, anzuleiten und zu korrigieren und die Vorurteile unserer individualistischen Gesellschaft zu überwinden, die sich dem „Solidaritätsprinzip" entgegenstellen. Der Schüler muss anderen Realitäten ausgesetzt werden:

> „Internationale Austauschprogramme können zu dem beitragen, was gleichzeitig die notwendige Voraussetzung, die wesentliche Grundlage und der harte Kern eines Projektes zur Errichtung der europäischen Bürgerschaft ist, das heißt: eine Erziehung zum Politischen, und genauer gesagt, eine Erziehung zur Demokratie" (Solonel 1996, S. 60f.).

Allerdings bleiben diese Austauschprogramme zumeist auf eine bloße Kontaktaufnahme zwischen Schülern beschränkt. Daher sind sie kaum ausreichend, um die Stereotypen zu Fall zu bringen. Ich behaupte deshalb, dass man nach dem Aufbau pädagogischer Projekte streben muss, die gemeinsam entwickelt werden und für alle Beteiligten sinnvoll sein müssen (Produktion von länderübergreifenden Publikationen). Unter diesen Bedingungen lassen sich die sozialen Kompetenzen der Schüler entwickeln und die Gräben überwinden. Zu diesem Zweck muss die Fähigkeit, zu verhandeln (zunächst innerhalb der Klasse, dann im Dialog mit anderen Klassen) weiterentwickelt werden, auch die Fähigkeit, zu begreifen, dass die Anderen nicht unbedingt dieselben Ideen und Interessensgebiete teilen.

Beschlüsse von Oben und der Spielraum des einzelnen Pädagogen

Es ist schwierig für einen Lehrer, junge Schüler beim Erfassen eines nur unzureichend definierten politischen Gegenstands zu begleiten. Schließlich fällt es bereits Erwachsenen schwer, festzustellen, durch wen sie in einem Europa vertreten werden, und wer dort was tut. Der Pädagoge ist in einer Zwickmühle: Entscheidet er sich für einen deskriptiven Ansatz, besteht das Risiko, ausschließlich die gegenwärtigen Fehlfunktionen der Union zu Tage zu fördern und so die Skepsis der Schüler

---

5 Objektivierung: Prozess der Vereinfachung von auf den Gegenstand bezogenen Informationselementen, der Konkretisierung von Begriffen, indem man den Worten Dinge entsprechen lässt, und vor allem der groben Zusammenfassung, ausgehend von einer Logik, die innerhalb der Gruppe bleibt, siehe Guimelli (1994, S. 13).

zu vergrößern; ist seine Einstellung entschieden utopisch, wird sie durch ihren Mangel an Realismus ebenso erfolglos sein. Der Handlungsspielraum liegt zweifellos zwischen diesen beiden Polen, damit die Vertiefung nicht bei der ersten Etappe des vom Lehrer „Vorgegebenen" endet, sondern sich in einer Dynamik von Aufnahme/Veränderung des Bestehenden, von Erlernen/Aneignung und der Rekonstruktion durch einen selbständig und verantwortlich Lernenden fortsetzt.

Meine Hypothese ist, dass sich das Ziel einer lebendigen Demokratie nur erreichen lässt, indem man dafür sorgt, dass sich die Vorstellungen des Lernenden weiterentwickeln und transformieren. Dabei sind bestimmte Unterrichtsarrangements und bestimmte didaktische Umgebungen hilfreich, andere jedoch nicht. Um die Bürgerinnen und Bürger von heute zu erziehen, müssen wir auch unsere professionellen Praktiken überdenken. Es gilt den Status des Schülers und der Institution zu verändern, und zwar bezogen auf die Lehrpläne in ihrem Kern, das „Innere" der Schule und der Klasse, und auch hinsichtlich der Lernarrangements. Die Forderung nach Demokratie in der Schule ist symptomatisch für die Notwendigkeit, in einer Gesellschaft, in der das soziale Netz versagt, den sozialen Zusammenhalt neu zu begründen. Natürlich strebt jedes System nach seiner eigenen Reproduktion, doch gleichzeitig benötigt jeder Pädagoge dringend eine der Demokratie verpflichtete Utopie, um seinem Initiativspielraum als Akteur in diesem System einen Sinn zu verleihen.

Aus dem Französischen von Frank Weigand

Literatur

Abric, Jean Claude (1993): Méthodologie de recueil des représentations sociales. In : Abric, Jean-Claude (Hg.): Pratiques et représentations sociales. Paris: PUF.
Boutinet, Jean-Pierre (1990): Anthropologie du projet. Paris: PUF.
Bressoux, Pascal (1994): Les recherches sur les effets-écoles et les effets maîtres. In : Revue Française de pédagogie, n° 108, Juli-September, S. 91-137.
Bressoux, Pascal (1997): Le maître aussi fait son effet. In : Les cahiers pédagogiques, n° 354, S. 16-18.
Guimelli, Christian (1989): Pratiques nouvelles et transformation sans rupture d'une représentation sociale: la représentation de la chasse et de la nature. In : Beauvois, Jean-Léon/Joulé, Robert-Vincent/Monteil, Jean-Marc (Hg.): Perspectives cognitives et conduites sociales. Tome 2: représentations et processus cognitifs. Cousset: DelVal, 117-138.
Guimelli, Christian (Hg.) (1994): Structures et transformations des représentations sociales. Neuchâtel: Delachaux et Niestlé.
Honneth, Axel (1992): Der Kampf um Anerkennung. Frankfurt/M.: Suhrkamp.
Meirieu, Philippe (2008): Texte de synthèse, écrit à l'occasion de la première journée du refus de l'échec scolaire, organisée par l'AFEV (Association de la Fondation Etudiante pour la Ville), 24. September 2008.
Perrenoud, Philippe (1996): L'évaluation des enseignants: entre une impossible obligation de résultats et une stérile obligation de procédure. In : Éducateur, n° 10, S. 24-30.
Solonel, Michel (1996): Les enjeux et les composantes pédagogiques d'un projet d'éducation à la citoyenneté européenne. Commission de l'Union Européenne. Freiburg i. Brsg.: Fillibach Verlag.

Elsa Lechner

Der „Moinho da Juventude": von der alltäglichen Praxis einer solidarischen demokratischen Bürgerschaft unter Migranten

> Die Erziehung zur Bürgerschaft ist die Kunst, *civilitas* und *res publica* miteinander zu verbinden.
> (Augusto Santos Silva)

Der Kulturverein Moinho da Juventude („Mühle der Jugend") wurde Ende der 1980er Jahre in dem informellen Viertel *Cova da Moura* in der Region Lissabon gegründet. Es handelt sich um ein Viertel, das überwiegend von Emigranten oder Rückkehrern aus den ehemaligen portugiesischen Kolonien in Afrika bewohnt wird. Zum damaligen Zeitpunkt befand sich die portugiesische Gesellschaft an einem historischen Wendepunkt: Das Land, das früher von einer starken Auswanderungsbewegung geprägt war, sah sich plötzlich mit einer steigenden Immigration konfrontiert. Tausende Menschen, vor allem von den Kapverdischen Inseln, aus Guinea und aus Angola, wanderten zu; nach *Cova da Moura* kamen vor allem Menschen von den Kapverden.

Aus der zunächst informellen Arbeit mit Kindern und Frauen des Viertels und aus dem Kampf für bessere hygienische Bedingungen entstand die Idee des Vereins „Moinho da Juventude"; er wurde von der seit 1978 in Portugal lebenden belgischen Psychologin und Pädagogin, Lieve Meersschaert, und ihrem portugiesischen Ehemann, Eduardo Pontes, gegründet. 1987 erhielt der Moinho den rechtlichen Status eines Kulturvereins und definierte sich selbst als Community-Projekt. Lieve Meersschaert und Eduardo Pontes leben auch seit jener Zeit in diesem Viertel; andere Bewohner haben sich dem Projekt angeschlossen, um gemeinsam die verschiedenen Probleme des Alltags zu bewältigen: Kanalarbeiten, Kindererziehung, Familienförderung, Ausbildung der Jugend, Kampf gegen Ghettoisierung und Kriminalität, Leseförderung. Außerdem organisiert der Verein kulturelle Aktivitäten, die an der kapverdischen Herkunft der meisten Einwohner anknüpfen.

Die Aktivitäten des Moinho haben sich im Laufe der Zeit stark weiterentwickelt und decken inzwischen den kulturellen, juristischen und wirtschaftlichen Bereich ab. Im Folgenden geht es vor allem um die Initiativen, die sich mit Bildung und Erziehung der Kinder und Jugendlichen des Viertels beschäftigen, da die Frage nach dem Umgang mit der sprachlichen und kulturellen Pluralität der Migranten von den portugiesischen Kapverden zu den Fragestellungen des DFJW-Projekts „Europäische Bürgerschaft durch Erfahrung lernen: Mit der Vielfalt der Sprachen und Kulturen" passt. Der folgende Beitrag versteht sich als Fallstudie zu einem Europa der Peripherie, insofern die afrikanischen Migranten die Komplexität der Bürgerschaftsfrage im postkolonialen Kontext verdeutlichen.

„Deus quer, o homem sonha, a obra nasce": Pessoas Dichtung in einem informellen Viertel

Der Moinho da Juventude hat seinen Sitz in einem Viertel, das vor kurzem in das „Critical Urban Areas Program" (Lechner 2008) aufgenommen wurde. Am Eingang des Gebäudes steht ein berühmter Satz des Dichters Fernando Pessoa an der Wand: „Deus quer, o homem sonha, a obra nasce", auf Deutsch bedeutet dies soviel wie: „Gott will, der Mensch träumt, und das Werk entsteht". Lieve und ihr Mann, beide Schüler des Pädagogen Paulo Freire, träumten zunächst nicht davon, einen Verein zu gründen, sondern davon, gemeinsam mit den Migranten aktiv an der Verbesserung ihrer Lebensbedingungen zu arbeiten. Heute, zwanzig Jahre später, ist der *Moinho da Juventude* einer der Vorzeigevereine des Landes. Im Jahr 2007 wurde er mit dem *Menschenrechtspreis* ausgezeichnet, der alljährlich von der portugiesischen Nationalversammlung verliehen wird. Das große Verdienst des *Moinho* ist, dass es ihm gelungen ist, unter den Anwohnern einen Alltag des helfenden Miteinanders aufzubauen, das auf zwölf Prinzipien basiert:

1. Interkulturalität: Respekt und Anerkennung jeder Kultur, „meiner eigenen und der der anderen";
2. Zu Dialog und Kommunikation als Grundpfeiler der gemeinsamen Arbeit anregen;
3. Freude und guter Laune erzeugen;
4. Die männliche wie die weibliche Seite jedes Individuums ansprechen;
5. Respekt vor den politischen und religiösen Überzeugungen der Menschen;
6. Zu Gruppenarbeit und Kooperation anregen;
7. *Empowerment*: Weiterentwicklung der Fähigkeiten jedes einzelnen, gemeinsame Reflexion und Entscheidungsfindung;
8. Respekt vor der Umwelt und sorgsamer Umgang mit dem Material und der Ausstattung des Vereins;
9. Die Kreativität anregen;
10. Beharrlich sein, nicht vor Hindernissen kapitulieren;
11. Die Arbeiten mit Sorgfalt und Effizienz erledigen;
12. Solidarität üben, vor allem mit denjenigen, die im Leben weniger Chancen haben.

Ich habe eine kurze Befragung der Mitarbeiter des *Moinho* durchgeführt und den Alltag des Vereins auf Video festgehalten. Nach der offiziellen Erlaubnis der Leiter wurde eine Mediatorin ausgewählt, die mich bei den Kontakten mit den verschiedenen Abteilungen begleitet hat. Bela arbeitet als Köchin für den Verein. Sie hat mich zum Kinderhort, zum Computerraum und zu den Verwaltungsabteilungen begleitet und mich den Lehrerinnen sowie den ehrenamtlichen Mitarbeitern vorgestellt.

Zwei Monate lang besuchte ich regelmäßig den Verein, um seine täglichen Aktivitäten kennenzulernen und Interviews durchzuführen. Der Verein unterhält gegenwärtig mehrere Community-Projekte. Die Subventionen für die schulischen und kulturellen Aktivitäten sowie für die Unterstützung der Familien des Viertels stammen von nationalen und europäischen Institutionen. Ziel dieser Projekte ist es, die Lebensbedingungen der Anwohner zu verbessern und die kapverdische Kultur, die einen Großteil des Viertels prägt, zu fördern. Aber, so einer der Verantwortlichen, „wir arbeiten im Interesse aller unserer Vereinsmitglieder, unabhängig von ihrer ethnischen Zugehörigkeit. Es gibt bei uns auch moldawische Kinder."

Die gegenwärtige Vizepräsidentin des Vereins, Anabela Rodrigues (30), ist eine typische Vertreterin der „Kinder des Moinho". Sie hat ihr gesamtes Leben in *Cova da Moura* verbracht. Schon als Kind besuchte sie den Verein regelmäßig, bis sie im Alter von 16 Jahren begann, anderen Schulkindern Nachhilfe zu geben. Inzwischen hat Anabela Rechtwissenschaften studiert und ist Juristin geworden. Nach ihrer Zulassung als Anwältin wurde sie Koordinatorin des Projektes „O Pulo", eines Weiterbildungsprogramms für die Eltern des Viertels. In jüngster Zeit hat Anabela ehrenamtlich im Bereich Dokumentation gearbeitet und ist Koordinatorin der Jugendgruppe und gleichzeitig Vizepräsidentin des *Moinho* geworden. Sie sagt: „Der *Moinho* hat mir grundlegend dabei geholfen, meine Identität zu erkennen und die Unterschiede zu verstehen, die es innerhalb der kapverdischen Kultur gibt. Ohne diese Unterstützung hätte ich niemals soviel Freude daran, in diesem Viertel zu leben, wie es heute der Fall ist."

Anabela hat zudem das Büro für Legalisierungshilfe gegründet, das in seiner Arbeit von dem Prinzip ausgeht, dass *in einer Zivilgesellschaft die Legalisierung der erste Schritt zur Entwicklung eines persönlichen Lebensentwurfs ist*. Aufgrund der hohen Anzahl von Immigranten in *Cova da Moura* und der Anzahl der Jugendlichen im *Moinho*, die als Kinder ausländischer Eltern in Portugal geboren wurden, ist diese Dienstleistung äußerst gefragt. Im Büro für Legalisierungshilfe können sich die Einwohner des Viertels Unterstützung bei ihren Anträgen auf Legalisierung holen, ohne einen Arbeitstag zu versäumen, wie es bei einem Besuch der weit entfernten staatlichen Stellen (Ausländer- und Grenzbehörde) der Fall wäre.

Im Jahr 2000 erhielt das Büro eine Finanzhilfe vom portugiesischen Jugendamt und vom Arbeitsministerium. Das Team besteht aus vier Mitarbeitern, die die Legalisierung von bisher 300 Personen erreicht haben. Das Projekt leistet Hilfestellung bei Anträgen auf Aufenthaltsgenehmigung, Einbürgerung und Niederlassungserlaubnis und hat so bereits über 50 Familien geholfen.[1] Parallel dazu ist es dem Büro gelungen, ein Abkommen mit dem Finanzministerium zu treffen, das eine Steuerminderung für die Einwohner vorsieht (Impôts des résidents – IRS). Hier handelt

---

1   Diese Angaben stammen aus der Zeit, in der die Interviews geführt wurden.

sich um eine Dienstleistung, die an die Gegebenheiten des Viertels angepasst ist und jedem im Viertel zugute kommt.

Neben dem Büro für Legalisierungshilfe ist laut Anabela die Arbeit mit den Jugendlichen eine der wichtigsten Aktivitäten des *Moinho*, da sie es erlaubt, deren Probleme und die Realität des Viertels kennenzulernen. „Das ist eine sehr befriedigende Arbeit. Einige der Jugendlichen, denen der Verein geholfen hat, leisten später ihren Beitrag, indem sie anderen, die jünger sind als sie, wieder helfen; andere übernehmen Verantwortung innerhalb des Vereins." Hierzu einige Statements der Betreffenden: Ibrantino Freitas ist 21 Jahre alt und ebenfalls ein „Kind" des *Moinho*.

> „Ich bin in diesem Viertel geboren und aufgewachsen. Als ich klein war, lernte ich für die Schule, weil das Pflicht war, aber ich wusste nicht, was ich im Leben machen wollte, ich hatte keine Ambitionen. Der Moinho hat mir meinen Weg gezeigt."

Tchino, wie man ihn nennt, verbrachte seine Zeit damit, *Futsal* zu spielen. Also bot ihm *Belinha* an, Trainer für die fortgeschrittenen Jugendlichen zu werden. „Ein paar Monate später bot sie mir die Stelle als Koordinator der Gruppe ‚Bem passa ku nós' an, wo ich versuche, den Jugendlichen Orientierungshilfe zu geben." Dieses 2002 gegründete Projekt versucht, eine Brücke zwischen den Familien, der Schule und der Polizei zu schlagen, um so den Problemfällen unter den jungen Leuten zwischen 12 und 24 Jahren zu helfen. *Tchino* sagt, dass diese jungen Leute besonders problematisch sind, weil sie sich häufig von den „Illusionen von einem leichten Leben" auf Abwege führen lassen.

> „Wir müssen diesen Kids ein Beispiel sein. Ihnen zeigen, dass man durch Arbeit ein schönes Leben haben kann."

> „Die schlimmsten sind die aus der dritten Generation. Sie fühlen sich wie in der Fremde und integrieren sich nur innerhalb des Viertels. Es ist schwierig, sie zu motivieren, denn sie haben keinerlei Bindungen, was sie leicht auf Abwege führt, auf den Weg des geringsten Widerstands. Man muss sie mit Kunst motivieren."

Die zwei Hauptprobleme der lokalen Jugend – Drogenkriminalität und verfrühte Schwangerschaften – bekämpft der *Moinho* durch verstärkte Information und Unterstützung der Jugendlichen. „Wir arbeiten mit 19 allein erziehenden Müttern", sagt eine Anwohnerin, die selbst als Jugendliche ein Kind bekam. Die Müttergruppe trifft sich einmal pro Monat im Kinderhort. Jeder Mutter steht eine Betreuerin zur Seite, die auf ähnliche Erfahrungen zurückblicken kann und Informationen, Weiterbildung für Eltern und eine Vorbereitung auf die schulische Ausbildung anbietet. Der Kinderhort „O árvore" („Der Baum") bietet Platz für 48 Kinder im Alter von vier Monaten bis drei Jahren und ist von 5.30 bis 21.30 Uhr geöffnet. Mit Spendengeldern aufgebaut ist der Hort eines der wichtigsten Projekte des *Moinho*, denn er ermöglicht es den Familien, ihre Kinder an einem sicheren Ort unterzubringen.

Der monatliche Beitrag beträgt 70 Euro. Die Kinder werden von zwei Erzieherinnen und elf Hilfskräften betreut und können auch Verpflegung in Anspruch nehmen. Doch ohne den Sonderzuschuss der staatlichen Sozialversicherung müsste der Hort schließen.

Der *Moinho* unterhält außerdem das Projekt *ATL* (activités des temps libres – Freizeitaktivitäten), eine der ältesten Aktivitäten des Vereins. Rund 80 Kinder nehmen in vier Klassen daran teil, unterstützt von vier Betreuerinnen. Diese bringen die Kinder auch zur Schule, holen sie am Nachmittag ab und begleiten sie anschließend zum *Moinho*. Während der ATL können die Kinder etwas essen und sich Rat bei Schulproblemen holen.

Ich habe Rita, eine der Betreuerinnen, interviewt; sie gibt den Kindern „Philosophieunterricht". In diesem Unterricht sprechen sie über das Leben, über Werte, Moral, Identität und Bürgerschaft – aber in kindgerechten Worten. Vor meiner Videokamera haben die Kinder auch meine Frage nach ihrer nationalen Zugehörigkeit beantwortet: Einige bezeichnen sich als kapverdisch, andere als Portugiesen, einer sieht sich als Franzose, weil sein Vater in Frankreich arbeitet. Später, als sie zusehen, wie ich ihren deutsch-türkischen Betreuer Momo, der ein Jahrespraktikum im *Moinho* absolviert, interviewe, bezeichnen sie sich als Portugiesen kapverdischer Herkunft.

Das Interview mit Momo zeichnet ein interessantes Portrait der im *Moinho* vorherrschenden Identität: einer Identität, die mit dem aktiven Eingliederungswillen der Migranten verknüpft ist. Als Türke durch Herkunft, aber Deutscher durch Staatsangehörigkeit sagt Momo, dass er sich im *Moinho da Juventude* zu Hause fühlt. Für die Deutschen ist er Türke, für die anderen ist er Deutscher, aber im *Moinho* ist er er selbst, in seiner Vielfalt von Zugehörigkeiten, ein gleichwertiges Mitglied, das für den reibungslosen Ablauf der ATL unverzichtbar ist.

So wie Momo leben auch die in Portugal geborenen Kinder kapverdischer Migranten mit einer Vielfalt von Zugehörigkeiten, die untereinander genau hierarchisch geordnet sind, und die sie im Innenraum, im Alltag innerhalb des *Moinho*, als weniger problematisch empfinden. Doch außerhalb dieses Raumes fühlen sie sich in der Rolle des Ausgegrenzten, des Außenseiters, die ihnen als Migrantenkindern von der Gesellschaft zugeschrieben wird, weitaus weniger wohl. Daher sind die Kulturprojekte des Vereins, wie die Gruppe der *batuques* oder Trommler „*Finka Pé*", umso wichtiger.

Aufgabe dieser letztgenannten Gruppe ist es, das musikalische Erbe der Kapverden durch Aufführungen inner- und außerhalb des Viertels am Leben zu erhalten. „*Finka Pé*" hat bereits an prestigeträchtigen Künstlertreffen wie ACARTE/Fondation Calouste Gulbenkian teilgenommen. Die Gruppe ist unter den ersten Generationen von Migranten ziemlich populär. Wie Lieve Meersschaert sagt, war es für die Kinder aus dem Viertel sehr wichtig, die Kultur ihrer Mütter, wie den Tanz und die *batuques* kennenzulernen. Das Fest der *Kola San Jon* ist ebenfalls eine wichtige Initiative in dieser Richtung. Es handelt sich um einen im Juni stattfindenden Umzug, der die Kultur der Sklaven mit der der portugiesischen Kolonisatoren verschränkt.

Schiffe symbolisieren die portugiesischen Karavellen, die Rhythmen sind mitreißend, der Tanz ist sinnlich, es werden Opfergaben dargebracht.

Ein weiteres Ziel dieser Kulturprojekte ist eine Aufwertung des Viertels, das in den Medien einen schlechten Ruf hat. Einen wichtigen Beitrag zur Neubewertung des Viertels stellt auch das 2004 entstandene Projekt „Sabura" dar; angeboten werden sonntägliche Führungen zum Thema „Afrika in Cova da Moura entdecken", ein für Touristen konzipiertes Projekt, das es ermöglicht, das Viertel zu besichtigen, die Gastronomie kennenzulernen und lokale Geschäfte wie die afrikanischen Friseure zu besuchen. Unlängst hat sich die Stadt Lissabon dieser Initiative angeschlossen und wirbt nun ebenfalls für diese alternativen Führungen durch diese unterprivilegierte Vorstadt. Damit hat Lissabon, das jährlich von rund 3,5 Millionen Touristen besucht wird, sein „touristisches" Angebot erweitert. Als Alternative zu den berühmten Vierteln Alfama und Bairro Alto steht nun auch das „schwierige" *Cova de Moura* den Touristen offen – dank freiwilliger Führer, die allesamt aus dieser Lissabonner Vorstadt, einer Art portugiesischen „Favela", stammen. Für 5 Euro können die Touristen durch eine zweistündige Führung diese Zone nördlich der Hauptstadt entdecken, der die Lissabonner den Spitznamen „Viertel aller Gefahren" gegeben haben. Das Projekt ist eine Initiative des *Moinho da Juventude*, der so die Vorurteile gegenüber *Cova de Moura* bekämpfen will. Für die Touristen, die an den Ufern des Tejo immer zahlreicher werden, ist es die Gelegenheit, eine andere Realität Lissabons jenseits von Fadolokalen, Museen und Stränden zu entdecken.[2]

Ausbildung zur demokratischen Bürgerschaft: lokale Verankerung und europäische Politik

Der Großteil der Akteure des Vereins *Moinho da Juventude* stammt aus dem Viertel, was die lokale Verwurzelung des Vereins stärkt. Viele von ihnen arbeiten ehrenamtlich. Der Verein wird von nationalen und internationalen Institutionen finanziell gefördert; in Bezug auf die internationale Unterstützung ist dabei besonders das EU-Programm „Youthstart" zu nennen. Eine der Hauptaktivitäten des Vereins besteht darin, bestimmten Jugendlichen der Gemeinde, die eine Anführerposition oder eine anderweitig strategische Stellung einnehmen, in Form eines Praktikums die Möglichkeit zu einer Berufsausbildung zum Mediator zu bieten. Dieses Praktikum beinhaltet auch ein Schulprogramm, das die Kriterien zum Erwerb von Abschlüssen des offiziellen Schulsystems erfüllt. Im Rahmen eines Programms, das in Portugal den Namen „sozialer Arbeitsmarkt" trägt, werden die zehn Jugendlichen, die an diesem Praktikum teilgenommen haben, anschließend an den Grundschulen eingestellt, die von den Kindern des Viertels besucht werden. Ihre Aufgabe dort ist es, die Verbindung zwischen den Schulen und den Familien zu erleichtern, eine Aufgabe, für die sie ihr Status als Mitglieder der Gemeinde prädestiniert.

---

2 Weitere Informationen zum Projekt „Cova de Moura", siehe: www.routard.com.

Eine der besonders innovativ eingesetzten Maßnahmen ist die Kooperation zwischen den ehrenamtlichen Mitarbeitern des Vereins *Moinho da Juventude* und bestimmten Schulen im Viertel. Ein Teil der Aktivitäten des Vereins findet in den Schulen statt, ein anderer im Verein: Dank der Anwesenheit der jungen Mediatoren und der Rolle, die sie ausfüllen, kann der Verein an schulischen Aktivitäten teilnehmen; zugleich findet ein Teil der schulischen Aktivitäten im Rahmen des Vereins statt, da die Lehrer bestimmte Fächer in den Räumlichkeiten des *Moinho* unterrichten. Eine weitere Neuerung sind Ansätze zur Verbesserung der Beziehungen zwischen den Lissabonner Schulen und den Eltern bzw. den Familien der Kinder. Sie erhalten die Möglichkeit, ihre Erfahrungen an die Lehrkräfte und an Schülerinnen und Schüler weiterzugeben, sie über die Charakteristika ihrer Kultur und ihres kulturellen Erbes zu informieren. Somit leisten Eltern und Freunde einen effizienten Beitrag zum Konzept schulischer Erziehungsprojekte und durchaus auch zu den Aktivitäten im Unterricht. Zugleich wird das Verantwortungsgefühl von Eltern gestärkt, die aus Milieus stammen, deren Angehörige traditionellerweise vom offiziellen Schulsystem eher ausgeschlossen sind. Die Schulen wollen sogar noch weiter gehen. Sie möchten die Beziehung zwischen Schülern und Lehrern neu definieren, um so den Erwerb und die Entwicklung von Kompetenzen, die für eine demokratische Teilhabe notwendig sind, zu fördern. Außerdem wollen sie die interne Organisation verändern, um die Rolle der Schülerinnen und Schüler zu stärken und ihnen ihren Status als Partner in einer idealen demokratischen Schule deutlicher bewusst zu machen.

Entsprechend dem Bericht des Rats für kulturelle Zusammenarbeit des Europarats „Demokratie lernen in Europa" (2001) wurde dieses Projekt mit einem doppelten Ziel entwickelt. Zunächst ging es darum, Bedingungen zu schaffen, die es diesen Einrichtungen erlauben sollten, die Probleme von Schulversagen, Studienabbruch und Ausgrenzung zu überwinden; anschließend sollten die erprobten Erfahrungen und Methoden allgemein angewandt werden. Hierzu stellte jede Schule ein Team von ehrenamtlichen Lehrkräften zusammen, aus dem drei oder vier Mitglieder ausgewählt wurden, um eine Leitungsgruppe zu bilden, die mit der Umsetzung des Projekts betraut wurde. Eine der ersten Aufgaben war es, die Bedürfnisse der Schüler zu erfassen. Ausgangspunkt des Projekts war ein breiter Konsens in Bezug auf die Dringlichkeit der Befriedigung der materiellen Bedürfnisse (Ernährung, Hygiene), die am deutlichsten ins Auge fielen. Auf dieser Ebene hat das Projekt auch begonnen. Anschließend äußerten die Lehrerteams ihre eigenen Bedürfnisse nach Ausbildung, da jeder von ihnen die Notwendigkeit pädagogischer Neuerungen empfand: Sie waren sich zwar bewusst, dass es neuer Methoden und Strategien bedurfte, um die Beziehung zu den Schülerinnen und Schülern und zu deren Familien zu verbessern, aber sie wussten nicht welche bzw. mit welcher Ausrichtung.

Im Verlauf dieser vier Jahre wurde das Projekt in der Umsetzung mittels eines Weiterbildungsplans für interkulturelle Erziehung begleitet. Die Schulen organisierten regelmäßige Treffen, bei denen manchmal auch Lehrer und Eltern zusammenkamen, was für viele von ihnen neu war. Einige Elternvereine, die bei dieser

Gelegenheit gegründet wurden, sind auch heute noch aktiv. Die Eltern wurden eingeladen, am Schulleben teilzunehmen. Zunächst folgte ein Großteil von ihnen dieser Einladung nur für außerschulische Aktivitäten wie Abendveranstaltungen, Folkloreausstellungen oder Einweihungszeremonien. Doch als die Kontakte häufiger wurden und die Kommunikation sich verbesserte, kamen auch Verwandte (Großeltern, Onkel und Tanten …) in den Unterricht. Sie beteiligten sich an pädagogischen Aktivitäten, trugen somit zur kulturellen Diversität bei und demonstrierten den kulturellen Wert und den pädagogischen Nutzen ihrer Herkunftskultur. Dadurch wurde den Lehrern bewusst, dass es nicht ausreicht, den traditionellen Lehrplan um kulturelle Aktivitäten zu erweitern, wenn es gelingen soll, den Schülerinnen und Schülern vor Ort und der lokalen Gemeinschaft ihre Verantwortung bewusst zu machen und gegen Ausgrenzung zu kämpfen. Der Lehrplan selbst musste verändert werden. Es ist in der Tat unumgänglich, die Beziehungsstruktur innerhalb des Unterrichts neu zu definieren und die starren Rollen von Lehrenden und Lernenden aufzubrechen.

Nach Meinung des Ministeriums verdienen diese Schulen aufgrund ihres sozial schwierigen Umfelds besondere Aufmerksamkeit. Deshalb teilt es ihnen zusätzliche personelle und materielle Ressourcen zu, zumal es sich von dem interkulturellen Programm die Teilnahme aller Interessensgruppen verspricht: Schülerinnen und Schüler, Eltern, Lehrkräfte – kurzum des gesamten Viertels. Das Konzept der interkulturellen Erziehung impliziert auch eine größere Chancengleichheit. Es impliziert den Kampf gegen soziale Ungleichheit und Diskriminierung und will all denjenigen eine Stimme verleihen, die mit dem lokalen Erziehungsmilieu zu tun haben, und die Schulen sollen zu Institutionen mit stärker ausgeprägter bürgerschaftlicher und demokratischer Teilhabe entwickelt werden. Interkulturelle Erziehung ist außerdem als ein Schritt zur Autonomisierung und zur Integration zu begreifen, und somit als ein Mittel, um die Erziehung zur demokratischen Bürgerschaft zu verstehen und zu konkretisieren (Dokument des „Secretariado Entreculturas", 19. März 1997, S. 3; vgl. auch Diaz-Aguado/Santos Silva (1999)).

Im Gesetz über die Grundlagen des portugiesischen Erziehungssystems (1997) unterstreichen die Gesetzgeber die herausgehobene Stellung des Themas der Bürgerschaft im nationalen und internationalen Kontext. Dieses Dokument verknüpft den Begriff der Bürgerschaft mit einer Reihe von politischen und sozialen Fragestellungen, wie dem gesellschaftlichen Zusammenhalt, der Mobilität der Menschen, dem Arbeitsplatz, der Wirtschaft und der Information. Der Gesetzestext zeigt auch, wie der Vertrag von Amsterdam von 1997 die Praxis einer aktiveren und stärker partizipativen Bürgerschaft im Leben der Gemeinschaft verstärkt hat, eine Praxis, die auf einem Ansatz aufbaut, der lebenslanges Lernen und eine Komplementarität zwischen europäischer und nationaler Bürgerschaft einschließt. Europa seinen Bürgern nahe zu bringen, stellt somit eines der wichtigsten Ziele für die politische Aktion der Zukunft dar.

Der zweite Gipfel des Europarats, der im Oktober 1997 in Straßburg stattfand, war für die Entwicklung einer europäischen Politik der Erziehung zur demokratischen Bürgerschaft, die auf den Rechten und Pflichten der Bürger beruht, sowie auf der Beteiligung junger Menschen an der Zivilgesellschaft, von entscheidender Bedeutung. Die Regierungschefs der Mitglieder des Europarats bestätigten darin erneut ihr Bekenntnis zu den Prinzipien der pluralistischen Demokratie, zum Respekt für die Menschenrechte und zum Primat des Rechts. Außerdem waren sich alle in ihrer Bereitschaft einig, gemeinsam an einer freieren, toleranteren und gerechteren europäischen Gesellschaft zu arbeiten. Diese Gesellschaft soll auf den Werten der Meinungs- und Informationsfreiheit, der kulturellen Vielfalt und Würde aller Menschen aufbauen, in dem festen Glauben daran, dass die Förderung der Menschenrechte und die Stärkung der pluralistischen Demokratie zur Stabilität Europas beitragen. Der auf diesem Gipfel verabschiedete Aktionsplan definiert vier Haupteinsatzfelder zur Stärkung der demokratischen Stabilität:
- Demokratie und Menschenrechte
- Sozialer Zusammenhalt
- Sicherheit der Bürger
- Demokratische Werte und kulturelle Vielfalt

In Bezug auf Europa wurde die Erziehung zur demokratischen Bürgerschaft als vordringlich angesehen, mit dem Ziel, den Bürgern ihre demokratischen Rechte und Pflichten deutlicher bewusst zu machen. Als Konsequenz aus diesem Aktionsplan entwickelte der Europarat das Projekt „Erziehung zur europäischen Bürgerschaft", mit dem die Aufmerksamkeit auf zwei Aspekte der demokratischen Bürgerschaft gelenkt wird:
a) auf den objektiven Aspekt, in Bezug auf institutionelle und juristische Kriterien, nach denen die Gemeinschaft all denjenigen den (Unions-)Bürgerstatus verleiht, die sie als Mitglieder anerkennt;
b) auf den subjektiven Aspekt, das heißt auf die Art und Weise, wie das Individuum, allein oder in der Gruppe, aktiv und konkret solidarisches Engagement gegenüber den anderen Mitgliedern der Gemeinschaft(en) ausübt, zu der bzw. zu denen es zu gehören meint.

Diese beiden komplementären Aspekte der Bürgerschaft gilt es auf nationaler Ebene bei der Erziehung zur demokratischen Bürgerschaft im schulischen wie außerschulischen Bereich sowie im Kontext lebenslangen Lernens zu berücksichtigen. Zu den Voraussetzungen für die demokratische Bürgerschaft gehören die historische gesellschaftliche Pluralität in der westlichen Welt, die Pluralität der Institutionen, die zur Bürgerschaft erziehen, und der Übergang von der Theorie zur Aktion. Außerdem ist es notwendig, die Fragen von Identität und Multikulturalität in Europa mit einzubeziehen.

Solidarische Bürgerschaft

In diesem rechtlichen, politischen und sozialen Kontext der Europäischen Union analysiere ich hier im Folgenden das Fallbeispiel des *Moinho da Juventude*, der seit den 1980er Jahren tagtäglich die solidarische demokratische Bürgerschaft unter Einbeziehung der Migranten praktiziert.

Ich füge dem Begriff der demokratischen Bürgerschaft die qualitative Beifügung „solidarisch" hinzu, da der Begriff „Solidarität" einen wichtigen qualitativen und ideologischen Unterschied beinhaltet. Die Geschichte der Demokratie und der Einhaltung der sozialen Praktiken der Gegenwart zeigt, dass demokratische Bürgerschaft nicht immer ein Synonym für Solidarität ist. Sie ist die Bedingung für Solidarität, sie ist deren politische Struktur, doch die beiden Begriffe sind keineswegs austauschbar. Solidarität impliziert eine Praxis der Gastfreundschaft (Derrida 1997), eine kosmopolitische Moral (Kant 2001 [2005]), die über die Demokratie als politische Staatsform hinausgeht. Dieser Unterschied erlaubt beispielsweise die gegenwärtige Praxis der Abschiebung von Sinti und Roma durch die französische Regierung.

Mit Kant heißt es, darauf zu hoffen, dass eine menschliche Globalisierung stattfindet, die die Vielfalt und die Freiheit der Staaten respektiert, so dass diese nur ihrem eigenen Willen und den internationalen Gesetzen unterworfen sind, die sie selbst in einem Geiste der Zusammenarbeit und der Gleichheit zwischen Nationen entwickelt haben. Natürlich wurde Kants Projekt häufig kritisiert und als utopisch bezeichnet. Doch auch wenn sich die Situation seit der Abfassung von Kants Schrift „Zum ewigen Frieden" stark verändert hat, bleibt ihr Einfluss dennoch bemerkenswert. Man denkt sofort an die Organisation der Vereinten Nationen (UNO), an den Internationalen Strafgerichtshof (IstGH) und sogar an den Abschluss des Allgemeinen Zoll- und Handelsabkommens (GATT), aus dem die Welthandelsorganisation (WTO) entstanden ist, als Folge des Gedankens, dass der Handel, der mit dem Krieg unvereinbar ist, ein Faktor der Völkerverständigung sein kann. Allerdings ist, anders als viele behaupten, die Tatsache, dass es trotz dieser Institutionen Krieg gibt, kein Beweis für den utopischen Charakter dieses Projekts. Diese internationalen Institutionen sind schwach, nicht nur, weil sie nicht immer auf dem Völkerrecht begründet wurden, sondern auch weil sie keine effiziente Exekutivgewalt haben und über keinerlei Mittel verfügen, ihre guten und weniger guten Prinzipien anzuwenden.

Für Derrida, der uns näher steht, ist die Gastfreundschaft eine Geographie der menschlichen Nähe, ein Grenzgebiet, wo die Begegnung in der Diversität stattfindet. Aus anthropologischer und ethischer Perspektive funktioniert sie wie eine interpersonelle Dynamik oder eine Erfahrung von Kontakt, von Sensibilität, von Nachbarschaft unter menschlichen Wesen. Nähe bedeutet Bewegung und Unruhe – ein andauerndes Bemühen um Annäherung an den Anderen. Aus philosophischer Perspektive mag dies unmöglich erscheinen. Aus sozialer Perspektive erweist es sich jedoch als wünschenswert.

Nach Isabel Baptista (2005) legen die gegenwärtigen Probleme, die mit der sozialen Ausgrenzung verknüpft sind, eine tiefe, grundlegende zivilisatorische Wunde bloß, die uns mitten in die alltägliche Beziehungserfahrung zurückverweist, dorthin, wo der Prozess der menschlichen Verwundbarwerdung beginnt. In diesem Sinne hängen die erwünschten Veränderungen zwangsläufig vom Bewusstsein des Einzelnen ab. Baptista sagt, dass wir alle in gewisser Weise an diesem Phänomen kollektiver Gleichgültigkeit teilhaben, das zu einer Abkapselung der Schicksale führt, zur Entscheidung für „bürgerlich korrekte" Nachbarschaften, und zu der manchmal obsessionellen Suche nach Schutz- und Verteidigungsmechanismen. Aus diesem Grunde gilt es, einen Weg zu finden, die Solidarität zum Teil unserer existenziellen Dynamiken zu machen, auch auf die Gefahr hin, unsere bisherigen Prioritäten in Frage zu stellen.

Die solidarische Bürgerschaft bringt die Subjekte, die Bürger, die über ihre Rechte und Pflichten Bescheid wissen, die für die Vielfalt empfänglich sind, und einen Kosmopolitismus verteidigen, in dem die Zeit den Prinzipien der Staaten und den Werten der Menschenrechte gerecht wird, zur *polis* zurück. Diese Bürger sind zunehmend Kinder von Migranten, die der Strom der Geschichte auf unseren alten Kontinent gespült hat. Die europäische Bürgerschaft ist heute vielsprachig, multiethnisch und multireligiös. Soviel Vielfalt, offiziell von den Staaten der EU anerkannt, bedeutet nicht nur eine Herausforderung für das politische Handeln, sondern auch für die Werte der alltäglichen Koexistenz in jedem Land, in jeder Stadt oder jedem Viertel.

Aus dem Französischen von Frank Weigand

Literatur

Baptista, Isabel (2005). Políticas de alteridade e cidadania solidária: as perguntas da pedagogia social, in www.ibatista.com/download/pacs.pdf.
Derrida, Jacques (1997). De l'hospitalité. Anne Fourmantelle invite Jacques Derrida à Répondre. Paris: Calmann Lévy.
Díaz-Aguado, María José et Santos Silva, Augusto (1999). L'éducation à la citoyenneté démocratique, rapport sur le site de citoyenneté portugais. Conseil de la coopération culturelle. Lisboa.
Document du Secretariado Entreculturas, 19 mars 1997.
Educação para a cidadania democrática: enquadramento legal/fundamentação. http://www.sitio.dgidc.min-edu.pt.
Kant, Immanuel (2001). Projet de paix perpétuelle. (Traduction Karin Rizet). (= Mille et une nuits, 327). Paris: Fayard. (Zum ewigen Frieden. (= Reclams Universal-Bibliothek, 1501)). Stuttgart 2005.
Lechner, Elsa (2008). The ‚Critical Urban Areas' Programme in Portugal – First Assessment, with Einar Braathen, Marit Ruud and Susan Søholt. Oslo: Norwegian Institute for Urban and Regional Research.

Rat für kulturelle Zusammenarbeit des Europarats (2001). Demokratie-lernen in Europa. Erstellt von: Karlheinz Dürr, Isabel Ferreira Martins und Vedrana Spajić-Vrkaš DECS/EDU/CIT (2000) 16 All. http://www.civic-edu.net/download/demokrat%20lernen.pdf.
Informationen zum Moinho da Juventude: http://redeciencia.educ.fc.ul.pt/moinho/
Informationen zum Projekt Cova de Moura: www.routard.com

Pascale Delormas & Christiane Montandon

Konzeptionen europäischer Bürgerschaft in der Schule: Dissonanzen auf institutioneller Ebene

Durch die Analyse unterschiedlicher offizieller Verlautbarungen, die zwischen 1999 und 2010 vom französischen Ministerium für nationale Bildung (MEN) veröffentlicht wurden, wollen wir aufzeigen, welche gegensätzlichen Vorstellungen mit dem Begriff einer „europäischen Bürgerschaft" verbunden sind, und wie sich diese auf die offiziellen Lernprogramme auswirken, die der Erziehung zu dieser Art der Bürgerschaft dienen sollen. Hierbei werden auf institutioneller Ebene Spannungen und Widersprüche erkennbar, die es kritisch zu beleuchten gilt.

Paradox ist bereits, wie man sich in Bekenntnissen zu Europa überbietet, dessen besonderer Wert in der „Öffnung nach außen" bestehe, die durch die Europapolitik in Aussicht gestellt und befördert werde (vgl. T3/2006), und wie man gleichzeitig betont, dass dem Projekt Europa unter den Reformprojekten nur ein beschränkter Platz eingeräumt wird. Das Paradox zeigt sich im offiziellen Bulletin zur nationalen Bildung (BOEN) vom 21. Mai 2009 („Vorbereitung des Schuljahresbeginns 2009" – T1/2009) oder in dem vom Bildungsminister Luc Chalet unterzeichneten Text mit dem Titel „Auf dem Weg zu einem neuen Gymnasium 2010. Voraussetzungen und Ziele der Gymnasialreform" („Vers un nouveau lycée en 2010. Présentation des enjeux et objectifs de la réforme du lycée" – T2/2010).

Paradox ist weiterhin, wie das Thema „europäische Bürgerschaft" mal als unverhoffte Chance für eine echte Erneuerung der pädagogischen Praxis erscheint,[1] mal als Alibi-Problem, das von gewissen Funktionsmängeln im französischen Bildungssystem ablenken soll. Der Lehrplan „Die allgemeinen Grundlagen des Wissens und der Kompetenzen" („Le socle commun de connaissances et de compétences" – T3/2006), der das Fundament der Nation bilden soll („le ciment de la nation"), leitet z.B. seine Legitimität ausdrücklich von programmatischen Erklärungen ab, die nicht aus Frankreich stammen, d.h. von Verlautbarungen des Europäischen Parlaments, des Europarats und von der internationalen PISA-Studie.

Das Thema „europäische Bürgerschaft" ist in den Bildungsprogrammen nur ein Element unter vielen. In T3 wird es nur im Hinblick darauf in Betracht gezogen, dass der Erfolg der Schulreform damit verbunden ist. Zentral erscheint das Thema dagegen im Bericht der Schulaufsicht für Geschichte und Geographie (T4/200), die aufgrund ihrer Aufgabe, den Unterricht auszuwerten und zu kontrollieren, besonders aufmerksam darauf achtet, was in den Schulklassen aus diesem Thema gemacht

---

[1] So in manchen Passagen des Berichts der Schulaufsichtsbehörde zum Geschichts- und Geographieunterricht (T4) vom September 2000.

wird. Schon der Titel des Berichts weist darauf hin: „Europa im Geschichts- und Geographieunterricht und in Sozialkunde".

Europa, dieses unvollendete und unzureichend definierte politische Projekt, löst auf verschiedenen institutionellen Ebenen unterschiedliche Stellungnahmen aus. Der Minister, die allgemeine Schulaufsicht, die Beamten des Ministeriums – sie alle sprechen nicht von derselben Sache, sind sich aber darin einig, dass sie notwendigerweise „reformerisch" vorgehen müssen. Die kritische Analyse der verschiedenen Stellungnahmen soll erkennbar machen, welche Rolle das Lernziel „europäische Bürgerschaft" in der französischen Bildungslandschaft spielt.

Die Hintergründe der Reformpolitik oder die Kehrseite der schönen Fassade

Man kann die Behauptung aufstellen, dass zwischen der Aufnahme der Erziehung zur europäischen Bürgerschaft in die Lehrpläne und der Zunahme von Gewalttaten an den Schulen ein Zusammenhang besteht. Gegen Ende der 1990er Jahre lässt sich eine große Anzahl offizieller Verlautbarungen feststellen, die für Maßnahmen der Gewaltprävention plädieren (vgl. BOEN, Nr. 13 vom 28. März 1996) und die einen Aktionsplan für die Schulen ankündigen. Als Konsequenz aus dem BOEN vom 5. August 1999 wird in den 10. Klassen ein Unterricht eingeführt, der der staatsbürgerlichen, rechtlichen und sozialen Erziehung dienen soll. Das Nationale Bildungsministerium bezeichnet ihn als „eines der wichtigsten Elemente der Reform". In der entsprechenden Verlautbarung wird ein langfristiges Reformprogramm angekündigt: „Die Jahre 1999 bis 2000 werden (…) eine Phase der Beobachtung sein (…) Die endgültige Form der ministeriellen Anweisungen für die folgenden Jahre wird stark von den Ergebnissen der praktischen Erprobung in der ersten Phase abhängen, die die Lehrer gemeinsam einer konstruktiven Auswertung unterziehen werden."

Wenn man diese offiziellen Verlautbarungen aufmerksam liest, kann man zu dem Schluss kommen, dass die bürgerschaftliche Erziehung dem Kampf gegen die Gewalt an den Schulen dienen soll. Der Wunsch, der Debatte als „pädagogischem Werkzeug" einen zentralen Platz einzuräumen, wird in dem BOEN Nr. 5 vom 5. August 1999 ausdrücklich formuliert. Es geht darum, die Verbindung zwischen den Eltern und den Bildungseinrichtungen zu verstärken und innerhalb dieser Einrichtungen „durch ein geeignetes Betreuungsprogramm" den „Austausch von Informationen und Erfahrungen zu fördern, indem man möglichst viele Gelegenheiten zum gegenseitigen Umgang herbeiführt". Dies sind Empfehlungen im Sinne von Jacques Pain (Philip/Pain, 1997, S. 5), der eine „soziale Pädagogik" vorschlägt, die sich auf ein partnerschaftliches Verhältnis von Familien, Organisationen und Schulen stützt, eine Pädagogik also, in der es um aktive Beteiligung der Schüler geht, um ihre Unterstützung bei der Suche nach sozialer Orientierung und darum, ihnen auf demokratische Weise beizubringen, wie die Regeln zustande kommen, nach denen eine soziale Einrichtung funktioniert.

Wenn nun die staatsbürgerliche, rechtskundliche und soziale Erziehung so ausgeweitet wird, dass sie eine wirklich europäische Dimension erreicht, stellt sich doch die Frage, welche Rolle, welche Alibifunktion „Europa" hier übernimmt, ob diese Überhöhung vielleicht dazu dienen soll, gravierende Funktionsmängel im französischen Bildungssystem zu verdecken. Es ist daher interessant, den Bericht zu analysieren, in dem die Schulaufsichtsbehörde kurz nach Einführung dieses Staatsbürgerkunde-Unterrichts auf dieses Thema eingeht (T4/2000). Die Verfasserinnen dieses Berichts sind – was den Europa-Bezug betrifft – ziemlich desillusioniert. Dieser Bezug erweist sich in ihren Augen als Vorwand, um „von den Körperschaften, die über die umfangreichen Fördermittel der Europäischen Union verfügen", Subventionen zu erhalten: „Das Thema Europa wird immer gern zum Herzstück schulischer Projekte erklärt. Projekte, die dieses Thema wirklich in den Mittelpunkt rücken, sind aber sehr selten" (T4/2000, S. 10).

Der von der Schulaufsicht herausgegebene Text macht auf diese Zweideutigkeit aufmerksam und betont, wie wichtig es ist, die pädagogische Praxis dergestalt zu verändern, dass die Schüler selbst zu Akteuren werden – so wie es dem Status eines Bürgers entspricht: „Im Übrigen ist das Thema ‚Die Bürger und ihre Lebensräume' geeignet, den Bürger als Gestalter der Raumordnung auf kommunaler, regionaler, nationaler und europäischer Ebene hervortreten zu lassen." Es wird also die Frage nach dem Engagement und nach der Verantwortung des Staatsbürgers im nationenübergreifenden Rahmen gestellt. Im bereits zitierten Buch „Le courrier de Suresnes" (1997, S. 5) wies Christine Philip in dieselbe Richtung, als sie Vorstellungen von bürgerschaftlicher Erziehung kritisiert, die sich darauf beschränken, den Schülern Regeln innerer Ordnung zu vermitteln und sie zum Befolgen dieser Regeln anzuhalten.

Der Bezug auf die europäische Bürgerschaft und das Konzept einer bürgerschaftlichen Erziehung scheinen tatsächlich die Gelegenheit zu bieten, den schulischen Erziehungsprogrammen eine neue Form zu geben. Betrachtet man allerdings die 2006 erfolgte Aktualisierung der entsprechenden Überlegungen im interministeriellen Rundschreiben Nr. 6-125 vom 16. August 2006, so findet man folgende Überschriften: „Kampf gegen die Gewalt. Gewaltprävention und Kampf gegen die Gewalt im schulischen Milieu". Die Präambel nennt „das pädagogische Handeln und die erzieherischen Rahmenbedingungen" als „die wichtigsten Fundamente der Prävention". Wäre hier nicht eigentlich eine Kritik an der pädagogischen Alltagspraxis zu erwarten und Anweisungen zu ihrer Veränderung? Davon ist nun aber nichts zu hören. Stattdessen spricht man wieder von staatsbürgerlicher Erziehung, vom Schuleschwänzen und von Schulverweisen. Diese Form des bürgerschaftlichen Unterrichts beschäftigt sich nur mit Disziplinfragen anstatt mit Methoden oder neuen Organisationsformen, die geeignet wären, den Schülern die Rolle von selbständig Handelnden im Unterricht zu übertragen, um ihnen die Möglichkeit zu geben, Erfahrungen in gelebter Demokratie zu machen. Die Institution Schule beharrt auf ihren Positionen. Sie gibt die ideologischen Grundlagen ihres Bildungskonzepts nicht auf, wie sie sie z.B. in den Richtlinien von 1996 formuliert hat. Der Gesetzgeber schweigt zur Frage neuer pädagogischer Praktiken, die auf einer interaktiven Teilnahme der Schüler am schulischen Geschehen beruhen würden. Denn erst unter solchen Bedingungen könnten die Schüler ihr Recht auf Mitsprache und demokratische Auseinandersetzung tatsächlich wahrnehmen.

Man lässt dem Lehrer alle Freiheit, seinem Unterrichtskonzept gemäß über pädagogische Maßnahmen zu entscheiden. Dabei stellt man sich den Lehrer allerdings als isolierten Einzelgänger vor, ohne zu berücksichtigen, dass er Teil eines Systems ist, Mitglied einer schulischen Gemeinschaft, einer schulischen Organisation, der er verbunden ist. Im Rundschreiben Nr. 2006-125 vom 16. August 2006 ist immerhin von der Notwendigkeit die Rede, Gesprächsräume zu eröffnen, allerdings auf der Ebene der Schule, nicht der Schulklasse. „Die Schule bietet auch Raum für das gesprochene Wort, sie bietet einen Zugang zur Allgemeinbildung. Im Rahmen von unterrichtsbezogenen und sportlichen Gruppenaktivitäten ermöglicht sie die Erfahrung solidarischen Handelns und gegenseitiger Hilfe" (BOEN vom 16. August 2006, S. 1).

Lernziel ‚europäische Bürgerschaft': die pädagogischen Methoden

Die Verwendung des Begriffs „bürgerschaftliche Erziehung" hat deutlich gemacht, dass es Bestrebungen gibt, eine „bürgerschaftliche" Pädagogik einzuführen, und darüber hinaus die Erziehung zur europäischen Bürgerschaft als Mittel zu nutzen, um andere Lehrmethoden durchzusetzen. Dabei sind allerdings zwei gegensätzliche Richtungen erkennbar:
- Wirkliche interdisziplinäre Arbeit versus Beibehaltung der traditionellen Fächergrenzen.
- Auseinanderklaffen von Rede und Unterrichtspraktiken: partizipative Unterrichtsformen versus Frontalunterricht und rezeptives Schülerverhalten.

Der fromme Wunsch nach Pluridisziplinarität oder interdisziplinärer Gruppenarbeit

Die Urheberin der verbindlichen Lehrpläne, die Allgemeine Schulaufsicht, thematisiert kritisch die inhaltlichen und methodischen Vorgaben für den Schulunterricht. Die Kritik an den Lehrplänen und ihrer Phrasenhaftigkeit („Oft genügt die Bekanntgabe der Ziele zur Rechtfertigung eines noch nicht verwirklichten Projekts.") mag paradox erscheinen, wenn man bedenkt, dass die Aufsichtsbeamten selbst die Autoren sind. Sie zeigt jedoch die Unvereinbarkeit einer Projektpädagogik, die notwendigerweise eine pluridisziplinäre Lehrendengruppe erfordert, mit dem krampfhaften Festhalten an fachspezifischen Inhalten, das den zwangsläufig transdisziplinären Fragestellungen zu Europa nicht gerecht wird – vor allem dort, wo es um die Sprachen geht. Wir werden darauf zurückkommen.

Die Verfasser des Berichts (T4/2000) halten das offizielle Interesse an schulischen Projekten zum Thema Europa für einen Vorwand, der den Zugang zu Subventionen eröffnen soll. Das Wesen der Projektpädagogik erfordert die Kooperation mehrerer Fächer, was die Schulaufsichtsbehörde in ihrem Text auch betont, wobei sie gleichzeitig deutlich darauf hinweist, dass eine solche Kooperation instabil und ziemlich künstlich ist.

> „Die Geschichts- und Geographielehrer tun – im gegebenen Rahmen – ihr Bestes. Die Aufwertung der Schule ist ihnen dabei ebenso wichtig wie das pädagogische Projekt. Die Projekte, die sie – wie die Lehrer für moderne Sprachen – oft selbst initiiert haben, reichen vom Schüleraustausch bis zu Ausstellungen zum Thema europäische Bürgerschaft. Ihre Beteiligung daran fällt ganz unterschiedlich aus. Oft sind sie aufgrund ihrer Kompetenz in die Projekte eingebunden. In vielen Fällen gewährleisten sie durch ihre Teilnahme an einem kollektiven interdisziplinären Vorgehen, dass der übergreifende Zusammenhang gewahrt bleibt" (T4/2000, S. 10).

Die Aufsichtsbehörde verweist auf einige Erfolge, und unterstreicht dabei die Bedeutung des schulischen Kontexts, in dem sich die fächerübergreifenden Projekte mehr oder weniger glücklich entfalten können. Anerkennend äußert sie sich zu den Fortschritten, die beim interdisziplinären Unterricht von den Lehrern in den Berufsschulen gemacht werden. Wenn es um pädagogische Erneuerung geht, sind diese oft besonders engagiert:

> „In den Berufsschulen lässt sich eine wachsende Bereitschaft feststellen, schulische Projekte auf das Thema „Europa" auszurichten: Das Kennenlernen eines ausländischen Unternehmens wird zu einem Lernprojekt, das die sprachlichen und kulturellen Lernmöglichkeiten eines Schüleraustauschs ergänzt. Die im Schulbezirk von Toulouse getroffenen Vereinbarungen zwischen dem Rektorat und mehreren europäischen Regionen werden der in den Berufsschulen praktizierten Pädagogik der Offenheit gegenüber Europa den Weg ebnen" (T4/2000, S. 10).

Das Auseinanderklaffen von Rede und Praxis der Lehrenden – Interaktiver Unterricht contra pädagogische Unbeweglichkeit und One-way-Kommunikation

Die Öffnung für Europa kann als Auslöser für pädagogische Experimente mit neuen Unterrichts- und Lernmethoden fungieren, auch wenn die entsprechenden Initiativen noch zögerlich und wenig standfest erscheinen:

> „Zahlreiche Geschichts- und Geographielehrer führen Austauschprogramme für Schüler durch und organisieren Reisen, die der Fortführung des Unterrichts dienen. Dies alles trägt dazu bei, ein genaueres, komplexeres und lebendigeres Bild von Europa zu vermitteln" (T4/2000, S. 13).

Als die Frage der Fächerabgrenzung behandelt wurde, haben wir – nicht ohne Grund – indirekt die Frage der pädagogischen Methoden und ihrer ideologischen Voraussetzungen angesprochen. Denn beim Erlernen der Bürgerschaft geht es nicht nur um Wissensinhalte, sondern auch um Fragen des Sozialverhaltens, des mitmenschlichen Umgangs, des gesellschaftlichen Zusammenlebens. Der „Socle commun" definiert den entsprechenden Lernprozess als einen

> „bürgerschaftlichen Parcours, in dem die Schüler sich Wertvorstellungen, Kenntnisse, praktische Erfahrungen und Verhaltensweisen aneignen, die für die wirksame, konstruktive Teilnahme am sozialen und beruflichen Leben erforderlich sind, zur Wahrnehmung ihrer Freiheiten – im vollen Bewusstsein der Rechte anderer Menschen – und zur Ablehnung von Gewalt" (T3/2006, S. 18).

Diese Definition besteht auf dem unabdingbaren Zusammenhang zwischen dem, was gelernt werden soll, und den Methoden, mit denen dies vermittelt wird. Dabei ist gegen die für die humanistische Bildung durchaus erforderlichen Lerninhalte nichts einzuwenden. Es stellt sich nur die Frage, mit welchen pädagogischen Methoden die Wertvorstellungen vermittelt und verinnerlicht werden sollen, die mit einer tatsächlichen Ausübung von Bürgerschaft einhergehen. Häufig verbergen sich nämlich hinter diesen Wertvorstellungen ideologische Gründe.

Der Bericht der Schulaufsicht (T4/2000) nimmt in dieser Hinsicht eine äußerst kritische Position ein. Er bedauert, dass das Thema „Europa" und das Konzept einer europäischen Bürgerschaft die traditionelle Unterrichtsmethodik nicht wirklich verändert haben – nicht einmal in den europäischen Schulklassen – obwohl die europäische Dimension des Lernens doch als eine Chance für das französische Unterrichtssystem angesehen wird, um die pädagogische Praxis zu überdenken und neue Methoden einzuführen.

> „Die vorliegenden Unterrichtsdokumente beweisen eindeutig, dass sich der Unterricht in den internationalen Klassen kaum von dem unterscheidet, was in anderen Klassen derselben Stufe zu beobachten ist: Anstatt die europäische Dimension zu verstärken, konzentriert sich der Unterricht auf die traditionelle geographische Behandlung der betreffenden europäischen Staaten oder auf die vergleichende historische Betrachtung unter einer bestimmten Fragestellung. Die von manchen Schuleinrichtungen zur Schau getragene Offenheit für internationale Perspektiven ist also manchmal nur eine Fassade ohne jegliche reale Grundlage" (T4/2000, S. 14).

Hier sieht man wieder einmal, dass der Bezug auf den Begriff „europäische Bürgerschaft" ein äußerst zweischneidiges Schwert sein kann: ein Beweis für pädagogische Erneuerung und Öffnung für interaktiven Unterricht oder im Gegenteil: Augenwischerei und Alibi für pädagogische Unbeweglichkeit.

Der reformpädagogische Unterricht soll nach Ansicht der fächerübergreifend arbeitenden pädagogischen Teams in schulischen Projekten darauf hinauslaufen, interaktive Methoden und echte Schülerbeteiligung einzuführen. Er ist aber – wie die Schulaufsichtsbehörde selbst meint – weit davon entfernt, in der Praxis konkrete Gestalt anzunehmen. Was sie selbst sich unter einem europäischen Bildungsansatz vorstellt, macht die Behörde dadurch deutlich, dass sie lobend auf ernst zu nehmende Initiativen und lokale Realisierungsversuche hinweist, die beispielhaft sind, aber auch als Ausnahmen erscheinen. Gegen den hartnäckigen Immobilismus in der Pädagogik opponieren ermutigende lokale Initiativen.

> „Als beispielhaft müssen wirksame Initiativen wie die des Collège de Chateaubriant (Loire-Atlantique) genannt werden, wo – mit Unterstützung der Stadtverwaltung – der Aufbau Europas zum Anlass für ein Gesamtprojekt geworden ist, das die Aktivitäten der Schüler bündelt: ‚Wir müssen Europa in unseren Schulklassen lebendig werden lassen', sagen die Lehrer, die das Projekt initiiert haben. ‚Der Aufbau Europas hat nicht nur die Lehrpläne verändert, er war für uns auch Anlass, unsere pädagogische Praxis und die Didaktik unserer Fächer zu überdenken.'" (T4/2000, S. 13)

Die Schulaufsicht weist deutlich darauf hin, dass diese Initiativen für eine pädagogische Erneuerung nicht abgesicherte und vorübergehende Randerscheinungen sind[2] – vor allem dort, wo das Thema „Europa" auf dem Plan steht: „Die Erfolge, die vereinzelt zu vermelden sind, sind dem besonderen Einsatz von Personen zu verdanken, deren dauerhaftes Verbleiben in den ensprechenden Einrichtungen nicht gewährleistet werden kann." Stattdessen herrscht an den Schulen das Modell des Frontalunterrichts vor: „Nur selten passiert es, dass in den Schulstunden etwas anderes geschieht, als Institutionen und politische Mechanismen schlicht und einfach zu beschreiben" (T4/2000, S. 14).

Die Diskussion kreist immer wieder um das Thema Projektunterricht: Man beklagt das Fehlen einer wirklichen Projektmethodologie (vgl. Boutinet 1990), die die aktive Mitwirkung aller Beteiligten einfordern würde. In zahlreichen schulischen Projekten dient das Thema „Europa" lediglich als Vorwand. Es soll der Schule den Anschein von Modernität und Dynamik geben. Angesichts der zweideutigen Rolle, die das Thema „Europa" in programmatischer und methodischer Hinsicht selbst in internationalen Klassen spielt, kann man behaupten, dass hinter den Vorbehalten

---

2 Die „interaktive Pädagogik", die seit langem schon von Pädagogen wie Célestin Freinet und Vertretern der Institutionellen Pädagogik propagiert wurde, ist Gegenstand zahlreicher wissenschaftlicher Untersuchungen, bleibt aber zumeist in der schulischen Praxis unbeachtet. Yves Reuter (2007) hat zu diesem Thema unlängst ein besonders informatives Buch veröffentlicht.

gegenüber pädagogischen Veränderungen latente Probleme ganz anderer Art erkennbar werden. Das eine Problem ist die fachbezogene Lehrerausbildung, der es an brauchbaren Einführungen in eine Projektpädagogik mit fächerübergreifender Teamarbeit fehlt. Das andere ist die unzureichende Berücksichtigung der zentralen Rolle der Sprachen beim Aufbau Europas. Im Zusammenhang damit stellt sich ganz allgemein die Frage, wie sich beim Umgang mit den Lerngegenständen Querverbindungen und interdisziplinäre Beziehungen herstellen lassen.

Die Instrumentalisierung des Themas „Europa" – für welche Erziehungskonzepte?

a) Wirtschaftspolitischer Ansatz contra humanistischer Ansatz

In dem Text „Auf dem Weg zu einem neuen Gymnasium 2010" (T2/2010), scheint sich der Bezug auf „Europa" nicht aus einem humanistischen Imperativ zu ergeben, sondern aus der Notwendigkeit, einen ökonomischen Rückstand aufzuholen. Dies bezeugen die folgenden Passagen: „sich besser an die Anforderungen der Gegenwart anpassen"; „für ein Gymnasium, das den Fremdsprachenunterricht favorisiert"; „Die Abiturienten beherrschen die Fremdsprachen nur unvollkommen, vor allem den mündlichen Gebrauch. Fremdsprachenkenntnisse sind aber unerlässlich, wenn man sich in der Welt von heute behaupten will"; „Fremdsprachenkenntnisse gehören zu den wesentlichen Auswahlkriterien für Arbeitsplätze in den maßgebenden Wirtschaftszweigen"; „Fremdsprachenkenntnisse sind unerlässlich für den wissenschaftlichen, kulturellen und beruflichen Austausch." Die negative Bilanz der entsprechenden schulischen Bemühungen macht es notwendig, den Willen zur Verbesserung der Verhältnisse zum Ausdruck zu bringen. Die erwünschte Verbesserung bezieht sich auf eine Einschätzung der geringen Wettbewerbsfähigkeit.

Wie zu erwarten ist, schlägt der Bericht der Schulinspektoren (T4/2000) einen anderen Ton an. Die Kritik an einem Wirtschaftseuropa fällt ziemlich heftig aus, so ist die Rede von
- „Kommerzialisierung"
- „marketing territorial" (Absatzförderung in großem Maßstab) und vom
- „traditionellen Denken der Wirtschaftsfachleute, das seit Pierre George und seinem ‚Europe des marchands' in den 60er Jahren beherrschend war." Dagegen wird die „Erziehung zum Zweifel und zum Hinterfragen", die „schöpferische Unruhe" gesetzt wie auch der Hinweis darauf, dass sich „die kulturelle Identität der Europäer in der Ablehnung einer abgeschlossenen Identität, also in der Ungewissheit und der Unruhe" zeigt.

Es ist nicht leicht, einen humanistischen Standpunkt einzunehmen, der der historischen Diskussion um Werte, Menschenbilder, Freiheit und Demokratie gerecht werden kann. Diese komplexe Aufgabe macht es nötig, in einem sich ständig verändernden System voller Widersprüche mit Meinungen umzugehen, die sich nicht mit einer positivistischen, vordergründigen Darstellung von aneinandergereihten, nackten, vorwiegend ökonomischen Tatsachen begnügen.

„Insgesamt bleibt der Geographie-Unterricht über Europa noch allzu traditionell, allzu begriffsorientiert. Er problematisiert nicht genug."

Die Autoren des Berichts machen sich Gedanken darüber, was die Forderung nach einer Problematisierung bedeutet und welche Schwierigkeiten durch sie entstehen:

„Die europäischen Institutionen, aber auch – und vor allem – das Konzept der europäischen Bürgerschaft, wie es aus dem Maastricht-Vertrag hervorgeht, stehen auf dem Lehrplan für den Sozialkundeunterricht der 9. Klasse. Vermittelt werden sollen die in Europa entstandenen universellen humanistischen Wertvorstellungen von Freiheit – als ‚gemeinsamem Erbe eines vielgestaltigen Europa' – und von der Wahrung der Menschenrechte. Es geht auch darum aufzuzeigen, dass die nationale Identität im Rahmen einer allgemein akzeptierten Vielfalt durchaus mit einer europäischen Identität vereinbar ist, die sowohl Erbe als auch Zukunftsprojekt ist" (T4/2000, S. 3)

Angesichts der Tatsache, dass ein wirklich europäisches Bewusstsein im Entstehen begriffen ist und dass die Europäische Union historisch allmählich Gestalt annimmt, verweisen die Autoren auf das Fehlen entsprechender konzeptioneller Bemühungen und auf die engstirnige, allzu stark Frankreich-zentrierte Betrachtungsweise:

„Europa wird vor allem als Spiegel der französischen Kultur wahrgenommen, aber auch als ein Kampfplatz" (T4/2000, S. 10)

Die Autoren beziehen sich kritisch auf das, was die offiziellen Lehrpläne vorschreiben, sind sich aber im Klaren darüber, wie schwer es der Gesellschaft fällt, sich von der selbstbezogenen Betrachtungsweise zu lösen. Die Lehrer verkennen die europäische Dimension des Zeitalters der Aufklärung, was für Historiker der Gipfel der Borniertheit ist. „Die neuesten Lehrpläne lassen deutlich den Anspruch erkennen, in den Schülern ein europäisches Bürgerbewusstsein zu wecken und ihnen eine bessere, weniger Frankreich-zentrierte Kenntnis der Welt zu vermitteln, die sie umgibt." Zum Abschluss des Berichts fügen sie hinzu:

„Wundern wir uns also nicht über die vorsichtige Zurückhaltung und über die weitgehende Bevorzugung der französischen Betrachtungsweise auf Kosten der europäischen (T4/2000, S. 16)

Die Diskrepanz zwischen den offiziellen europafreundlichen Stellungnahmen und der tatsächlichen Unterrichtspraxis zeigt sich besonders darin, wie schwierig es ist, das Verhältnis von nationaler und europäischer Staatsbürgerschaft zu definieren:

> „Im Politikunterricht (éducation civique) haben Lehrer und Schüler Schwierigkeiten, sich als europäische Bürger – oder als zukünftige europäische Bürger – wahrzunehmen. So sehr ist für sie der Begriff der ‚Bürgerschaft' untrennbar mit dem Nationalstaat verbunden" (T4/2000, S. 15).

Daher fordert die Schulaufsicht, dass dem Konzept einer europäischen Bürgerschaft in den offiziellen Lehrplänen Priorität eingeräumt werden soll, wobei die Frage, wie diese Bürgerschaft erlernt werden soll, offen bleibt.

Die Konzentration auf das Thema „Europa" bietet nach Ansicht der Autorinnen den einzelnen Lehrern und den Lehrerinnen insgesamt eine günstige Gelegenheit, ihren Unterricht zu bereichern. Aus der Frage nach den Grenzen Europas ergibt sich unweigerlich die Idee von der Öffnung dieser Grenzen über den Raum der Europäischen Union hinaus, die jedoch einzig und allein unter ihrem ökonomischen Aspekt betrachtet wird. Die Frage nach den Grenzen wäre an sich durchaus ein lohnender Gegenstand des Unterrichts und der Ausbildung. Doch nehmen sich weder Lehrpläne noch Lehrbücher noch die Lehrer, die die wirtschaftsorientierte Annäherung an das Thema, die beschränkte und anspruchslose Betrachtungsweise zu verantworten haben, des Themas so an, wie es nötig wäre. Die Lehrerschaft ist ratlos, und die Hochschullehrer verhalten sich zögernd „gegenüber einem Bildungskonzept, über das sie sich noch kaum im Klaren sind" (T4/2000, S. 7).

Der „Socle commun" erwähnt immer nur die Europäische Union, aber nicht die „europäische Bürgerschaft". In Abschnitt 5 („Die humanistische Kultur") wird allerdings der Frage, woran man sich orientieren muss, wenn man humanistische Bildung erwerben will, viel Platz eingeräumt. Es geht darum, „über historische Kenntnisse zu verfügen:
- über die verschiedenen Perioden in der Geschichte der Menschheit und über die historischen Zäsuren (Grundlegende Ereignisse sollen zueinander ins Verhältnis gesetzt werden. Dabei sollen politische, ökonomische, kulturelle, religiöse, wissenschaftliche, technische, literarische und künstlerische Sachverhalte Berücksichtigung finden);
- über die wichtigsten Ereignisse in der Geschichte des Aufbaus Europas;
- über Perioden, wichtigste Daten, prägende Persönlichkeiten, grundlegende Ereignisse der französischen Geschichte – und über ihren Zusammenhang mit der Geschichte Europas und der Welt."

Es geht im Übrigen darum, „auf die Teilhabe an einer *europäischen* Kultur vorbereitet zu sein
- durch die Kenntnis der wichtigsten Werke der Antike,
- durch Kenntnisse hinsichtlich des modernen und zeitgenössischen Kulturerbes Frankreichs, Europas und der Welt in Literatur, Malerei, Theater, Musik, Architektur und Filmkunst" (T3/2006, S. 16).

Eine derartige Liste von Kenntnissen, zu der noch die Kenntnis der Menschenrechte hinzukommt, erweckt zwangsläufig den Eindruck, dass hier prinzipielle Anforderungen erhoben werden, denen man wegen ihres Umfangs und ihres hohen Anspruchs nur schwer gerecht werden kann. Der Schwerpunkt liegt auf den Wissensinhalten. In Abschnitt 6, wo es um soziale und bürgerschaftliche Kompetenzen geht, wird allerdings zwischen humanistischer Bildung und einer „echten bürgerschaftlichen Entwicklung des Schülers" eine Verbindung hergestellt. Wenn der Gesetzgeber erneut darauf hinweist, wie wichtig es ist, „Freiheiten im vollen Bewusstsein der Rechte des Anderen wahrzunehmen und auf Gewalt zu verzichten", dann spricht er damit implizit das Problem an, welche Art von Organisation nötig ist, damit die Schüler ihre Bürgerschaft innerhalb der Schule ausüben können. In dem Abschnitt über die sozialen und staatsbürgerlichen Kompetenzen am Ende der Einführung in dieses Kapitel wird in der Tat die Frage nach der Art des entsprechenden Unterrichts und der diesem zugrunde liegenden pädagogischen Entscheidungen gestellt:

> „Die Schüler müssen zu unterscheiden lernen zwischen universellen Prinzipien (Menschenrechte), den Regeln des Rechtsstaats (Gesetze) und sozialen Gebräuchen (Zivilisiertheit). Es geht auch darum, das Gefühl der Zugehörigkeit zum eigenen Land, zur europäischen Union zu entwickeln, aber auch den notwendigen Respekt vor der Vielfalt der individuellen Entscheidungen und persönlichen Möglichkeiten" (T3/2006, S. 19).

Man muss allerdings hervorheben, dass das im Mai 2009 ergangene ministerielle Rundschreiben zum Schuljahresbeginn 2009 (T1/2009) die humanistische Erziehung mit keinem Wort erwähnt. Es konzentriert sich im Gegenteil auf die berufliche Ausbildung[3] und erneut auf den Kampf gegen Gewalt und Diskriminierung:

> „Angesichts der Zunahme unzivilisierten Verhaltens, das sich bisweilen mitten in der Schule zeigt, muss die Bedeutung der bürgerschaftlichen Erziehung erneut betont werden. In dieser Hinsicht sind die neuen Curricula für die École maternelle, für die École élémentaire und für das Collège unerlässliche, richtungsweisende Leitfäden für den Unterricht und für den Schulalltag. Sie beziehen sich auf die Kenntnisse und Fähigkeiten, die innerhalb des umfangreichen Wissenskanons für die obligatorische schulische Bildung das Fundament für staatsbürgerliche und soziale Kompetenz abgeben (Die Symbole der Republik kennen, das Recht und die Regeln des sozialen Leben kennen, befolgen und in Anspruch nehmen, respektvolles Verhalten gegenüber anderen Menschen)" (T1/2009, S. 6).

---

3   Schon Rousseau stellte in „Emile" zwei Erziehungsziele einander gegenüber: „Wir bilden uns nicht zu Arbeitern aus, sondern zu Menschen; und die Ausbildung für das Letztere ist schwieriger und länger als die andere" (Livre II, S. 179).

Da dieser Text nicht auf den Begriff der europäischen Bürgerschaft eingeht, bleibt die Frage, was der Bezug auf Europa im vorangehenden Text bedeutet und – vor allem – welche Ideologie dahintersteht.

b) Der Sprachunterricht

Die Vielfalt der Sprachen – vom Vergessen und der Missachtung einer unbestreitbaren europäischen Realität.

Auch wenn der Lehrplan (T1/2009) die Notwendigkeit betont, die europäischen Sprachen besser zu beherrschen, ist es absolut angebracht, die Frage zu stellen, welche Rolle diese Sprachen bei der Ausbildung eines Bewusstseins von europäischer Bürgerschaft spielen. Soll zu dem republikanischen Ideal, das schon in den Lehrplänen der III. Republik gegenwärtig war, nun ein europäisches Ideal hinzutreten? Tatsache ist: Die Schule der Republik, von der erwartet wird, dass sie jetzt das europäische Ideal verkörpert, gibt sich noch sehr zurückhaltend. Unter den 15 wichtigsten Vorschlägen, mit denen das Rundschreiben zum Schuljahresbeginn auf die „Anforderungen der Gesellschaft reagieren, das öffentliche Bildungswesen entwickeln, allen Schülern Erfolgschancen sichern" will, ist eine „utilitaristische", kommerziell orientierte Konzeption des Sprachunterrichts der einzige praktische Ansatz, der geeignet sein könnte, auf die wie auch immer geartete „Sehnsucht nach Europa" zu reagieren.

> „In einer Zeit, in der europäische, internationale Belange immer mehr Beachtung finden, gehört die Beherrschung der lebenden Sprachen – vor allem die mündliche – zu den unverzichtbaren Kompetenzen im Hinblick auf einen gemeinsamen europäischen Bezugsrahmen für die Sprachen" (T1/2009, S. 3).

Borniertes Erfolgsstreben ignoriert die Möglichkeit eines solchen europäischen Rahmens, aus dem vielleicht neue Möglichkeiten entstehen könnten, über die Welt nachzudenken. Doch liegt das Hauptaugenmerk auf dem Erlernen der wesentlich zahlreicheren Fremdsprachen auf Kosten der europäischen Sprachen. Im „Socle commun" (T3/2006) wird der Sprachunterricht nur kurz erwähnt: im Abschnitt „Das Beherrschen einer lebenden Fremdsprache". Auch hier wird das Argument von der Notwendigkeit, zumindest **eine** lebende Fremdsprache zu sprechen, aus der Tatsache abgeleitet, dass wir in einem „pluri-lingualen" Europa leben, und aus den Empfehlungen des Europarats. „Der ‚gemeinsame europäische Referenzrahmen für Sprachen', der vom Europarat konzipiert worden ist, bietet für den Fremdsprachenunterricht und die Evaluation der Ergebnisse die entscheidende Grundlage." Erstaunlich wirkt übrigens der im Text verwendete Ausdruck „étrangers"

(Fremde/Ausländer)⁴, handelt es sich hier doch um Menschen, die der europäischen Gemeinschaft angehören: Der Sprachunterricht soll „das Bedürfnis verstärken, mit ‚étrangers' in ihrer Sprache zu kommunizieren, fremdsprachige Zeitungen zu lesen, fremdsprachige Rundfunk- und Fernsehsendungen zu konsumieren, Filme in der Originalsprache zu sehen". Weder im Kapitel über die humanistische Kultur noch in dem, das den sozialen und bürgerschaftlichen Kompetenzen gewidmet ist, wird die Absicht erkennbar, den unterschiedlichen europäischen Sprachen bei der Analyse und Interpretation von Texten eine bedeutende Rolle zuzugestehen, ein Ansatz der beispielsweise in der Komparatistik längst gang und gäbe ist.

Ebenso wenig wird das Zusammenleben der europäischen Bürger mit der Fähigkeit in Beziehung gesetzt, die Sprache des Anderen zu verstehen. Die bloße Aufzählung von Kenntnissen und Kompetenzen, ohne Sinn für die Bedeutung der Sprache als Medium des Weltbezugs, zeugt von einer unreflektierten Sprachauffassung: Sprache wird auf die simple Funktion eines Kommunikationsmittels reduziert, ohne dass bedacht wird, was jede Sprache von der Kultur repräsentiert, der sie angehört. Wenn die Autoren in dem einzigen Abschnitt, der dem Fremdsprachenunterricht gewidmet ist, versichern, dass dieser Unterricht „die Sensibilität für kulturelle Unterschiede und für die kulturelle Vielfalt fördert", dann muss man sich fragen, was Aufgeschlossenheit für andere Denkweisen für sie bedeutet. Die „geistige Öffnung und das Verständnis für andere Denk- und Handlungsweisen" erscheinen bei ihnen nämlich völlig abgekoppelt von dem Bildungsprozess, der zu einer humanistischen Kultur hinführen soll. Der Fremdsprachenunterricht soll gefördert werden, damit die Kommunikation funktioniert. Dies ist vor allem der Gewinn, der erwartet wird. Die kognitive Funktion der Sprache⁵ wird hier völlig außer Acht gelassen – typisch für die Ignoranz gegenüber dem, was die Sprachwissenschaft in ihren unterschiedlichen Bereichen an Erkenntnissen gewonnen hat.

Die rein merkantile Auffassung vom Nutzen der Sprache lässt sich auch aus einem falschen Begriff von Humanismus erklären. Humanismus fordert eigentlich dazu auf, sich mit unterschiedlichen sprachlichen Systemen vertraut zu machen, um durch ihre jeweiligen Besonderheiten hindurch das zu erkennen, was alle Menschen angeht.⁶ Die Entscheidung für den platten Gebrauchswert der Sprache drückt sich in den Texten durch die Aufforderung aus, einen Englischkurs zu belegen. Die Sprachen werden hier in eine Hierarchie eingeordnet, in der eine Sprache auf Kosten der anderen favorisiert wird. Eine solche Hierarchisierung scheint uns im Gegensatz zur Idee der Gleichheit und des gegenseitigen Respekts zu stehen, die die Zugehörigkeit zu einer europäischen Bürgerschaft fördern sollte.

---

4   Zur Verdeutlichung der Mehrdeutigkeit dieses Ausdrucks, sei auf das von Marianne Küger-Potratz verfasste Kapitel hingewiesen, in dem aufgezeigt wird, wie stark sich die Konnotationen unterscheiden, die im Bedeutungsfeld der deutschen Ausdrücke „fremd", „Ausländer", „nicht deutsch" oder „nicht französisch" enthalten sind.
5   Diese Unterscheidung geht auf Vygostki (1997) zurück.
6   Man kann sich hier auf eine Maxime Goethes beziehen: „Wer fremde Sprachen nicht kennt, weiß nichts von seiner eigenen." (Maximen und Reflexionen, 1833 (2001), Nr. 23, 91).

Ob es nun der vom Minister gewünschte ökonomische Wettstreit *gegen* die europäischen Partner ist oder der von der Schulaufsicht gewünschte Wettstreit der europäischen Bürger *für* ein humanistisches Europa, die europäische Frage löst auf jeden Fall heftige Debatten und erhebliche Unruhe aus. Dies ist durchaus kein Unglück. Es sollte auf die Tatsache zurückgeführt werden, dass der Aufbau Europas noch nicht abgeschlossen ist und durch eben diese Unabgeschlossenheit Kontroversen hervorruft. Angesichts eines Paradigmas von dieser Komplexität, dessen Ausgang unvorhersehbar ist, kann man nur wünschen, dass Europa aus seiner Geschichte heraus bei der Erneuerung von Institutionen und Erziehungsmethoden eine schöpferische Dynamik entwickelt. Dafür ist auch die ein oder andere heilsame Krise in Kauf zu nehmen.

Literatur

Boutinet, Jean-Pierre (1990): Anthropologie du projet. Paris: PUF.
Goethe, Johann Wolfgang von (1833/2001): Maximen und Reflexionen, Sprüche. München: Manesse Verlag.
Philip, Christine/Pain, Jacques (1997): Le courrier de Suresnes, n°70, S. 5-7.
Reuter, Yves (2007): Une école Freinet. Fonctionnements et effets d'une pédagogie alternative en milieu populaire. Paris, L'Harmattan.
Rousseau, Jean-Jacques (1866): Émile ou de l'Éducation. Nouvelle Édition, Tome II. Paris: Garnier frères.
Vygostki, Lev S. (1997): Pensée et langage. Paris: La dispute.

Dokumente

T1/2009: « Préparation de la rentrée 2009 », Bulletin Officiel de l'Éducation nationale, Paris, 21/05/2009.
T2/2010: « Vers un nouveau lycée en 2010. Présentation des enjeux et objectifs de la réforme du lycée », Bulletin Officiel de l'Éducation nationale, Paris, 13/10/2009.
T3/2006: « Le socle commun de connaissances et de compétences », Bulletin Officiel de l'Éducation nationale, Paris, 11/07/2006.
T4/2000: « L'Europe dans l'enseignement de l'histoire, de la géographie et de l'éducation civique », Rapport de l'inspection générale, Paris, septembre 2000.
Bulletin Officiel de l'Éducation nationale, n° 5, 5. August 1999.
Circulaire interministérielle n° 06-125, 16. August 2006.

Marianne Krüger-Potratz

Wer gehört dazu? Europa im Spiegel nationaler Integrations- und Bildungspolitik – eine Analyse ausgewählter Dokumente

Zwar schreitet der Aufbau Europas mit einer zunehmenden Anzahl von Mitgliedsländern und immer komplexeren administrativen, wirtschaftlichen und politischen Strukturen trotz aller Probleme voran, doch wird er zugleich auch durch die Beharrungskraft des alten nationalen Modells behindert. Noch haben es die Mitgliedsländer der Union nicht geschafft, sich von den in mehr als zweihundert Jahren herausgebildeten nationalstaatlichen Traditionen und Perspektiven zu befreien. Vor allem auf der Ebene, auf der Institutionen und Repräsentationen aufeinandertreffen, ist das nationale Modell immer noch sehr präsent, vielleicht sogar zu sehr. So bestimmen, wie ich im Folgenden zu zeigen versuche, nationale Motive, die zweifellos nicht zum Aufbau über- oder gar transnationaler Strukturen geeignet sind, weiterhin den Umgang mit Migration und die Gestaltung der Integration von Migrantinnen und Migranten. Vielfach wird so getan, als könne man problemlos auf die sogenannte ‚nationale Identität' – rechtlich fixiert als Staatsbürgerschaft – als Grundlage für eine europäische Bürgerschaft zurückgreifen.

Hinsichtlich der Selbst-Repräsentation steht die Schwäche von Europa in starkem Kontrast zu der nachhaltigen Wirkung der auch weiterhin stark mit Bedeutung aufgeladenen Symbole, die die Nationalstaaten für ihre öffentliche Darstellung geschaffen haben. Vor allem das Konstrukt Nationalität/Staatsangehörigkeit ist ein gutes Beispiel für eine *„institution-représentation"*[1]; es ist ein besonders wirksames Instrument der Identitätsbildung, mittels dessen sich der ‚nationale' Bürger mit ‚seinem' Staat (Souverän) identifiziert.[2] Diese Idee von Zugehörigkeit den nachfolgenden Generationen einzupflanzen, ist seit mehr als zwei Jahrhunderten eine der zentralen Aufgaben der Schule als staatlicher Institution; sie soll nicht nur Bürger, sondern *Staats*bürger erziehen.[3] Staat und Bürgerschaft sind – wie es der deutsche Begriff *Staats*bürgerschaft zum Ausdruck bringt – eng miteinander verwoben. Die Europäische Union hingegen kennt keine *Staats*bürgerschaft, wohl aber erhalten Staatsbürger und Staatsbürgerinnen eines Mitgliedstaates der EU einen Pass, mit dem ihnen – ohne weiteres Zutun – zusätzlich die *Unions*bürgerschaft verliehen und ihre europäische Zugehörigkeit bestätigt wird. Ähnliche Kombinationen

---

1 Dies ist auch Thema der Beiträge von Sardinha, Hofmann und Montandon im vorliegenden Band.
2 Dazu sei angemerkt, dass selbst noch die Weigerung, sich als Deutscher, als Franzose usw. zu identifizieren, bedeutet, dass die Wirksamkeit dieses Identitätsangebots bekräftigt wird.
3 Staatsbürgerschaft im modernen Sinne existiert erst seit der Französischen Revolution und seitdem der Staat (auch) als Personenverband von Bürgern verstanden wurde. Zur Frage Staatsbürgerschaft – Stadtbürgerschaft siehe auch den Beitrag von Hofmann im vorliegenden Band.

von ‚national' und ‚europäisch' findet man auch in anderen Politikbereichen. So wie die Unionsbürgerschaft nicht die (nationale) Staatsbürgerschaft ersetzt, gibt es auch (noch?) keine *europäische* Schule[4], die an die Stelle der *nationalen* Schule treten könnte, sondern bisher gibt es verschiedene Modelle und Programme zur Einführung der europäischen Dimension im (nationalen) Bildungswesen: 2005 hat der Europarat unter der Überschrift „Jahr der Demokratieerziehung" für die Erziehung zu einer aktiven Bürgerschaft geworben, und es gibt Schulen mit dem Titel ‚Europaschulen' so wie es in Frankreich z.B. die ‚classes européennes' gibt – also Annäherungen an eine europäische Schule, aber noch keine Ablösung der ‚nationalen Schule'. Parallel dazu hat die Bildungspolitik auf europäischer wie auf nationaler Ebene auf die Zuwanderung und die damit verbundene zunehmende sprachliche und kulturelle Heterogenität mit rechtlichen Regelungen und konzeptionellen Empfehlungen reagiert.

Im Folgenden werde ich an zwei konkrete Beispiele aufzuzeigen versuchen, dass sowohl die Empfehlungen zur „Europabildung" als auch zur „interkulturellen Bildung und Erziehung" weiterhin durch eine *nationale* Perspektive bestimmt sind und wie sich dies auf den Umgang mit sprachlicher und kultureller Vielfalt und der Definition des Verhältnisses von ‚fremd' und ‚eigen' auswirkt. Bei der Lektüre und Analyse beider Beispiele wird gefragt, ob und wie die Zugewanderten[5] in das europäische Projekt eingebunden sind und ob auch sie als (zukünftige) europäische Bürger und Bürgerinnen anerkannt werden. Im ersten Beispiel geht es um das Verhältnis von nationaler *Staats*bürgerschaft und *Unions*bürgerschaft. Gefragt wird, was diejenigen, die die deutsche Staatsbürgerschaft beantragen und darüber auch die Unionsbürgerschaft erwerben, über Europa und über die Europäische Union erfahren und lernen müssen. Im zweiten Beispiel werden zwei Empfehlungen der Kultusministerkonferenz gemäß der oben angesprochenen Fragestellung untersucht: die Empfehlung „Interkulturelle Bildung und Erziehung in der Schule" (KMK 1996) und die Empfehlung „Europabildung in der Schule" (KMK/Europabildung (1978/2008)). Es wird sich zeigen, dass die beiden positiv konnotierten Begriffe

---

4 Zu unterscheiden sind: (1) die seit 1953 eingerichteten speziellen, „Europäischen Schulen" in den Städten, in denen EU-Institutionen angesiedelt sind. Diese Schulen sind in erster Linie für die Bediensteten der EU-Institutionen gedacht. Dieses System wurde 2004 reformiert, „um den Anforderungen der erweiterten Union, Rechnung zu tragen" (vgl. u.a. Maroš Šefčovič, Vizepräsident der Europäischen Kommission. Europaschulen: http://ec.europa.eu/commission_2010-2014/sefcovic); vgl. auch den Beitrag von Blaschke u.a. im vorliegenden Band. (2) Es gibt in Deutschland Schulen, die sich „Europaschulen" nennen bzw. diesen Titel verliehen bekommen haben. Vielfach handelt es sich um Gymnasien oder Gesamtschulen mit Sekundarstufe II mit einem Unterrichtsangebot in mehreren Fremdsprachen, mit regelmäßigen internationalen Schülerbegegnungen etc. Davon zu unterscheiden sind (3) die Staatlichen Europaschulen Berlin; diese sind ab der Grundschule zweisprachig. Aber das Schulsystem insgesamt ist weiterhin national orientiert.
5 Zwar wird in den hier analysierten Dokumenten nicht explizit zwischen Zugewanderten aus der EU und aus Drittstaaten unterschieden. Doch wenn auch quasi neutral von „Migranten" in Zusammenhang mit „Problemen" die Rede ist, so sind im Kontext von Europa oftmals nur die Migranten aus Nicht-EU-Ländern gemeint. Denn Zugewanderte aus der EU sind in Verbindung mit ihrer Herkunftsstaatsbürgerschaft Unionsbürger; sie wechseln im Fall der Einbürgerung in Deutschland ‚nur' die Staatsangehörigkeit. Auf sie trifft die hier gestellte Frage somit nicht zu. In den hier analysierten Texten ist allerdings unspezifisch von Migrant(inn)en die Rede.

– *interkulturell* und *Europa* – für einen jeweils unterschiedlichen Umgang mit der sprachlichen und kulturellen Pluralisierung der nationalen Gesellschaft(en) stehen.

Erstes Beispiel: Welche Zugehörigkeit soll gelernt werden?

Aufschlussreich ist bereits die Prozedur, mit der die Beantragung und Erlangung der Staatsbürgerschaft verbunden ist. Inwieweit wird mit dem Antrag auf Einbürgerung in einem Mitgliedsland zugleich eine Perspektive auf Europa eröffnet?[6] Um die Staatsbürgerschaft in Deutschland zu erlangen, müssen die Antragstellenden einen Test bestehen (vgl. http://www.einbuergerungs-test.de/): Ihnen werden 33 Multiple-Choice-Fragen vorgelegt, von denen sie 17 richtig beantworten müssen. Diese 33 Fragen werden nach dem Zufallsprinzip aus einem Fundus von 300 Fragen ausgewählt. 270 Fragen dieses Fundus beziehen sich auf Deutschland generell und 30 Fragen auf das jeweilige Bundesland, in dem der Antragsteller lebt. Europa spielt hier so gut wie keine Rolle. Nur eine äußerst geringe Anzahl der Fragen bezieht sich auf die Europäische Union, und hier vor allem auf institutionelle Aspekte. In der Regel spielt Europa auch bei der Inszenierung der Einbürgerung, z.B. bei der feierlichen Übergabe der Einbürgerungsurkunden, keine Rolle. Daher kann man sagen, dass sich die mit dem Test wie dem gesamten Ablauf des Verfahrens verbundene „Botschaft" an die Einbürgerungskandidaten in folgendem Satz zusammenfassen lässt: „Sie werden *deutsche* Staatsbürger!" Die *Unionsbürgerschaft* ist also nicht mehr als das „Sahnehäubchen auf dem Kuchen"– ein Zusatz ohne große politische Bedeutung und der nationalen Zugehörigkeit untergeordnet.

Dabei sind die mit dem Erwerb der Europäischen Bürgerschaft verbundenen Vorteile durchaus bedeutsam. Warum also eine derartige Nichtachtung des Europäischen? Hier zeigt sich, wie stark die nationalstaatliche Tradition ist. Die Einbürgerung von Zugewanderten bleibt eine innere Angelegenheit der einzelnen Mitgliedstaaten, obwohl sie letztlich die übrigen Mitgliedsländer tangiert. Die Staatsbürgerschaft als entscheidendes Instrument des Nationalstaats zur Identifikation der Bürger mit demselben scheint so sehr „innere Angelegenheit", dass der Bezug zu Europa und zur Unionsbürgerschaft im Akt der Einbürgerung keinen Platz zu haben scheint,[7] zumindest legen die Testfragen und die üblichen Einbürgerungsverfahren diesen Schluss nahe. Formal erlangt man natürlich die europäische (Unions-)Bürgerschaft durch den Erwerb der nationalen Staatsbürgerschaft, aber hinsichtlich der Repräsentation bleibt der Weg von der einen zur anderen versperrt.

---

6 Weitere Hinweise im Beitrag von Bernd Wagner, nachzulesen im vorliegenden Band.
7 Um hierüber mehr zu erfahren, müssten die Einbürgerungsmodalitäten in den anderen Mitgliedstaaten der Europäischen Union untersucht werden und Vertreter der jeweiligen politischen und administrativen Instanzen der jeweiligen Länder sowie eine gewisse Anzahl von Betroffenen befragt werden.

Zweites Beispiel: Bildung für welche Bürgerschaft?

Neben der Einbürgerung ist auch in Deutschland das Bildungssystem ein Bereich, an dem sich der Stellenwert ablesen lässt, der der europäischen Bürgerschaft zugemessen wird, insbesondere hinsichtlich der Frage nach dem Verhältnis von interkultureller Bildung und Europabildung. Dabei stellt sich die Frage, welches Konzept geeignet ist, um sich von der nationalen Perspektive zu emanzipieren und eine europäische – vielleicht sogar eine globale – einnehmen zu können. Zur Beantwortung dieser Frage und vor der genaueren Betrachtung der beiden bildungspolitischen Dokumente ist ein kurzer Blick auf die Geschichte von Bildung und Erziehung in Deutschland erforderlich.

Nationalstaat und Schule – ein kurzer historischer Rückblick

Die Bildung des deutschen Nationalstaats, der aus den Zusammenschlüssen einer mehrfach wechselnden Zahl von (Klein-)Staaten hervorgegangen ist, war eng mit dem Projekt der öffentlichen, staatlichen (Pflicht-)Schule und dem Ansatz nationaler Erziehung verbunden. Die „Karriere" der nationalen Schule beginnt Ende des 18. Jahrhunderts. Eine ihrer zentralen Aufgaben ist es, die nachwachsenden Generationen von der ‚homogenen Natur' des Nationalstaats zu überzeugen, entsprechend der Formel: *ein* Mensch, *eine* Sprache, *ein* Volk, *ein* Territorium, *eine* gemeinsame Geschichte, im Verlaufe derer *eine* einheitliche Kultur geschaffen worden sei, die den Charakter des Volkes geprägt habe und es somit als einmaliges von allen anderen unterscheide. Nach dieser nationalstaatlichen Logik erscheint Migration, Zuwanderung von außen, als ‚Störung', ebenso wie deren Folgen, z.B. Mehrsprachigkeit. Diese ‚Störung' wurde durch gesetzlich festgelegte Einschränkungen kontrolliert; im Bildungsbereich bedeutete dies u.a.: rechtliche Einschränkungen für Kinder fremder Staatsangehörigkeit und eine auf Monolingualität als Normalität ausgerichtete Schulsprachenpolitik. Ausländische Kinder und Jugendliche waren (bis weit in die 1960er Jahre) nicht schul*pflichtig* und migrationsbedingte Mehrsprachigkeit spielte (bildungs-)politisch keine Rolle, außer dass sie als ‚Störung' des Unterrichtsgeschehens und Integrationshindernis für die betreffenden Kinder angesehen wurde. Nicht ignoriert werden konnte hingegen die innerstaatliche Mehrsprachigkeit, d.h. die Sprachen der autochthonen Minderheiten (Polen, Sorben, Dänen, Friesen, Kaschuben, Litauer etc.), da die Minderheitsangehörigen Staatsbürgerinnen und Staatsbürger – zumeist preußische[8] Staatsbürger – waren. Ihre Sprachen wurden ab Mitte des 19. Jahrhunderts zunehmend diskriminiert und zeitweise sogar verboten (Krüger-Potratz 2010), sie konnten jedoch nicht – wie die Sprachen der Zugewanderten – ignoriert, sondern ‚nur' bekämpft werden, so auch nach dem Ersten Weltkrieg, obwohl den Minderheiten unter internationalem Druck das

---

8 Preußen war der deutsche Gliedstaat, in dem alle sprachlich-ethnischen Minderheiten ansässig waren; nur das sorbischsprachige Gebiet lag zum Teil in Preußen und zum Teil in Sachsen.

Recht auf Unterricht in der eigenen Sprache und Kultur wieder zugestanden werden musste. Offiziell änderte sich die Politik, doch die grundsätzlich ablehnende Haltung gegenüber lebensweltlicher Mehrsprachigkeit und die Überzeugung, dass Mehrsprachigkeit eher schade, denn nütze, blieb.

Kontinuität und Diskontinuitäten

Noch heute finden sich deutliche Spuren dieser Politik sprachlich-kultureller Homogenisierung sowohl in den rechtlichen Regelungen wie auch in den Konzepten und Diskursen über Bildung und Schule in Deutschland (aber auch in den anderen europäischen Staaten). Dass die EU als Verbund vieler (National-)Staaten sich durch sprachliche und kulturelle Vielfalt auszeichnet, wird akzeptiert. Gleichzeitig – entgegen aller Empirie – bestimmt die Idee, dass die einzelnen Mitgliedstaten im Innern einsprachig und ethnisch-kulturell homogen seien, weiterhin das politisch-administrative Denken im Bildungsbereich, wenn auch erste Veränderungen erkennbar sind (siehe auch Gehrmann/Knežević 2011).

Drei unterschiedliche Formen des Umgangs mit sprachlicher und kultureller Vielfalt sind in Europa anzutreffen. Bei keiner wird von Mehrsprachigkeit als Normalfall ausgegangen, sondern in allen drei Fällen bleibt die sprachliche Homogenität der Mitgliedstaaten – wider besseres Wissen – als ‚normale Voraussetzung' unangetastet. Zu unterscheiden sind:

1. Mehrsprachigkeit als europäische Mehrsprachigkeit ist hoch angesehen. So fordert und fördert die EU, dass jede europäische Bürgerin, jeder europäische Bürger in der Lage sein soll, in drei Sprachen zu kommunizieren. Wenn es auch explizit nicht in den Texten zu lesen ist, so lässt sich ihnen doch entnehmen, dass die Autoren der Texte zunächst einmal an die National- resp. Landessprachen denken: an die des eigenen Staates, die eines Nachbarstaates und an Englisch als Sprache der ‚innereuropäischen Kommunikation'.
2. Die Sprachen der autochthonen Minderheiten genießen in den Unterzeichnerstaaten der „Europäischen Charta der Regional- oder Minderheitensprachen" (1992)[9] einen gewissen Schutz. Insofern kann man davon sprechen, dass die innerstaatliche Mehrsprachigkeit politisch-deklarativ akzeptiert wird, aber in der Praxis wird diese Mehrsprachigkeit weiterhin als regional begrenzte Besonderheit und teilweise auch weiterhin eher als störend wahrgenommen.
3. Die migrationsbedingte sprachliche und kulturelle Pluralität hingegen ist letztlich immer noch wenig angesehen, insbesondere wenn es sich um Sprachen handelt, die aus Ländern außerhalb der EU ‚eingewandert' sind. Diese Mehrsprachigkeit genießt keinen Schutz. Seit einigen Jahren ist jedoch zu beobachten, dass zumindest das Bewusstsein, dass migrationsbedingte Mehrsprachigkeit kein vorübergehendes Phänomen ist und dass sie – bei entsprechender Wertschätzung

---

9   http://conventions.coe.int/treaty/ger/Treaties/Html/148.htm (15.7.2011)

und Pflege – eine individuelle wie gesellschaftliche Ressource darstellt, größer geworden ist. Auch in den neueren europäischen Dokumenten zur Sprachenvielfalt werden die Migrantensprachen inzwischen zumindest erwähnt. Noch kann jedoch nicht davon die Rede sein, dass Mehrsprachigkeit innerhalb der Mitgliedstaaten und innerhalb der Europäischen Union insgesamt als Normalfall angesehen wird.[10]

Die mit dieser Auflistung zugleich angedeutete Hierarchie der Sprachen und damit auch der Herkunftsländer der Anderssprachigen resp. Nicht-Deutschsprachigen spiegelt sich in verschiedenen amtlichen Dokumenten über interkulturelle und/oder Europabildung wider. Im Folgenden soll dies am Beispiel von zwei Empfehlungen der Ständigen Konferenz der Kultusminister der Länder der Bundesrepublik Deutschland (KMK[11]) gezeigt werden.

Europa und Migration im Spiegel bildungspolitischer Dokumente

Das erste KMK-Dokument trägt den Titel „*Europabildung in der Schule*". Es wurde 1978 erstmals veröffentlicht und zweimal – 1990 sowie 2008 – neu gefasst (KMK/Europabildung 1978/2008). Es bezieht sich auf Europa und dessen sprachliche und kulturelle Pluralität, nicht jedoch auf die pluralisierenden Auswirkungen der Migrationsbewegungen. Das zweite Dokument mit dem Titel „*Interkulturelle Bildung und Erziehung in der Schule*" aus dem Jahre 1996 greift das Thema der Veränderungen auf, die angesichts von Migration und Globalisierung notwendig sind (KMK/Interkulturelle Bildung 1996). Gefordert wird ein Perspektivenwechsel. Beide Empfehlungen zielen darauf ab, die Schule zu ermutigen, ihren Beitrag für eine demokratische, die Vielfalt der Sprachen und Kulturen einbeziehende Erziehung und Bildung zu leisten.

Die Empfehlung „Europabildung in der Schule" nimmt Bezug auf den europäischen Integrationsprozess, das Bemühen der Mitgliedsländer, ihre Kräfte zu bündeln und – im europäischen Rahmen – eine gemeinsame Politik zu erarbeiten, um politisch mehr Gewicht in der Welt zu erhalten. Das Ziel ist eine neue europäische Identität, vielleicht sogar eine supranationale Identität. Die Fassungen aus den Jahren 1978 und 1990 hatten zwar das gleiche Ziel, doch erst die Empfehlung von 2008 bezieht sich auf alle nationalen und europäischen Programme zur Schaffung eines europäischen Bildungsraums.

---

10 Allerdings gibt es durchaus beachtenswerte Anstöße zu einem anderen, demokratischen Umgang mit der „gesamten Mehrsprachigkeit", siehe z.B. die Vorschläge, die eine Gruppe von Intellektuellen im Auftrag der Europäischen Kommission (2008) erarbeitet hat. Aber noch fehlt es an weiteren bildungspolitisch praktikablen Vorschlägen und vor allem am politischen Willen zu einer Umsetzung dieser Ideen.
11 Die KMK kann nur Empfehlungen aussprechen; ihre Beschlüsse müssen von den Bundesländern, bei denen die Kulturhoheit liegt, in Landesrecht umgesetzt werden. Die KMK – so könnte man sagen – ist eine Instanz zur Koordinierung und ggf. auch Harmonisierung der Bildungspolitik der sechzehn Bundesländer. Es fällt ihr nicht immer leicht, einen Konsens zu erreichen.

Demgegenüber versteht sich die Empfehlung „Interkulturelle Erziehung und Bildung in der Schule" als Reaktion auf die aktuellen Migrationsbewegungen und die sozio-politischen Veränderungen im Kontext der Globalisierung. Der Text unterscheidet sich allerdings grundsätzlich von allen KMK-Empfehlungen zum Komplex Migration und Bildung aus den 1960er bis 1980er Jahren. Bereits die Titel der früheren Empfehlungen, wie z.B. „Unterricht für Kinder von Ausländern" oder „Unterricht für Kinder von ausländischen Arbeitnehmern", lassen dies erkennen: Die früheren Empfehlungen bezogen sich ausschließlich auf die Gruppe der Kinder aus Zuwandererfamilien. Die aus der Migration entstandene Mehrsprachigkeit und Kulturenvielfalt wurden als problematisch beschrieben und das Problem sollte durch Integration und Assimilation ‚gelöst' werden (Puskeppeleit/Krüger-Potratz 1999). Wenn dabei von der Pflege der ‚Muttersprachen' (Herkunftssprachen) die Rede war, dann geschah dies über lange Zeit stets unter dem Vorzeichen der Vorsorge: Diese Pflege der Herkunftssprache sollte der Reintegration in das Schulsystem des Herkunftslandes dienen.

Mit der Empfehlung von 1996 hingegen wandte sich die KMK zum ersten Mal an *alle* Schülerinnen und Schüler sowie an *alle* im Bildungsbereich Tätigen – Migranten wie „Einheimische" – und erklärte interkulturelle Bildung zu einer unerlässlichen Schlüsselkompetenz, die angesichts der tiefgreifenden politischen und sozialen Veränderungen von allgemeiner Bedeutung sei. Zugleich definierte sie interkulturelle Bildung als Querschnittaufgabe in allen Bereichen – in Bezug auf Curricula, Lehr- und Lernmaterialien, Didaktik und Methodik, Schulklima –, die letztlich die Einstellungen der Beteiligten nachhaltig verändern soll. Nur in der Frage der strukturellen Reformen und der Lehrerbildung[12], zwei Bereiche, die mit einem so ambitionierten Programm zwingend verbunden sind, hat sich die KMK zurückgehalten.

Auf den ersten Blick scheinen die Ziele der beiden Empfehlungen übereinzustimmen: Lernen, gemeinsam in *einem* Europa zu leben – also auch in einem Deutschland –, das durch sprachliche und kulturelle Vielfalt gekennzeichnet ist. Beide Empfehlungen richten sich mit unterschiedlicher Ausrichtung an all diejenigen, die in der Schule arbeiten und lernen, ohne zwischen „Einheimischen" und Migranten zu unterscheiden. Die KMK scheint auch keinen Unterschied zwischen den offiziellen Sprachen der europäischen Länder, den Sprachen der autochthonen Minderheiten oder den Immigrantensprachen zu machen. Und schließlich fordern auch beide Texte einen Perspektivenwechsel in der Bildung. Das gemeinsame Ziel besteht darin, die mit der Globalisierung zusammenhängenden grundlegenden Veränderungen aufzugreifen und eine Schule aufzubauen, die die ethnische, sprachliche und kulturelle Pluralität berücksichtigt, so wie wir sie heute schon in den Schulklassen vorfinden. Ziel – so lässt sich aus beiden Texten schlussfolgern – ist eine Erziehung zu Toleranz, Frieden und Demokratie.

Doch erfasst dieser erste Blick nicht alles. Auf den zweiten Blick wird erkennbar, dass der vom Nationalstaat als ‚normal' gesetzte Unterschied zwischen

---

12 Dies ist eine Frage der Zuständigkeit, denn in den meisten Bundesländern sind sowohl das Schul- wie das Wissenschaftsministerium für Fragen der Lehrerbildung zuständig.

„Ausländern/Migranten" und „Inländern/Einheimischen" nach wie vor aktuell ist, nur dass „einheimisch" unter dem Titel „Europabildung" über Deutschland hinaus bis zu den Grenzen der Europäischen Union (oder auch unspezifischer bis zu den Grenzen Europas) reicht, während unter dem Titel „interkulturelle Bildung" der nationale Raum in erster Linie als ‚Binnenraum' und dann als Teil der globalisierten Welt im Fokus ist. Die Empfehlung zur „Europabildung" wendet sich in erster Linie an Einheimische in ihrer (Zweit-)Rolle als europäische Bürger. Die Empfehlung zur „interkulturellen Bildung" hingegen versteht sich als Reaktion auf die Migration und auf die damit verbundenen Probleme der Präsenz von *Ausländern*, die – so könnte man das „Zwischen-den-Zeilen-zu-Lesende" zusammenfassen – erst einmal zu *nationalen* Bürgern gemacht werden müssen (Stichwort: Integration), um sie dann, in einem zweiten Schritt, zu *europäischen* Bürgern werden zu lassen. Hinzu kommt die Globalisierung, die sowohl für Einheimische (und Europäer) wie Migranten eine Herausforderung darstelle.

Lektüre mittels Schlüsselwörtern

Vergleicht man den Tenor der beiden Empfehlungen, so zeigt sich, dass die KMK implizit zwischen *„Bürgern und Kanaille/Pöbel"* unterscheidet, so wie dies Diogo Sardinha in seinem Beitrag im Anschluss an Kant diskutiert: Demzufolge wären „Bürger" die Einheimischen, die Bürger und Bürgerinnen in Deutschland und in den anderen Mitgliedsstaaten der Europäischen Union (vielleicht auch noch die Bürger der anderen Mitgliedsländer des Europarates), während die Migranten aus den nichteuropäischen Ländern sozusagen die Kanaille/den Pöbel darstellten, die als ‚Störer', wenn nicht sogar als Gefahr angesehen werden. Um diese – etwas gewagte – Hypothese[13] zu belegen, habe ich die Empfehlungstexte in Bezug auf bestimmte Schlüsselwörter untersucht (siehe Tabelle 1): ob und wie häufig sie im jeweiligen Text erscheinen und in welchem Kontext sie stehen. Im anschließenden Vergleich beider Empfehlungen ging es um die Frage nach den Gemeinsamkeiten und Unterschieden zwischen „Europabildung" und „Interkultureller Bildung".

Als erstes fällt auf, dass die beiden Begriffe, die ja auch in den Titeln der Empfehlungen vorkommen – *Europa* und *interkulturell* – und letztlich zwei Varianten des gleichen Themas ‚Umgang mit sprachlich-kultureller Heterogenität' darstellen, von der KMK nicht zueinander in Beziehung gesetzt werden: Denn der Begriff *interkulturell* kommt in dem Dokument über die Europabildung *nicht* vor, auch nicht in der Variante *multikulturell*, wohl aber findet sich an einer Stelle die Beifügung *transkulturell*. Spiegelbildlich sozusagen findet sich *Europa* (oder *europäisch*) *nicht*

---

[13] Diese Hypothese ist im Rahmen der Arbeitsgruppe, die sich mit „Europa – Institution und Repräsentation" beschäftigt hat, entwickelt worden, und eine Entwurfsfassung des hier vorliegenden Textes von Diogo Sardinha war Ausgangspunkt dieser Diskussionen; siehe auch den Text von Delormas/Montandon in diesem Band.

Tabelle 1: Liste der Schlüsselwörter[14]

Schlüsselwörter	KMK Europabildung	KMK interkulturelle Bildung
Europa/europäisch	60	0
interkulturell	0	28
Fremd/ausländisch/ andere/andersartig	0	13 + 2
	2	15
Nicht deutsch	0	3
Frieden/friedlich	6	1
Toleranz	2	3 (+ 1)
Demokratie	5	2
Konflikt	0	7
Bürger	3	0
Mitbürger	0	2
Herkunftssprache/Muttersprache	0	2 + 5
Fremdsprache(n)	6	(4)
Religion/religiös	2	6

in dem Beschluss zur interkulturellen Bildung und Erziehung.[15] Für die KMK, so könnte man in einem ersten Schritt folgern, scheint das *Interkulturelle* nicht mit *Europa* verbunden zu sein, sondern – nach dem Text von 1996 zu urteilen – ausschließlich mit Migration und Globalisierung, als Herausforderung für einen anderen Umgang mit dem bzw. den Fremden, um den sozialen Frieden auf *nationaler* Ebene zu bewahren und die ‚nationalen Bürger' auf die Welt über Europa hinaus vorzubereiten. *Interkulturell* ist somit – immer bezogen auf die hier untersuchten Dokumente[16] – das Schlüsselwort für die Integration von Fremden (Ausländern) und darüber hinaus für alle, die sich in einer globalisierten Gesellschaft behaupten müssen. *Europa* hingegen ist eher das Schlüsselwort für die Öffnung des nationalen Raums und den Austausch mit spezifisch Anderen, d.h. *europäisch Anderen*, unter Anerkennung der sprachlichen und kulturellen Unterschiede in der ‚europäischen Einheit'. *Europa* verbindet sich eher mit dem Gedanken von Gemeinsamkeiten, von Nicht-fremd-Sein.

---

14 Dieses hier gewählte, sehr schlichte Vorgehen ist nur bei einer so eingeschränkten Zahl von Dokumenten möglich. Es eignet sich nicht für Forschungsprojekte, wohl aber für Textanalysen im Rahmen von Seminaren oder Workshops, z.B. im Rahmen von Austauschprojekten und immer wieder zeigt sich, dass „Sprache verräterisch ist".

15 Bei der Auszählung der Schlüsselwörter sind die Präambeln zu den beiden Empfehlungstexten, in denen die KMK auf alle dem Thema zugehörigen vorangegangenen Empfehlungen und Beschlüsse Bezug nimmt, nicht in die Auszählung und Kontextanalyse einbezogen worden, da dies das Ergebnis verfälschen würde. Hinzuweisen ist jedoch darauf, dass die KMK in der Präambel zum 1996 Beschluss auf die Empfehlung zur Europabildung Bezug nimmt. Ansonsten jedoch wird auch in den Präambeln nur noch einmal sehr deutlich, dass die Empfehlung zur europäischen Bildung in einer ‚Europa-Tradition' steht, die zur interkulturellen Bildung in einer ‚Ausländer-Tradition'.

16 Angemerkt sei jedoch, dass es durchaus auch offizielle Text gibt, in denen interkulturelles Lernen als Teil europäischer Bildung verstanden wird.

Diese Unterscheidung wird bekräftigt, wenn man das lexikalische Umfeld des Begriffs *Ausländer* im Kontext Deutschland betrachtet: (1) *fremd, der Fremde*, auch in der Bedeutung von *unbekannt, unvertraut*, (2) Ausländer, ausländisch in der Bedeutung fremd, weil *nicht-deutsch*, auch im Sinne der ‚nichtdeutschen' Staatsbürgerschaft und (3) der *Andere*. Nur der Begriff des *Anderen* bzw. Bezeichnungen wie *andere Sprachen, andere Kulturen* beinhalten keine Hierarchie, es sei denn, *anders* ist lediglich ein Ersatz für *fremd*, wie das z.T. der Fall im Dokument über interkulturelle Bildung und Erziehung ist.

Der *Fremde* steht nicht nur in Opposition zum *Einheimischen/Eingesessenen (fremd* zu *eigen)*, sondern in der Regel wird das *Eigene* als *normal* gesetzt und vielfach auch höher geschätzt als das *Fremde*[17], ebenso wie der *Ausländer* weniger Rechte hat als der *Einheimische*, dessen Sprache und Lebensweise zudem als Maßstab für die Frage gelten, wie weit der/das *Fremde* vom *Normalen* abweicht. In den Texten der Empfehlungen findet man somit Begriffe, die in verschiedener Weise den Unterschied zwischen „wir" und „sie" unterstreichen und denen wiederum weitere Schlüsselbegriffe zugeordnet sind: Wir = Bürger, Frieden und Demokratie; Sie = fremd / nicht deutsch / anders, religiös different, Konflikt erzeugend, Mitbürger. Im Ergebnis zeigt sich, dass *interkulturell* der Beziehung zum Fremden – im Sinne Kants zur Kanaille / zum Pöbel – und Europa den Bürgern zugeordnet wird.

In der Empfehlung, mit der die „interkulturelle Bildung und Erziehung in der Schule" gefördert werden soll, findet sich die Bezeichnung *fremd* einschließlich der zugehörigen Ableitungen (Adjektive, Substantive und zusammengesetzte Wörter) dreizehnmal, *ausländisch* zweimal, *nichtdeutsch* dreimal und fünfzehnmal wird das *Anderssein (andere Kultur, andere Sprachen, Andersartigkeit)* betont. Die KMK unterstreicht demnach dreiunddreißigmal die Unterscheidung zwischen „wir" und „sie". In dem Text über „Europabildung in der Schule" kommt das Wort *ausländisch* nicht vor, auch nicht in abgewandelter Form, und eine Kombination mit *anders* findet sich nur zweimal. *Fremd* erscheint nur einmal als Teil des Begriffs „Fremdenfeindlichkeit", aber an dieser Stelle geht es um den Kampf gegen Fremdenfeindlichkeit, so dass die diskriminierende Dimension des Begriffes *fremd* neutralisiert, wenn nicht sogar mit einem positiven Akzent markiert wird: Europabildung als Mittel gegen Fremdenfeindlichkeit.

Hieraus könnte man zunächst schließen, dass es im Kontext der Europabildung keine Rangordnung zwischen *wir* und *sie* gibt. Es scheint, dass alle als (zukünftige) europäische Bürgerinnen und Bürger betrachtet werden und Mehrsprachigkeit sowie die Vielfalt der Kulturen und Herkünfte im Kontext Europas als ein identitätsstiftendes Element begriffen wird. Es bleibt jedoch die Frage, ob dies die Präsenz von Migranten und Migrantinnen, auch von außerhalb der EU, als (zukünftige) Bürger einschließt. Zunächst scheint es so, doch wenn am Ende des Textes von Kindern *mit Migrationshintergrund* die Rede ist, so ergibt sich aus dem Umfeld, dass

---

17 Oder das Fremde wird exotisiert und somit ebenso, wenn auch positiv, von Eigenen ab- und ausgegrenzt.

die KMK nicht alle Migrantenkinder meint, sondern nur die aus der europäischen (sozusagen europäisch-einheimischen) Migration. Diese Unterscheidung erfolgt implizit, insofern der Begriff *Kinder mit Migrationshintergrund* mit Begriffen wie *Gemeinsamkeit, Nähe, Unmittelbarkeit* und *europäischem Zusammenleben* verbunden wird. Dies weist darauf hin, dass die Autoren an eine ‚Migration aus der Nähe' gedacht haben. Dafür spricht auch, dass und wie der entsprechende Absatz mit der üblichen rituellen Bezugnahme auf die friedliche Koexistenz, die durch das „Zusammenleben unter den Europäern" entstehen wird, endet; hier die entsprechende Passage im Wortlaut:

> „Schülerinnen und Schüler mit Migrationshintergrund in den deutschen Schulen machen die *Gemeinsamkeiten, Vielfalt, Nähe und Unmittelbarkeit Europas* in besonderer Weise erfahrbar. Daher sollte Unterricht, wo immer möglich und sinnvoll, kulturübergreifend gestaltet werden und damit der *Reichtum der Kulturen Europas* [–] auch unter Berücksichtigung *der Sprachen* – zum Ausdruck kommen. Gerade das gemeinsame Lernen fördert insbesondere die Fähigkeit zur *Solidarität* und zum *friedlichen Zusammenleben unter den Europäern*" (KMK Europabildung 1978/2008, S. 10; Hervorh. M. K.-P.).

Was bedeutet dies in Bezug auf Kinder aus nichteuropäischen Ländern? Wie ist ihr Beitrag zum Reichtum Europas hinsichtlich der Vielfalt der Sprachen und Kulturen einzuschätzen? Eine direkte Antwort lässt sich den beiden Dokumente nicht entnehmen, aber der Vergleich beider Texte erlaubt gewisse Rückschlüsse, die darauf hinauslaufen, dass die aus der europäischen Einigung resultierende sprachliche und kulturelle Vielfalt positiv konnotiert ist, die in den einzelnen Mitgliedstaaten durch Migration erzeugte hingegen nicht, vor allem nicht die durch Zuwanderung aus Drittstaaten erzeugte. Sie wird skeptisch betrachtet und eher als konflikterzeugend eingeschätzt. Denn auch wenn die KMK sprachliche und kulturelle Vielfalt in beiden Dokumenten positiv darstellt, so verbindet sie ebendiese Vielfalt in der Empfehlung zur „Interkulturellen Bildung und Erziehung in der Schule" mit „interkulturellen Konflikten" und mit der Bemerkung, dass „Konfliktsituationen" entstehen könnten, die „nicht zuletzt aus der auf beiden Seiten empfundenen Andersartigkeit und Fremdheit" resultierten und „durch unterschiedliche kulturelle Identitäten und Deutungsmuster belastet" seien. Für solche Konflikte aufgrund „unterschiedlicher ethnischer, kultureller und religiöser Zugehörigkeiten" gelte es, Regeln zu vereinbaren, um sie friedlich lösen zu können. An anderen Stellen ist von „interkulturellen Spannungsverhältnissen" die Rede und von Ängsten, die durch die Pluralität der Lebensformen entstehen können (KMK 1996). Bemerkenswert ist auch, dass in diesem Konflikt-Kontext auch von Religion/religiös die Rede ist ebenso wie von ethnischen Differenzen. Im Text zur Europabildung tauchen die Begriffe ethnisch/Ethnie nicht auf und Religion lediglich in Zusammenhang mit der europäischen Dimension im Religionsunterricht bzw. im Fach Geschichte.

Im Text über „Europabildung in der Schule" kommt auch das Wort *Konflikt* nicht vor, nur einmal trifft man auf den Begriff *Spannungsverhältnis*, aber nicht als ein anderes Wort für Konflikt, sondern es geht um das Spannungsverhältnis zwischen dem Wissen über Europa, das die Schülerinnen und Schüler erwerben sollen, und „der Erfahrung ihrer Realität, wie sie in den Ländern Europas im Erleben von Grenzen und ihrem Wegfall, im kulturellen Angebot, im Tourismus, im Sport, im Konsum, zutage tritt". Diese Erfahrung gelte es, „pädagogisch fruchtbar zu machen" (KMK Europabildung 1978/2008, S. 6). In dieser Perspektive auf Europa ist auch von *Frieden, friedlich* die Rede, in Zusammenhang mit *Demokratie, demokratisch* und *tolerant*. Im Text über interkulturelle Bildung hingegen erscheint das Wort *Frieden* nur einmal und zwar mit Verweis auf die Notwendigkeit, Konflikte zu lösen, die auf ethnische, religiöse und kulturelle Differenzen infolge von Migration zurückzuführen seien. Die Begriffe *Demokratie, demokratisch* und *Toleranz* resp. *tolerant* werden im Dokument über *interkulturelle Bildung* (KMK 1996) als *Ziel* erfolgreicher interkultureller Bildung und Erziehung dargestellt, hier allerdings bezogen auf *alle* Schülerinnen und Schüler. Doch gleichzeitig könnte die im entsprechenden Absatz feststellbare Nähe zu Begriffen wie „gesellschaftliche Integration" dazu verführen, den Teilsatz, dass die so erworbene „Toleranz" dazu beitragen solle, „auch lebensweltliche Orientierungen [zu respektieren], die mit den eigenen unvereinbar erscheinen, sofern sie [d.h. letztere] Menschenwürde und -rechte sowie demokratische Grundregeln achten", so zu interpretieren, dass es hier nur um die Toleranz gegenüber dem Anderssein der Zugewanderten geht, die – mit Einschränkungen – erworben werden soll (KMK 1996, S. 6). Im Dokument zur *Europabildung* hingegen sind *Demokratie und Toleranz* Charakteristika Europas, die nicht erst zu erwerben, sondern durch Bildung zu bewahren bzw. weiterzuentwickeln sind.

Die Art und Weise, wie sich die KMK in diesen Texten über Sprachen und Sprachenvielfalt äußern, ist ein weiteres Indiz für die unterschiedliche Sichtweise. In dem Dokument über Europabildung spricht die KMK von *Fremdsprachen*[18], in dem Text über die interkulturelle Bildung unterscheidet sie zwischen *Fremdsprachen*[19] und *Herkunftssprachen* bzw. *Muttersprachen*. Mit *Herkunftssprachen* bzw. *Muttersprachen* sind die Sprachen der zugewanderten Minderheiten gemeint. Diesen wird zwar ein persönlicher Wert zugesprochen (Stützfunktion in der Identitätsbildung von Migrantenkindern), doch kein genereller ‚Bildungswert', der ihnen den Status von schulisch legitimen Sprachen verleiht, das heißt von Sprachen, die als

---

18 Fremdsprachen (neuere Sprachen) meint in der Diskussion über Sprachenlernen in der Schule stets die als bildungsrelevant angesehenen (Amts-)Sprachen anderer – für politisch-ökonomisch – wichtig gehaltener Staaten.

19 Die Bezeichnung Fremdsprachen bezieht sich stets auf die schulisch eingeführten (lebenden) und als bildungsrelevant anerkannten Sprachen; dabei handelt es sich im Prinzip um die jeweiligen National- resp. Amtssprachen. Die Bezeichnung Herkunftssprachen (auch Muttersprachen – Muttersprachlicher Unterricht) bezieht sich in den amtlichen Dokumenten stets auf die Sprachen der Migranten, hier in der Regel auf die landessprachliche Variante, auch wenn inzwischen vielfach darauf hingewiesen wird, dass Migranten nicht zwingend die Amtssprache ihres Herkunftslandes sprechen müssen, denn die Staaten, aus denen sie zuwandern, sind in der Regel, wie viele Nationalstaaten, in sich schon sprachlich heterogen.

relevant für alle Schülerinnen und Schüler anerkannt sind (vgl. Gogolin 1998). Die Unterscheidung von Fremdsprachen und Herkunftssprachen in den hier zur Debatte stehenden Dokumenten zeigt, so könnte man schlussfolgern, dass Herkunftssprachen nicht zu den sprachlichen Reichtümern Europas zählen.[20] Die mit Bezug auf die Sprachen ausgedrückte Hierarchie findet sich auch in anderer Form wieder: So spricht die KMK in der Empfehlung zur Europabildung von *Bürgern*, während in der Empfehlung zur interkulturellen Bildung und Erziehung die Zugewanderten als *Mitbürger* bezeichnet werden. Die Migranten, so könnte man schlussfolgern, sind Mitbürger, die u.a. durch Bildung (und d.h. auch durch Aneignung der ‚richtigen Sprache' erst noch zu Bürgern werden müssen.

Ein kurzes Fazit

Die vergleichende Lektüre dieser Texte ergibt, dass das Konzept *Europabildung* und der Diskurs über den Umgang mit sprachlich-kultureller Vielfalt in Europa nicht mit Migration in Verbindung gebracht werden. Stattdessen wird Vielfalt in diesem Fall als Folge des Zusammenschlusses von Staaten angesehen, die alle das Recht auf ihre eigene Landessprache haben und die immer noch als in sich sprachlich-kulturell homogen betrachtet werden. Die Vielfalt von Sprachen und Kulturen ist hier also die Summe der Amtssprachen und Nationalkulturen der Mitgliedstaaten. Diese werden als insgesamt gleichberechtigt angesehen und somit auch als miteinander kompatibel betrachtet. Von *Konflikt* ist erst die Rede, wenn Migration die (immer noch als ‚normal' gesetzte) innere Homogenität (hier auch die ‚europäische Homogenität') stört. Migrationsbewegungen sind zwar ein – durchaus auch zahlenmäßig – relevantes innereuropäisches Phänomen, doch die Debatten über Migration und Integration in Deutschland, wie in anderen europäischen Staaten, zeigen, dass die europa*internen* Migrationsbewegungen nicht als störend erlebt werden. Sie sind vertraglich unter Schlüsselwörtern wie *Freizügigkeit* und *Mobilität* geregelt (wenn auch im Fall des Einbezugs neuer Mitgliedstaaten diese Freizügigkeit – wie im Fall Polens im Mai 2011 z.B. – nicht ohne Kontroversen realisiert wird). Die Zuwanderung aus Drittstaaten[21] hingegen, die in vielfältiger Weise erschwert ist, wenn auch inzwischen allererste Ansätze für eine neuere Steuerung der Migration in die Bundesrepublik Deutschland erkennbar sind, wird eher als ‚störend' angesehen, dies ist u.a. daran abzulesen, dass sie als in besonderer Weise ‚fremd' markiert werden, nicht nur sprachlich-kulturell, sondern auch ethnisch-sozial und religiös – so im

---

20 Es muss noch einmal betont werden, dass es hierbei um Wahrnehmungen geht. Eine Reihe der Migrantensprachen sind europäische Amtssprachen (Italienisch, Portugiesisch, Spanisch usw.). Als solche werden sie auch in der Schule unterrichtet. Doch in der Praxis zeigt sich immer wieder, dass das lebensweltlich erlernte Italienisch, Spanisch etc. der Migranten weniger Prestige hat als das im Fremdsprachenunterricht erlernte.
21 Es geht immer um Wahrnehmungen und Repräsentationen im öffentlichen Raum und im öffentlichen Diskurs. Davon zu unterscheiden ist, dass es sicherlich auch immer wieder Konflikte in Bezug auf innereuropäische (Arbeits-)Wanderungen gibt, so z.B. wenn es darum geht, dass die zeitlich begrenzte Beschränkung der Freizügigkeit – wie vertraglich festgelegt – aufgehoben wird.

Fall der Zuwanderung aus muslimisch geprägten Ländern. Dass religiöse und ethnische Vielfalt auch innereuropäisch stets der Fall war, wird in politischen Reden und öffentlichen Diskussionen zwar immer mal wieder erwähnt, aber in der Wahrnehmung und Einschätzung der Phänomene spielt dies letztlich keine Rolle. Nicht von ungefähr hat die Feststellung des Bundespräsidenten Christian Wulff in seiner Rede zum 20. Jahrestag der deutschen Einheit (Bremen, 3. Oktober 2010), dass der Islam zu Deutschland gehöre, heftige Reaktionen ausgelöst.

Die Mitglieder der KMK, die 1996 den hier analysierten Text beschlossen haben, sind – so zeigt der Textvergleich – davon überzeugt, dass Migration, insbesondere aus Drittstaaten (muslimisch geprägten Drittstaaten), Konflikte erzeugt. Interkulturelle Bildung in der (nationalen) Schule soll dazu beitragen, diesen Konflikten vorzubeugen bzw. sie zu bearbeiten, nicht zuletzt indem Migranten zu *nationalen* Bürgern werden und dadurch folglich auch zu einem Teil Europas. Anders gesprochen: Aus der Perspektive der KMK setzt Europabildung eine erfolgreiche interkulturelle Bildung auf nationaler Ebene voraus. Sicherlich würde es niemand so formulieren, schon gar nicht in offiziellen Texten, und es ist auch nicht davon auszugehen, dass die Autorinnen und Autoren der hier analysierten Texte diese Differenzierungen bewusst eingesetzt haben. Vielmehr steht zu vermuten, dass das politische, bildungspolitische und bildungsadministrative Denken durch eine mehr als zweihundertjährige Geschichte der nationalen Bildung so geformt ist, dass die Autoren die hier aufgeworfenen Fragen noch gar nicht bzw. nicht mehr im Blick haben. In der historischen Entwicklung, die in Deutschland spätestens mit dem Allgemeinen Preußischen Landrecht (1794) einsetzt, sind Schulbildung und Bürger-Bildung untrennbar miteinander verbunden. Fremde waren in der Regel von der staatlich verantworteten Bildung (die im Verlauf der Zeit als Pflicht für alle ‚Landeskinder' dekretiert wurde) ausgeschlossen. Ihr ‚Fremdsein' war hinreichender Grund für den Ausschluss, so dass die migrationsbedingte Mehrsprachigkeit in der Schule bis zur Einbeziehung von Migrantenkindern in die allgemeine Schulpflicht im Verlauf der 1960er Jahre keine Rolle spielte. Letztlich wirkt die Geschichte des Ausschlusses noch nach und spiegelt sich weiterhin im Duktus und der Wortwahl der aktuellen bildungspolitischen Dokumente.[22]

Vergegenwärtigt man sich die Zielstellung des Projekts, aus dem das hier vorgelegte Buch entstanden ist („Europäische Bürgerschaft durch Erfahrung lernen: Mit der Vielfalt der Sprachen und der Kulturen"), und nimmt diese als Programm, so ist abschließend festzuhalten, dass die europäische Bürgerschaft nicht an den Grenzen Europas Halt machen und diejenigen ausschließen darf, die von außerhalb dieser Grenzen zugewandert sind. Europabildung und interkulturelle Bildung sind untrennbar miteinander verbunden. Der hierarchisierende Blick auf die Vielfalt der Sprachen und Kulturen und die damit verbundenen Ausgrenzungen und Abwertungen verstärken oder schaffen sogar erst die Konflikte, die dann pädagogisch bearbeitet werden sollen. Europäische Bürgerschaft kann nur gelingen, wenn man eine

---

22 Siehe hierzu auch den Beitrag von Jérôme Mbiatong im vorliegenden Band.

globale Perspektive einnimmt. Denn nur so kann die Realität eines ‚Europa in Bewegung' als Teil einer ‚Welt in Bewegung' wirklich wahrgenommen werden.

Literatur

Europäische Kommission (2008): Eine lohnende Herausforderung. Wie die Mehrsprachigkeit zur Konsolidierung Europas beitragen kann. Vorschläge der von der Europäischen Kommission eingesetzten Intellektuellengruppe für den interkulturellen Dialog. Brüssel.

Gehrmann, Siegfried/Knežević, Željka (2011): Mehrsprachigkeit als Bildungsziel: Sprachenpolitik im „Kampf der Sprachen". In: Ders./Domović, Vlatka/Krüger-Potratz, Marianne/Petravić, Ana (Hg.): Europäische Bildung: Konzepte, Kontroversen, Perspektiven. Münster: Waxmann (im Druck).

Gogolin, Ingrid (1998): Sprachen rein halten – eine Obsession. In: Gogolin, Ingrid/List, Günther/Graap (Hrsg.): Über Mehrsprachigkeit. Tübingen: Stauffenburg-Verlag, S. 71-96.

KMK/Europabildung 1978/2008: Europabildung in der Schule. Empfehlung der Ständigen Konferenz der Kultusminister der Länder in der Bundesrepublik Deutschland. Beschluss der Kultusministerkonferenz vom 08.06.1978 i. d. F. vom 05.05.2008. Berlin.

KMK/Interkulturelle Bildung 1996: Interkulturelle Bildung und Erziehung in der Schule. Beschluss der Ständigen Konferenz der Kultusminister der Länder in der Bundesrepublik Deutschland vom 25.10.1996. Bonn.

Krüger-Potratz, Marianne (2010): Mehrsprachigkeit: Konfliktfelder in der Schulgeschichte. In: Fürstenau, Sara/Gomolla, Mechtild (Hg.): Mehrsprachigkeit. Lehrbuchtexte. Wiesbaden: VS Verlag, S. 51-68.

Puskeppeleit, Jürgen/Krüger-Potratz, Marianne (1999): Bildungspolitik und Migration. Texte und Dokumente zur Beschulung ausländischer und ausgesiedelter Kinder und Jugendlicher 1950 bis 1999. (= Interkulturelle Studien – Materialien, Texte, Dokumente, iks 31 und 32). Münster: Arbeitsstelle Interkulturelle Pädagogik.

Bernd Wagner

Nationalstaatliche Zeremonien: Einbürgerungsfeiern in Frankreich und Deutschland

Die Einbürgerungsverfahren in der Europäischen Union sind nationalstaatliche Domänen, die sich auf alle Mitgliedsstaaten auswirken. Verleiht ein Mitgliedstaat die Staatsbürgerschaft, schließt diese auch das Recht auf Einreise, Arbeit und Wohnsitz in allen Staaten der Europäischen Gemeinschaft ein. Kraft nationalstaatlicher Einbürgerungsurkunde erfolgt der Statuswechsel zum europäischen Bürger bzw. Bürgerin gewissermaßen automatisch – oft ist dieser doppelte Übergang zu den europäischen Bürgerrechten den Neubürgern nicht bewusst. In den nationalstaatlichen Einbürgerungsverfahren wird die europäische Bürgerschaft kaum thematisiert. Dies spiegelt die mit Einbürgerung verbundenen nationalstaatlichen Interessen wider.

Europa, das bisweilen als übergeordneter Nationalstaat imaginiert wird, interferiert zögerlich in nationalstaatlichen Domänen und tritt bisher in Einbürgerungsverfahren nicht auf. Gerade die Begrüßung von Neubürgern und Neubürgerinnen bietet jedoch Chancen, über Inhalte einer europäischen Staatsbürgerschaft nachzudenken. Die offizielle Verleihung der nationalen und europäischen Staatsbürgerschaft kann als performative Inszenierung Inklusion stärken. Vielleicht ist gerade die Inszenierung der Aufnahme geeignet, das Konstrukt *Europäische Bürgerschaft* auszuformulieren und um kohäsive Elemente zu erweitern. Bevor ich diese Themen weiter erörtere, möchte ich zunächst den Untersuchungsgegenstand, die Einbürgerungsverfahren und anschließenden -feiern vorstellen.[1]

Einbürgerung – eine nationalstaatliche Aufgabe?

Traditionell wird Frankreich eine eher assimilatorische, auf den Staat und seine Institutionen zentrierte Sicht auf Einbürgerungsverfahren zugeschrieben. Dies scheint mit einer ethnisch-kulturellen Schwerpunktsetzung des Integrationsverständnisses in Deutschland (Brubaker 1994) zu kollidieren. Vielleicht sind diese Darstellungen jedoch stark vereinfachend, und es gibt, wie Heike Hagedorn (2001) überzeugend herausgearbeitet hat, in beiden Ländern vermehrt konvergente Strategien. Einbürgerungsregelungen stellen eine Mischung aus restriktiven und liberalen Elementen dar, deren Wechselwirkungen schwer nachvollziehbar sind. Die teils widersprüchlichen Regelungen der Einwanderungs- und Einbürgerungspolitik

---

1 Ein an Deutschland gebundener Fokus haftet diesem Artikel zwangsläufig an, meinen französischen Kollegen und Kolleginnen danke ich für die vielfältigen Rückmeldungen, Korrekturen und fruchtbaren Diskussionen im Rahmen unserer Forschergruppe des Deutsch-Französischen Jugendwerkes.

sind ein Spiegelbild von gesellschaftlich höchst ambivalenten Thematiken. In beiden Ländern herrscht ein utilitaristischer, auf den wirtschaftlichen Nutzen bedachter Umgang mit Zuwanderung vor. So macht es einerseits unter ökonomischen Gesichtspunkten Sinn, Zuwandernde dauerhaft einzugliedern, andererseits werden Folgerisiken durch Zuwanderung befürchtet. Die Einbürgerung in Deutschland wie in Frankreich ist ein Verwaltungsakt, der mit umfangreichen Prüfungen und risikominimierenden Maßnahmen nach ökonomischen Gesichtspunkten einhergeht. In Deutschland werden mehrere, speziell entwickelte Testverfahren (Sicherheits-, Sprach-, Kultur- und Einbürgerungstests) angewendet. In Frankreich wird geprüft, ob die Antragstellenden unbescholten sind. Die örtliche Präfektur entscheidet eigenverantwortlich, ob Einbürgerungsbedenken bestehen oder ‚*être de bonne vie et mœurs*' attestiert werden kann.

In der Regel ist die Einbürgerung Teil eines Zuwanderungsprozesses, der über Jahre verläuft und in dem zuvor unterschiedliche Status mit vorläufigen, eingeschränkten Zugangsrechten verliehen werden. In Frankreich und Deutschland wird Integration vorrangig als Assimilierungsleistung Zugewanderter bewertet. Beide Länder stellen in den Einbürgerungsverfahren Testfragen zur *westlichen Kultur*, die als modern, aufgeklärt und industriell geprägt dargestellt wird. Diese Themen – nicht individuelle Stärken oder zuwanderungsbedingte Kompetenzen – stehen im Mittelpunkt der zur Einbürgerung notwendigen Leistungen des Kandidaten oder der Kandidatin. In beiden Ländern sind im Rahmen des Einbürgerungsverfahrens Prüfungen und Fragen zur Landessprache und den *kulturellen Lebensgewohnheiten* zu absolvieren (Orientierungskursprüfung in Deutschland, Interview zu den Motiven des Einbürgerungsantrags in Frankreich). Gleichwohl gibt es national differenzierte Sichtweisen auf den Assimilationsbegriff und die davon abgeleiteten Assimilationsforderungen. Während in Frankreich die Befürchtung, dass die ‚*machine à intégrer*' nicht mehr einwandfrei funktioniert, im Vordergrund steht, bemüht sich Deutschland um die Entwicklung eines nationalen Integrationsprogramms und die Klärung des Integrationsbegriffs. In beiden Staaten wird Einbürgerung als genuin nationalstaatliche Aufgabe betrachtet. Trotz der umfangreichen europäischen Harmonisierungsbemühungen im Bereich der Zuwanderungspolitik ist abzusehen, dass das Recht auf Einbürgerung noch längere Zeit bei den Nationalstaaten verbleiben wird. Die Einbürgerung bleibt als eine Kernaufgabe von Nationalstaaten erhalten, die deren Existenz legitimiert. Dies schließt die Tatsache ein, dass in der Logik von Exklusion-Inklusion daraus auch die Produktion von Staatenlosen einhergeht. Diese Kernaufgabe wird verteidigt, je mehr die etablierten Nationalstaaten an Funktionen abgeben müssen. Sie verlieren zwar an Bedeutung und werden in ihrer Souveränität beeinträchtigt (Taylor 1993); dennoch müssen die nationalstaatlichen Zuwanderungsregelungen und Aufenthaltsgesetze von der europäischen Politik berücksichtigt werden. Allerdings ist das Verhältnis zwischen europäischen Institutionen und nationalstaatlichen Behörden in der Zuwanderungspolitik nicht ausreichend geklärt. So haben die Nationalstaaten die auf Zuwanderung bezogenen, historisch generierten, risikominimierenden Verfahrensweisen nicht ausreichend an die europäischen

Realitäten angepasst. Obwohl z.B. in den nationalen Einbürgerungsverfahren der Status Europäer/Europäerin mitverliehen wird, tauchen in den Einbürgerungsprozeduren bzw. -feiern kaum Hinweise auf Europa auf.[2] Geprüft werden nicht europäische politische Fragen, sondern fast ausschließlich nationalstaatliche Abläufe, nationale und regionale Eigenheiten und Verfahrensweisen. Europäische Institutionen sollten daher aktiv werden und die Möglichkeit wahrnehmen, sich in den Aufnahmeverfahren für Neuzuwandernde zu repräsentieren.

In Frankreich und in Deutschland ist eine Einbürgerung kein unmittelbarer Rechtsanspruch, sondern an Auflagen gebunden, die je nach Antragstellendem und seiner rechtlichen Kategorisierung erheblich differieren. Wenn eine Einbürgerung verweigert wird, muss dies in Frankreich schriftlich begründet werden, in Deutschland genügen negative Testergebnisse oder ein Nichterfüllen der zusätzlichen Indikatoren (Erwerbstätigkeit, makelloses Führungszeugnis, usw.). Ablehnungen werden in Frankreich wie in Deutschland regional sehr unterschiedlich gehandhabt. Diese Praxis zeigt, dass Einbürgerungsverfahren in beiden Ländern auch als eine kommunale Aufgabe verstanden werden. In Frankreich und in Deutschland sind die Chancen, eingebürgert und mit einer langfristigen Bleibeperspektive ausgestattet zu werden, von regionalen Behörden und ihren Vertretern sowie deren Verfahrenspraxen abhängig. Kinder von zugewanderten Familien unterliegen in beiden Ländern der Schulpflicht. Aufenthaltsberechtigungen von Kindern differieren jedoch in Frankreich und Deutschland. In Frankreich werden durch das *effet collectif* auch minderjährige Kinder gewissermaßen automatisch mit den Erwachsenen eingebürgert. In Deutschland betreffen die Einbürgerungen häufig nur einzelne Familienangehörige, da innerhalb zugewanderter Familien unterschiedliche Aufenthaltsstatus vorliegen.

Selbst legal zugewanderte Eltern verfügen in Deutschland häufig nur über eine befristete Aufenthaltserlaubnis. Der ungesicherte Aufenthaltsstatus verunsichert die schulpflichtigen Kinder und ist ein Faktor für den Bildungsmisserfolg. In der Regel ist der Aufenthaltsstatus von Kindern in Deutschland abhängig von dem der Eltern. Doch in einer Familie können, abhängig u.a. von den rechtlichen Umständen der Einreise, unterschiedliche Aufenthaltsfristen und -erlaubnisse vorliegen. So ist es in Deutschland nicht ungewöhnlich, wenn einzelne Familienmitglieder die deutsche Staatsbürgerschaft erhalten haben und andere nicht. Die folgende Grafik zeigt, dass Zugewanderte in Deutschland (illegal Eingereiste nicht berücksichtigt) über lange Zeit ihre Herkunftsnationalität beibehalten:

---

2   Vgl. die entsprechende Passage in dem Beitrag von Krüger-Potratz im vorliegenden Band.

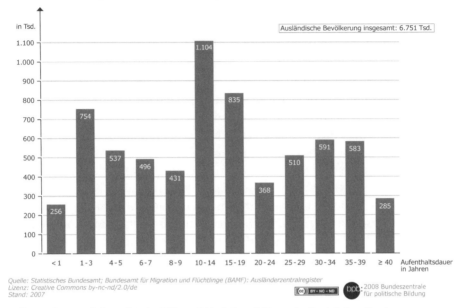

Quelle: Bundeszentrale für politische Bildung 2008, S. 9, nach Daten des Statistischen Bundesamtes.

Die Aufenthaltssicherheit ist für viele Zugewanderte prekär. Eine langfristige Aufenthaltsplanung ist für die Mehrzahl aufgrund der fehlenden, unbefristeten Aufenthaltserlaubnis nicht möglich. Zudem werden Zuwandernde aufgrund der Rechtslage in Gruppen klassifiziert und mit abgestuften Zugangsrechten ausgestattet. Die Aufenthaltsabstufungen führen zu langfristigen Abgrenzungen verschiedener Gruppen mit unterschiedlichen gesellschaftlichen Partizipationsrechten in Deutschland.

Das Einbürgerungsverfahren in Deutschland sieht keine doppelte Staatsbürgerschaft vor. Administrativ werden jedoch bestimmte Gruppen, insbesondere andere EU-Bürger, nicht zur Abgabe ihrer Herkunftsstaatsbürgerschaft gezwungen. Die sogenannte *Ermessenseinbürgerung* wird erst nach einer unverhältnismäßig langen Wartezeit angewendet. In der Regel sind Zugewanderte, wenn Sie am Punkt der Einbürgerung angelangt sind, emotional ablehnend zur deutschen Staatsbürgerschaft eingestellt. Eine umfassende Neuregelung, die Aufenthaltssicherheit gibt und schnelle Partizipation an staatsbürgerlichen Rechten ermöglicht, ist bisher ausgeblieben.

Neben den Aufenthaltsproblematiken sind auch Fragen der bildungspolitischen Förderung von Zugewanderten ungeklärt. Zwar gibt es eine Vielzahl von Bildungsangeboten der Regionen, der Mitgliedstaaten und der Europäischen Union; diese sind jedoch häufig befristet und inhaltlich wenig aufeinander abgestimmt. Auch die Kombination von Bildungsangeboten der Erstförderung mit dem Gesamtkonzept einer *Statuspassage für Neuzuwandernde* (Wagner 2007) ist bisher nur in Ansätzen realisiert. Neuzuwandernde können in der Regel den Zeitpunkt ihrer Einbürgerung in Deutschland nicht absehen und erleben die erforderlichen Prozeduren als langwierig und von behördlicher Willkür abhängig.

Die Zeremonie nach der Prozedur: Einbürgerungsfeiern in Frankreich und Deutschland

Im Rahmen unserer Forschergruppe haben wir Integrationsfragen diskutiert und 25 Videomitschnitte von Einbürgerungsfeiern ausgewertet. Die Videomitschnitte der Einbürgerungsfeiern stammen teils von der Internetplattform *YouTube*, teils sind sie vom französisch-deutschen Forscherteam selbst erstellt worden. Die Annäherung an das Material erfolgte diskursanalytisch. Es wurde überprüft, inwiefern Grundeinstellungen zu Fragen der Integration im Einwanderungsdiskurs der beiden Länder in den jeweiligen Zeremonien zum Ausdruck kommen. Narrative Interviewsequenzen mit Neubürgern und Neubürgerinnen auf Einbürgerungsfeiern wurden zusätzlich in die Analyse mit einbezogen. Ein besonderes Interesse bei der Auswertung galt der Inszenierung – dem feierlichen Rahmen, der zur Darstellung nationalstaatlicher Identität genutzt wurde.

Bei der Sichtung des Materials fällt als erstes auf, dass in den meisten Veranstaltungen des Samples zur Inszenierung der Gemeinschaft von Neubürgerinnen und Neubürgern und aufnehmender Behördenvertretern musiziert wird, sei es, dass Musik dargeboten oder dass selbst gesungen wurde – größtenteils die jeweilige Nationalhymne. Mehrere deutsche Einbürgerungsfeiern stachen durch die Betonung klassischer Musik hervor, die in der Regel von professionellen Künstlern vorgeführt wird. Doch auf keinem der Mitschnitte wird die europäische Hymne gespielt oder in anderer Weise in Bild oder Ton auf Europa verwiesen. Welche Bedeutung der zwar *unmerklich*, dennoch aber zugleich vollzogene Übergang zum Status ‚Europäer/in' hat und inwiefern europäische Bürgerschaft thematisiert wird bzw. werden könnte, möchte ich im Folgenden auf dem Hintergrund des Materials vorstellen und diskutieren.

Repräsentationsformen von Einbürgerung und Neubürgerstatus

In Frankreich werden Neubürger offiziell im Amtsblatt des jeweiligen Verwaltungsbezirks namentlich genannt. Neben den neueren, rechtlichen Dekreten und Verwaltungsanweisungen findet sich dort eine Liste der Eingebürgerten mit Geburtsdatum, Herkunftsort und umfangreichem Aktenzeichen der Einbürgerung. In manchen Regionen erhalten die Neubürgerinnen und Neubürger Gelegenheit, sich kurz vorzustellen oder ein Familienfoto im Amtsblatt zu veröffentlichen.

Logo: Journal Officiel

> JOURNAL OFFICIEL
> DE LA RÉPUBLIQUE FRANÇAISE
>
> ÉDITION DES
> **DOCUMENTS ADMINISTRATIFS**

Eine solche offizielle Verlautbarung zur Einbürgerung ist in Deutschland nicht gebräuchlich. Die Einbürgerungsurkunde wird postalisch zugestellt oder in einer feierlichen Zeremonie überreicht. Die Daten verbleiben bei der Ausländerbehörde. Öffentliche Repräsentationen mit Fotos oder Berichte über die Migrationsgeschichte sind in Deutschland selten zu finden. Auch wird der Kontakt zwischen Aufnahmegesellschaft und Neubürgerinnen und Neubürgern nicht gefördert, institutionalisierte Angebote wie Patenschaften oder Sprachtandemangeboten gibt es nicht. Selbstrepräsentationen von Neubürgerinnen und Neubürgern, z.B. in Bezug auf Vorstellungen von ihrem künftigen Leben in Deutschland, sind selten. Die staatlich-administrative Seite ist auf den Einbürgerungsfeiern in Gestalt eines Behördenvertreters in *Amtsrobe* vertreten, die *deutsche Kultur* als ethnisch-nationale im künstlerischen Beiprogramm repräsentiert. Heterogene Elemente, z.B. klassische Musikstücke, die mit Europa oder den Herkunftsländern der frisch Eingebürgerten assoziiert werden und somit auf die Akzeptanz von Vielfalt verweisen könnten, sind im Programm der Feiern kaum berücksichtigt. Die Kandidatinnen und Kandidaten werden einzeln nach vorn gerufen; ihnen wird die Einbürgerungsurkunden überreicht und sie erhalten Geschenke, die zum einen die Region – wie beispielsweise ein *Salzsäckchen* in Lüneburg – und zum anderen den Nationalstaat – das *Grundgesetz* – repräsentieren.

Die Zeremonien in Frankreich, so zeigen die Videomitschnitte, erfolgten als feierliche Übergabe im festlichen Rahmen, in dem die Teilnehmenden – Behördenvertreter und Neubürger – die *Marseillaise* anstimmen. Ein *Code Civile* wurde nicht verschenkt und es wurde auch keine klassische Musik dargeboten. In einem festlichen Saal mit der französischen Fahne in exponierter Position fanden die persönlichen Übergaben der Urkunden mit Händedruck statt. Außer den Behördenvertretern sind in der Regel keine weiteren Repräsentanten der Aufnahmegesellschaft anwesend. Vielfach nehmen nur die Familien der Einzubürgernden an dem feierlichen Akt teil. Die Neubürger und Neubürgerinnen nehmen die Urkunde entgegen, ein Eid wird nicht abgenommen. Die Urkunde bringt zum Ausdruck, dass ihrem

Antrag auf Einbürgerung abschließend stattgegeben wurde. Die Republik wird in den Einbürgerungsfeiern hervorgehoben, was z.B. die häufigen Hinweise auf *republikanische Werte* in den Festreden der staatlichen Vertreter belegen. Die meisten Videomitschnitte zeigen zumeist einen sehr formalisierten Akt, der durch militärische Uniformen und Rangabzeichen der republikanischen Repräsentanten geprägt ist.

Die öffentliche Inszenierung nach langer Wartezeit

Auch in den Beispielen aus Deutschland sind Neubürgerinnen und Neubürger in den Feierlichkeiten wenig repräsentiert. Bisweilen wird eine formale Anerkennung der staatlichen *Deutungsmacht* gefordert. So verlangt die Praxis in Berlin-Neukölln, dass die Einzubürgernden einen Eid auf das Grundgesetz ablegen. In den feierlichen Zeremonien aus Berlin-Neukölln trägt der Bürgermeister seine Amtskette mit Stadtsiegel. Damit wird sein Amt hervorgehoben, auch den engagierten Musikern wird ein Platz auf dem Podium eingeräumt. Einbürgerungsfeiern werden jedoch kaum öffentlichkeitswirksam gestaltet, denn den Videoausschnitten nach zu urteilen sind es fast ausschließlich Treffen von Neueingebürgerten. Die Aufnahmefeiern finden gewissermaßen ohne die Teilnahme der aufnehmenden Gemeinschaft statt. Demzufolge haben Neuzugewanderte keine Möglichkeit, sich öffentlich vorzustellen oder Kontakte zu knüpfen. Ein System von längerfristigen Patenschaften, wie sie in einigen niederländischen Kommunen praktiziert werden, könnte die aufnehmende Gesellschaft frühzeitig einbeziehen.

Photo 1: Einbürgerungsfeier in Lüneburg, März 2006.

In der Regel wird die Einbürgerungsurkunde übergeben, in einzelnen Fällen wird auch ein Eid auf das Grundgesetz gefordert und das Grundgesetz überreicht. Im Vorfeld müssen – von Ausnahmen abgesehen – die Antragstellenden auf die Staatsbürgerschaft ihres Herkunftslandes verzichten, da in Deutschland eine doppelte Staatsbürgerschaft nicht toleriert wird. Aus diesem Grund wird die Einbürgerung von den Betroffenen weniger als Geschenk denn als Verlust empfunden. Dies wird auch in einigen Interviewsequenzen mit den Neueingebürgerten explizit so ausgesprochen. Die Bedeutung der materiellen Gabe als grundlegende Geste einer sozialen Dynamik geht verloren (Mauss 1990). Die Verleihung ist ein einseitiger Akt, der auch als gewaltsam erlebt werden kann, insofern er die Neubürgerinnen und Neubürger der Möglichkeit beraubt, eine Gegengabe zu überreichen. In diesem Kontext wäre eine nicht so einseitig auf institutionelle Bedürfnisse ausgerichtete Feiergestaltung wünschenswert. Zugleich wäre hier eine *Leerstelle* für eine europäische Repräsentation, der die Gegengabe gewidmet werden könnte. Vorstellbar ist, das Europa als Akteur der Anerkennung der in den Herkunftsländern erworbenen Professionen in Erscheinung tritt.

Werden die Einbürgerungsanträge in Deutschland durchschnittlich nach 8-12 Jahren Aufenthaltsdauer positiv beschieden, so ist das Verfahren in Frankreich formal kürzer. In Frankreich sind Einbürgerungen auf Antrag möglich, wenn der/die Einzubürgende seit fünf Jahren legal in Frankreich gelebt, seinen/ihren Lebensunterhalt selbst verdient und keine Straftaten begangen hat. Tatsächlich dauern die Verfahren in Frankreich jedoch mit durchschnittlich mehr als 8 Jahren länger als die vorgesehene gesetzliche Mindestfrist. In Frankreich wird eine Mehrstaatigkeit hingenommen. Dennoch kann auch hier die Inszenierung der Einbürgerung als *Initiation mit doppelter Trennung* interpretiert werden, da das lange Einbürgerungsverfahren mit abschließender Zuerkennung der Würde, *Franzose sein zu dürfen,* die Eingebürgerten von *von draußen Kommenden* abgrenzt. Soziologische Untersuchungen von Einbürgerungsfeiern in einem Pariser Department betonen den *Double-Bind*Charakter dieses performativen Aktes, der Eingliederung verspricht, aber zugleich Exklusion vollzieht (Fassin/Mazouz, 2007).

In den Einbürgerungsfeiern selbst, so die These der beiden Forscher, kommt das in Frankreich gespaltene Verhältnis zu Migration und Integration zum Ausdruck. Neue Staatsbürgerinnen und Staatsbürger sind nur erwünscht, wenn sie ökonomische Vorteile bringen und Statusbeeinträchtigungen akzeptieren. Diese Ambivalenz spiegelt sich auch in den Inszenierungen der von uns beobachteten und aufgezeichneten Einbürgerungsfeiern. Es wird eine einseitige Übergabe inszeniert und Erwartungen an die Neubürgerinnen und Neubürger herangetragen, sich gemäß der erfolgten Überprüfungen zu verhalten. Die Videosequenzen der Einbürgerungsfeiern in Frankreich zeigen kleine Gruppen von frisch Eingebürgerten, die persönlich von dem staatlichen Vertreter angesprochen werden. Dieser nimmt sich in der Regel Zeit für ein kurzes, individuelles Gespräch. Die Audienzräume in den Rathäusern in Frankreich sind wesentlich festlicher geschmückt und verfügen in der Regel über Kronleuchter, Spiegel, Staatsfahnen und anderen Zierrat. In Deutschland werden

Photo 2: Le Télégramme: Naturalisations, novembre 2009.

zumeist eher profane Orte gewählt: eine Stadthalle oder eine Versammlungssaal in einem öffentlichen Gebäude. Auch werden entsprechende Zeremonien in Deutschland erst ab einer Gruppengröße zwischen 20 und 40 Personen abgehalten, während Einbürgerungsfeiern in Frankreich zumeist in einem regelmäßigen, amtlichen Turnus stattfinden, unabhängig von der Zahl der bewilligten Anträge. Die Kleidung der teilnehmenden Neubürger und Neubürgerinnen ist in der Regel den Inszenierungen in den jeweiligen Räumlichkeiten angepasst: in Deutschland eher Freizeitkleidung, in Frankreich fast ausnahmslos festliche Kleidung.

Interviews im Rahmen des Einbürgerungsantrags in Frankreich

Für Einbürgerungen ist in Frankreich *Direction de Migration et Population* (DPM), eine Abteilung des *Ministère de l'Emploi* zuständig. Die Anträge können bei der Präfektur am Wohnort gestellt werden und werden von dort an die DPM weiterleitet. Die Präfektur überprüft die Richtigkeit und Vollständigkeit der Unterlagen, bewertet die Sprachkenntnisse und fragt nach den Motiven für die Einbürgerung. Der Polizeipräfekt nimmt schließlich zu jedem Dossier Stellung, in der er die Einbürgerung entweder befürwortet oder ablehnt. Die endgültige Entscheidung wird von der DPM getroffen. Die Bearbeitungszeit der Präfektur beträgt durchschnittlich drei Jahre. In der Pariser Polizeipräfekur, die die meisten Einbürgerungsfälle zu bearbeiten hat, betragen die momentanen Wartezeiten sieben Monate für eine erste Kontrolle der Unterlagen und dann noch einmal acht Monate für einen Gesprächstermin. Im Rahmen des Einbürgerungsverfahrens erfolgt in Frankreich ein Einbürgerungsgespräch, in dem die Antragstellenden ihr bürgerliches Engagement beweisen sollen. Sie werden zu Motiven zu ihrem Einbürgerungsantrag befragt. Indikatoren für ein erfolgreiches Interview, das zu einer Einbürgerungsempfehlung führen kann, sind nicht festgelegt. Derzeit liegen weder ein offizieller Gesprächsleitfaden, noch Verwaltungsanweisungen für diesen Prüfakt vor. Das Gespräch kann nach eigenem Gutdünken von den lokalen Behörden ausgestaltet werden. Nur bestimmte Auskünfte z.B. über französischen Vorfahren und die Familien- und Einkommensverhältnisse werden im Vorfeld erhoben. Inoffiziell sind Zugewanderten die jeweiligen regionalen Überprüfungs- und Verfahrensweisen bekannt. Dennoch bleibt Einbürgerung in Frankreich (wie in Deutschland) eine Ermessensfrage, die Zuwandernde willkürlicher Gewalt aussetzen kann.

Vorschläge für die Berücksichtigung der Europäischen Bürgerschaft in den nationalstaatlichen Einbürgerungsverfahren und -feiern

Die Betrachtung der Feiern für Neubürgerinnen und Neubürger in Frankreich und Deutschland zeigt das Fehlen einer europäischen *Gabe*. Wünschenswert wäre eine Abstimmung bei der Verleihung von nationalstaatlicher und europäischer Bürgerschaft, wobei Europa performativ als ein integratives Moment, das den Zugewanderten Perspektiven zur Verfügung stellt, in Erscheinung treten könnte. Im Rahmen der nationalstaatlichen Verfahren könnten Hinweise auf die europäischen Bürgerrechte (Freizügigkeit in der EU, Wahlrecht für das Europaparlament, usw.) gegeben werden. Dies würde den doppelten Übergang für Eingebürgerte deutlicher markieren. Auch in den Einbürgerungszeremonien kann die Gestaltung des doppelten Übergangs hervorgehoben werden. Für die Gestaltung solcher Übergänge könnte die pädagogische Ritualforschung Hinweise zur Inszenierung von Willkommenheißen und Aufnahme geben (Audehm/Wulf 2001).

In den Einbürgerungszeremonien wird deutlich, dass in Bezug auf die europäische Bürgerschaft Kompetenzen und Umgangsweisen zwischen den Mitgliedstaaten und der Europäischen Union nicht geklärt sind. In der nationalstaatlichen Einbürgerungsprozedur bleibt eine öffentliche Repräsentation der europäischen Bürgerschaft somit unzureichend. Nationalstaaten und Europäische Union sollten in ihren zuwanderungsbezogenen Ordnungsvorgaben nicht in Konkurrenzverhältnissen dargestellt werden. Da Nationalstaaten ohnehin die Repräsentationen im Einbürgerungsverfahren besetzt haben, könnten europäische Institutionen die europäische Bürgerschaft als ein offenes Konstrukt vorstellen, an dem es sich zu partizipieren lohnt. Dies sichert der europäischen Bürgerschaft in den Einbürgerungsverfahren eine Präsenz, die die Nationalstaaten akzeptiert und gleichzeitig eine europäische Qualität anbietet. Die europäische Nationalstaatenbildung ist ein langwieriger, unabgeschlossener Prozesses, der die Vielfalt und Komplexität einer institutionellen und normativen Tradition (Brubaker 1994) geschaffen hat. Diese Vielfalt kann von der europäischen Politik anerkannt werden. Gleichzeitig sind die Nationalstaaten aufgefordert, sich neuen Herausforderungen durch die europäische Einigung zu stellen. Mobilität in Europa erfordert z.B., dass in Deutschland der Paradigmenwechsel zum Zuwanderungsland strukturell verankert wird. Nach wie vor stehen gesellschaftspolitische Bewertungen nach ökonomischen Prämissen und strukturelle sowie rechtliche Exklusionsprozesse der Umsetzung des Paradigmenwechsels entgegen.

Einbürgerungsfeiern können regionale, nationale und europäische Elemente einbeziehen und somit deutlicher markieren, in welchem politisch-gesellschaftlichen Umfeld eingebürgert wird. In diesem Kontext kann an historische Modelle angeknüpft werden. Städtische Integrationsbemühungen haben in Europa zur Wirtschaftsentwicklung im ausgehenden Spätmittelalter entscheidend beigetragen. Franck Hofmann weist in diesem Band auf bildliche Repräsentationen aus Städten der frühen Neuzeit hin. In dieser Zeit sind Grundlagen für die heutigen Einbürgerungsverfahren gelegt worden. Die Bewertung von Zuwanderung als Risiko ist eine historische Tradition, die sich bis in die frühe Neuzeit zurückverfolgen lässt. Im Zuge der generellen Bewertung von Zuwanderung als Risiko sind selektierende und klassifizierende Formen bürgerlicher Teilhaberechte und des stigmatisierenden Umgangs – z.B. in Bezug auf die Formalitäten der polizeilichen Anmeldung – entstanden. Des Weiteren wurden zahlreiche Verfahren entwickelt, die Zuwandernde von staatlichen Leistungen unabhängig machen sollen wie etwa Bürgschaften von akzeptierten Mitgliedern der Aufnahmegesellschaft, die Vergabe der Einbürgerung bei Straffreiheit und langjähriger steuerpflichtiger Beschäftigung sowie verschiedenste Formen eines *Bürgereides*. Offenbar waren die teils autonom agierenden Städte im Spätmittelalter trotz der entwickelten risikominimierenden Strukturen fähig, eine große Anzahl von Neubürgern aufzunehmen und diesen Aufstiegsperspektiven zu eröffnen. Nicht nur prosperierende ökonomische Ausgangsbedingungen führten zu erfolgreichen Einbürgerungen einer großen Anzahl von Menschen. Hervorzuheben sind auch historisch entwickelte Formen der sozialen Wertschätzung, die ökonomisch nützlichen Neubürgerinnen und Neubürgern entgegengebracht wurden. Die mitgebrachten Potenziale von Neuzuwandernden wurden von den aufnehmenden Städten aufgegriffen und in dem sich ausdifferenzierenden, politischen System genutzt. In Norditalien wurden z.B. zugewanderten *Fremden* aufgrund der ihnen zugeschriebenen Unparteilichkeit öffentliche Ämter übertragen. Wandererfahrungen wurden als Qualifikation gewertet und Zuwandernden Aufgaben von *Schiedsrichtern* angeboten. An diese Traditionen sollte angeknüpft werden. Neubürgerinnen und Neubürger würden so nicht nur als kulturelle Bereicherungen *gelitten*, sondern können eigenständiger öffentlichkeitswirksam auftreten. Auch würde dies bedeuten, ihren mitgebrachten formalen und informellen Qualifikationen mehr Achtung entgegen zu bringen.

Der offensichtliche *Brain Waste* (Engelmann/Müller 2007), den sich Deutschland und Frankreich erlauben, indem sie Zugewanderten langfristig arbeitsmarktrelevante Zugangsrechte und die adäquate Anerkennung von Qualifikationen verwehren, müsste verringert werden. Eine stärkere Verknüpfung der Integrationsbemühungen der Landkreise, Städte, Nationalstaaten und der Europäischen Union könnte die Zuwandernden adäquater fördern. Teilweise erscheinen die verschiedenen Bemühungen nicht abgestimmt und ohne Gesamtkonzeption. Eine an den Ressourcen und Potenzialen von Zuwandernden orientierte Gesamtkonzeption, die in Deutschland im bundesweiten Integrationsprogramm ihren Niederschlag finden könnte, bleibt ein Desiderat. Eine überzeugendere Integrationskonzeption könnte in Form einer Statuspassage in einzelnen Etappen von der Einreise bis zu den abschließenden, gleichzeitigen Akten der nationalstaatlichen Einbürgerung und Aufnahme in die europäische Bürgerschaft führen. Eine Ablösung von einseitigen Assimilationsforderungen und eine Orientierung zu Inklusionsstrategien sind meines Erachtens in Deutschland und Frankreich wünschenswert. Die problematische, einseitig am wirtschaftlichen Wachstum orientierte Zuwanderungspolitik der beiden Nationalstaaten hat Exklusionsprozesse befördert. Verwehrte Anerkennung hat nationalstaatliche Repräsentationen beschädigt sowie Zuwandernde verärgert und abgeschreckt. Europäische Integrationsbemühungen können wichtige, integrative Impulse geben, die von Zuwandernden nicht zwangsläufig mit Segregation in den Mitgliedsländern verbunden werden. Impulse für eine europäische Bürgerschaft können im Sinne eines intermediären *Dritten Raums* (Bhabha 1994) wirken, in dem Dialog ohne die diskriminierende Betonung kultureller Differenz möglich ist. Wünschenswert wäre die Etablierung einer europäischen Bürgerschaft, die sich per se pluralistisch versteht und überzeugende Perspektiven für eine dauerhafte Inklusion anzubieten vermag.

Literatur

Audehm, Kathrin/Wulf, Christoph, u. a. (2001): Das Soziale als Ritual: Zur performativen Bildung von Gemeinschaften. Opladen: Barbara Budrich.
Bhabha, Homi K. (1994): The Location of Culture. London: Routledge.
Brubaker, Rogers W. (1994): Staats-Bürger: Deutschland und Frankreich im historischen Vergleich. Hamburg: Junius.
Engelmann, Bettina/Müller, Martina unter Mitarb. von Gerschewske, Tanja/König, Felix/Tunay, Dilek (2007): Brain Waste. Die Anerkennung von ausländischen Qualifikationen in Deutschland. Augsburg: Tür an Tür Integrationsprojekt gGmbH, Teilprojekt „Global Competences". http://www.berufliche-anerkennung.de/brain%20waste.pdf (23.7.2010).
Fassin, Didier/Mazouz, Sarah (2007): Qu'est-ce que devenir français? La naturalisation comme rite d'institution républicain. In : Revue Française de Sociologie, vol. 48, H.4., S. 723-750.

Hagedorn, Heike (2001): Bilanz der Einbürgerungspolitik in Deutschland und Frankreich. In: Hunger, Uwe/Meendermann, Karin/Santel, Bernhard/Woyke, Wichard (Hg.): Migration in erklärten und „unerklärten" Einwanderungsländern. Münster: Lit Verlag, S. 37-63.

Mauss, Marcel (1990): Die Gabe. Frankfurt/Main: Suhrkamp.

Taylor, Charles (1993): Multikulturalismus und die Politik der Anerkennung. Frankfurt/Main: Suhrkamp.

Wagner, Bernd (2007): Die Erstförderung von Neuzuwanderern in der Bundesrepublik Deutschland. Perspektiven von Fremdsein und Statuspassage. Frankfurt/Main: IKO-Verlag.

Nachweis der Photographien

Photo 1: www.lueneburg.de/bilder/inhalt/mp-27824.jpg (12.03.2006).
Photo 2: www.letelegramme.com/tag/besson (06.11.2009).

Bruno Michon

Die Religionen,
eine Chance für die europäische Bürgerschaft?

Egal, ob man die tausendjährige Entwicklung der Ideenwelt unseres Kontinents oder den Aufbau der gegenwärtigen Union betrachtet: Die Geschichte Europas lässt sich nicht ohne den Zusammenhang mit den Religionen, die sie geprägt haben, erfassen. Christentum und Judentum existieren seit mehreren Jahrhunderten Seite an Seite. Ihnen gegenüber steht der Islam, der lange Zeit als das „essentiell Andere" betrachtet wurde, ein wenig nach der Vorstellung des Orientalismus, die unlängst von Edward Saïd dekonstruiert wurde (1979). In jüngster Zeit hat das Phänomen der Migration gemeinsam mit einer Globalisierung der Ideen die Pluralisierung von Gesellschaft und Kultur vorangetrieben. Der europäische Wahlspruch „Einheit in Verschiedenheit" bezeichnet somit einerseits den Zusammenschluss von Nationalstaaten, für den es kein historisches Vorbild gibt, und andererseits die Koexistenz multipler Identitäten bei seinen Bürgern. Innerhalb dieses Identitätspuzzles nimmt das Puzzleteil „Religion" einen besonders wichtigen Platz ein.

Unser Titel legt nahe, dass die Erziehung zur Religionsanthropologie nutzbringend zur Entwicklung eines umfassenderen Bewusstseins von europäischer Bürgerschaft beitragen kann. Das Problem der Beziehung zwischen Europa und seinen Religionen muss unverblümt formuliert werden. Jacques Delors sprach früher davon, „Europa eine Seele zu geben". Doch wenn man in diesem Geiste von einer religiösen „Hoffnung" für diese „Seele" spricht, läuft man dann nicht Gefahr, zwei Themen miteinander zu kombinieren, die womöglich längst bedeutungslos geworden sind? Die europäische Bürgerschaft wartet immer noch auf die „Seele", die man ihr versprochen hat. Man darf sich also durchaus fragen, inwieweit das Phänomen Religion trotz aller Schwächungen in der Lage ist, den juristischen Begriff „europäische Bürgerschaft" hervorzubringen, der übrigens im kollektiven Bewusstsein gar nicht existiert. Bei der Entwicklung eines neuen Verständnisses von Bürgerschaft kann die Auseinandersetzung mit dem Phänomen Religion durchaus eine wichtige Rolle spielen.

Europa vor der Herausforderung von Säkularisierung und Pluralisierung

Europas Gegenwart lässt sich nicht ohne die Geschichte der Religionen verstehen. Vom christlichen Europa über die aufklärerischen Ansprüche, die zu Antireligiosität oder antiklerikalen Bewegungen führten, bis hin zum pluralistischen Europa haben Religionen die (mögliche) Identität des Kontinents[1] gestaltet. Europa, diese „große Diözese emanzipierter Geister", wie es Sainte-Beuve (1804–1869) einmal ironisch formulierte, scheint sich um den Typus herum entwickelt zu haben, den der Soziologe Jean-Paul Willaime BLEC nennt: Blanc, Lumière, Europe, Chrétien [*Weiß, aufgeklärt, Europäer, Christ*] (Willaime 2004), das europäische Äquivalent zu WASP (*White, Anglo-saxon, Protestant*). Diese Gleichsetzung bleibt trotz der säkularisierenden Entwicklungen der jüngsten Vergangenheit weiterhin gültig, wie es die Diskussion über die christlichen Wurzeln Europas gezeigt hat. Ich werde nun die gegenwärtigen Tendenzen dessen darlegen, was ich als religiöse Moderne in Europa bezeichne.

Der Prozess der Säkularisierung erweist sich als einzigartiges europäisches Phänomen, das jedoch nicht zum Tod der Religion geführt hat (Berger 2001; Davie 2002). Man muss allerdings das Konzept der Säkularisierung relativieren, das von allen Soziologen kritisiert wird, diejenigen eingeschlossen, die es früher verteidigten.[2] Willaime spricht daher von einer „Hypersäkularisierung der Ultramoderne" (Willaime 2004, S. 779), da eine „Säkularisierung der Säkularisierung" den Bedeutungsverlust der wichtigsten Konzepte der siegreichen Moderne mit sich bringt: Szientismus, Fortschrittsglaube, Positivismus, Rationalität.

Auf den ersten Blick drückt sich diese Ernüchterung durch einen Effizienzverlust der symbolischen Keimzellen aus – seien sie nun institutioneller, religiöser oder nationaler Art. Der Sinn wird nicht mehr aufgezwungen und gleichzeitig immer weniger weitergegeben. Muss man mit Baudrillard (1970) oder Lipovetsky (1983) eine post-orgiastische und konsumgesteuerte Erschöpfung annehmen oder den von Lévi-Strauss popularisierten Bricolage-Gedanken wieder aufnehmen und zugeben, dass ein individueller Rückzug existiert, eine Subjektivierung „heiliger Kosmen" (Luckmann, 1991)? Von dort ausgehend ergibt sich die Frage nach der Legitimation des Glaubens[3]: Genügt sich eine individuelle Spiritualität selbst, oder muss sie sich in eine mehr oder weniger große „Kollektiverzählung" einfügen?

Diese Überlegungen sind im europäischen Rahmen, der frappierend außergewöhnlich ist, absolut gerechtfertigt. Die Säkularisierung ist darin allgegenwärtig. Allerdings existieren massive regionale Unterschiede, und einige Phänomene aus jüngerer Zeit relativieren diese Feststellung. So hat der Soziologe Yves Lambert in seinen Untersuchungen über die Wertvorstellungen der Europäer eine Art Renaissance des Christentums festgestellt, eine „religiöse Überzeugung ohne

---

1 So schreibt René Rémond zum Thema des Antiklerikalismus (Rémond 1978). Dennoch muss man mit Jean Baubérot zwischen Antiklerikalismus und Antireligiosität unterscheiden (Baubérot 2000). Auch wenn beide Phänomene sehr wohl eine historische Rolle gespielt haben, ist es ein Unterschied, ob man sich gegen die Kirche oder den Papst wendet oder gegen die Religion im Allgemeinen. Die Entwicklung des Gallikanismus findet beispielsweise ihre Grundlagen in einem antiklerikalen Antipapismus.

2 Wir denken hierbei an Berger (2001), der die Gründe seines Umschwenkens zu Gunsten einer „Entsäkularisierung" erklärt.

3 Zu diesem Thema schlägt Danièle Hervieu-Légers Artikel „La religion, mode de croire [Die Religion, eine Art zu glauben]" (2003) eine äußerst produktive Reflexion über die Grundlage der Legitimation einer gläubigen Nachkommenschaft (die für sie das Religiöse definiert) in der Moderne vor.

Zugehörigkeit", die mit dem Phänomen des Kirchenaustritts koexistiert (Lambert 2004). Er zeigt, dass der Glaube an ein Leben nach dem Tod oder an Wiedergeburt zwischen 1981 und 1999 um knapp 10% zugenommen hat, unterstreicht aber zugleich die Zwiespältigkeit der Interpretation dieses Ergebnisses im Spannungsfeld zwischen Re-Konfessionalisierung und Subjektivierung.

Es wäre zudem grob vereinfachend, eine Privatisierung des Religiösen anzunehmen, so lange es offenkundig in der Öffentlichkeit präsent ist. Anhand der Situation in Frankreich zeigt Anne-Sophie Lamine in ihrem Buch *La cohabitation des Dieux* [Die Kohabitation der Götter] die gegenseitige Instrumentalisierung von Religionen und Machthabern auf (Lamine 2004). So offenbar der utilitaristische Rückgriff auf den von den Religionen gelieferten „Seelenzusatz", z.B. während nationaler Katastrophen – wie dem Absturz einer Concorde – die Bedeutung, die die Machthaber den Religionen bei der Organisation von interreligiösen Zeremonien zugestehen. Umgekehrt ist auch die Situation in Skandinavien äußerst aufschlussreich. Dort bestehen die Individuen vehement auf der Existenz einer Nationalkirche, obwohl die betreffenden Länder keineswegs einen hohen Prozentsatz von Praktizierenden oder Gläubigen aufweisen: 1999 waren 87% der schwedischen Staatsbürger Mitglieder der schwedischen Kirche, obwohl der Prozentsatz der Gläubigen mit um die 53,4% der niedrigste Europas war (Willaime 2003, S. 81). Lambert hat dieses Phänomen als eine Form der „Zugehörigkeit ohne religiöse Überzeugung" beschrieben. Ebenso wie das Beispiel aus Frankreich scheint es das Böckenförde-Axiom zu bestätigen, das behauptet, dass „der Staat von Voraussetzungen lebt, die er selbst nicht garantieren kann " (Böckenförde 1976, S. 60). Demzufolge wäre der europäische Alltag ohne komplexe und subtile Formen von Instrumentalisierung und Säkularisierung der religiösen Überzeugungen überhaupt nicht möglich.

Wie kompliziert das Säkularisierungsphänomen wirklich ist, wird im Hinblick auf die zunehmende Bedeutung des Islam im öffentlichen Raum deutlich. Alle Aufmerksamkeit und alle Befürchtungen richten sich auf die europäischen Muslime, denen vor allem der Stempel der Alterität[4] aufgedrückt wird. Religion ist nie zuvor derart sichtbar in den nationalen Debatten gewesen. Um diese Sichtbarkeit geht es übrigens auch bei dem Skandal um die Karikaturen aus der *Jyllands Posten* oder vor noch kürzerer Zeit bei dem Schweizer Volksentscheid gegen die Errichtung neuer Minarette. Der Islam scheint also die Säkularisierung, wie sie in Europa gelebt wird, in Frage zu stellen. Allerdings müsste noch genau untersucht werden, ob es sich bei dieser Hypothese um eine Interpretation von außen handelt oder um eine Ansicht, die tatsächlich aus dem Islam selbst kommt.

Eine unlängst formulierte Theorie versucht, die Unsicherheit im Spannungsfeld zwischen einer „Rückkehr des Religiösen" und der Säkularisierung ausgehend vom

---

4 In Bezug auf den Umgang der Medien mit dem Islam sei auf Thomas Deltombes Buch *L'islam imaginaire [Der imaginäre Islam]* verwiesen, das beweist, dass die Darstellung des Islam im Fernsehen von einer modernen Form des Orientalismus bestimmt wird (Deltombe 2007). Im deutschfranzösischen Kontext bietet der Artikel von Frauke Miera und Valérie Sara-Pala (2009) eine hochinteressante vergleichende Betrachtung des Umgangs mit dem islamischen Schleier in den beiden Ländern.

Konzept der „Volksreligion" zu erklären. Der Soziologe Hubert Knoblauch definiert dieses Konzept als „einen Kommunikationsraum, in dem die Religion thematisiert wird", als „ein religiöses Schutzgebiet, das sich nicht auf die Kirche beschränkt" (Knoblauch 2006, S. 23).

In Europa ist die Popularisierung der religiösen Themen und deren Verbreitung in der „Populärkultur" besonders stark ausgeprägt. Sie ist eine Folge der kulturellen Einverleibung des Religiösen. Um der Komplexität dieser neuen Thematik gerecht zu werden, möchte ich dafür den Begriff „kulturelle Verschlüsselung" (Hervieu-Léger 2003a, S. 295) verwenden. Das noch viel zu selten beschriebene Phänomen der kulturellen Einverleibung des Religiösen ist ein Teil dieses Prozesses. Dadurch wird das Christentum mehr zu einem Folkloreelement als zu einer gelebten Religion (De Certeau/Domenach 1974, S. 10). Für die Theorie der kulturellen Einverleibung sind zahlreiche Verweise auf das Christentum zu Allgemeinplätzen geworden, die keine religiöse Bedeutung mehr tragen. Die französischen Lehrpläne sind hervorragende Beispiele für die verzerrenden Auswirkungen dieser Einverleibung: Durch die Konzentration auf die Religionsgeschichte lernen die jungen Leute das Religiöse implizit als etwas Vergangenes und Totes kennen. Diese Verzerrung wirkt sich auf die religiöse Bildung der jungen Franzosen aus. Allerdings lässt sich dieser Prozess der Bedeutungsentleerung des Religiösen in allen europäischen Nationen beobachten. Wie Hervieu-Léger erklärt, „wird die kulturelle Einverleibung des Religiösen unweigerlich durch eine Schwächung der Organisationsmacht der Religion im sozialen Leben begünstigt" (Hervieu-Léger 2004, S. 11).

Die „europäische Ausnahme" im Hinblick auf die Religion zeichnet sich somit durch eine zweifache Tendenz aus. Einerseits ist Europa mehrheitlich laizistisch, wenn man Laizismus so wie Willaime (2004) ausgehend von der Konfessionsneutralität des Staats, der Anerkennung von individueller Autonomie und individuellem Bewusstsein und der auf alle Bereiche angewandten Fähigkeit zur kritischen Reflexion definiert. Andererseits wird zwischen der Privatisierung der religiösen Praxis und ihrer kulturellen Einverleibung, zwischen dem Öffentlichmachen und dem Unsichtbarwerden der religiösen Themen, ein Universum in Bewegung sichtbar, in dem der Niedergang des Religiösen auf individueller Ebene seine Instrumentalisierung auf makro-gesellschaftlicher Ebene nicht ausschließt. Die Komplexität dieser Gemengelage von Aktionsstrategien und -logiken macht jede totalisierende soziologische Theorie dieses Phänomens unmöglich.

Die Europäische Union, die Religionen und die Gläubigen: eine einzigartige Kombination

Zu dieser europäischen Spezifizität des Umgangs mit der Religion kommt noch die Entwicklungsgeschichte der Union hinzu. Wir werden nun einen Blick auf die enge Verbindung der Akteure dieser Geschichte mit den Religionen werfen und auf das Wechselspiel der gegenseitigen Instrumentalisierung. Zudem beeinflusst der konfessionelle Faktor auch die Europa-Wahrnehmung der europäischen Bürger.

Religiöse Überzeugung und Einstellung gegenüber Europa

Mehrere Untersuchungen leisten einen hilfreichen Beitrag zum Verständnis des Einflusses der Religionen auf die Vorstellung, die Menschen von Europa haben.[5] Es handelt sich in der Hauptsache um qualitative Daten, die es ermöglichen, die allgemeinen Tendenzen zu begreifen, jedoch nur bedingt das, was die Einzelnen antreibt. Trotz der Säkularisierung spielt der Faktor Religion nach wie vor eine Rolle bei politischen Entscheidungen, wie Pierre Bréchon (2004, S. 39) zeigt. Daten darüber, was dies in Bezug auf die Einstellung zu Europa bedeutet, sind jedoch nur schwer zugänglich. Ausdrücke wie Europabegeisterung und Euro-Skepsis sind mit Vorsicht zu genießen. Um die positiven oder negativen Einstellungen zu Europa zu erfassen, ist ein qualitativ nuancierter Standpunkt notwendig (Vignaux 2004). So schließt zum Beispiel eine negative Meinung zum Euro eine positive Meinung zur europäischen Integration nicht aus. Wenn wir diese Kategorien verwenden, meinen wir daher Einstellungen und keine unverrückbaren Standpunkte. Somit wäre der Begriff „europakritisch" zur Wiedergabe bestimmter Gefühle vermutlich zutreffender als der Begriff „europa-skeptisch".

Was die Verbindung zwischen religiösen Überzeugungen und der Einstellung Europa gegenüber angeht, lässt sich eine starke Präsenz der Christdemokratie unter den Gründervätern Europas feststellen. Dies veranlasst uns, das Christentum als einen Faktor des Euro-Enthusiasmus zu betrachten. Die von der Tageszeitung *Libération* 2005 nach der Volksabstimmung über den Verfassungsvertrag durchgeführte Untersuchung bestätigt diese These, indem sie zeigt, dass 66% der regelmäßig praktizierenden Katholiken mit „Ja" gestimmt haben, während 44% der nicht praktizierenden mit „Nein" gestimmt haben. Somit stehen praktizierende Katholiken dem Aufbau Europas anscheinend positiv gegenüber (Forêt 2003, S. 7).

Die Realität erweist sich jedoch als komplexer. Der euroskeptische Standpunkt einer einflussreichen kleinen Gruppe der katholischen Kirche scheint für die Reaktion auf ein Europa, das als relativistisch, kapitalistisch und die Abtreibung befürwortend betrachtet wird, paradigmatisch zu sein. Gleichzeitig zeigt die von Emmanuelle Vignaux in Norwegen durchgeführte Untersuchung die spezifisch theologischen Gründe auf, die von den evangelischen Christen gegen Europa ins Feld geführt werden:

> „In jedem nordeuropäischen Land findet man eine Fraktion evangelischer Christen, die aus spezifisch theologischen Gründen vehement gegen die europäische Integration sind. Ihre – biblische – Argumentation ähnelt den Prophezeiungen vor der Jahrtausendwende, nach denen die

---

5 Siehe vor allem Bréchon 2004, Vignaux, 2004 und die „Eurobarometer"-Umfrage, die im Sommer 2007 durchgeführt und 2008 veröffentlicht wurde.

Rückkehr Jesu auf die Erde von der Erfüllung bestimmter Prophezeiungen abhängt" (Vignaux 2004, S. 102).

In Bezug auf diese Prophezeihungen sei darauf hingewiesen, dass in der europäischen Vorstellungswelt dieser Parteien vor allem der Papst die Rolle des leibhaftigen Antichristen einnimmt. Letztendlich muss man jedoch den Einfluss des Faktors Religion differenziert betrachten. Zwar zeigen Untersuchungen, dass religiöse Überzeugungen zu stärker konservativen Einstellungen führen. Doch lässt sich gleichzeitig ein anhaltender Trend zum Verlust des Zugehörigkeitsgefühls zu einer von oben verordneten Religion feststellen, der den Einfluss des Faktors Religion empfindlich schwächt.

Politische Strategien contra Subsidiaritätsprinzip[6]

Offiziell ist die Union *churchblind*. Nach dem Subsidiaritätsprinzip ist die Verwaltung eine Angelegenheit der Mitgliedsstaaten. Trotzdem hat die Europäische Kommission seit 1982 einen Verantwortlichen für die Beziehungen zu den Religionen ernannt, um den Erwartungen religiöser Institutionen nachzukommen, denen daran gelegen ist, nicht vom Prozess der europäischen Konstruktion ausgeschlossen zu werden. Unter der Präsidentschaft von Delors wird eine regelrechte politische Strategie ausgearbeitet, die mit dem Projekt „eine Seele für Europa" Gestalt annimmt. Die „europäische Seele" wird in Zukunft ein *topos* der Debatten über die europäische Identität sein. Auch Delors' berühmte Forderung nach einer spirituellen Zukunft Europas spiegelt diese Vorstellung wider: „Wenn es uns in den kommenden zehn Jahren nicht gelingt, Europa eine Seele zu geben, ihm eine Spiritualität und einen Sinn zu verleihen, dann wird die europäische Integration tot sein" (Jacques Delors, Rede an die Kirchen, Brüssel, 14. April 1992, zit. nach Forêt 2006, S. 1).

Aus dem von Pius XII. verherrlichten „Kleinen Europa", einer Art christlichem Club, entsteht eine pluralistische Politik, ein „Laboratorium" (Massignon 2007, S. 9). Es sei daran erinnert, dass dieser Prozess keineswegs historisch notwendig war, da die Christdemokratie und bedeutende Persönlichkeiten wie Santer, Prodi, Delors, Schuman oder Adenauer mit der katholischen Kirche verbunden sind. Dennoch schreitet die Pluralisierung des Projektes „eine Seele" schnell voran. Sie gehorcht zwei Logiken, die einander überlagern: Auf der einen Seite steht eine Pluralisations-Logik, die dazu führt, dass bei den „Briefing-Treffen" (rein informativen Treffen, an denen eine große Anzahl religiöser Akteure teilnimmt, die bei dieser Gelegenheit über den aktuellen Stand der Debatten, Zielsetzungen und Entscheidungen informiert werden) mehr als 32 religiöse und humanistische Organisationen (von der Lubawitsch-Bewegung bis zu den Zeugen Jehovas) teilnehmen. Dem gegenüber steht eine „neo-korporatistische" Logik, die die „historischen" europäischen Religionen in einem enger gefassten Kreis versammelt.

---

6   Dieser Abschnitt stützt sich auf das Buch von Bérangère Massignon (2007).

Es geht dabei um derart mannigfaltig verschiedene Interessen, dass die Union und die Kirchen große Schwierigkeiten haben, zu einer Einigung zu gelangen. Die Union versucht, durch die Zusammenarbeit mit diesen sinnstiftenden Organisationen sowohl ihre eigene demokratische Legitimität zu vergrößern als auch dem europäischen Projekt einen Sinn zu geben. Die religiösen Vereinigungen wiederum werden durch den langsam voranschreitenden Säkularisierungsprozess gezwungen, sich ein Fundament auf institutioneller Ebene zu schaffen. Das europäische Projekt ermöglicht es diesen Vereinigungen, aufmerksame Gesprächspartner zu finden. Außerdem können die Religionen versuchen, eine Lobby zu bilden, um die Entscheidungen in Bezug auf die Normen und Wertvorstellungen zu beeinflussen, die den Aufbau Europas bestimmen. Als Beispiel dafür, wie wichtig der Kontakt mit den europäischen Institutionen für die Kirchen ist, sei die Diskussion über die christlichen Wurzeln Europas genannt (Michel 2006, S. 234).

Allerdings stößt das Programm „eine Seele für Europa" schnell an seine Grenzen. Es verliert seine Autonomie und wird in andere Maßnahmen zur Förderung der europäischen Identität integriert, und zwar in das Programm „Ein Europa der Bürger", für das die Generaldirektion für Erziehung und Kultur zuständig ist. Nach mehreren Krisen wird dieses Programm schließlich aufgelöst. Nur das interreligiöse Forum – dessen vornehmliche Rolle nach wie vor die Organisation großer Versammlungen wie 1995 in Toledo ist – führt seine Arbeit heute noch fort.

Ohne den Einfluss des konfessionellen Faktors überbewerten zu wollen, lässt sich eindeutig feststellen, dass die Beziehung der Union zu den Religionen und zu den Kirchen keineswegs unbedeutend ist. Im Gegenteil: Die Entwicklung einer politischen Strategie zugunsten der Religionen und das Konfessionsdenken bei der Unterstützung des Aufbaus Europas zeigen, wie bedeutend das Zusammenspiel zwischen diesen beiden Polen ist.

Europäische Bürgerschaft und Erziehung zu einer verstehenden Anthropologie des Religiösen

Wer die Geschichte des Kontinents und das aktuelle Zeitgeschehen begreifen will, kommt am Faktor Religion nicht vorbei. Daher wäre für eine demokratische Erziehung zur europäischen Bürgerschaft nur von Vorteil, sich ein anthropologisches Verständnis des Religiösen zu eigen zu machen. Die Frage der Erziehung zur Religion (ein Ausdruck, der wegen seiner Neutralität der Bezeichnung *Religionserziehung* vorzuziehen ist[7]) als Voraussetzung für das Erlernen der Bürgerschaft wird mittlerweile auch auf politischer und wissenschaftlicher Ebene diskutiert. Zahlreiche in-

---

7 Man muss sich an dieser Stelle bewusst machen, dass Begriffe von Land zu Land extrem unterschiedliche Konnotationen annehmen (Jackson 2007, S. 28). In Frankreich denkt man bei dem Ausdruck *Religionserziehung* (obwohl er die wörtliche Übersetzung des englischen religious education ist) sofort an den konfessionsgebundenen Religionsunterricht, der jahrhundertelang innerhalb der Schule stattfand – und in der Region Alsace-Moselle auch heute noch stattfindet.

terdisziplinäre Untersuchungen widmen sich diesem Thema: Politikwissenschaft, Soziologie, Theologie und Erziehungswissenschaft arbeiten dabei Hand in Hand. Ausgehend von dem EU-Projekt REDCo, das die Praxis der Religionserziehung in acht Ländern vergleicht (Frankreich, Deutschland, Russland, Spanien, Norwegen, England, Niederlande und Estland) und den Publikationen im Rahmen dieses Projektes (Jackson 2007 und Knauth 2008), zeichnen sich einige Anhaltspunkte ab. So lassen sich folgende Zusammenhänge feststellen: Während eine oberflächliche Kenntnis der Religionen zu einer Negativbewertung der religiösen Pluralität führt, geht eine aus der Begegnung mit dem religiösen Anderen entstandene Kenntnis mit einer positiven Bewertung dieser Pluralität einher.

Die hier beschriebenen Logiken finden sich in allen untersuchten Ländern und Regionen wieder. Im Einzelfall gibt es jedoch deutliche Unterschiede, da auch der nationale Kontext eine Rolle spielt. So zeigen die französischen Forscher, dass die Prägung durch den nationalen Kontext bei jungen Menschen französischer oder ausländischer Nationalität sehr stark ist (Knauth 2008, S. 79). Sie fügen hinzu, dass die Religion im sozialen und kognitiven Universum dieser jungen Menschen nur eine untergeordnete Rolle spielt. Ihre Wahrnehmung der Religion ist nach wie vor stark vom Laizismus geprägt. Die Logiken der Einverleibung und der oberflächlichen Verallgemeinerung, die bei den jungen Franzosen stark ausgeprägt sind, habe ich selbst in zwei Artikel beschrieben (Michon 2008a, Michon 2008b). Andere Untersuchungen, wie die von Hull (2002), widmen sich dem Spannungsfeld von Bürgerschaft, Interkulturalität und der Erziehung zur Religion. Sie zeigen die Schwierigkeiten einer Erziehung zur Religion, die sowohl die Risiken der Konfessionalisierung wie die der kulturellen Einverleibung zu vermeiden sucht. Im ersten Fall droht die Gefahr der religiösen Nabelschau (ich glaube, also habe ich recht), die die Problematik der gesellschaftlichen Pluralisierung ignoriert; im zweiten Fall besteht das Risiko, sich auf ein relativistisches und historisch-kritisches Verständnis der Religionen zu beschränken, das kein Verständnis für die Lebenssituation der Gläubigen erlaubt.[8]

Ich bin überzeugt, dass der momentan in Frankreich praktizierte Unterricht in religiösen Grundlagen in keiner Weise den Herausforderungen der Gegenwart gerecht wird, die wir gerade beschrieben haben.[9] Um auf diese Herausforderungen, die die religiöse Pluralisierung der Gesellschaft darstellt, zu antworten, reicht es keineswegs aus, die Geschichte und grundlegende Texte des Islam in die Lehrpläne

---

8   Dies ist zum Beispiel in Frankreich der Fall, wenn mir bestimmte Jugendliche von ihren „hebräischen" und nicht von ihren jüdischen Freunden erzählen. Das religiöse Grundwissen, das in der Schule vermittelt wird, erlaubt es den jungen Leuten nicht, eine Verbindung zwischen „den Hebräern", die im Geschichtsunterricht behandelt werden, und den „Juden", denen sie auf der Straße begegnen, herzustellen.

9   Wir könnten diese Feststellung auch auf den deutschen Fall beziehen. Obwohl man eine „interne Säkularisierung" der Lehrpläne des konfessionsgebundenen Religionsunterrichts feststellt, berücksichtigen diese nur selten die Bedeutung eines Verständnisses dessen, wie ein Anhänger einer anderen Religion die Realität erlebt. Auch die Ethik-Lehrpläne bleiben meist an der Oberfläche. Dennoch sind die Hamburger Initiative „Religion für Alle" und der brandenburgische LER-Unterricht (Lebensgestaltung, Ethik, Religionskunde) zu begrüßen.

aufzunehmen. Diese Pluralisierung stellt die eigentlichen Grundlagen des Zusammenlebens in Frage, und damit auch die Laizität. Ich habe daher einen pädagogischen Ansatz entwickelt, der Régis Debrays Aufforderung, von einer Laizität der Inkompetenz zu einer Laizität der Intelligenz überzugehen, ernst nimmt (Debray 2002, S. 22). Ich möchte dafür sorgen, dass es möglich wird, die Religionen in all ihren Dimensionen zu entdecken, also auch in der experimentellen Dimension.[10] Dies kann nur funktionieren, wenn wir begreifen, dass sich die Religionen auch aus einer anthropologischen Perspektive untersuchen lassen. Zu diesem Zweck zeige ich die Gefahr des religiösen Ethnozentrismus in ihrer historischen Perspektive (Bild des Juden im Mittelalter, Wahrnehmung der amerindianischen Religionen durch die Conquistadores). Diese Einführung wird sofort mit der Lebenswirklichkeit der jungen Leute verknüpft. Ziel ist es, die Falle der Separierung von Wissen zu vermeiden: Was ich in meinem Alltag erlebe, hat nichts mit dem zu tun, was ich in der Schule lerne. Anschließend besuchen wir mit den Kursteilnehmern verschiedene Kultstätten. Hierbei ist es erneut wichtig, die Falle der kulturellen Einverleibung zu umgehen, und gerade nicht die bemerkenswertesten Bauwerke auszuwählen. Es geht also darum, die Schüler entdecken zu lassen, was es bedeutet, in ihrem Viertel „Muslim", „Jude" oder „Christ" zu sein. Nur die Begegnung mit dem Andersgläubigen ermöglicht einen wirklichen Austausch von Erfahrungen und Wissen. Nach jedem Besuch wird ein *Debriefing* organisiert, um das Erlebte und Erlernte noch einmal durchzugehen. Im Idealfall wird diese Art von Projekt durch die Durchführung einer Präsentation (in Form eines Videos, einer Ausstellung) abgeschlossen.

Diese kurze Darstellung ermöglicht folgende Schlussfolgerung zu ziehen: Die Vermittlung religiöser Grundlagen aus einer anthropologischen Perspektive, die die Auseinandersetzung mit der Alltagswirklichkeit einer multi-religiösen Gesellschaft nicht scheut, ist pädagogisch stichhaltig und sinnvoll. Weiterhin erscheint es nützlich, diesen Unterricht im Rahmen einer Erziehung zur europäischen Bürgerschaft anzusiedeln, und zwar aus dreierlei Gründen: Erstens sind die Religionsgeschichten auf europäischer Ebene untrennbar miteinander verflochten. Zweitens befinden sich alle Religionen in Europa in einer ähnlichen Situation, was häufig als „europäische Ausnahme" bezeichnet wird. Und drittens besteht ein Zusammenhang zwischen Religionskenntnis, Toleranz und interreligiösem Dialog (siehe die Empfehlung 1720 des Europarats vom 4. Oktober 2005). Religion spielt eine wichtige Rolle bei der Identitätskonstruktion und der Selbstdefinition im Kontakt mit dem Anderen (Taylor 1997). Würde man ein Schulsystem, das den Pluralismus aus ideologischen Gründen ablehnt, durch ein System ersetzen, das die Pluralität in den Mittelpunkt stellt, würde dies ein wirkliches Verständnis der unterschiedlichen Lebenswelten erlauben.

Der Leser sollte nun die Frage, die mit dem Titel dieses Artikels aufgeworfen wird, verstehen: Für sich genommen stellen die Religionen keine Chance für die

---

10 Diese unterschiedlichen Projekte wurden in „schwirigen" Hauptschulen und Gymnasien im Großraum Paris und im Elsass durchgeführt. Um diese Initiativen weiterzuentwickeln, wurde der Verein *Educ-Rel* gegründet.

europäische Bürgerschaft dar. Die Chance liegt in dem, was sie an Pluralismus und Alterität repräsentieren. Eine solche Bürgerschaft würde sich auf eine Erziehung zur demokratischen Bürgerschaft stützen – und die verstehende Anthropologie wäre eine ihrer Grundlagen.

Aus dem Französischen von Frank Weigand

Literatur

Baubérot, Jean (2002): La peur de la religion dans la construction de la laïcité française. In : Diez de Velasco, Francisco (Hg.): Miedo y Religion. Madrid: Ediciones del Orto, S. 17-26.
Baudrillard, Jean (1970): La société de consommation, ses mythes et ses structures. Paris: Denoël.
Berger, Peter (2001): Le réenchantement du monde. Paris: Bayard.
Böckenförde, Ernst Wolfgang (1976): Staat, Gesellschaft, Freiheit. Studien zur Staatstheorie und zum Verfassungsstaat. Frankfurt/Main: Suhrkamp.
Bréchon, Pierre (2004): Influence of Religious Integration on Attitudes: a Comparative Analysis of European Countries. In : Revue française de sociologie, n° 45, S. 26-48.
Certeau, Michel de/Domenach, Jean-Marie (1974): Le christianisme éclaté. Paris: Cerf.
Davie, Grace (2002): Europe: the exceptional case. Parameters of faith in the modern world. London: Longman and Todd Ltd.
Debray, Régis (2002): L' enseignement du fait religieux dans l' école laïque. Rapport au ministre de l' éducation nationale. Paris: Odile Jacob.
Delors, Jacques (1992): Discours aux Eglises, Bruxelles, 14/04/1992.
Deltombe, Thomas (2007): L'islam imaginaire: la construction médiatique de l'islamophobie en France (1975-2005). Paris: La Découverte.
Forêt, François (2003): Des groupes d'intérêt pas comme les autres ? Eglises, intégration européenne et démocratie. Communication au colloque: Les groupes d'intérêt au XXIème siècle. Renouveau, croissance et démocratie, Paris 24.-25. September 2003.
Forêt, François (2006): Dieu est-il soluble dans la gouvernance multi-niveaux, l'émergence d'une politique publique religieuse européenne. communication au congrès national de l'Association Française de Science Politique, Lyon 14.-16. September 2006.
Hervieu-Léger, Danièle (2003a): Pour une sociologie des 'modernités religieuses multiples': une autre approche de la 'religion invisible' des sociétés européennes. In : Social Compass, n° 50, S. 287-295.
Hervieu-Léger, Danièle (2003b): La religion, mode de croire. In : Recherches. Revue du MAUSS, n° 23, S. 144-158.
Hervieu-Léger, Danièle (2004): La religion dans la constitution du lien social européen. Im Internet unter: http://www.eurozine.com/articles/article_2006-08-17-hervieuleger-fr.html, konsultiert am 12. Dezember 2008, S. 1-14.
Hull, John (2002): Der Segen der Säkularität: Religionspädagogik in England und Wales. In: Weiße, Wolfgang (Hg.): Wahrheit und Dialog. Theologische Grundlagen und Impulse gegenwärtiger Religionspädagogik. Münster: Waxmann, S. 167-179.
Jackson, Robert et al. (2007): Religion and Education in Europe, Developments, Contexts and Debates. Münster: Waxmann.
Knauth, Thorsten et al. (2008): Encountering Religious Pluralism in School and Society, a Qualitative Study of Teenage Perspectives in Europe. Münster: Waxmann.

Knoblauch, Hubert (2006): Soziologie der Spiritualität. In: Zeitschrift für Religionswissenschaft, n° 2, S.123-33.
Lambert, Yves (2004): Des changements dans l'évolution religieuse de l'Europe et de la Russie. In : Revue Française de Sociologie, n° 45, S. 307-338.
Lamine, Anne-Sophie (2004): La cohabitation des dieux: pluralité religieuse et laïcité. Paris: PUF.
Lipovetsky, Gilles (1983): L'ère du vide, essai sur l'individualisme contemporain. Paris: Gallimard.
Luckmann, Thomas (1991): Die unsichtbare Religion. Frankfurt/Main: Suhrkamp.
Massignon, Bérangère (2007): Des dieux et des fonctionnaires, Religions et laïcités face au défi de la construction européenne. Rennes: Presses Universitaires de Rennes.
Michel, Patrick (2006): Espace ouvert, identités plurielles: les recompositions contemporaines du croire. In : Social Compass, n° 53, S. 227-241.
Michon, Bruno (2008a): Altérité et connaissance, une approche de la culture religieuse adolescente. In : Lamine, Anne-Sophie/Lautman, Françoise/Mathieu, Séverine (Hrsg.): La religion de l'autre, la pluralité religieuse entre concurrence et reconnaissance. Paris: L'Harmattan.
Michon, Bruno (2008b): L'influence de l'école sur la culture religieuse des jeunes français, la preuve par les programmes, In: Heidenreich, Felix/Merle Jean-Christophe/Vogel, Wolfram (Hg.): Staat und Religion in Frankreich und Deutschland. Berlin: Lit. Verlag.
Miera, Frauke/Sara Pala, Valérie (2009): The construction of Islam as a public issue in western European countries between France and Germany through the prism of the Muhammad cartoons controversy: A comparison. In: Ethnicities, vol. 9, n° 3, S. 384-408.
Rémond, René (1978): L'anticléralisme en France de 1815 à nos jours. Paris: Fayard.
Saïd, Edward (1979): Orientalism. New York: Vintage.
Taylor, Charles (1997): Multiculturalisme, différence et démocratie. Paris: Flammarion.
Tns Opinion & Social (2008): Eurobaromètre 68, l'opinion publique dans l'Union européenne, rapport France. Commission européenne.
Vignaux, Emmanuelle (2004): Les ressorts confessionnels de l'euroscepticisme. Facteurs religieux et comportement politique dans les pays nordiques. In : Nordiques, n°5, S. 83-109.
Willaime, Jean-Paul (2003): L' approche sociologique des faits religieux. In : Husser, Jean Marie, Religions et modernité. Versailles: CRDP de Versailles, S. 64-91.
Willaime, Jean-Paul (2004): Identité civilisationnelle de l'Europe et religions. In : Aucante, Vincent (dir.), L'Europe et le fait religieux, Sources, patrimoines, valeurs. Langres: Paroles et Silence.

Franck Hofmann

Transurbane Felder – Europa als Bewegungsraum und Ort neuer Bürgerschaftlichkeit

Ein Blick auf den eigenen Pass zeigt: Mit der nationalen Staatsbürgerschaft sind wir auch als Unionsbürger ausgewiesen. Doch ist diese Bürgerschaft wirklich eine konkrete Lebenswirklichkeit und Teil des Selbstbildes der Menschen als politische Subjekte – als Bürger Europas? Wird Europa nicht als eine Summe von Nationalstaaten, sondern als ein Wechselspiel von Zentren und Peripherien aufgefasst, wird es jenseits monolithischer Festschreibungen, sei es geographischer oder wertbegründeter Setzungen des Europäischen, als eine fortgesetzte Verschiebung verstanden und wird danach gefragt, was eine europäische Bürgerschaft im alltäglichen Leben der Bürger charakterisiert, dann geraten Dimensionen der Bewegung in den Blick: im doppelten Wortsinn von *movere*. Doch wie kann Europa als Bewegungsraum (Careri 2002; Waldenfels 1985) gedacht werden: als ein Raum der nicht als statisch vorausgesetzt ist, sondern als eine dynamische Konstruktion, die aus den (Wahrnehmungs-)Bewegungen der Menschen entsteht? Wie kann ein „Bewegungsraum Europa" in das Bewusstsein seiner Bürger gebracht werden, und auf welche Ressourcen kann sich die Arbeit an einer Konzeption europäischer Bürgerschaft*lichkeit* beziehen? Und weiter: Wie ist diese Konzeption in ihrem Verhältnis zu den nationalstaatlich verfassten Staatsbürgerschaften des 19. Jahrhunderts zu bestimmen; wie kann sie in ihrer Geltung ausgedehnt werden?

Mit den folgenden Überlegungen können und sollen diese Fragen nicht umfassend beantwortet werden. Ziel ist es vielmehr, in den folgenden fünf Abschnitten Ausgangsbedingungen und Perspektiven einer Desiderat bleibenden Theorie europäischer Bürgerschaftlichkeit in Thesenform zu umreißen. Im sechsten Abschnitt sollen sich erste Konturen durch den Blick auf zwei für diese Theorie zentrale, in verschiedenen Epochen angesiedelte Gegenstände der Reflexion abzeichnen: Zunächst gilt die Aufmerksamkeit Ambrogio Lorenzettis Fresken des „Buon Governo" (1337-1340) in der „Sala della Pace" des Sieneser „Palazzo Publicco". Im siebten Abschnitt schließlich wendet sich der Blick der Stadt Marseille zu, an deren Beispiel der amerikanische Landschaftstheoretiker John B. Jackson in den 1950er Jahren sein Konzept eines „Pfads des Fremden" entwickelte.

Nach der Dekonstruktion

Eine europäische Bürgerschaft ist nicht möglich als Summe nationaler Bürgerschaften und als Ausdruck einer Supranationalität, sei diese föderal oder zentralistisch verfasst. Aus der Perspektive einer Dekonstruktion des Nationalen und seiner Herrschafts- und Ausschlussmechanismen wäre eine solche, an den Normen der nationalen *Staats*bürgerschaft orientierte europäische *Bürger*schaft(lichkeit) auch nicht wünschenswert. Vielmehr ist diese Dekonstruktion, in der auch die potenzielle Instabilität solcher Ordnungs- und Integrationsmuster herausgearbeitet wird, eine notwendige Voraussetzung für den Begriff europäischer Bürgerschaftlichkeit. Die Arbeit der Dekonstruktion des Nationalen ist also nicht nur eine (diskursgeschichtlich) zu fassende Voraussetzung der Arbeit an einer europäischen Bürgerschaftlichkeit, sondern deren integraler Bestandteil als eine stetige Praxis. In ihr werden der Bezug auf die Nation, deren (De-)Konstrukion und die lebensweltlichen Bezüge der europäischen Nationen untereinander immer wieder neu ausgehandelt.

Von der Bürgerschaft als Statut zur Bürgerschaftlichkeit als Haltung

(Staats-)Bürgerschaft ist zunächst ein juridisches Statut, das zu- und aberkannt werden kann, das mit spezifischen Rechten (Wahlen) und Pflichten (Steuern) einhergeht und zur Konstitution einer Gruppe immer auch deren Anderes miterzeugt. Ihr sind Exklusion und Distinktion ebenso inhärent wie die Festschreibung und Fixierung des Subjekts als Staatsbürger bzw. Staatsbürgerin in einem statischen Rahmen: dem Nationalstaat. Europäische Bürgerschaft*lichkeit* ist hingegen eine fortwährend in den (begrenzten) Handlungszusammenhängen der Subjekte zu erwerbende Qualität, die an die umfassendere Arbeit einer (De-)Konstruktion von Identität gebunden ist. Die Arbeit an europäischer Bürgerschaft*lichkeit* zielt auf eine spezifische Haltung gegenüber der Gesellschaft und auf eine spezifische Lebenspraxis. Die Verleihung der Staatsbürgerschaft eines Landes hat keinen Einfluss auf die Ausbildung einer europäischen Bürgerschaftlichkeit, die sich supplementär zu dieser verhält. Und auch das Vorenthalten dieser Staatsbürgerschaft nicht: Denn auch – und vielleicht gerade – im prekären Status des illegalen, von Ausweisung bedrohten politischen Subjekts, der in keiner Weise idealisiert werden soll, ist die Ausbildung bürgerschaftlicher Haltung als Kennzeichen der Zugehörigkeit zum Europäischen möglich.

Europäische Bürgerschaftlichkeit entzieht sich der eindeutigen Festschreibung in einem Register. Doch ist sie keine doppelte Bürgerschaft, sondern vielmehr ein permanentes Austarieren von Zugehörigkeit und Abständigkeit, von ausgehaltener Fremdheit und verweigerter Identifikation in einer zumindest bipolaren Situation. Mit einer in Gewinn umgemünzten Verlusterfahrung verbunden, findet sie ihre Bezugspunkte vielmehr in den – obwohl zumeist nicht freiwillig gewählten – Lebensweisen der Staatenlosen und Migranten, der Nomaden, umherziehenden Handwerker, Pilger und Stadtbewohner, die in der Geschichte des Urbanen den Gegenpart zu einer verwurzelten Landbevölkerung bilden.

Distinktionsmerkmale europäischer Bürgerschaftlichkeit

Von hier aus stellt sich eine doppelte Frage: Welche Ressourcen lassen eine europäische Bürgerschaftlichkeit denk- und erlebbar werden? Und wie wäre diese als europäisch zu charakterisieren und von einer weltbürgerlichen Haltung zu unterscheiden? Kursorisch können hier fünf Distinktionsmerkmale benannt werden, die wiederum auf ein sechstes bezogen sind: auf die europäische Stadt, in deren spezifischer Urbanität sie sich verbinden.

Vor dem Hintergrund einer in der Entstehung des Nationalstaates als (integrative) Normalität durchgesetzte Monolingualität erscheint *Vielsprachigkeit*, verstanden als ein permanenter Übersetzungsprozess, der alle Dimensionen von Kultur einschließt, als zentrales Charakteristikum des Europäischen.

Mit ihm eng verbunden sind politische Strategien, die – als Konsequenz zweier Weltkriege, deren Nachlass nicht zuletzt die europäische Einigungsbemühung ist – auf eine *Vermeidung von Krieg* als Mittel der Politik zielen. Militärische Optionen stehen in Europa unter einem spezifischen Legitimationszwang, was sich auch auf die Handlungsfähigkeit der Union auswirkt: Diese war etwa in den Kriegen nach dem Zerfall Jugoslawiens extrem eingeschränkt und nicht in der Lage, eine Rückkehr des Krieges nach Europa zu verhindern, bzw. diesen aus eigener Kraft zu beenden.

Charakteristisch sind *Multipolarität und Überlagerung*: Eine Vielzahl verschiedener Zentren und Peripherien, die sich aus der Entstehungsgeschichte der Staaten und interstaatlichen Bezüge ergibt, verbindet sich mit der Tradition einer gegenseitigen Überlagerung unterschiedlicher Herrschaftsstrukturen – etwa weltlicher und kirchlicher Macht, (supra)nationaler und regionaler Zugehörigkeit. In dieser vielschichtigen Struktur entfaltet sich gerade in den Bereichen der Religion und der Politik, der Künste und des Wissens eine forcierte *Mobilität* – sei es in frei gewählten oder erzwungenen Formen.

Als ein Potenzial zur Herausbildung des Europäischen sind *Revolutionen* zu nennen: mit den Entstehungs- und Krisengeschichten der Nationen eng verbundene soziale und politische Umwälzungen (1789, 1848, 1917, 1989), ebenso wie technische und künstlerische Neuerungen.

Sechstes Merkmal ist der Ort des Revolutionären, Knotenpunkt von Mobilität und Resonanzraum des Vielschichtigen: In ihren historischen und regionalen Varianten steht die *europäische Stadt*, gerade als Ort von *Vielsprachigkeit, Öffentlichkeit und politischem Engagement*, im Zentrum der Ausbildung des Europäischen.

Stadtbürgerschaft statt Staatsbürgerschaft

Neben diesem integrierenden Charakter, die Distinktionsmerkmale europäischer Bürgerschaftlichkeit in sich vereint, sprechen weitere Argumente für eine besondere Bedeutung der Stadt bei der Herausbildung des Europäischen: Städte sind eine

Öffnung zur Welt, Ort von Vermischung und Integration. Wie auch immer ihre nationale Funktion beschrieben wird, sie sind transnational, transkulturell und transurban. Die weltweite Urbanisierung, die Vernetzung der Städte und Abschwächung, wenn nicht gar Aufhebung des traditionellen Stadt-Land-Gegensatzes verleihen der Stadt eine neue Prägekraft – nicht nur als räumliche Organisationsform, sondern als generierende Kraft eines urbanen Habitus. Noch bevor Bürgerschaft national verfasst und an das Staatsgebiet gebunden wurde, war sie ein urbanes Konzept und als solches erfahrbar: Versuche der Begründung einer europäischen Bürgerschaftlichkeit können sich auf die der Nationalstaatlichkeit vorausgehende Tradition der Stadtbürgerschaft beziehen. In transurbanen Feldern sind historische Fundierungen, aktuelle Probleme – soziale Lage, Migration, Wissensgesellschaft – und Zukunftspotenziale Europas gebündelt; sie sind zugleich Movens, Szene und Effekt europäischer Bürgerschaftlichkeit.

Transurbane Netze

Die Funktion, die Vaubans Befestigungsanlagen für die territoriale Integration Frankreichs hatten oder auch die der Bahnhöfe für die Geschichte der modernen Stadt, wird heute von Autobahnen, Schnellzuglinien, Flugrouten und Datenports ausgeübt. Sie strukturieren den Raum als transurbanen und dynamischen. Europäische Bürgerschaftlichkeit ist heute – entlang transurbaner Netze – im doppelten Wortsinn er*fahr*bar. Das Streckennetz der europäischen Hochgeschwindigkeitszüge ist ein – sicher prominentes – Beispiel unter anderen und führt in seiner graphischen Darstellung zugleich ein neues Bewusstsein des europäischen Raums vor Augen (vgl. Abb. 1).

Nicht mehr die begrenzten Städte sind die Ressource europäischer Bürgerschaftlichkeit, sondern das transurbane Territorium, das durch ihre Vernetzung entsteht. Dieses Territorium ist ein Feld, das in Landschaft ebenso inkludiert ist, wie es selbst Landschaften in sich einlagert. In dieser spezifischen Konstellation wird eine europäische Landschaft als Bewegungszusammenhang gebildet und ist von archetypischen Naturvorstellungen, die in dieser einen Nationalcharakter ebenso wie eine spezifisch nationale Kunst begründet sehen, entschieden abgegrenzt. Nationale Mythen, wie der des „deutschen Rheins" etwa, die als Identifikationsmoment im Nationenbildungsprozess eine Rolle gespielt haben, werden nur in ihrer Dekonstruktion Teil einer europäischen Landschaft. Diese ist, wie jede Landschaft, eine Gestaltung zur Welt, ein Kulturationseffekt und nicht in erster Linie ‚natürlich' determiniert.

Welcher Typus von Stadt gerät bei in der Ausbildung europäischer Bürgerschaftlichkeit besonders ins Blickfeld? Jenseits des Gegensatzes von Zentrum und Peripherie geht es darum, das Europäische von den Rändern und Zwischenräumen ausgehend zu charakterisieren und gerade solche Städte als musterbildend zu betrachten, in denen sich ein Potenzial des Abseitigen und Abwegigen bündelt.

Transurbane Felder | 163

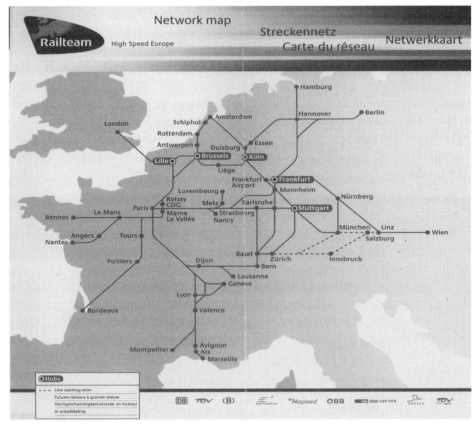

Abb. 1: Streckennetz von Railteam High Speed Europe, Werbefaltblatt des europäischen Bahnverbundes.

Daneben erhalten auch Städte, in denen die mythischen Gründungsgeschichten präsent sind – etwa Athen, Rom, Jerusalem, Marseille, Venedig und die Stadtstaaten der Renaissance generell – eine besondere Bedeutung bei der Ausbildung europäischer Bürgerschaftlichkeit, die jenseits nationaler Mythen und staatlicher Grenzziehungen begründet wird. Eine besondere Bedeutung werden auch transurbane Felder gewinnen, die Stadt und Landschaft in ein neues Verhältnis setzen: Räume, die es ermöglichen, Landschaft als Potenzial europäischer Bürgerschaftlichkeit (wieder) zu erschließen, auf die sie in ihrer Genese während der italienischen Renaissance bezogen waren: Schließlich ist Landschaft nicht nur Effekt einer ästhetischen Aufmerksamkeitsleistung im Medium des Bildes, in dem Natur zur Landschaft geordnet wird, sondern auch die Konsequenz einer vermessenden Herrschaft über den an die Städte grenzenden Raum – Gegenbild und Auswirkung des Urbanen zugleich.

Siena und seine Landschaft: Die Fresken des „Buon Governo"

Als Einsatzpunkt der Diskussion einer so verschränkten Genese europäischer Bürgerschaftlichkeit und europäischer, den mythischen Aufladungen des Nationalen wie des Natürlichen entzogenen Landschaft, die in ihrer Begründung auf die Ressourcen der europäischen Stadt zurückgeht, können die Fresken in der „Sala della Pace" des Sieneser Palazzo Publicco dienen: Ambrogio Lorenzettis „Buon Governo" (1337–1340) führt das politische Programm der Kommune im Trecento ebenso vor Augen wie die Auswirkungen der guten bzw. der schlechten Regierung auf Stadt und Land.

Abb. 2: Ambrogio Lorenzetti, Die Gute Regierung – Allegorie der Tugenden. (aus: Diana Norman, Painting in Late Medieval and Renaissance Siena (1260-1555), Yale University Press, New Haven and London 2003).

Doch die Fresken, Herrschaftskunst aus der Frühzeit europäischer Stadtkultur, deren politische Verfassung durchaus noch tyrannische Züge trug, sind nicht nur eine politische Philosophie im Medium der Künste (Skinner 1987, S. 1-56). Sie sind zugleich eine der frühesten Landschaftsdarstellungen der italienischen Renaissance überhaupt. Führen sie doch das zur Landschaft organisierte Umland der Stadt – Sienas Contado – ebenso als ästhetische wie als politische Ordnung vor Augen (vgl. Abb. 3). Diese Landschaft ist, wenn auch als Umgebung Sienas kenntlich, keineswegs Abbild der Natur oder einer individuellen Erfahrung, sondern im politischen Rahmen der im Rathaussaal angebrachten Fresken in ihrer allegorischen Funktion zu lesen.

Für Bemühungen um eine europäische Bürgerschaftlichkeit sind die Fresken des „Buon Governo" von besonderem Interesse – nicht nur durch die Verbindung der allegorischen Darstellung politischer Ideale mit der Darstellung einer von der Stadt abhängigen Landschaft. Die Künste selbst finden als eine tanzende Gruppe

Abb. 3: Ambrogio Lorenzetti, Die Gute Regierung – Auswirkungen auf das Land. (aus: Diana Norman, Painting in Late Medieval and Renaissance Siena (1260–1555), Yale University Press, New Haven and London 2003).

im Zentrum der gut regierten Stadt ihren Platz. Der Blick auf Lorenzettis Fresken scheint daher gerade für ein Unternehmen lohnend, das darauf abzielt, die Künste auch in den Mittelpunkt einer intellektuellen Arbeit an der Verfassung Europas zu stellen. Mehr noch: Mit Lorenzettis Fresken hatten die Künste selbst Anteil an der Ausbildung eines politischen Raums. Dies geschieht dabei nicht nur durch die repräsentative Darstellung politischer Ideale der Stadt, sondern auch einerseits als wirksames Element der Ausbildung eines Bewusstseins städtischer Bürgerschaftlichkeit, und andererseits eines Bewusstseins von Natur als Landschaft. Lorenzettis Fresken können als ein Referenzpunkt von Bemühungen aufgerufen werden, Europa nicht als Summe und nach dem Modell der Nationalstaaten zu entwerfen, sondern ausgehend von seinen Städten und Landschaften, von Kunst und Wissenschaft, die von grundlegender Bedeutung für ihre Entwicklung waren.

Diese bei Stadt und Urbanität ansetzenden Bemühungen zielen auf einen Möglichkeitsraum des Wissens, den es den anderen Räumen zur Seite zu stellen gilt, in denen eine Vergemeinschaftung von Politik stattfindet: den europäischen Räumen der Sicherheit und des Rechts, der Politik und der Ökonomie. Gerade von hier aus kann Europa nicht nur als ein post-nationales, sondern ausdrücklich als ein (trans)urbanes Projekt verstanden werden, das sowohl Fragen nach dem Zusammenhang von Raum, Zeit und Bewegung, als auch von Kunst, Wissen und Politik aufwirft. Erstere sind vor allem Gegenstand der Choreographie, letztere grundlegend an die

Abb. 4: Ambrogio Lorenzetti, Die Gute Regierung – Auswirkungen auf die Stadt. (aus: Diana Norman, Painting in Late Medieval and Renaissance Siena (1260-1555), Yale University Press, New Haven and London 2003).

Stadtgesellschaft gebunden. Beide kommen in Lorenzettis Darstellung einer tanzenden Gruppe zusammen, die Teil ist einer Bearbeitung von Raum im Medium der Künste – von Siena und seiner Landschaft.

Die dargestellte Tanzszene hat zahlreiche Deutungen erfahren: Ihnen gemeinsam ist die Hervorhebung der besonderen Bedeutung von Tanz in der Konstitution und Repräsentation der Stadtgesellschaft – dabei macht es keinen Unterschied, ob die tanzende Gruppe nun als Verweis auf die Stellung des Theaters im städtischen Leben (Feldges-Henning 1972), als Symbolisierung des Ideals der *Concordia* (Seidel 1997) oder aber als Darstellung eines Tripudium-Tanzes in den Straßen Sienas verstanden wird, der die *Tristitia* bannt (Skinner 1999). Einem Interpretationsansatz folgend, bilden junge Männer, nicht Frauen, die tanzende Gruppe.[1] Der von dieser Gruppe aufgeführte Tanz ist Ausdruck von *Gaudium*, der Freude (Skinner 1999, S. 21), die sich aus der Herrschaft von *Justitia* ergibt (Skinner 1999, S. 23). Eine andere Deutung des Reigens hingegen, die in der Anordnung der Tanzenden den Anfangsbuchstaben der Stadt Siena erkennen will, sieht im Tanz-Motiv die bildliche Repräsentation der Leitidee der Fresken: eben dem Ideal der *Concordia*, der harmonischen Eintracht (Seidel 1997, S. 52; 53), an der das städtische Leben auszurichten ist, um das *Bonum Commune*, das Gemeinwohl, zu gewährleisten (Schiera 1999, S. 295). Egal welcher der beiden hier nur kurz gestreiften Lesarten man nun folgt, fest steht, dass Lorenzetti in seinen Fresken dem Tanz eine zentrale Funktion zugewiesen hat: Sei es als performative Aufführung oder aber als allegorische Darstellung im Zentrum der Stadt, die über ein von ihr aus und auf sie hin organisiertes Umland herrscht.

---

1 Skinners Interpretation hat diese Auslegung durch J. Bridgman zur Grundlage, die sie in folgendem Aufsatz entwickelt: Ambrogio Lorenzetti's Dancing „Maidens": A Case of Mistaken Identity, in: *Apollo CXXXIII* 1991, S. 245-252. Vgl. Skinner 1999 Fußnote 62.

Nicht nur das Zusammenleben der Subjekte im Zeichen von *Concordia* und von *Ordinatio* (Schiera 1999, S. 295), auch die Ordnung der Räume wird im Übergang vom Mittelalter zur Neuzeit durch die Ausrichtung auf das *Bonum Commune* geregelt, dem eine normative und ordnende Fähigkeit zukommt (Schiera 1999, S. 293). Steht das Umland der durch das *Bonum commune* bestimmten Stadt zunächst gegenüber, wird diese Opposition mehr und mehr durch das Abstecken eines territorialen und politischen Raums aufgelöst, in dem die das Gemeinwohl konstituierenden Beziehungen in idealer Weise zu entwickeln waren (Schiera 1999, S. 294). Durch diese Entwicklung ist nicht nur die Stadt, sondern auch die Landschaft auf die tanzende Gruppe als Ausdruck von *Gaudium* oder *Concordia* bezogen. Tanz und Choreographie treten als Elemente einer Entwicklung von Landschaftsbewusstsein neben die malerische oder zeichnerische Darstellung von Natur. Sie ergänzen Akte der Vermessung und Eingrenzung dieser Natur, durch die die städtische *Ordo* ausgedehnt wird auf ein „neues, weiteres und besser regulierbares territoriales Gebiet" (Schiera 1999, S. 295) – und sie sind einer anderen Bewegungsform verbunden: Der Reise, die in Lorenzettis Fresken als Ausritt einer herrschaftlichen Dame angespielt ist, durch den Sienas Contado visuell auf die Stadt bezogen wird.

Marseille: Der Pfad des Fremden

Will man dieser historischen Perspektivierung der Arbeit an einer europäischen Bürgerschaftlichkeit, die mit dem Blick auf Siena eingeführt wurde, eine gegenwärtige zur Seite stellen, könnte unsere Aufmerksamkeit einer Stadt im besonderen gelten: Marseille, der europäischen Kulturhauptstadt des Jahres 2013. Ehemals Tor zu den französischen Kolonien und Vorposten des Maghreb auf der anderen Seite des Mittelmeeres ist die Stadt heute – nach einer Zeit tiefgreifenden Strukturwandels – auf der Suche nach einer neuen ökonomischen und kulturellen Ausrichtung, die sich in urbanistischen Stadterneuerungsprogrammen wie dem der Euroméditerranée niederschlägt. Die Planung dieses Viertels zwischen Hafen- und Panierviertel kann in eine starke Traditionslinie modernistischer Stadtplanung in den 30er Jahren des letzten Jahrhunderts und nach der Befreiung Frankreichs von deutscher Besatzung eingestellt werden.

Am Rande des französischen Hexagons gelegen, verbindet Marseille mit seiner starken regionalen Identität diese – weniger geographisch als sozial und ökonomisch begründete – Situation „en marge" mit einer Gründungsmythologie, die sie als älteste Stadt Frankreichs ausweist.[2]

Marseille bündelt nicht nur die Merkmale, die oben als kennzeichnend für die europäische Stadt angeführt wurden und verbindet sie mit einem vitalen Mythos.

---

2 Aus der umfangreichen Literatur zu Marseille sei hier nur zwei Bände hingewiesen: Dell'Umbria, Alèssi (2006): Histoire universelle de Marseille. Marseille: Agone und Roncayolo, Marcel (1996): Les grammaires d'une ville. Essai sur la genèse des structures urbaines à Marseille, Paris: Édition d' EHESS.

Die Stadt steht auch emblematisch für John B. Jacksons Konzept eines „Pfads des Fremden" und rückt dadurch in den Fokus einer auf die Rolle transurbaner Felder abhebenden Sichtweise europäischer Bürgerschaftlichkeit. Seine Landschaftstheorie entwickelte Jackson vor dem Hintergrund seiner Tätigkeit als Aufklärungsoffizier in Frankreich während des Zweiten Weltkriegs. Durch diese besonders charakteristische Weise der Wahrnehmung von Bewegung in der (Kriegs-)Landschaft und ihre spezifische Notation, die Jackson von seiner Armeetätigkeit auf seine Arbeit als Landschaftsplaner überträgt, ist seine Konzeption von Landschaft für deren Charakter als Bewegungszusammenhang in besonderer Weise relevant. Landschaft, so Jackson, sei weder als „Aussicht auf eine ländliche Szenerie noch als bildliche Darstellung dieser Szenerie" hinreichend zu bestimmen (Jackson 1984, S. 29). Landschaft sei nicht bloß Szenerie (von Bewegung) und nicht allein als „natürlicher Raum" zu verstehen. Vielmehr sei sie als ein künstliches System „menschengemachter Räume auf der Erdoberfläche" aufzufassen und stets „plötzlichen und unvorhersehbaren Veränderungen ausgesetzt" (Jackson 1990, S. 43). Jackson definierte „vernakuläre Landschaften" als einen Typus, den er im mittelalterlichen Europa (Landschaft 1) und im amerikanischen Westen seiner Zeit (Landschaft 3) zu erkennen glaubte. Er stellte ihn einer auf Sichtbarkeit ausgerichteten Landschaft 2 der Renaissance gegenüber, die auf Eindeutigkeit, Trennung – etwa von Stadt und Land – und Ausschließung all dessen was „temporär, kurzlebig oder beweglich" sei (Jackson 1984, S. 37) beruhe.

Eine solche vernakuläre Landschaft, in der Straßen oft nicht mehr als Pfade oder Feldwege und selten von Dauer sind, ist ein „bunt zusammengewürfeltes Areal von kleinen Dörfern und dazugehörigen Feldern […], vergleichbar mit Inseln in einem Meer von Ödland und Wildnis, die sich von Generation zu Generation verändern. Es sind Landschaften, deren Bewohner keine Monumente hinterlassen, sondern nur Zeichen des Aufgebens und Erneuerns" (Jackson 1984, S. 36). An dieser eher an Beweglichkeit denn an Sichtbarkeit orientierten vernakulären Landschaft des Mittelalters setzt, so Jackson, eine Konzeption von Landschaft an, die notwendig würde, wenn das Subjekt begründender Bestandteil einer vom täglichen Leben nicht mehr entfernten, wachsenden und verfallenden Landschaft geworden sei. Er sieht sie charakterisiert durch ein unaufhörliches Zusammenspiel zwischen Kurzlebigem, Mobilen und Vernakulärem auf der einen, der Autorität gesetzlich festgelegter, geplanter und beständiger Formen auf der anderen Seite, dem sie gerecht zu werden habe (Jackson 1957/2005, S. 24). Diese Konstellation verfolgt Jackson in seinen Arbeiten, die kartografische Erkundungsskizzen als Teil einer notationellen Methode der Aufzeichnung von Raum/Bewegung einsetzen.

Bei seinen Begehungen von Städten charakterisiert er einen „Pfad des Fremden", der ihm als besonderes Merkmal urbaner Landschaft gilt. Er beschreibt ihn als ein „Gebiet für Durchreisende", das „in Begriffen der Bewegung und Veränderung entlang einer recht genau definierten Achse" zu denken sei (Jackson 1957/2005; S. 19). Eines seiner prominentesten Beispiele ist die Cannebière in Marseille. Sie sei nichts anderes als eine Huldigung an den „Pfad des Fremden" und – ebenso wie

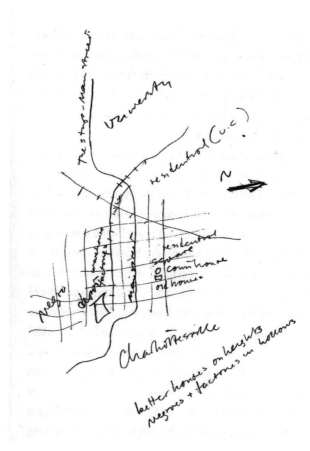

Abb. 5:
John B. Jackson: Kartografische Erkundungsskizze von Charlottesville/ Virginia 1957 (aus: Birgitt Franzen und Stefanie Krebs, Landschaftstheorie, Köln 2005).

beispielsweise die Ramblas in Barcelona – eine Verbindung des Hafens als Ort der Ankunft mit dem oberen Teil der Stadt, die sich nicht durch besondere Architektur oder Geschäfte auszeichnet: „Das Publikum, das man auf diesen beiden Straßen zu jeder Tages- und Nachtzeit trifft, ist nicht klassenspezifisch, sondern repräsentiert einen Querschnitt der Stadtbevölkerung: Frauen, Männer und Kinder, Reiche und Arme, Fremde und Einheimische" (Jackson 1957/2005, S. 27). Jackson stellt Le Corbusiers Cité Radieuse als architektonisches Meisterwerk heraus, das er besucht habe, nur um aus der Wohngegend dann so schnell wie möglich wieder ins Zentrum und seine fantastischen Straßen zurückkehren zu können:

> „Es gibt kaum etwas Schöneres, als dort [im Zentrum – F.H.] den ganzen Abend zusammen mit Tausenden anderer Menschen auf und ab zu spazieren und dabei die Lichter zu genießen, die durch die Bäume oder von den Fassaden scheinen, dem Klang der Musik, ausländischer Stimmen und des Verkehrs zu lauschen und sich am Duft der Blumen, des guten Essens und der Meeresluft zu erfreuen. Die Gehwege werden von kleinen mit Karbidlampen beleuchteten Läden, Bars, Verkaufsständen, Tanzlokalen und Kinos gesäumt; und überall gibt es fremde Gesichter, fremde

Abb. 6: Werner Gasser: Marseille. A la gare (© Werner Gasser).

Kleidung, fremde und reizvolle Eindrücke. Von einer solchen Straße aus in den ruhigeren, stärker gegliederten Teil einer Stadt zu laufen, bedeutet an einer Prozession, einer unaufhörlichen urbanen Initiationszeremonie teilzunehmen und die Stadt selbst immer wieder neu einzuweihen. So etwas sollten wir auf unseren ersten Gang durch jede noch so kleine Stadt vorfinden: eine Reihe bunter, belebter und schöner Straßen und Plätze, die uns willkommen heißen" (Jackson 1957/2005, S. 27f.).

Ein solcher „Pfad des Fremden", den Jackson hier beschreibt, sei in jeder Stadt zu finden, schon in den Ruinen von Pompeji oder in jeder mittelalterlichen Stadt. Um ihn genauer zu charakterisieren, wählte er die Metapher des Flusses: Zum einen sei es seine primäre Funktion, neues Leben in die Stadt zu bringen und sie zum anderen mit der Außenwelt zu verbinden. Die Stadt wird durch den Fluss als Umschlagplatz manifest. Der Pfad ergieße sich, so Jackson, nicht in eine Bucht oder einen See, sondern verdunste gleichsam in der Stadt, oder er komme höchstens außerhalb der Stadt entlang einer Autobahn wieder an die Oberfläche. Er beginne dort, wo der Fremde die Stadt betrete – am Bahnhof, oder Hafen – und erlange seine typischste Gestalt zwischen den Extremen von Verkommenheit und Opulenz dort, wo die Stadt sich ungeschminkt als Umschlagplatz zeige (Jackson 1957/2005, S. 19f.). Der Pfad, so Jackson weiter, kenne sein Ziel nicht, und daher sollte gegen diese Tendenz der ‚Verflüchtigung' daran gearbeitet werden, dass er auf einen Platz hinführe, an dem „sich die Bürger der Stadt zwanglos treffen und gemeinsam ihre Freizeit verbringen" (Jackson 1957/2005, S. 25).

Die Arbeit an einem vertieften Verständnis europäischer Bürgerschaftlichkeit besteht nicht nur darin, Modelle zu identifizieren, die es ermöglichen, in Überwindung nationalstaatlicher Traditionen den Begriff der Bürgerschaft zu fassen und zu erproben. Nach dem Tanzreigen in Siena wurde hier der „Pfad des Fremden" in Marseille als ein Modell neben möglichen anderen angeführt und dies nicht zufällig in einer literarischen Beschreibung, die wie die Notation von Raum/Bewegung ein Teil von Jacksons Konzeption von Landschaft ist. Wie die Künste, die am Beispiel von Siena im Zentrum des Städtischen als Ort politischer Bestimmung aufschienen, und wie die Theoriebildung – zu der diese Überlegungen vorbereitend beitragen wollten – kann auch eine urbanistische Raumplanung, die auf solche Plätze und Bewegungsräume zielt, zum Ort einer Bestimmung europäischer Bürgerschaftlichkeit als Praxis werden – neben der politischen Philosophie und der demokratischen Rede, die in ihrem Vollzug der *polis* als ihrem originären Ort verbunden sind.

Literatur

Bridgman, Jane (1991): Ambrogio Lorenzetti's Dancing „Maidens": A Case of Mistaken Identity. In: Apollo CXXXIII, S. 245-252.

Careri, Francesco (2002): Walkscapes. Walking as an aesthetic practice. Barcelona: Gustavo Gili.

Feldges-Henning, Uta (1972): The pictoral programme of the ‚sala della pace': a new interpretation. In: Journal of the Warburg and Courtauls Institutes, London: University of London, XXXV, S. 145-162.

Franzen, Brigitte/Krebs, Stefanie (Hrsg.) (2005): Landschaftstheorie. Texte der Cultural Landscape Studies. Köln: Verlag der Buchhandlung Walther König.

Jackson, John B. (2005 [1957]): Der Pfad des Fremden. In: Franzen, Brigitte/Krebs, Stefanie (Hrsg.), S. 16-28.

Jackson, John B. (1984): Landschaften. Ein Resümee. In: Franzen, Brigitte/Krebs, Stefanie (Hrsg.), S. 29-44.

Jackson, John B. (1990): Die Zukunft des Vernakulären. In: Franzen, Brigitte/Krebs, Stefanie (Hrsg.), S. 45-56.

Michalsky, Tanja (2006): „Limes ille Galliarum et Hispaniae, Pirenaeus vertex, inde non cernitur" – Zum Verständnis von Land und Landschaft in verschiedenen Medien des italienischen Spätmittelalters. In: Spieß, Karl-Heinz (Hrsg.): Landschaften im Mittelalter. Stuttgart: Franz Steiner Verlag, S. 238-266.

Schiera, Pierangelo (1999): „Bonum Commune" zwischen Mittelalter und Neuzeit. Überlegungen zur substanziellen Grundlage der modernen Politik. In: Boshof, Egon (Hrsg.): Archiv für Kulturgeschichte. 81. Jg., Köln u.a.: Böhlau, S. 283-303.

Seidel, Max (1997): Vanagloria, Studien zur Ikonographie der Fresken des Ambrogio Lorenzetti in der ‚Salla della Pace'. In: Beck, Herbert (Hrsg.): Städel Jahrbuch, Neue Folge Band 16. München: Prestel Verlag, S. 35-90.

Skinner, Quentin (1987): Ambrogio Lorenzetti: The artist as political philosopher. In: Proceedings of the British Academy, vol. LXXII. Oxford: University Press, S. 1-56.

Skinner, Quentin (1999): Ambrogio Lorenzetti's Buon Governo Frescoes: Two old Questions, two new answers. In: Journal of the Warburg and Courtauls Institutes, London: University of London, LXII, S. 1-28.
Waldenfels, Bernhard (1985): Gänge durch die Landschaft. In: Ders.: In den Netzen der Lebenswelt. Frankfurt/Main: Suhrkamp, S. 179-193.

Gunter Gebauer

Das Recht zu fordern

Wie kann eine Unionsbürgerschaft oder *citoyenneté européenne* entstehen? Nachdem die Nationalstaaten gut zwei Jahrhunderte gebraucht haben, um sich der Zustimmung ihrer Bürger zu versichern, scheint die Entstehung einer neuen Bürgerschaft Europas eine unwahrscheinliche Sache zu sein. Europa wird von oben her konstruiert, von Staatsmännern und politischen Institutionen. Sie regieren über die Köpfe der Bevölkerung hinweg, ohne sich zu vergewissern, ob sie noch im Namen des Volkes sprechen, das sie eigentlich vertreten sollen. Vor jeden Europawahlen zittern die Politiker, weil sie die Blamage einer lächerlich geringen Wahlbeteiligung fürchten. Bei den großen Veranstaltungen Europas werden die Nationalfahnen gehisst und die Länderhymnen gespielt; die symbolische Referenz auf Europa tritt vergleichsweise in den Hintergrund.

Europäische Gemeinsamkeiten

Ist diese pessimistische Sicht gegenüber der Unionsbürgerschaft berechtigt? Gibt es keine Bewegungen, die eine Zugehörigkeit zu Europa von unten konstruieren? Gerade dies scheint doch der Fall zu sein, wenn man die Alltagswirklichkeit betrachtet; hier kann man kräftige Tendenzen der Gemeinsamkeit feststellen. Im gewöhnlichen Leben bilden sich Grundzüge europäischer Vorstellungen heraus, die allmählich in den politischen *common sense* eingehen. Auf den ersten Blick erscheinen sie belanglos, können aber langfristig einen Mentalitätswandel hervorrufen. Wenn man sich einige Beispiele vor Augen hält, wird dieser Gedanke etwas deutlicher.

Flüsse und Brücken: Wir können Grenzen zu Territorien mit anderer Sprache und Kultur überschreiten, ohne angehalten zu werden. Es gibt die großen Fernstraßen, die Eisenbahnlinien, die Brücken. Es sind diese Transitionen, dieses Durchqueren, die Bewegung durch die verschiedenen Räume, die uns ein Gefühl von europäischer Zugehörigkeit geben können. Wenn ich früher von Deutschland über Frankreich nach Spanien gefahren bin, musste ich zwei Brücken überqueren, die einschneidende Grenzen markierten: die Rheinbrücke bei Kehl und die Brücke über die Bidassoa bei Irun. Die Rheinbrücke zwischen Kehl und Straßburg markierte den Übergang zwischen zwei Kulturen und besaß auf beiden Seiten eine strenge Grenz- und Zollkontrolle. Die Franzosen waren misstrauisch gegenüber den Deutschen, die zu ihnen kamen, und die Deutschen prüften die Kofferräume der aus Frankreich Zurückkehrenden auf französische Waren (Wein, Champagner, Cognac). Die Kehler waren froh, dass sie keine Franzosen waren; die Straßburger waren voller Abwehr gegenüber den Deutschen, die aus Baden kamen. Wenn man durch die Grenzkontrolle auf der Rheinbrücke in Richtung Straßburg weiterfuhr, hatte man das Gefühl, in einem fremden Land zu sein; heute ist Straßburg Sitz des Europäischen Parlaments.

Auf der anderen Seite der Bidassoa standen die Faschisten von Franco, finstere Gesellen der Guardia Civil, ungehobelte Polizeitruppen, die mit größtem Misstrauen alles beobachteten, was aus Frankreich kam. Man kam in ein rückständiges Land mit einem Militärregime, das so weit weg von Europa war wie heute Albanien. Unvergesslich der Film „La guerre est finie" von Alain Resnais, in dem es eine Szene der Überquerung der Grenze an der Bidassoa gibt. In einem Auto fahren zwei Widerstandskämpfer, die nach Spanien in den Untergrund zurückkehren; sie nähern sich der Grenzkontrolle und werden von Panik erfasst, bei der Idee, dass sie von den Grenzposten erkannt werden könnten. Heute fährt man mit dem Auto über beide Brücken, ist im Nachbarland und erfreut sich an der schönen Landschaft.

Die großen Bahnlinien: Man fährt heute mit Hochgeschwindigkeitszügen wie Thalys und Eurostar von Deutschland nach Frankreich. Innerhalb kürzester Zeit ist man von Paris in Köln, Frankfurt oder Straßburg oder auch in Brüssel, London und Amsterdam. In der Bahn wird französisch, englisch, deutsch, flämisch und niederländisch gesprochen. Es gibt ein internationales Bahnteam, europäische Zeitungen und international gemischte europäische Bahnreisende. Man hat den Eindruck, Europa finde im Zug statt.

Die Struktur der Stadt: Eine Stadt in Europa hat ein Zentrum, oft eine Altstadt, eine Kirche in der Mitte, einen Marktplatz, Cafés, Gassen etc. In einer solchen Stadt können wir uns orientieren, weil sie nach einer bestimmten Logik aufgebaut ist. Diese finden wir auch in anderen Regionen rund um das Mittelmeer, in der arabischen und türkischen Welt – aber wir finden sie nicht im östlichen Asien, nicht in Afrika jenseits des Maghreb, und nicht in Amerika (es sei denn als Gründungen nach europäischem Vorbild). Wenn wir uns in außereuropäischen Städten bewegen, fehlt uns (zunächst) die Orientierung; wir haben kein Gespür für die Städte, die so ganz anders aufgebaut sind, als wir es kennen. Das gleiche gilt für die Zeit in der Stadt: den Feierabend und den Sonntag. Der Sonntag ist in USA und Japan der große Einkaufstag der ganzen Familie. An diesem Tag steht *shopping* und Geld ausgeben auf dem Programm. Der Gedanke eines Mußetages, der Entspannung, des Spaziergangs, des gemeinsamen Essens fehlt in vielen außereuropäischen Kulturen vollkommen. Wenn wir außerhalb Europas leben, vermissen wir die Stadt und ihre Zeit; dabei ist es vollkommen egal, an welche europäische Stadt wir denken.

Europäische Vereinigung in der Unterhaltung: Es gibt Vergnügungen, die ein europäisches Publikum vor die Fernsehschirme treibt, wie die Champions League oder der Grand Prix d' Eurovision (European Song Contest). In diesen Wettbewerben entsteht der Gedanke und das Gefühl eines großen Raumes, aus dem die Wettbewerber kommen und einige von ihnen eine Meisterschaft erringen, die sie an die Spitze aller Konkurrenten aus diesem Raum setzt.

Der Wunsch, im Nachbarland zu leben: Viele Deutsche sind in eines der europäischen Nachbarländer gezogen; insbesondere in die Schweiz und nach Österreich. Ich denke nicht so sehr an die Migrationsbewegungen, die es auch im außereuropäischen Raum gibt, sondern daran, dass man den Nachbarn, das Nachbarland attraktiver findet als das eigene Land. Viele Deutsche leben in Frankreich oder haben dort Wohneigentum erworben. Es ist offensichtlich möglich, sich beim Nachbarn wohlzufühlen und dort eine bessere Existenz zu leben als im eigenen Land. Die Tatsache, dass man sich im Nachbarland wohlfühlen kann, spricht dafür, dass man Gemeinsamkeiten entdeckt hat.

Die Sommerferien: In den Sommermonaten gibt es den großen Aufbruch in die Ferien, vom Norden nach Süden und zeitversetzt in umgekehrter Richtung. Es gibt ausgedehnte Urlaubszeiten, die in anderen Weltregionen unbekannt sind. Wir haben in Europa gemeinsame Freizeit- und Urlaubspraktiken, Festtage, religiöse Feiertage, Ruhepausen, Geburtstage oder die Sommerzeit. Immer vor dem Hintergrund von Erfahrungen im außereuropäischen Ausland erscheint Europa als ein Raum mit ähnlichen Praktiken, die man gut verstehen und in denen man sich heimisch fühlen kann.

Die Außensicht: Wenn man Europa von außen betrachtet, fühlt man sich zugehörig. Diese Situation tritt immer dann ein, wenn man im außereuropäischen Ausland auf ganz andere Erfahrungen trifft, die einem weitgehend unverständlich erscheinen. So z.B., wenn man dort die Schwierigkeiten sieht, in das Nachbarland zu gelangen, und schließlich, wenn man dort wie selbstverständlich als Europäer behandelt wird, nicht als Deutscher, Franzose, Holländer oder Pole, weil die Differenzen zwischen diesen Nationen aus der Ferne nicht mehr wahrgenommen werden. Aus der Sicht der Japaner, bei denen ich zu Gast war, erschien der andere Gast, der aus Polen kam, als ein Landsmann von mir. Zuerst war ich befremdet, aber dann war mir klar, dass wir untereinander viel mehr Gemeinsames hatten als mit den Japanern, weil wir etwas teilten, was sie nicht haben. Dies war im ersten Moment ein neuer, sehr fremder Gedanke für mich, weil ich diese Sichtweise selbst noch nie eingenommen hatte. Wenn man in New York oder Tokio in einer Schlange auf dem Flughafen steht, erkennt man schon an der weinroten Farbe der Personaldokumente, dass es sich um Europäer handelt, und oft ist es schwer, ein Gefühl von Gemeinsamkeit zu unterdrücken.

Strukturen

Die EU ist kein Staat, sondern eine politische Struktur mit den Säulen der Grundfreiheiten und Bürgerrechte, der Administration und Gesetzgebung und der institutionellen Abkommen. Dies alles klingt recht kalt und scheint die Gefühle der Bürger nicht zu erreichen. Aber ist es richtig, dass eine übernationale Bürgerschaft etwas Gewachsenes sein, aus den Gefühlen der Bürger hervorgegangen sein muss? Dies scheint eher eine Vorstellung der Romantik zu sein, die uns bis heute prägt, aber durchaus nicht den in der Vergangenheit beobachtbaren Prozess der Nationenbildung erfasst. Nach Louis Dumont denkt die Romantik als eine holistische Konstruktion, also ein politisches Ganzes wie die Nation, als ein *Individuum*: als sei eine Nation so etwas wie ein Mensch mit charakteristischen Zügen, einer unverwechselbar persönlichen Biographie und kohärenten Zukunftsvorstellungen. Eine politische Einigung von oben her wäre in dieser Sichtweise eine Fehlkonstruktion. Tatsächlich aber zeigen die erfolgreichen Konstitutionsakte von Nationen, wie in den USA nach 1779 und Frankreich nach 1789, etwas ganz anderes: die Erklärung einer Gruppe von Politikern, dass es ein neues Volk gibt, das aus eigener Autorität eine Verfassung schöpft, sich selbst als Volk einsetzt und eine Regierung wählt. Eine verfassungsgebende Versammlung erschafft ein Volk, das es bis dahin noch nicht gegeben hat; und sie gibt sich Gesetze im Namen des noch nicht bestehenden Volkes, das aber diese Gesetze schon legitimiert. Es ist evident, dass es sich nicht um einen logisch-deduktiven Vorgang handelt, sondern um etwas ganz anderes. Es ist ein *performativer Akt*, durch den Volk, Verfassung, Gesetze, Politik, Legitimation und schließlich eine neue politische Entität geschaffen werden. Es ist aber auch klar, dass eine solche performative Konstitution nur geschehen kann, wenn es bereits etwas gibt, was diesen Akt ermöglicht, wie die oben erwähnten Gemeinsamkeiten.

Ausgrenzung

Mit der Europäischen Union wurde der Krieg überflüssig. Aus den antagonistischen, feindseligen Verhältnissen wurde ein neues Territorium ohne Grenzen geschaffen, das die Nachbarn zum gegenseitigen Besuch einlädt. Das Besuchsrecht, von dem Kant im „Ewigen Frieden" spricht, ist hier Wirklichkeit geworden: Das Territorium gehört niemandem, weil es von Gott gegeben ist, aber jeder, der dazugehört, hat das Recht, alle Teile dieses Gebiets zu besuchen.

Wenn man diesen Gedanken durchspielt, erkennt man eine Einschränkung der Bürgerrechte, die die Europäische Konstruktion kennzeichnet: Alle jene, die *nicht* zu diesem Territorium gehören, können nur mit mehr oder weniger großen Schwierigkeiten zu Besuch kommen. Es gibt zweifellos privilegierte Gäste, die kein Visum benötigen; aber es gibt auch die anderen, die sich in Europa nicht längere Zeit aufhalten dürfen. An den Universitäten kennt man die Schwierigkeiten, die den Doktoranden aus Ostasien entstehen, wenn sie für ihre Dissertation längere Zeit benötigen als die Promovenden aus EU-Mitgliedstaaten. Die Existenz der Ausländerbehörde macht uns immer wieder deutlich, welche Privilegien uns Einheimischen die europäische Bürgerschaft gibt. Die Privilegien dieser *citoyenneté* entstehen aus der Einschränkung der Rechte und Möglichkeiten, die Ausländern auferlegt wird.

Aber eine Bürgerschaft beruht nicht nur auf einem Ausschluss derjenigen, die sich *jenseits* der Grenzen befinden, sondern auch auf einer Ausgrenzung von Gruppen *innerhalb* des Territoriums. In seinem Beitrag zitiert Diogo Sardinha[1] eine Passage aus Kants 1798 erstmals publizierter „Anthropologie", in der das Volk (*populus*) zwar als ein Ganzes definiert wird, aber in dessen Inneren ein Bevölkerungsteil existiert, der von innen her aus diesem Ganzen ausgegrenzt wird und sich durch eigene Aktion selbst ausgrenzt: „Der Theil, der sich von diesen Gesetzen ausnimmt (die wilde Menge in diesem Volk), heißt *Pöbel* (vulgus), dessen gesetzwidrige Vereinigung das *Rottiren* (agere per turbas) ist; ein Verhalten, welches ihn von der Qualität eines Staatsbürgers ausschließt" (Kant [1798] 1968, S. 311). Im Inneren des Volkes gibt es den „Pöbel", und dieser wiederum definiert durch Abgrenzung von innen das, was das Volk (*populus*) ausmacht.

In dieser Sichtweise ist Staatsbürgerschaft sowohl nach außen als auch nach innen abgegrenzt, wodurch diese einen doppelten Wert erhält. Nicht nur die Menschen jenseits der Grenzen kommen für die Unionsbürgerschaft nicht in Frage, sondern auch im Bereich der Europäischen Union selbst gibt es Gruppen, die nicht zugehörig sein sollen und sein wollen. In analoger Weise bleiben auch den Zugewanderten aus islamischen Ländern, die sich zur falschen Zeit an falschen Orten aufhalten, die europäischen Bürgerrechte versagt. Auf diese Weise wird deutlich, dass mit der Unionsbürgerschaft ein besonderer Status verbunden ist, fast eine Art Auszeichnung, die nicht nur Sicherheit vor Kriegen, sondern auch Beistand gegen Inhaftierung und Verschleppung garantiert, der anderen vorenthalten wird.

Es gibt also innerhalb des Territoriums der Europäischen Union diejenigen, die zu ihr gehören, und jene, denen elementare Rechte zugestanden werden. Auf diese Weise wird all jenen, die Schutz genießen, der Wert der Unionsbürgerschaft deutlich vor Augen geführt. Das Bedrückende an der inneren Grenze ist, dass sie „beweglich" ist – einmal betrifft sie die muslimischen Zugewanderten, dann wieder die Randalierer und „Autonomen" oder auch alle jene, die nicht zu den tragenden Kräften der Gesellschaft gehören. Wie Diogo Sardinhas Kant-Zitat ausdrückt, hatte die „Canaille" ihren Ursprung – jedenfalls in der Imagination Kants – in „einem am Canal im alten Rom hin und her gehenden und beschäftigte Leute foppenden Haufen Müßiggänger" (Kant [1798] 1968, S. 311). Müßiggänger gegen beschäftigte Leute – dies ist eine alte und immer wieder neue Opposition in Europa: die arbeitende Bevölkerung und die Sozialschmarotzer. Wer zu dem „foppenden Haufen Müßiggänger" gehört, verliert schnell seine Rechte. Heute sind dies beispielsweise die Hooligans, die nicht nur „foppen", sondern auch Polizisten angreifen.

Die Rechte der Unionsbürger erhalten ihren Wert insbesondere dadurch, dass sie bestimmten Menschengruppen, die sich sowohl außerhalb als auch innerhalb der europäischen Grenzen befinden, nicht zustehen. In Europa ist vieles umstritten, insbesondere die europäische Verfassung, aber diese Abgrenzung gegenüber dem

---

1   Siehe den Beitrag von Diogo Sardinha im vorliegenden Band.

Außen und dem Innen ist es nicht. Ist dies nicht ein Zeichen dafür, dass der Wert der Unionsbürgerschaft von den meisten Europäern sehr wohl begriffen wird?

Konstruktion

Es ist gut möglich, dass in der Gegenwart ein altes Modell des Zusammenschlusses von Individuen zu staatlichen Entitäten verwirklicht wird: das Modell des im „Leviathan" von Hobbes beschriebenen Prozesses des Zusammenschlusses von freien Subjekten, die ihre Souveränität an eine Machtinstanz abgeben, die ihnen Leib, Leben und Gut garantiert. Unter dem Schutzschirm des Leviathan entsteht eine neue Bürgerschaft, und zwar aus der Angst, sein Leben und sein Hab und Gut zu verlieren. Für Hobbes hatte dieses Modell eine historische Realität, die englischen Bürgerkriege, denen jeder Bürger schutzlos ausgeliefert war. Die staatliche Konstruktion sollte einen Damm gegen diese Vergangenheit errichten, die sonst als Flutwelle in die Gegenwart einzubrechen drohte. Die Errichtung einer stabilen Monarchie geschieht nach Hobbes' Modell nicht durch eine Bewegung von unten, sondern durch einen zwischen Bürgern und Souverän geschlossenen Vertrag, eine juristische Konstruktion, die von den Bürgern verlangte, ihre Rechte abzugeben, um im Gegenzug Schutz zu genießen. Im England des 17. Jahrhunderts ging es darum, eine Garantie gegen den Bürgerkrieg zu schaffen.

Die europäische Konstruktion unserer Tage funktioniert nicht, wie Hobbes sich den Leviathan vorstellte. Sie ist vom Gedanken her eine Konstruktion von unten, die aus dem Willen geschaffen wurde, die Kriege zwischen den nationalen Gruppen zu verhindern. Es kommt nun darauf an, die ganzen Errungenschaften der Alltagskultur und des *common sense* der Bürger Europas ins Politische zu wenden. Erst wenn dies gelingt, wird von einer *citoyenneté européenne* die Rede sein können. In der Sichtweise, die ich mit den letzten Überlegungen entwickelt habe, ist die Idee Europas nicht nur eine intellektuelle und kulturelle Leistung, sondern auch eine Errungenschaft des gewöhnlichen Lebens. Was in der Alltagskultur selbstverständlich geworden ist, muss nun politisch eingeholt werden.

Auf den ersten Blick erscheint dies wenig möglich zu sein, insofern der europäische Bürger ein Subjekt in dem Sinne ist, dass er regiert wird. Aber er hat ein Recht und sogar die Pflicht, an seine Regierung – alle Bürger haben dieses Recht gegenüber ihren Regierungen – Forderungen zu stellen (Foucault 1994, S. 707). Die Forderungen, die zu stellen sind, entstehen aus der europäischen Geschichte und den Vorstellungen, die die Bürger vom Leben in Europa haben. Sie haben eine Vorstellung von dem, was sie wollen und was sie nicht wollen. Worum es dabei geht, kann man am besten darstellen, wenn man es von der Forderung der amerikanischen Verfassung nach „pursuit of happiness" absetzt. Das individuelle Recht auf „happiness" bedeutet die Freiheit des individuellen Glücksstrebens. Doch dies ist nicht das primäre Interesse, das in Europa herrscht; im Gegenteil, es besteht eher eine Abwehr gegen eine ungebremste Glücksverwirklichung, deren schreckliche Folgen die europäische Geschichte tiefgreifend markiert haben. Es geht vielmehr darum, die Errungenschaften, die aus der schmerzlichen politischen Geschichte Europas hervorgegangen sind, für die Zukunft zu sichern. Dieser Wunsch entsteht aus der Einsicht, dass hemmungsloses Streben nach Reichtum den Ausgleich in der Gesellschaft verhindert.

Errungenschaften

Eine wesentliche Errungenschaft in der Geschichte Europas ist die Überwindung der Privilegien des Adels. Die Geschichte zeigt, dass, wenn eine herrschende Klasse ihre Vormachtstellung verliert, eine andere an ihre Stelle tritt, die ihre Vorteile umso hemmungsloser ausüben kann, wie es das europäische Bürgertum im 19. Jahrhundert tat. Eine Forderung der Unionsbürger an ihre europäische Regierung könnte also lauten: keine neue Aristokratie schaffen, keine Sonderrechte, auch keine durch Tüchtigkeit erworbenen, zulassen, sondern das egalitäre Prinzip der Demokratie um jeden Preis verteidigen. Egalität der politischen Beteiligung und Rechte bezieht sich nicht nur auf das Verhältnis von Männern und Frauen, Mehrheit und Minderheit, weiß und farbig, sondern auch auf arm und reich, politische und wirtschaftliche Interessen.

Eine zweite wesentliche Forderung europäischer Bürger an ihre Regierung betrifft die Religion. Aus der Geschichte wissen sie, dass die politischen Einflüsse der Kirchen eine eigene Dynamik entfalten können. Daher die Skepsis gegenüber religiösen, insbesondere sektiererischen Bewegungen. Eine junge, dynamische Sekte kann bedeutende politische Wirkungen hervorrufen, die nicht im Sinne *aller* Bürger sind. Religionsfreiheit findet daher ihre Grenze in der möglichen Schädigung anderer religiöser Gruppen und der nicht-religiösen Mehrheit. Gegenüber Fanatismus insgesamt fordert die Mehrheit der Unionsbürger eine Eindämmung, so dass dieser nicht die Politik bestimmen darf. In jedem europäischen Land ist Wachsamkeit gegenüber Extremismus angesagt, insbesondere wenn es sich die Verteidigung der Werte Europas auf die Fahne geschrieben hat. Angesichts nationalistischer und ideologisierter Gruppen fordert die Mehrheit der europäischen Bürger Gelassenheit, Augenmaß und – wenn es nötig ist – eine klare Haltung der europäischen Institutionen. Aus der Geschichte wird diese Forderung verständlich, insbesondere aus der Überwindung des Nationalsozialismus, des italienischen, spanischen und portugiesischen Faschismus sowie des Kommunismus sowjetischer Prägung in Osteuropa; eine Überwindung, die mit entscheidender Beteiligung der USA und ihrer Verbündeten gelang. Die Folge ist der Wunsch nach einer ‚abgekühlten' Gesellschaft, die weniger Ausdruck von Skepsis (wie man oft unterstellt) als Resultat erlittener Erfahrung ist.

Das tiefe Paradox der Unionsbürgerschaft ist die Frage der Zulassung anderer „Gäste" in dem Stück Welt, das Europa ausmacht. Von ihren historischen Voraussetzungen her müsste die europäische Bürgerschaft in eine Weltbürgerschaft ausgeweitet werden – dies ist die Forderung Kants in seinem Aufsatz *Zum ewigen Frieden* von 1795 (Kant [1795] 2011). Warum ist dies in Europa bis heute nicht gelungen? Warum stellt die Abgrenzung, die Abschottung an den Außengrenzen der Europäischen Union scheinbar eine wichtige Bedingung für die Konstituierung der europäischen Bürgerschaft dar? Die Überwindung der Aversion gegenüber den jeweils anderen europäischen Völkern ist auf dem Territorium Europas weitgehend (wenn auch nicht vollständig) gelungen, aber nur um den Preis, dass der Reichtum ungleich verteilt bleibt. Es ist wohl eine Illusion zu glauben, dass sich die *citoyenneté européenne*, die Unionsbürgerschaft, von dem Streben nach höherem Wohlstand und innerer Sicherheit, und sei es auch nur ein wenig, lösen könnte.

Literatur

Foucault, Michel (1994): Dits et écrits IV, 1980-1988. Paris: Gallimard.
Kant, Immanuel (1968): Anthropologie in pragmatischer Hinsicht [1798]. In: Werke, Bd. VII. Berlin/New York: Walter de Gruyter.
Kant, Immanuel (2011): Zum ewigen Frieden und Auszüge aus der Rechtslehre [1975]. Berlin: Suhrkamp.

Diogo Sardinha

Spaltung im Innern des Volks: Nation, Pöbel und Kanaille in Kants *Anthropologie*

In seiner 1798 erschienenen Schrift *Anthropologie in pragmatischer Hinsicht* befasst sich der Philosoph Immanuel Kant mit dem europäischen Volk. Zwar handelt es sich dabei lediglich um eine eher unbedeutende Randbemerkung, da dieses Volk nur im Gegensatz zu einer teilweise außereuropäischen Perspektive betrachtet wird – der Perspektive der Türkei. Doch zeigt sie auch, dass die Vorstellung eines europäischen Volkes keineswegs abwegig ist. Hier sind die ersten Zeilen dieser Fußnote:

> „Die Türken, welche das christliche Europa *Frankestan* nennen, wenn sie auf Reise gingen, um Menschen und ihren Volkscharakter kennen zu lernen (welches kein Volk außer dem europäischen thut und die Eingeschränktheit aller übrigen an Geist beweiset), würden die Eintheilung desselben, nach dem Fehlerhaften in ihrem Charakter gezeichnet, vielleicht auf folgende Art machen: 1. Das *Modenland* (Frankreich). – 2. *Das Land der Launen* (England). […]" (Kant, *Anth.*, S. 312, Fn**).

Demnach werden die Türken, ebenso wie die Europäer und unter diesen die Franzosen, die Engländer und sonstige, als *Völker* verstanden. Was aber ist eigentlich ein Volk? Hier zunächst die Definition in Kants *Anthropologie*:

> „Unter dem Wort *Volk* (*populus*) versteht man die in einem Landstrich vereinigte *Menge* Menschen, in so fern sie ein Ganzes ausmacht. Diejenige Menge oder auch der Theil derselben, welcher sich durch gemeinschaftliche Abstammung für vereinigt zu einem bürgerlichen Ganzen erkennt, heißt *Nation* (*gens*); der Theil, der sich von diesen Gesetzen ausnimmt (die wilde Menge in diesem Volk), heißt *Pöbel* (*vulgus*), dessen gesetzwidrige Vereinigung das *Rottiren* (*agere per turbas*) ist; ein Verhalten, welches ihn von der Qualität eines Staatsbürgers ausschließt" (Kant, *Anth.*, S. 311.).

Wäre also ein Volk ein mit sich identisches Ganzes, eine von anderen Einheiten unterschiedene Einheit? Ungeachtet einer gewissen Zweideutigkeit, kann die Antwort letztlich nur *nein* lauten. Zuerst ist das Volk nach Kant eine *Menge*, die ein *Ganzes* ausmacht. Damit verweist uns der Philosoph auf das Terrain der Einheit. Diese Definition hat indes nicht lange Bestand, denn Kant fügt sogleich hinzu, dass das Ganze sich in zwei Teile spalte: Nation und Pöbel. Dass innerhalb eines Ganzen Teile bestehen, ist nicht zwangsläufig problematisch und keineswegs ein Widerspruch. Dass sich indessen diese Teile notwendigerweise in einem Konfliktverhältnis zueinander befinden, ist schon wesentlich heikler. Schließlich läuft dies der Vorstellung der klassischen Logik zuwider, ein Ganzes sei mit sich selbst identisch.

So gesehen trägt die These: „ein Volk ist ein Volk" der Komplexität des Gegenstands nicht ausreichend Rechnung. Wenn wir uns ein europäisches Volk vorstellen, das andere Völker (Engländer, Franzosen, Deutsche, Italiener …) in sich einschließt, die sich jedoch voneinander unterscheiden, bisweilen gewalttätig aufeinander losgehen, wird die Situation deutlich komplizierter: Je nach Definition gibt es nämlich fortan im Inneren der einzelnen Einheiten widerstreitende Parteien, das heißt, einen englischen, französischen, deutschen oder italienischen Pöbel neben einer englischen, französischen Nation und so weiter. Dementsprechend gibt es einen europäischen Pöbel neben einer europäischen Nation, denn sonst könnte man nicht von einem europäischen Volk im strengeren Sinne sprechen. Berechtigt dies zu der Annahme, dass ein europäischer Pöbel innerhalb des europäischen Volks heftigere Konfrontationen auslöst als etwa der französische Pöbel innerhalb des französischen Volks? Ist ein solcher Vergleich überhaupt sinnvoll? Eines jedenfalls ist gewiss: Die Einheit des Begriffs Volk und damit auch die des tatsächlich existierenden Volks sind als eine ein *Ganzes* bildende *Menge* nur denkbar, wenn Spaltung und innere Konflikte, die dieses Ganze allerorten brüchig machen und die Einheit zerschlagen, unmittelbar hinzugedacht werden. So löst sich die Ambiguität zwischen dem Ganzen und der Teile zugunsten eines Konfliktverhältnisses auf – zwischen denjenigen, die sich als einem bürgerlichen Ganzen zugehörig erkennen, und denjenigen, die dies nicht tun.

Die äußere Grenze des Volks und die innere Schranke der Staatsbürgerschaft

Im Folgenden sollen die Operationen zur Verbindung und Trennung der von Kant angeführten Elemente näher untersucht werden. Zunächst stellen wir fest, dass eine äußere Grenze gezogen wird: „Unter dem Wort *Volk* (*populus*)", so heißt es bei Kant, „versteht man die in einem Landstrich vereinigte *Menge* Menschen, in so fern sie ein Ganzes ausmacht." Es stellt sich also die Frage: Wie gelingt es der Menge, ein Ganzes zu bilden, also ein Erfordernis zu erfüllen, ohne das die versammelten Menschen kein Volk bilden können? Sollte dieses Ein-Ganzes-Werden – was man auch als Totalisierung der Menge bezeichnen könnte –, soweit es sich nicht unmittelbar aus einer Differenz zu anderen, ihm äußerlichen ‚Ganzen' ergibt, Resultat einer internen Ordnungsmacht sein, die zugleich integrierend, vielleicht sogar zentripetal wirkte? In dieser Hinsicht ist die souveränistische Hypothese nicht zu umgehen, derzufolge die Geschichte der Nationenbildung nicht nur über die Auseinandersetzung mit fremden Feinden, sondern auch über die Errichtung eines souveränen Staates verläuft. Zwar läßt sich ein „Staatsvolk" in der Bewegung nach außen durch die Konfrontation mit anderen, benachbarten „Staatsvölkern" definieren, zugleich aber konstituiert es den Nationalstaat vermittels der direkten Bindung des

Volks an den Souverän. Diese Macht kann integrativ sein, wenn sie die Grenzen eines Gebiets mit einer auf sie zugeschnittenen Bevölkerung festlegt. Sie kann aber ebenso gut zentripetal sein, indem sie die Einwohner des Gebiets gemeinsamen, von ihr geschaffenen Gesetzen und sogar einer Amtssprache unterwirft, was so weit gehen kann, dass sie den Gebrauch von Regionalsprachen verbietet und diese folglich zu Dialekten und Sondersprachen herabstuft. Diese sprachlichen Zielsetzungen passen vortrefflich zu der historisch bestimmten Rolle, die das öffentliche Schulsystem bei der Nationenbildung spielt. Diese Festlegung einer sowohl durch die Geographie, die Bevölkerungszugehörigkeit und den Souveränitätsanspruch bestimmten Grenze ist die erste in Kants Definition implizierte Bewegung. Durch sie wird eine Einheit gesetzt.

Die zweite Bewegung in Kants Argumentation verläuft gänzlich anders: Sie teilt ein Terrain auf, das schlagartig begrenzt und überdies vereint wird. Es wird augenblicklich eine Grenze errichtet, die den Teil der Menge, „welcher sich durch gemeinschaftliche Abstammung für vereinigt zu einem bürgerlichen Ganzen erkennt" und der *Nation* heißt, von dem Teil abtrennt, „der sich von diesen Gesetzen ausnimmt (die wilde Menge in diesem Volk)" und welcher *Pöbel* heißt. Man könnte freilich die These vertreten, dass diese Dichotomie keine zwangsläufige sei. Schließlich betont Kant, dass diese Menge sich selbst durch gemeinschaftliche Abstammung zu einem bürgerlichen Ganzen vereinigt erkennen kann: „*diejenige Menge* oder auch der Theil derselben", schreibt er. Indessen läuft diese unmittelbare Selbsterkenntnis einer *Menge* als eines *Ganzen* Gefahr, als ein bloßes Ideal zu gelten, das von der Praxis widerlegt wird. Daher führt Kant im weiteren Verlauf des Textes unverzüglich die konfliktuelle Differenz in die Einheit ein, die nicht nur der Wirklichkeit sehr viel handfester gerecht wird, sondern auch zu dezidierten Stellungnahmen überleitet. Kant gibt sich bekanntlich keiner Täuschung über die menschliche Natur hin. Er betrachtet sie als zerrissen zwischen einem menschlichen und verstandesmäßigen Hang, in Form einer angeborenen Anlage zum Guten und einer tierischen und sinnlichen Neigung zum Bösen, das heißt zur Überschreitung von Verboten (vgl. Kant, *Anth.*, S. 324). Es besteht also keinerlei Grund zur Annahme, dass eine Menge von Menschen sich spontan und bruchlos als in einem bürgerlichen Ganzen vereint anerkennen würde, zumal es ja in der *Anthropologie* ausdrücklich heißt:

> „In einer bürgerlichen Verfassung, welche der höchste Grad der künstlichen Steigerung der guten Anlage in der Menschengattung zum Endzweck ihrer Bestimmung ist, ist doch die *Thierheit* früher und im Grunde mächtiger als die reine *Menschheit* in ihren Äußerungen (…)" (Kant, *Anth.*, S. 327).

Höchstwahrscheinlich wäre ein spontan und vollkommen in einem bürgerlichen Ganzen geeintes Volk weniger eine Vereinigung von Menschen als ein Orden vernünftiger Wesen oder eine Gemeinschaft von Engeln.

Die körperliche Wirklichkeit ist prosaischer, und sie veranlasst Kant dazu, den Volkskörper in die zwei erwähnten Gruppen zu unterteilen, über die er uns zweierlei mitteilt: Zum einen, dass sich die Nation als in einem bürgerlichen Ganzen geeint *erkennt* und zum anderen, dass der Pöbel sich von den Gesetzen, die dieses Ganze regieren, *ausnimmt*. Dies bedeutet letztlich, dass sich der Pöbel nicht als ein Teil des von bürgerlichen Gesetzen regierten Ganzen betrachtet. Eben darin ist er wild. Hier gilt es nun, mehrere Aspekte im Auge zu behalten. Zunächst gibt es in einem Volk ein wildes Element: „die wilde Menge in diesem Volk", schreibt Kant. Dies soll besagen, dass jedes Volk ein wildes, anarchisches Element in sich trägt, etwa so, wie jeder Mensch animalische Anteile in sich hat. Das ‚wilde' Element gehört sowohl *dem Begriff* als auch *dem Körper* des Volkes an. Es ist mit diesem Körper identisch, konstituiert ihn zum Teil und spaltet ihn gleichzeitig wieder. Für Kant ist dies ein ärgerliches logisches Paradoxon.

Des Weiteren resultiert die ‚Wildheit' des Pöbels weitgehend aus dem Umstand, dass er sich den als für alle geltend vorgestellten und von allen geteilten Regeln entzieht. Auf die Natur dieser Gesetze geht Kant in dem zitierten Passus nicht weiter ein. Es scheint daher ratsam, sich die Frage zu stellen, ob es sich ausschließlich um rechtliche oder aber auch um sittliche Normen handelt, da Skandal und Subversion ja nicht zwangsläufig an die Sphäre des Rechts gebunden sind. Wäre die Abweichung von den Regeln des Anstands ein Grund, der Klasse des Pöbels zugerechnet und somit deklassiert zu werden?

Letztlich scheint sich abzuzeichnen, dass diese Deklassierung und die Teilung des Volks in zwei Gruppen lediglich eine vom Philosophen vorgenommene Zuschreibung sein kann. Er steht mit seinen Ausführungen auf der Seite des Gesetzes, der Anerkennung und der Nation, mit anderen Worten: Er steht auf der Seite dessen, was totalisiert. Es bleibt anzumerken, dass das, was sich auf Grund seiner Nicht-Anerkennung und seiner Ungesetzlichkeit, kurz seiner ‚Wildheit' als Ausnahme vom bürgerlichen Ganzen darstellt, eine Personengruppe ist, die kein *Ganzes* ausmacht. Sie ist eine bunt zusammengewürfelte Menge, die auf die Binnenverfassung des Volks ein wesentliches Moment des ‚Bösen' im Allgemeinen überträgt, und zwar so, dass dieses „innerlich mit sich selbst immer uneins" ist (*Anth.*, S. 328). Nachdem Kant das Volk zunächst als ein Ganzes abgegrenzt hat, spaltet er es dann in seinem Inneren, indem er in den Kern dieses Ganzen jene Grenze verlegt, die die Gesittetheit von der Wildheit, das Gesetz von der Gesetzlosigkeit und letztlich das Gute vom Bösen trennt.

Damit sind wir bei der dritten und letzten Bestimmung angelangt, die sich aus den hier untersuchten Definitionen ergibt: Kant verfestigt darin die innere Grenze zu einer neuen Schranke, nämlich der der Staatsbürgerschaft, von der der aufständische Pöbel auszuschließen ist. Die genaue Lektüre zeigt: Die Vereinigung des Pöbels ist „dessen gesetzwidrige(s) (…) *Rottiren* (*agere per turbas*); ein Verhalten, welches ihn von der Qualität eines Staatsbürgers ausschließt" (Kant, *Anth.*, S. 311). Zunächst nur deklassiert, wird der Pöbel nun ganz ausgeschlossen. Es muss jedoch zwischen diesen beiden Vorgängen differenziert werden, da sie nicht den gleichen Raum betreffen: Deklassiert wird der Pöbel im Inneren eines Volkes, von dem er nicht abfällt und dem er immer noch angehört. Die Staatsbürgerschaft indessen, deren er überhaupt nur zur Hälfte teilhaftig war, wird ihm vorenthalten. In Kants Vorstellung ist der Pöbel eine mit sich in Zwietracht liegende Menge, eine Menge, die in sich keinen Körper, kein Ganzes bildet und die der Vereinigung des Volkskörpers hinderlich ist. Ungeachtet dessen gehört sie diesem Körper immer noch an und wird nicht im strengen Sinne passiv von der Staatsbürgerschaft *ausgeschlossen*. Stattdessen schließt sie sich genau genommen durch ihr Tun *selbst aus*. Dieser Teil, den man ohne zu zögern als monströs ansehen sollte, dessen sich aber kein Volk der Menschheit entledigen zu können scheint, dieser im wahrsten Sinne des Wortes verfehmte Teil, der das Böse im Inneren der bürgerlichen Gesellschaft verkörpert, kann gleichwohl seiner Eigenschaft als Bürger beraubt werden. Hatte sich dieser Teil zunächst von den Gesetzen ausgenommen und sich damit von der Nation, der er niemals wirklich angehörte, abgewandt, so zieht er sich jetzt aufgrund seiner kollektiven Wendung gegen das Gesetz aus dem Rechtsraum zurück, den das Gesetz den Bürgern zugesteht.

Trotz aller scheinbaren Ähnlichkeit unterscheidet sich diese Einteilung deutlich von der Grenze, die die aktive von der passiven Staatsbürgerschaft trennt. Zu Kants Zeit war diese Einteilung Gegenstand heftiger Auseinandersetzungen. Auch die französische Geschichte ist davon geprägt, insbesondere durch das, was in der Verfassung von 1791 diesbezüglich festgeschrieben wurde. Bekanntlich wurde darin bestimmt, dass der aktive Bürger derjenige ist, der wählen darf, der passive Bürger dagegen derjenige, der kein Wahlrecht hat. Voraussetzung für den Zugang zur Wahl war die Zahlungsfähigkeit: Es musste eine Abgabe gezahlt werden können. Dieses Thema wird auch von Kant behandelt, wenn er zum Beispiel deutlich auf die Schwierigkeiten hinweist, die die Unterscheidung zwischen aktiven und passiven Bürgern für den Begriff der Staatsbürgerschaft an sich bedeutet. Die Vorstellung eines passiven Bürgers, so schreibt er in der *Metaphysik der Sitten*, scheint „mit der Erklärung des Begriffs von einem Staatsbürger überhaupt im Widerspruch zu stehen" (Kant, *MS*, S. 314). In seinem Sprachgebrauch ist der aktive Staatsbürger jener, „der nicht bloß Theil des gemeinen Wesens, sondern auch Glied desselben, d. i. aus eigener Willkür in Gemeinschaft mit anderen handelnder Theil desselben, sein will." (Kant, *MS*, S. 314.) Hier wie an anderer Stelle gehen die beiden Dichotomien nicht ineinander auf, denn ungeachtet des Unterschieds von aktiv und passiv sind alle gleichermaßen Staatsbürger, während der einzelne durch den Vorgang des Ausgrenzung schlicht und einfach seiner Staatsbürgerschaft beraubt wird.

Eine in jeder Hinsicht vergleichbare Situation entsteht zwischen dem Ausschluss des Pöbels von der Staatsbürgerschaft und dem, was man zur damaligen Zeit als „natürliche Untertänigkeit" bestimmter Personen erachtet, die als unfähig gelten, über sich selbst zu bestimmen. Die demokratische und universell geltende Verfassung der Jakobiner von 1793, in der es keine Unterscheidung zwischen aktiven und passiven Bürgern mehr gibt, hält gleichwohl an einem Unterschied fest, nämlich zwischen Personen, die zur Wahrnehmung politischer Rechte befugt sind, und solchen, die es nicht sind. Es gibt mithin Bürger, die sich „in einem Stande natürlicher Untertänigkeit und zur Eigenbestimmung unvermögend" befinden: Es sind dies Frauen und Minderjährigen (Troper 2006, S. 156). Obwohl alle im politischen Sinne des Wortes vollgültige Bürger sind, da „die politischen Rechte als natürliche Rechte betrachtet werden" (Troper 2006, S. 156), dürfen bestimmte Bürger diese Rechte nicht wahrnehmen. Zugleich ist der Unterschied zwischen aktiven und passiven Bürgern nicht länger geeignet, jener Differenz Rechnung zu tragen (die dementsprechend ihren Sinn verliert), denn es geht nicht mehr darum, zwischen denen zu unterscheiden, die eine Abgabe zahlen, und denen, die keine zahlen. Die Verfassung von 1793 verändert zwar die Bezeichnung der Staatsbürgerschaft, da in ihr der Unterschied zwischen aktiven und passiven Bürgern aufgehoben wird. Am Begriff des Bürgers ändert sie deswegen gleichwohl nichts: „Alle sind Bürger, obwohl nicht alle zur Wahrnehmung politischer Rechte befugt sind" (Troper 2006, S. 156). Auch diese Thematik ist Kant durchaus vertraut, wie aus seiner Schrift *Über den Gemeinspruch: Das mag in der Theorie richtig sein, taugt aber nicht für die Praxis* von 1793 hervorgeht. Dort unterscheidet er den *Bürger* oder im weiteren Sinne den *Staatsbürger* vom *Stadtbürger*, wobei ihm zufolge nur der erstere „das Stimmrecht in dieser Gesetzgebung hat". Um also Bürger zu sein – soviel besagt die Lektüre dieses Textes – müssen zwei Bedingungen erfüllt sein: Man darf sich nicht im Stande natürlicher Untertänigkeit befinden, also „kein Kind, kein Weib" sein, und man muss *„sein eigener Herr (sui iuris)"* sein, „mithin irgend ein Eigenthum" haben (Kant, TP, S. 295).

So sind, nach dem Wortlaut der französischen Verfassung, alle gleichermaßen Bürger, ein Status, den niemand aufgrund des Standes natürlicher Untertänigkeit verliert: Die Verwechslung mit dem Ausschluss des Pöbels aus der Staatsbürgerschaft löst sich auf. In Kantschem Sprachgebrauch handelt es sich bei dieser Untertänigkeit nicht um einen Ausschluss aufgrund einer gegen die Gesetze gerichteten Versammlung, von der sie sich folglich ebenfalls unterscheidet. Zudem wird weder bei der Unterscheidung von aktivem und passivem Bürger noch bei der zwischen eigenbestimmten Personen und untertänigen Bürgern irgendjemand in den Bereich der ‚Wildheit' verwiesen. Anders als bei den ersten beiden Bestimmungen tut sich nunmehr ein regelrechter Abgrund auf zwischen den Bürgern und den von der Staatsbürgerschaft Ausgeschlossenen oder zwischen dem in der Sphäre des Gesetzes verbleibenden Volk und dem sich gesetzwidrig versammelnden, ja sich gegen die Gesetze auflehnenden Teil. Dieser Abgrund – und das ist ein zusätzlicher Aspekt – führt zu einer Meuterei, einem *Rottiren*, wie Kant sagt. Diesen entscheidenden Punkt wollen wir nun eingehender betrachten.

Der Schimpfname „*la canaille du peuple*"

Kant hat seiner Beschreibung des wilden Volksteils eine Fußnote beigegeben, die mit einem gleichermaßen bildhaften und anschaulichen Satz über die Natur des Pöbels aufklären soll. Mit Blick auf ihren empirischen und dementsprechend nachrangigen Aspekt räumt ihr Kant im Verhältnis zu dem, was das Zentrum seiner

Ausführungen ausmacht, den Status einer Randbemerkung ein. Es zeigt sich indessen, dass die Marginalität dieser Bemerkung durchaus der des behandelten Gegenstandes entspricht, denn nachdem Kant im Inneren des Volksganzen zwei Teile unterschieden hat, ergänzt er seine Definition des Pöbels durch folgende etymologische Herleitung:

> „Der Schimpfname *la canaille du peuple* hat wahrscheinlicher Weise seine Abstammung von *canalicola*, einem am Canal im alten Rom hin und her gehenden und beschäftigte Leute foppenden Haufen Müßiggänger (…)" (*Anth.*, S. 311, Fn.*).

Bevor wir auf die Berechtigung dieser philologischen Ableitung eingehen, wollen wir uns das gestochen scharfe Porträt des sozialen Lebens anschauen, das darin gezeichnet wird. Auf einer Straße der Hauptstadt, in beständiger Berührung und Begegnung miteinander, vermischen sich zwei soziale Welten und beharren zugleich auf ihrem Unterschied. Auf der einen Seite die Bürger, die ihren Geschäften nachgehen und damit Wohlstand und Reichtum ihrer Stadt mehren, auf der anderen Seite die ‚Müßiggänger', die sich herumtreiben und in das einträchtige Gebilde der Gemeinschaft ihre Unordnung einzuschleusen suchen, was Abscheu und Missbilligung hervorruft. Auf der einen Seite steht die Nation, auf der anderen der Pöbel: Dies sind die beiden Teile desselben römischen Volkes.

Gewiss ist die Genealogie der Kanaille nur ein Detail der entscheidenden Einteilung, die Kant hier vornimmt. Gleichwohl werden dank ihrer zwei Bedingungen der ordnungsgemäßen Ausübung des staatsbürgerlichen Status in den Rahmen der sozialen Ordnung hineingetragen: einmal, dass der Einzelne seinen Geschäften nachgeht, und zum anderen, dass er dabei gegenüber seinen Mitmenschen eine bestimmte Haltung an den Tag legt. Die Arbeitsamen foppen sich nicht gegenseitig: Es ist dies eines der Gebote, die im Einklang mit ihrem Tun stehen. Demgegenüber fehlt es dem Haufen der Müßiggänger sowohl an Beschäftigung als auch an moralischen Prinzipien, und deswegen zieht er den Schimpf der Nation auf sich. Der marginale Rang dieses Passus findet mithin seine volle Rechtfertigung: Kant äußert sich in einer Randbemerkung über gesellschaftliche Randbereiche, mit der einzigen Einschränkung, dass er diese Randbereiche mitten in der Stadt und im Zentrum der Gesellschaft vorfindet, wie die Szene an den Ufern des Kanals deutlich macht.

Wir haben es also erneut mit einer Ambiguität zu tun, die sich nicht auflösen will. Einerseits *ist* die Kanaille dem Volke zugehörig, ist Teil des Volkes und ihm eingebunden. Ebenso hat jedes Volk einen Pöbel, der es als eines seiner Teile mitkonstituiert und zugleich als Opponent gegen seine Totalisierung spaltet. Somit kann es kein empirisches Volk ohne Kanaille geben – dies will Kant in der *Anthropologie* deutlich machen, mit einem Wahrheitsanspruch, der Kant zufolge sowohl für das alte Rom wie für seine eigene Zeit gilt. Andererseits jedoch meldet sich die Kanaille gewissermaßen außerhalb des Volkes zu Wort, als dessen Auswurf und Abschaum, eine Art Rest im Verhältnis zum ‚eigentlichen' Volk. Sie scheint von noch geringerer Bedeutung zu sein und einen noch niedrigeren Status zu besitzen als der Pöbel; dem Volk gegenüber erscheint sie nicht als eines von dessen Teilen, nicht als eine Ergänzung, sondern als ein Anhängsel, etwas, das zum Volk hinzukommt, als eine Art Auswuchs.

Des Weiteren wird nicht klar ersichtlich, wer zu dieser *canaille du peuple* gehört. Diese Bevölkerungsgruppe erweist sich mithin, ungeachtet ihrer scheinbaren Einfachheit, aufgrund derer sie als einheitlich erscheint, als komplex, sowohl in ökonomischer Hinsicht, weil in ihr die Müßiggänger, die Beschäftigungslosen versammelt sind, als auch in sozialer Hinsicht, da sie ihren Platz auf der Straße, in dem mit allen geteilten öffentlichen Raum hat. Schließlich kommt noch der Aspekt der Sittlichkeit hinzu, benennt man die Gruppe doch ohne weiteres mit einem Schimpfnamen. Man darf sich also die Frage stellen, ob ein Individuum diese drei Bedingungen zugleich erfüllen muss: ein Müßiggänger sein, der die anständigen Leute öffentlich provoziert, um in die Rubrik der *canaille du peuple* verwiesen zu werden? Ist zu diesem Zweck die dreifache Bedingung ausreichend? Ist sie wenigstens notwendig? Das Beiwort Kanaille sei ein „Schimpfname", schreibt Kant, und erhielte seinen vollen Sinn nur im Zusammenhang mit der geltenden Sittlichkeit. Ähnlich wie die Bezeichnung ‚Pöbel' deklassiert auch das Beiwort *Kanaille,* indem es in eine Klasse einordnet und somit klassifiziert. Diese die öffentliche Ordnung und Sittlichkeit tangierenden Ambivalenzen sind ein deutlicherer Widerhall dessen, was an Ambiguität schon in der Unterscheidung von Pöbel und Nation anklang.

An dieser Stelle nun bringt eine Anmerkung des wissenschaftlichen Herausgebers der *Anthropologie* das Bild auf unerwartete Weise ins Wanken, indem er an der Formulierung Kants eine Korrektur vornimmt. Die entsprechende Fußnote lautet wie folgt: „Die schon vor Kant aufgestellte Ableitung ist falsch, *canaille* stammt von *canis*" (Anth., S. 369). Kanaille leitet sich demnach von *canis* ab, von *Hund,* und nicht von *canalicola,* dem früheren Kanal in Rom. Die Kanaille des Volks, das sind mithin *die Hunde* des Volks. Hier tritt also erneut die ‚Tierheit' auf den Plan: „die wilde Menge innerhalb dieses Volks". Solange sie an den Ufern eines beliebigen Kanals herumstreunen und dem geschäftigen Bürger Streiche spielen, sind sie nichts weiter als Kanaille. Sobald sie sich aber in gesetzwidriger Weise zusammentun und einen Aufstand anzetteln, verlassen sie den Raum der Staatsbürgerlichkeit. Wir haben hier also das verblüffende Bild einer Randgruppe vor uns, die sich innerhalb eines Ganzen befindet, das sie aber zugleich spaltet, die sich außerhalb des staatsbürgerlichen Raums stellt und doch innerhalb des Volkes verbleibt, dem sie nach wie vor angehört. Im Handeln dieses ‚wilden Teils' äußert sich, um mit Kant zu sprechen, die ‚Thierheit' „mächtiger als die reine Menschheit", und dies sogar „in einer bürgerlichen Verfassung". Mit der Einführung ‚wilder Hunde' in das soziale Tableau erschließen sich etymologische Verknüpfungen, von denen aus sich das Denken fortspinnen kann: Bildet dieses Rudel von Hunden eine Meute? Und wenn diese Hunde des Volkes in Raserei geraten, lösen sie dann eine Meuterei aus? Was unterscheidet diese beiden Wörter: Meute und Meuterei? Das lateinische Wort *motus,* Bewegung, ist zwar für beide ein gemeinsamer Ursprung, aber meinen beide die gleiche Art von Bewegung? In welcher Hinsicht können diese beiden Bewegungen ‚wild' genannt werden?

Andere Erwägungen und Fragestellungen lassen sich daran anschließen, die drei wichtigsten seien hier genannt. Zum einen könnte mit der Kontextualisierung des Kantischen Sprachgebrauchs der Frage nachgegangen werden, wie der Begriff des Volks während der Französischen Revolution aufgefasst wurde, etwa wenn der Jakobiner Robespierre die Beurteilung der Menschen „nach den abgeschmackten Vorstellungen der Willkürherrschaft und des lehnsherrschaftlichen Dünkels" wie „dem von ihr in die Welt gesetzten ungereimten Geschwätz" für unannehmbar erklärt, weil dadurch „der größte Teil der menschlichen Gattung durch die Worte *Kanaille* und *Pöbel*" herabgesetzt werde (Robespierre, *Discours*, S. 166).

Im Zusammenhang mit der Funktion des öffentlichen Bildungswesens zur sprachlichen Vereinheitlichung im Kontext des Nationalstaats wäre eine zweite Frage zu stellen, nämlich ob der Streit um die Sprache nicht auch seinen Anteil an der Spaltung im Volk hat? Hat nicht womöglich der Pöbel seine eigene Sprache, die dann eine uneigentliche und ungebührliche wäre, im Gegensatz zu der die Nation danach streben würde, das Wort in kodifizierten Regeln und institutionalisierten Formen festzuschreiben? Wie lässt sich diese Frage stellen und eine Antwort darauf finden, ohne zugleich die Spaltung von Nation und Pöbel zu beglaubigen und ohne das Kantische Schema kritiklos zu übernehmen?

Drittens drängt sich mit Blick auf das vernünftige Volk, das sich womöglich als einziges in einem staatsbürgerlichen Ganzen als unmittelbar und völlig geeint erkennt, die Frage auf, ob sich ein Volk von Teufeln nicht ebenso sehr als in einem staatsbürgerlichen Ganzen geeint begriffe (Kant, *ZeF*, S. 366)? Bildet es nicht aus ebendiesem Grund ein Volk? Besäße auch das Volk von Teufeln seinen wilden Teil, seinen Pöbel? Oder ist der Pöbel schlimmer als die Teufel, da er sich außerhalb der Gesetze stellt? Fehlte es ihm also an jener Verständigkeit, die noch den Teufeln zu eigen sein soll? Achten also umgekehrt die Teufel stärker das Gesetz als der Pöbel?

*

Dank dieser Durchsicht des Kantischen Textes sind einige analytische Ansätze sichtbar geworden, die deutlich machen, wie ein Volk in der Theorie begrifflich zu fassen ist. In der Praxis indessen reichen derartige Überlegungen bekanntlich nicht aus, bedarf es doch der Einrichtung und des Unterhalts von Institutionen und praktischen Maßnahmen vielfältigster Art. Sofern dem Wissen und seinen spezifischen Formen bei der Konzipierung und Grundlegung dieser Maßnahmen eine Rolle zukommt, ist es wichtig zu verstehen, auf welchem Wege sie, autonom und aus eigenen Stücken, aber zweifelsfrei nicht unabhängig von den Umgebungsbedingungen zustande kommen und organisiert werden. Es lassen sich mehrere diskursive Techniken feststellen, deren wichtigste die Anordnung der Mengen mittels Setzung von

Grenzen und Schranken ist, wodurch sie von anderen Mengen abgetrennt werden. Dabei wird jede einzelne wiederum vereinheitlicht und aufs Neue in sich geteilt.

Für sich betrachtet ist ein solches Resümee nicht gerade originell. Hier allerdings bezieht es sich auf einen alten Text, der häufig als untergeordnetes Nebenwerk angesehen wird, nämlich Kants *Anthropologie*. Was wir zeigen konnten, ist die unerwartete Aktualität von Kants Betrachtungen, und zwar nicht unbedingt, weil sie die vermeintlich letzte Wahrheit über die Probleme aussprechen, die sie behandeln, sondern weil sie diese in einer Art und Weise behandeln, die neue Fragestellungen eröffnet, die auch heute noch relevant sind. Das gilt für Fragen, die das Volk, die Kanaille und die Meuterei allgemein betreffen, aber auch für Themen wie die Beziehung Europas zur Türkei und zur Welt.

Immer schon passierte Entscheidendes in den Abspaltungen und Unterteilungen, die unmittelbar am Gesellschaftskörper vorgenommen werden. Manchmal sind sie übrigens so tiefgreifend, dass man sich fragen muss, ob sie diesen Körper nicht auseinanderreißen und seinen Fortbestand gefährden. Es sei denn, der Körper der Gesellschaft selbst wäre im Augenblick seiner Erfindung als Begriff untrennbar mit den Teilungsvorgängen in seinem Inneren verbunden, von denen wir sahen, dass sie diesen Körper ebenso sehr konstituieren, wie sie ihn zerreißen, weil sie in sein Innerstes ein Element unüberbrückbaren Konflikts hineintragen. Einzig eine Geschichte des Begriffs Gesellschaftskörper könnte diese Ungewissheiten auflösen.

Wir für unseren Teil haben die Kantische Kunst des Räsonierens aus der Sicht der *Anthropologie* dargelegt. Wo sie an die Definition des Volks heranrührt, scheint diese Kunst ganz und gar damit befasst, die Ursachen des staatsbürgerlichen Konfliktpotentials zu erfassen und letztlich von Rechts wegen auszuschließen. Als Beweis mag der Gegensatz zwischen der Einfachheit und Einheit der Nation und der wilden und beunruhigenden Komplexität des *Pöbels* und der *Kanaille* gelten, mit ihrem hinsichtlich der Staatsbürgerschaft prekären, gefährdeten und daher problematischen Status. Als weiterer Beweis seien die Demarkationslinien genannt, die beide, Pöbel wie Kanaille, von dem, was das Ganze definiert, ausschließen, ebenso wie die Aufstands- und Ausschließungsbewegungen, die beide ein unauflöslicher Teil ihrer Existenz zu sein scheinen.

Aus dem Französischen übersetzt von Rolf Schubert (zusammen mit dem Verfasser)

Literatur

Kant, Immanuel [TP]: Über den Gemeinspruch: Das mag in der Theorie richtig sein, taugt aber nicht für die Praxis [1793]. In: Werke, Bd. VIII. Berlin/New York: Walter de Gruyter, 1968.

Kant, Immanuel [ZeF]: Zum ewigen Frieden. Ein philosophischer Entwurf [1795]. In: Werke, Bd. VIII. Berlin/New York: Walter de Gruyter, 1968.

Kant, Immanuel [*MS*]: Die Metaphysik der Sitten [1797]. In: Werke, Bd. VI. Berlin/New York: Walter de Gruyter, 1968.
Kant, Immanuel [*Anth*]: Anthropologie in pragmatischer Hinsicht [1798]. In: Werke, Bd. VII. Berlin/New York: Walter de Gruyter, 1968.
Robespierre, Maximilien (1950-1958): Discours [1791]. In : Œuvres, Bd. VII. Paris: PUF.
Troper, Michel (2006): Terminer la Révolution. La Constitution de 1795. Paris: Fayard.

Ralf Marsault

„On the road again!"
Nomadentum, Zugehörigkeit und europäische Bürgerschaft im Kontext der Berliner *Wagenburgen*

Meine Untersuchung beschäftigt sich mit Lagerplätzen, Wohnwagensiedlungen, Bauwagen und mit Wohnstätten, die für eine bestimmte Lebensform spezifisch sind und die unter dem Namen *Wagenburgen* bekannt wurden. Dabei werde ich vor allem auf die Berliner *Wagenburg Kreuzdorf* eingehen; sie kann zwar nicht als typisch gelten, aber sie scheint eine äußerst aktive „Heimstatt" zu sein, deren Dynamik eine besondere Anziehungskraft auf Bewohner anderer Lagerplätze ausübt. Mein direkter Zugang zu dieser Szene erlaubt es mir, einige Elemente aus dem Alltagsleben der Akteure herauszustellen, um die Fragestellung meiner Studie zu explizieren: Wie bildet sich im Alltag dieser Szene die europäische Bürgerschaft aus, und mit welchen Begriffen lässt sie sich beschreiben?

Etwa ein Dutzend *Wagenburgen* sind derzeit bekannt, verteilt auf verschiedene Brachflächen im Berliner Stadtgebiet. Sie haben sich dort zunächst einfach ausgebreitet, und – allerdings nur einige wenige – konnten im späteren Verlauf eine unsichere vertragliche Absicherung erwirken. Dieser Tatbestand erklärt sich aus einer gewissen Nachgiebigkeit des Berliner Senats und verschiedener Bezirksbürgermeister, die im Zuge der Neuordnung der Stadt nach dem Fall der Mauer die Räumung der *Wagenburgen* nur zögerlich vornahmen, ja sogar hier und da den Bewohnern andere Flächen anboten. In den meisten Fällen handelt es sich jedoch um vorübergehende Lagerplätze, und gerade diese temporäre Dimension ist das wichtigste Erkennungszeichen für einen Lebensstil, der die Akteure in einer Art schwebenden und gleichsam irrealen Weise an ihr Umfeld ‚bindet'.

Die Bewohner dieser Räume stammen mehrheitlich aus den Mitgliedstaaten der Europäischen Union. Die bemerkenswerte Ausländerfreundlichkeit der Deutschen, der eigentlichen Begründer dieser Lagerstätten, ließ es zu, dass Engländer, Franzosen, Italiener, Polen, Schweden, Belgier etc. sich dort ebenfalls niederließen und sich der Bewegung anschlossen. Angesichts dieser Vielfalt nationaler und kultureller Herkünfte scheint es naheliegend zu vermuten, dass dies eine außergewöhnliche Chance ist, um zu untersuchen, wie das *Phänomen Europa* gelebt werden kann. Das Ziel ist dabei herauszufinden, ob die Perspektive des Aufbaus Europas diese Art von Sonderfällen anregt, oder ob im Gegenteil die Bewegung der *Wagenburgen* in ihrem ursprünglichen Impuls den Gedanken der Annäherung und der Symbiose unter den Individuen vorwegnimmt.

Photo: Silvio Salzmann

Präsentation des Terrains

Innerhalb der deutschen Gesellschaft, die eigentlich für die Strenge ihrer Vorschriften bekannt ist, ist die große Toleranz gegenüber dieser besonderen Form des Wohnens in den *Wagenburgen* aus der Tradition der alternativen und progressiven Bewegung heraus zu verstehen, wie sie zuvor in den Wohnvierteln Kreuzberg und Friedrichshain entstanden ist.[1] Aber andererseits liegt es wohl auch an der großen Toleranz und dem bemerkenswerten Wohlwollen der deutschen *Kultur*, die sich mit dieser besonderen Form des Nomadentums – die sich in diesem Fall allerdings ausgesprochen bescheiden ausnimmt – arrangieren kann. Insgesamt leben ungefähr 600 Personen an den verschiedenen Standorten. Nun, da diese Stätten gewissermaßen legalisiert sind, bieten sie der Bevölkerung und denen, die sie besuchen, eine beispiellose und in allen anderen Staaten der Europäischen Union unvorstellbare Utopie eines mit allen Sinnen erfahrbaren Experiments und einer Hybridisierung von Wissen und Kompetenzen.

---

1 In einer Ausstellung im Bezirksmuseum Kreuzberg habe ich die Kultur der *Wagenburgen* dokumentiert, siehe „Wagenburg, Leben in Berlin", Ausstellung im Museum Kreuzberg, August–November 2008.

Die Gründe dafür, dass sich die Bewohner (das Höchstalter liegt bei Mitte Vierzig) für diese Art des Zusammenlebens entschieden haben, sind äußerst vielfältig: niedriges Einkommen, unsichere Arbeitsverträge oder Arbeitslosigkeit, unzureichende Studienförderung, Schwierigkeiten bei der Wohnungssuche usw.[2] Vor allem sind der Wunsch nach Gemeinschaft und dem Teilen einer äußerst spezifischen *Kultur*, eine Sehnsucht oder ein *Wunschbild* (deutsch im Original), die sie mit diesem unsicheren Terrain verbinden – der Grund, weshalb sie freiwillig diese Lebensform zu wählen.

Diese aus dem Prekariat hervorgegangene Kultur möchte sich in der Tat über die gängigen Konzepte von Rentabilität und Produktivitätssteigerung und der Missachtung der Umwelt und der Menschen hinwegsetzen. Einer der Bewohner der *Wagenburg*, den wir dazu befragt haben, sprach sogar von einer „*Kultur des Abfalls, der Wiederverwertung*". Das seit Anfang der 1980er Jahre praktizierte Recycling von Schrott und Abfall, von all dem, was durch Reparatur, Transformation, Aufsammeln und Zusammentragen wieder verwertbar ist, wurde in seinem Pragmatismus als Bewegung wenig ernst genommen. Heute erweist es sich zweifelsfrei als eine Form zeitgemäßer ökologischer Kohärenz. Politisch versteht sich diese Bewegung als Herausforderung und als Alternative zum vorherrschenden ökonomischen Liberalismus, dem die jungen Nomaden auf ihrer Suche nach einem selbstbestimmten Leben immer wieder begegnen. Aus ihrer Perspektive als gesellschaftlich benachteiligte Gruppierung wird er als Bedrohung und Verursacher von Entropie erlebt. Die Ethik der *Wagenburg* ist dezidiert auf Produktion und Konsum nach dem Ideal von Teilen und Teilhabe ausgerichtet und auf einen respektvollen Umgang mit der Umwelt. Es ist ein Lebensform-Projekt, in dem das Individuum die elementaren und projektiven Bedingungen seiner Existenz, seiner Wohnverhältnisse und insbesondere seiner wirtschaftlichen Tätigkeit wieder selbst in die Hand zu nehmen sucht. Dieser starke Wille zur Autonomie und Selbstbestimmung wird zwar in der Praxis ziemlich eingeschränkt, weil weiterhin eine erhebliche Abhängigkeit von der Gesellschaft besteht, doch handelt es sich nichtsdestoweniger um einen ernst zu nehmenden Versuch, die Rahmenbedingungen der eigenen Existenz zu gestalten.

Es gelingt vor Ort, sowohl die Organisation der Lebensbedingungen effizient vorzunehmen als auch notwendige Bündnisse einzugehen und beides miteinander zu verbinden. Die *Wagenburger* halten sich für ‚Freidenker', doch geraten sie nicht in Gewissenskonflikte, wenn sie von der nahegelegenen Kirchengemeinde großzügige Spenden annehmen. Sie stellen sich der Realität mit Humor und einer guten Portion Pragmatismus, die sie aus der Ethik der Punk-Bewegung übernommen haben.

---

2 Das Armutsrisiko der 18- bis 24-Jährigen, die nicht mehr in ihrer ursprünglichen Familie leben, ist in den europäischen Ländern unterschiedlich hoch. Insgesamt liegt es bei 20%; siehe: Social protection and social inclusion: EU-Indikator, Commission Staff Working Document, 2009, Office for Official Publications of the European Communities Luxembourg, S. 40.

Zusammen sein, jeder bei sich daheim

Diese *Wagenburgen*, Zusammenschlüsse von Mittellosen, vermitteln ihren Mitgliedern wieder ein Gefühl von Sicherheit und die Möglichkeit, Solidarität zu erfahren: *„Man will zusammen sein, denn sonst wäre man nicht safe …".* *„Man fühlt sich weniger allein"*, sagt eine junge Frau auf dem Gelände. Sie lehnt es ab, in eine Sozialwohnung zu ziehen. Dort – so sagt sie – gäbe es keinerlei soziale Kontakte zwischen den Mietern, und sie wäre abhängig von der Sozialhilfe. Sie bringt damit ihr Gefühl zum Ausdruck, dass Sozialleistungen, die implizit eine Gegenleistung fordern, sie zwingen würden, die gesellschaftlichen Regeln zu akzeptieren, gegen die sie sich auflehnt. Sie räumt jedoch ein, dass sie sich zwar den *Wagenburgen* zugehörig empfinde, aber dennoch wenig Kontakt zu den anderen im Lager habe, weil sie in einem Zirkus arbeite und oft unterwegs sei. Jedoch ist die Vorstellung vom Lager als ‚kleines Dorf', dem sie sich zugehörig fühlt, eine Metapher für ihre – wenn auch nur vorübergehende – Verwurzelung an diesem Ort. Als politische Aktivistin nimmt sie auch an den von *Greenpeace* veranstalteten „Die-ins" teil, bei denen sich die Teilnehmer unter einem Anti-Atom-Schild bewegungslos auf den Boden legen und so die Gefahren der Kernenergie anprangern. Dies dauert nur wenige Minuten – so lange, bis die Polizei eintrifft. Es ist eine Bewegung, bei der man zusammenkommt, um sich Minuten später wieder zu trennen. Indem sie auf den Überraschungseffekt setzen, umgehen die Teilnehmer auch das Risiko, auf eine bestimmte Aussage festgelegt zu werden. Man entzieht sich zugleich der Repression, die durch eine eindeutige Meinungsaussage gegen den Staat ausgelöst würde.

Eine junge Holländerin entschloss sich zum Einzug in die *Wagenburg*, nachdem sie auf ihrer Reise festgestellt hatte, dass sie schwanger war. Sie blieb dort während der Schwangerschaft bis zur Entbindung. Sie handelte damit wie schon andere Frauen, die ihre Kinder dort zur Welt gebracht haben, und auch im Geiste der Gründer von Kreuzdorf, die mit ihren Kindern leben wollen. Die affektive Bindung zum Lager erscheint einerseits sehr stark, aber zugleich muss man sehen, dass sie auch zwiespältig ist, denn es handelt sich in Wirklichkeit mehr um ein Streben oder eine Perspektive als um eine veritable Verankerung. Die *Wagenburg* ist eine Kontaktzone, innerhalb derer die Diversität der Sprachen und der Herkunftskulturen zu keinem Zeitpunkt als Hindernis erlebt wird, denn die Mitglieder benutzen im Alltag – wenn nötig – ein rudimentäres Englisch. Es handelt sich um einen Ort der Begegnung, der eine fruchtbare Austauschpraxis und ein Gemeinschaftsgefühl entstehen lässt, doch jeder behält sich vor, für sich selbst zu entscheiden, welchen Nutzen er daraus ziehen möchte.

Es ist eindeutig eine bewusst getroffene Entscheidung, in diesen Wohnwagen zu leben: *„Ich will für mich sein, ein eigenes Zuhause haben …!"* Der Individualismus der Teilnehmer ist stark ausgeprägt und äußert sich auch in dem Wunsch nach Nähe zur Natur und den Elementen: *„… das Rauschen des Regens auf dem Dach des Wohnwagens".* Die Freude und die Bereitschaft, das Leben in der Gemeinschaft zu teilen, stehen außer Frage, aber jeder Einzelne soll die größtmögliche Freiheit haben, zu kommen und zu gehen und sich Raum anzueignen, wie er möchte. Es geht um Zusammenhalt ohne Verbindlichkeit, so dass eine Distanzierung jederzeit möglich bleibt. Jeder möchte unbedingt seine Freiheit behalten, eigenständig Entscheidungen treffen können: Egal ob es nun darum geht, zu reisen, den Wohnwagen oder LKW zeitweise zu verlassen (sie werden während der Abwesenheit Gästen eine Zeitlang gratis zur Verfügung gestellt), sich zu kleiden, seine Zeit einzuteilen oder seinen Lebensraum, die Poesie des Alltags und seine Begegnungen selbst zu gestalten.

Man tut sich aus Empathie zusammen „*Gleich und gleich gesellt sich gern*" (deutsch im Original). Im geschlossenen Universum seiner Wohnstätte, im Kokon seines Wagens oder der hundehüttengroßen Nische in LKWs (oft teilen übrigens auch Hunde dieses Abenteuer) versucht man, durch Annäherung, durch Verführung und durch Öffnung des eigenen *Lebensraums* (deutsch im Original) dem jeweils Anderen zu begegnen und ihn kennenzulernen. Diese Annäherungsbewegungen sind in der Regel recht langwierig (vor allem weil der Platz mittlerweile begrenzt ist): Man nähert sich den *Wagenburgen*, man tritt ein, und wenn man als ‚selbstverständlich' aufgenommen wurde, wird die Zugehörigkeit im Alltagsgeschehen fortwährend neu ausgehandelt. Es gibt keinerlei festgelegten Status. Es geht vielmehr um Vereinbarungen zwischen den Beteiligten, den Freunden und Nachbarn. Um den Ablauf dieser täglichen Verhandlungen zu illustrieren, drängt sich die Metapher vom abenteuerlustigen Gang der Schnecke auf.

Ein ortloser Ort der Anwesenheit

Ein Heim in der Stadt, wie es die *Wagenburg* als experimentelle Nische darstellt, bestärkt in Bezug auf das noch Mögliche, dass jeder innerhalb des von der konventionellen Gesellschaft vorgeschriebenen Modells seine eigene Nische finden kann. In fast metonymischem Sinn dürfte die unübersehbare Unordnung im äußeren Erscheinungsbild der Lagerstätten manche an Slums erinnern, obwohl sie im Laufe der Zeit eher das Aussehen von *Laubenkolonien* angenommen haben, doch sie suggerieren die Bildung von ‚ortlosen Orten' – ‚ortlose Orte', die die fehlende Anbindung oder schwebende Anbindung ihrer Bewohner widerspiegeln. Hier findet man die Illustration der für unsere Gegenwart charakteristischen Entwicklung, dass an die Stelle von Orten Räume treten. Georges Balandier bezeichnet dieses Phänomen als eine *Verwischung* des Raumes, die zur Wahrnehmung einer Welt führt, die sich zunehmend im Zeichen der Atopie befindet. Diese Berührung mit einem solchen ‚ortlosen Ort' scheint hier mit dem Aspekt der Schwellenerfahrung einherzugehen, als die wir die *Wagenburg* wahrnehmen.

Die Unordnung in der *Wagenburg* erscheint wie ein labyrinthisches Chaos (die Akteure verweisen häufig selbst auf das in viele Richtungen weisende sog. „Chaoskreuz", das fast überall auf die Wände gemalt ist). Dies scheint eine unerlässliche Bedingung für die Entwicklung der libertären Gesinnung der Bewohner zu sein.

Diese Regellosigkeit macht den Weg frei für eine Annäherung, für die Sozialisierung mit dem Anderen. Mehr als anderswo wird hier

> „das Niemandsland der Stadt als bevorzugter Ort für das Entstehen von Beziehungen wahrgenommen, Beziehungen ohne Zwang, die dennoch Intimität zulassen" (Petonnet 2002, S. 53).

Kann es daher ein Zufall sein, wenn sich mehrere Berliner *Wagenburgen* gerade auf dem Gebiet des ehemaligen Todesstreifens ansiedelten, dort, wo nach dem Fall der Mauer ein Niemandsland entstanden ist? Die Poesie ihres Entstehens ist ein beredter Ausdruck dessen, dass sie am Rande und gleichzeitig im Herzen der urbanen Struktur angesiedelt sind: in ihrer Präsenz permanenter Uneindeutigkeit und Ambivalenz. Berlin mit seinen Parks und Grünflächen wie auch mit seinen ungenutzten Bauflächen infolge des Krieges oder der Neugestaltung im Zuge der deutschen Einigung bietet noch Möglichkeiten für derartige Verschränkungen.

Die *Wagenburgen* hatten zweifelsohne zeitweise einen schlechten Ruf. Die Medien stellten sie als Orte der Faulheit und des Drogenkonsums vor. Doch im Verlauf der Jahre haben die Bewohner unter Beweis gestellt, dass sie sich zwar als *„außerhalb einer Gesellschaft, die sich wie eine Schafsherde verhält"* stehend begreifen, aber nicht in dieser Weise diskriminiert werden sollten. Einige Bewohner leben zwar noch von Sozialhilfe, was ihre Kritik an einer Gesellschaft, deren Hilfe sie in Anspruch nehmen, paradox erscheinen lässt. (Oder ist ihr Protest vielleicht nur die Verinnerlichung einer zuvor erfahrenen Diskreditierung?) Viele verrichten kleine Arbeiten (*Ein-Euro-Jobs*), andere studieren, haben Kinder, die sie wie andere Eltern auch erziehen und in die Schule bringen. Es ist allerdings auch schon vorgekommen, dass eine aus England stammende Mutter aus *Kreuzdorf* sich gezwungen sah, ihre Tochter von der öffentlichen Schule wieder abzumelden, da sie von ihren Mitschülern gemobbt und ausgegrenzt wurde, weil sie in der aus deren Sicht chaotischen und dreckigen *Wagenburg* lebte. Auch wird die nomadenhafte Unbeständigkeit der Bewohner der *Wagenburg*, die nach Belieben kommen und gehen, während ihre Bauwagen vor Ort bleiben, wie auch ihre friedliche Besetzung urbaner Brachflächen zwangsläufig als Verstoß gegen den üblichen Umgang mit Liegenschaften und als störend erlebt. Und genau hier zeigt sich die Problematik: *„Wie bildet sich Bürgerschaft?"* vermutlich am deutlichsten in ihrer Vieldeutigkeit.

Bürgerliches Nomadisieren

Obwohl sich die Bewohner der *Wagenburgen* mehrheitlich als Europäer verstehen und sich in ihrer Identität der Nationalität ihres Geburtslandes weniger verbunden fühlen, muss hier festgehalten werden, dass sie der Idee der europäischen Bürgerschaft mit Misstrauen begegnen. Sie erleben sich zwar als Europäer, doch gleichzeitig betrachten sie sich mit dem gleichen Recht implizit als *„Weltbürger"*. Die Idee des Aufbaus von Europa wird vielfach negativ gesehen, als ein aufgezwungener

Prozess, in den die Bürger nicht einbezogen worden sind bzw. zu dem sie nicht gehört werden. In der Vorstellung der *Wagenburg*-Bewohner handelt es sich vor allem um die Etablierung einer „*gigantischen Bürokratie!*" Die Arbeit und die Organisation der Europäischen Kommission sind für sie unverständlich: „*Woher kommen diese Typen?*" (gemeint ist: „Wer hat sie gewählt und wer hat ihnen diese Entscheidungsgewalt verliehen?").

Die *Wagenburg*-Bewohner fürchten eine Beschneidung ihrer Freiheit, die Etablierung eines komplizierten Systems gesetzlicher Kontrolle, die letztendlich ihre gesamte Existenz beherrschen könnte. Einige kritisieren zum Beispiel die Harmonisierung der europäischen Gesetzgebung, die im Wesentlichen auf dem kleinsten gemeinsamen Nenner der Rechte und Pflichten der Personen beruhe, während im Umgang mit den Gesetzen für Unternehmen eine arrogante Leichtfertigkeit vorherrsche, die allein der Logik des industriellen oder finanziellen Profits folge.

Vor allem die Bewohner von Kreuzdorf zeigen keinerlei Bereitschaft, sich an den Europawahlen zu beteiligen: Sie glauben einfach nicht daran, dass ihre Stimme etwas bewirken könne. Politiker erscheinen ihnen als völlig losgelöst vom Leben der Menschen im Prekariat und von deren innersten Wünschen und Hoffnungen. Natürlich wissen sie, wie auf ihre Vorwürfe reagiert wird: Man sagt ihnen, dass sie sich in das System einfügen, eine feste Arbeit suchen sollen, um an der Verteilung der Früchte des Wirtschaftswachstums teilzuhaben und ihre demokratischen Rechte nutzen zu können. Aber selbst wenn sie eine Arbeit mit angemessener Bezahlung fänden, und selbst wenn das Wirtschaftswachstum Wohlstand für alle bringen würde – was sie natürlich intuitiv hartnäckig bezweifeln –, so würden sie weiterhin energisch eine andere Gesellschaft mit einer anderen Ethik fordern. Sie verharren in der grundlegenden Ablehnung der bestehenden Gesellschaft, die ihrer Meinung nach die Menschen nur unterstützt, indem sie sie voneinander isoliert: „*Jeder kümmert sich nur um sich selbst!*" Der Aufbau Europas wird also im Eifer des Gefechts als einer der zahlreichen bewaffneten Arme einer Ideologie wahrgenommen, die den Gesellschaftsvertrag auf dem Altar der Geschäfte und der Rentabilität opfert und sich niemals um die wirklichen Anliegen der Menschen kümmert: „*Was wissen die von meinen Bedürfnissen? Ich kenne die ja selbst nicht mal genau!*"

Hier zeigt sich ein krasser Gegensatz zwischen Organisation und Zurechtkommen in dieser Gruppe: ein komplexes Netzwerk von sozialen Beziehungen, das jedoch den Respekt vor den Empfindlichkeiten und der Freiheit im Zusammenleben gewährleistet, und einer Europa-Konstruktion, mit der es nicht gelingt, symbolische Formen auszubilden, um auch für die eigene Sache an der Basis Begeisterung zu erzeugen. Der Wille zu einem vereinigten Europa wird vielmehr als Einmischung erlebt, als ein Macht missbrauchender, Zwänge ausübender mächtiger Elefant in einem Porzellanladen.

Der Gegenvorschlag der *Wagenburger*, ihre Version von der Anwendung einer partizipativen Demokratie, in der alle in ihrem Alltag aufgerufen sind, mitzuwirken, besteht beispielsweise seit mehreren Jahren darin, Feste zu organisieren – Denkmäler gemeinsamer Erinnerungen –, die, und sei es auch nur für einen kurzen

Augenblick, das Gefühl erzeugen, zu einer Familie zu gehören: „Karaoke"-Feten oder gemeinsam organisierte Konzerte und Kulturveranstaltungen. Dabei werden Eintrittsgelder für einen ‚Solidaritätsfonds' erhoben, um die sogenannten *„Platzkassen"* zu füllen (um für alle nützliche Anschaffungen vorzunehmen oder um bedürftige Mitglieder zu unterstützen). Auch wenn in dieser Weise alle Akteure verschiedener Herkünfte und Kulturen ökonomisch miteinander verbunden sind, und ihre eigene Alltagskultur leben, wird die Idee einer gemeinsamen europäischen Zugehörigkeit zwar faktisch gelebt, aber nicht als Ideal postuliert: *„Glaubst Du vielleicht, wir hätten Zeit, an so was zu denken?"* So flattert an manchen Lagerstätten die Piratenfahne, die Europafahne jedoch sieht man nirgendwo.

Desillusionierung und Normalisierung

Die Öffnung der europäischen Grenzen – ein weiteres Beispiel – müsste im Grunde dem halb-nomadischen Dasein entgegenkommen (sie leben zwar in Berlin, in den *Wagenburgen*, aber sie reisen zugleich ständig quer durch Europa, um Saisonarbeiten zu erledigen, um an Festen und Festivals teilzunehmen und ihr Netz zu stärken), doch sie schätzen sie nur bedingt, denn diese jungen Menschen – Frauen wie Männer – wissen, dass diese scheinbare Bewegungsfreiheit durch Maßnahmen bedroht ist, für die ein regelrechtes Heer von Grenzbeamten und Polizeibehörden bereit steht. Schon jetzt versäumen die Amtsträger in den verschiedenen Ländern, die sie bereisen, keine Gelegenheit, ihnen zu verstehen zu geben: *„Ihr seid hier nicht bei Euch zu Hause."*[3] Diese Besonderheit hinsichtlich der lokalen Verankerung erinnert an die Belastungen, denen die Sinti und Roma in ganz Europa ausgesetzt sind. Doch in dieser Frage scheint es erstaunlicherweise so gut wie keine Kontakte zwischen beiden Kulturen zu geben. Vielleicht ist es die Religiosität der Zigeuner, die hier als Trennlinie fungiert? Die *Wagenburg* versteht sich nach außen hin als atheistisch und – wenn auch bei näherem Hinhören deutlich wird, dass Irrationales und Aberglaube nie ganz ausgeschlossen werden – so sehen sie möglicherweise, dass die Religiosität der Zigeuner mit dem eigenen Bekenntnis *„Weder Gott noch Meister"* nicht vereinbar ist. Leider war es nicht erlaubt, dieses sensible Thema zu vertiefen, aber ich vermute, dass weniger die Frage des Religiösen problematisch ist, sondern eher die Einmaligkeit seiner Repräsentation, das Dogma von dem einzigen und einigen Gott. (Denn man darf nicht vergessen, die *Wagenburg* ist ihrem Selbstverständnis und ihrer Kultur nach ein Feld vielfältiger Besonderheiten.)

Nach Marcel Mauss *„geraten alle nomadischen Gruppierungen, wenn sie innerhalb einer sesshaften Bevölkerung leben, unter den Verdacht der Hexerei"* (Mauss 1902/1903, S. 19). Kann ein vereintes Europa, das nicht in der Lage ist, Nomadentum in seine Grundprinzipien zu integrieren, ernsthaft das Konzept der unanfechtbaren Bewegungsfreiheit seiner Einwohner verteidigen? Offensichtlich beruht das

---

[3] Die Ambivalenz in der Rechtssprechung bezüglich der nationalen und der europäischen Staatsbürgerschaft beschreibt Michel 2003.

Überleben der Wagenburg auf einer – man könnte fast sagen prinzipiellen – Transgression. Es beruht auf den Grauzonen und Widersprüchen der verschiedenen nationalen und lokalen Gesetzgebungen der Mitgliedsländer der Europäischen Union. Die *Wagenburger* haben im Laufe der Zeit Gesetzeslücken ausfindig gemacht und gelernt, sie zugunsten des Abenteuers ihres alternativen Lebens zu nutzen. Doch ich meine, dass jedwede Stigmatisierung dieser Lebensformen nichts anderes darstellt als die Unfähigkeit, Anerkennung und Akzeptanz gegenüber diesem verfemten Teil aufzubringen, gegenüber einer vorübergehenden Unbestimmtheit, die jede Gesellschaft benötigt, um zu überleben und um ihre Grundüberzeugungen und Leitgedanken neu zu überprüfen.

Von der Ambivalenz als Lebenskunst

Betrachtet man die *Wagenburgen* aus einer längeren historischen Perspektive – z.B. über die letzten 20 Jahre –, so stellt man fest, dass all diese *Wagenburg*-Areale wohl oder übel gezwungen sind, mit den Behörden, d.h. den Vertretern der von ihnen abgelehnten Gesellschaft zu verhandeln, da diese über Druckmittel und übermächtige Eingriffsmöglichkeiten verfügen.

Mit dem euphemistischen Begriff Regularisierung/Integration versucht man, die Mitglieder in ihren individuellen Empfindlichkeiten und besonderen Weltanschauungen (deutsch im Original) zu schonen. Im Interesse beider Seiten, und weil mit fortschreitendem Alter auch die Vorurteile „reifen", funktioniert dies schließlich mehr oder weniger gut, so dass man sich fragen kann, ob das ganze Spektakel der Verweigerung gesellschaftlicher Codes nicht bereits von Anfang an auf eine erneute Institutionalisierung ebendieser Codes abzielte.

Die *Wagenburgen* scheinen sich durch Vereinsgründungen in die Gesellschaft integriert zu haben. Sie organisieren sich als Künstler- und Kunsthandwerkergruppen (wie z.B. die *Wagenburgen* in Karow oder an der Lohmühle in Berlin Treptow) oder als Vereine, die biologischen Gartenbau betreiben (so die *Wagenburgen* Wopside und Kreuzdorf). Dabei spielt es keine Rolle, ob es sich um Absichtserklärungen handelt oder um objektive Realitäten. Ein Mittelweg wird sich allemal finden lassen. Dennoch wurde mit der Gründung der *Wagenburg* ein Bedürfnis zum Ausdruck gebracht, und selbst wenn sie ‚regularisiert' oder sogar vernichtet wird, lebt sie zumeist für all diejenigen weiter, die sie miterlebt haben: „*It was a unique experience, exceptional.*" Das Ende oder die Normalisierung der *Wagenburg* lässt die mit ihr verbundenen Denkweisen nicht einfach verschwinden, noch wäre es ein Ausverkauf dieser Sichtweisen, die die Welt aus einer anderen Perspektive betrachten und die weder die einzelnen Staaten noch die mit dem Aufbau von Europa Befassten verstehen wollen. Aber selbst als kleine Minderheit wird diese andere Sichtweise weiterhin eine kreative Energie und eine Kraft entfalten, die hinterfragt und in Frage stellt, die Vorschläge entwickelt und an einer Entwicklung an der Basis teilhaben will, die für das Wachsen von phantasiereichen und originellen gemeinschaftlichen

Lebensformen absolut unerlässlich ist. Kann eine europäische Bürgerschaft ohne den „Dünger" der Sehnsucht, des Wünschens auskommen? Auch wenn letztlich in ihrer Konzeptualisierung Abstriche gemacht werden müssen, weil man gezwungen ist zu wählen, könnte man diese alternative Sicht nicht zumindest als eine zukünftige einbeziehen?

Doch zurück auf den Boden der Tatsachen vor Ort: Wir haben festgestellt, dass diese alternativen Lebensräume Teil spezifischer rhizomartiger Verflechtungen sind, Räume der Ritualisierungen, Repräsentationen und kurioser Phänomene, wo alles ineinanderfließt, sich auflöst und sich permanent erneuert, wie Wellen, die auf dem Strand auflaufen und den Kiessand der Verhältnisse aufwühlen. Um zu erfahren, wie dieser Prozess der europäischen Hybridisierung verläuft, kehren wir nach Kreuzdorf zurück, um dort im Alltag ein weiteres Beispiel zu entdecken: die sprachliche Ambivalenz in den Dialogen der Bewohner.

Zwei junge Männer (ein Franzose, ein deutschsprachiger Belgier) und zwei junge Frauen (eine Schwedin und eine Engländerin) reden miteinander:

„Also, essen wir heute Abend zusammen ... what time?"
„Sex o'clock, wie die Deutschen!"
„Nein, later ... Sieben."

Diese Anekdote zeigt, wie auf der Basis von Französisch, Englisch und Deutsch eine neue Sprache zusammengebastelt wird. Vergnügt spielt man mit der Zahl sechs. Im Wortspiel wird daraus „Sex" und gleichzeitig wird auf deutsche Essgewohnheiten angespielt: auf das *„Abendbrot"*. Als Kompromiss wird die Zahl *„sieben"* genannt, und die Wahl des Deutschen, der Sprache des Gastlandes, kann als Integrationsgeste oder als Anzeichen einer gewissen Verwurzelung gewertet werden.

Es wird deutlich, wie ein bangloses Gespräch über Essgewohnheiten durch die komplizenhafte Vertrautheit der Akteure untereinander und das Spiel des gegenseitigen Reizens eine Verbundenheit schafft, in der das *„Phänomen"* Europa nachweislich präsent ist. Dennoch ist die Wahrnehmung der einzelnen Akteure untereinander nicht frei von den ‚Selbstverständlichkeiten' der jeweiligen Herkunftskultur. Der hier wiedergegebene spontane Dialog ist für diese Kontaktzonen, in denen alles relativiert wird, typisch.

Humorvoll erzählt eine junge Deutsche, wie oft sie *„den Franzosen erklären [musste], richtige Franzosen zu sein!"*, d.h. charmant, höflich, aufmerksam und verführerisch in Liebesdingen. Hier sei auch an eine junge Schwedin erinnert, die sich in einen Franzosen verliebt hatte und eingestand, dass ihr die Deutschen auf die Nerven gingen: *„... die mit ihren ewigen Vollversammlungen"*. Mit diesem Szeneausdruck („... *relouds* avec leur plenums"), ein in den Pariser Banlieus gebräuchliches Slangwort, die Umkehr des französischen Wortes „lourds" (relouds), spielt sie auf die in der deutschen alternativen Szene üblichen ausschweifenden Diskussionen an. In *Kreuzdorf* hingegen betont man, dass man keine Vollversammlungen abhalte (aber schließlich wurde hin und wieder doch ein Plenum einberufen ...), weil man wisse, dass die Beschlüsse eh nicht eingehalten würden, da jeder das uneingeschränkte Recht beanspruche, über seinen Raum in und um den Wagen frei zu verfügen.

Mit den aus den verschiedenen europäischen Ländern stammenden Akteuren „gedeiht" die Hybridisierung der Kulturen infolge der Notwendigkeit, immer wieder neue Lösungen für die alltäglichen Abläufe und die Sicherung des Gemeinwohls finden zu müssen. Aber dies ist ein fragiler, langwieriger Prozess, bei dem die Schwierigkeiten der ritualisierten Begegnungsabläufe, die narzisstischen Projektionen und das Betrachten des Anderen im Spiegel der eigenen Phantasien den Fortgang der Entwicklung hemmen. Dabei kann weder die Notwendigkeit der gemeinsamen Gestaltung noch das Ideal einer kollektiv erträumten Alternative absolutes Gelingen garantieren.

Lehren aus dem Reisen

Diese wenigen Beispiele vermitteln schon einen Eindruck davon, dass die Akteure der *Wagenburg* dem Paradox nicht entgehen und dass sie in widersprüchlicher Weise dem verbunden bleiben, von dem sie sich lösen wollten. Diese Art des Nomadentums ist also eher als ein Streben zu verstehen, als Wunsch zu „ex-istieren", im Einklang mit sich selbst und seinen Ansprüchen, seinen Wünschen: den Rahmen zu sprengen, sich mit der Idee der Marginalisierung auseinanderzusetzen, sich der Marginalisierung auszusetzen und dabei sogar die totale gesellschaftliche Ausgrenzung zu riskieren. Die Bewohner der Plätze leben zwar wirtschaftlich betrachtet in bescheidenen oder gar ärmlichen Verhältnissen und praktizieren eine Form geographischer und auch psychologischer Irrfahrten (die bei manchen von ihnen mit gelegentlichen Drogenerfahrungen zusammenhängt), doch sehen sie selbst sich nie als hilflos oder obdachlos. Im Gegenteil, sie haben durchaus eine Vorstellung von dem „Luxus" ihrer Lebenspraxis.

Alle, die sich der *Wagenburg* anschließen, wollen eine transitorische Gemeinschaftserfahrung ausprobieren und sie kommen mit ihren Wunschvorstellungen. Sie wollen zwar in Gemeinschaft leben, aber eher mit der Perspektive *„mit sich selbst zu sein"*. An manchen Plätzen bilden sich unauffällig kleine Nischen oder eigene Kreise heraus, indem einzelne Wohnwagen mehrheitlich von Polen, Deutschen, Engländern usw. belegt sind. Wie schon gesagt, die *Wagenburg* ist ein Ort, wo jeder „in Gemeinschaft macht", aber unabhängig bleiben möchte, und wo sich Identität in der Wahrnehmung vielfältiger Zugehörigkeiten bildet: eher ein *Zusammensein* mit eigenem Bezug zum Anderen als eine wirkliche „Gemeinschaft aller".

Ein echtes gemeinschaftliches Projekt wäre wahrscheinlich so gut wie nicht realisierbar, da die Plätze von einer Gesellschaft umgeben sind, in der die ökonomischen Gesetze des Warenaustauschs und der Machtverteilung vorherrschen. Sie gewinnt stets und normalisiert sozusagen den Abstand zur *Wagenburg* oder hebt ihn ganz auf. Der ökonomische Zwang hat sie sozusagen im Griff; sie werden in Konkurrenz untereinander gebracht und unausweichlich in die Vereinzelung gedrängt. Der

Aufbau Europas, als Wirtschaftsvereinigung begonnen, kann die Menschen nicht zusammenführen, weil er so angelegt ist, dass er sie trennt. Und der Wunsch, eine alle vereinigende „europäische Bürgerschaft" einzuführen, kann realistischerweise nicht davon ausgehen, die Hoffnungen der Bürger zu verwirklichen. Es scheint kein Zweifel darüber zu bestehen, dass

> „die Institution Europa nicht durch den freien Willen von Individuen geschaffen [wird]. Es ist kein Ausdruck von Subjektivität, sondern es wird eine Unternehmensidee umgesetzt, durch die die Institution sich selbst objektiviert und keine soziale Individualität erlangt" (Bouveresse 2008, S. 84).

Es ist daher kaum vorstellbar, dass die Bewohner der *Wagenburg* an einer allgemeinen Bewegung beteiligt sein werden, die die Souveränität Europas anstrebt. Sie könnten sich höchstens mit einem ökonomischen Prozess anfreunden, ohne dabei die Illusion zu haben, ihre Positionen durchzusetzen. Für den Aufbau Europas könnte es jedoch von Vorteil sein, wenn es gelänge, uns diese Bewegung in ihrer spezifischen Seinsweise und dem einzigartigen Habitus ihrer Mitglieder als besondere Lebensform vor Augen zu halten: *„in der der Körper als Verdichtung von Affekten und Fähigkeiten"* wahrgenommen wird, wie Eduardo Viveiros de Castro (2009) es formuliert. Bei der Entwicklung und Umsetzung der Perspektiven zum Aufbau Europas könnte das Vagabundieren und Nomadisieren zumindest als eine archetypische und zugleich neuartige Form des sich ständig wandelnden Zusammenlebens anerkannt werden, ganz abgesehen davon, dass sie in mancherlei Hinsicht mit der Art und Weise des Handeltreibens kompatibel zu sein scheint. So könte der Aufbau Europa auch ein wenig zum Träumen anregen, und es gäbe weniger Probleme, Europas Bürger für Europa zu mobilisieren.

Gleicher Art ist auch die Positionsbestimmung, die Idee der Nähe von Lagerplatz und der Natur: Die *Wagenburg* ist nicht in der Natur angesiedelt, aber sie unterhält eine spezifische Beziehung zu dieser. Das heißt nicht, dass die Bewohner nicht den Wunsch hätten, wirklich mit der Natur zu leben und mit ihr zu verschmelzen. Sie wünschen es durchaus, aber eher in unbestimmter Weise. Sie wissen, dass ihre Versuche nur Veränderungen der Codes sind, eine Nostalgie, dass sie nicht dazu gehören, den Umständen ausgeliefert sind, dass ihre Anwesenheit nur eine vorübergehende ist (man wird hier nicht älter), von Beginn an dazu verdammt, nicht mehr als den spaßvollen Kommentar zu ihrem Schritt ins Erwachsensein darzustellen. Doch sobald sie die *Wagenburg* verlassen haben, begreifen sie, wenn auch eher vage, was sie verloren haben. Und der Verlust ist groß. Vielleicht war eben doch nicht alles bei diesem Abenteuer nur Spektakel und Narretei?

Ausgangspunkt für die Gründung dieser Plätze war der unbändige Wunsch, Zäune niederzureißen und mit Gesetzen und Gebräuchen zu brechen sowie brachliegende Gelände zu besetzen, um in diese zu investieren. Die *Wagenburg* müsste also ihre Versprechen einhalten und noch sehr viel mutiger werden. Sie müsste sich trauen, ihre Sicht einer Alternative darzustellen und sich der eigenen Geschichte zu rühmen. Sie müsste sich befreien von der erlittenen Missachtung, die sie verinnerlicht hat, was sie daran hindert, ihre Kraft einzusetzen. Ein Verständnis des eigenen Standpunkts als „Offenbarung" würde ihr nämlich unter Umständen den Schutz des ‚Heiligen' verleihen, als letztes Mittel, sich der umgebenden Rationalität entgegenzustellen. Hier erwiese sich die Kulturbewegung der Plätze in ihrer Gestik edler als erwartet, da ihr wegen ihres schlechten Ruf zumeist Müßiggang und Arbeitsscheu nachgesagt wird. Die Bewegung misstraut allen ‚spirituellen Gewissheiten' und in humorvoller Selbstkritik ebenso der eigenen Legendenbildung. Noch immer geprägt vom Relativismus des ‚No Future', sträubt sie sich gegen diese Art der Überzeugung, weil sie Einschränkung und Lähmung fürchtet: im Namen des Respekts vor dem Standpunkt des Anderen weist dies darauf hin, dass Hoffnung besteht für ein Freidenkertum, vielleicht …?

Ernüchtert und stolz, vielleicht sogar melancholisch in ihrer freidenkerischen Einstellung, könnte die *Wagenburg* sich nur dann in einer Bürgerschaft repräsentiert sehen, wenn sie ihre eigenen Hoffnungen und Vorstellungen unmoralisch verraten würde. Trotz mühseliger Umstände, unwägbarer Zufälligkeiten und der Missbilligung der Normalbürger ist die Bewegung mit der Geschwindigkeit einer Lastwagenkarawane auf dem Weg, die immer wieder Motorteile verliert, aber sie wird ebenso immer wieder behelfsmäßig zusammengeflickt, man stoppt keine Kriegsmaschine, man rollt weiter …

Aus dem Französischen von Gisela Dreyer

Literatur

Balandier, Georges (2001): Le grand système. Paris: Fayard.
Bouveresse, Jacques (2008): La théorie de l'institution : une justification des corps intermédiaires. In : Bras, Jean-Philippe (Hg.): L'institution, passé et devenir d'une catégorie juridique. Actes du colloque organisé le 22 et 23 juin 2006, à la Faculté de droit, de sciences économiques et de gestion de l'Université de Rouen. Paris: L'Harmattan.
Deleuze, Giles & Guattari, Félix (1980): Mille Plateaux. Capitalisme et schizophrénie. Paris: Les Editions de Minuit.
Marsault, Ralf (2010): Résistance à l'effacement. Dijon: Les Presses du Réel.
Mauss, Marcel (1902/1903): Esquisse d'une théorie générale de la magie. http://www.scribd.com/doc/9665222/Mauss
Michel, Valérie (2003): Recherches sur les compétences de la Communauté européenne. (= logiques juridiques). Paris: L'Harmattan.
Pétonnet, Colette (2002): On est tous dans le brouillard. Paris: Edition du comité des travaux historiques et scientifiques. C.T.H.S.
Viveiros de Castro, Eduardo (2009): Métaphysiques cannibales. Paris: PUF.

Markus Messling

Die Texte der Anderen
Philologische Gegendiskurse für ein europäisches Denken

Im Übergang zum 19. Jahrhundert verlässt die Philologie endgültig ihren Status als theologische Hilfswissenschaft und erhebt – in Auseinandersetzung mit der Philosophie – einen neuen Welterklärungsanspruch.[1] Innerhalb vieler europäischer Gesellschaften wird sie nicht nur schnell zur Modellwissenschaft, sondern auch zu einem ‚Ort' der Erklärung menschlicher Dispositionen und Produktionen von herausragender Autorität. In der Herausbildung der modernen europäischen Nationalstaaten spielt sie bekanntlich eine große identitätsstiftende und ideologische Rolle. Mit sprachlichen Analyseinstrumentarien und hermeneutischen Verfahren eröffnete sie Zugänge zu (alten) Sprachen und Texten und machte damit kulturelle Ressourcen zugänglich, die für die Konstruktion nationaler Kollektive wichtig waren.[2]

Philologie und die kulturellen Grundlagen Europas

Die Philologie hat dabei, vereinfachend gesprochen, kulturelle Ressourcen in zweierlei Richtungen erschlossen: Einerseits hat sie Sprachen, Texte und Textkulturen wie jene der ägyptischen, indischen und griechischen Antike zugänglich gemacht und sie für die Herausbildung – aber auch Unterwanderung – nationalkulturellen Bewusstseins im Sinne einer europäischen „Renaissance orientale" aktiviert und nach nationalen Besonderheiten diversifiziert; man denke etwa an die politische Dimension der französischen ‚Ägypten'-Begeisterung oder der ‚Griechenland'- und ‚Indien'-Rezeption in Deutschland im 19. Jahrhundert. Andererseits hat die Philologie – in Konkurrenz und Verwebung mit dieser Antikenrezeption – einen textuellen Zugang zu zeitgenössischen Kulturen außerhalb Europas geschaffen. Damit wird sie im aufziehenden 19. Jahrhundert zu einer Disziplin mit Anspruch auf Erklärung gegenwärtiger kultureller Phänomene, die die Geschichtlichkeit der Kulturen in die Gegenwart fortführt und diese dadurch umfassend, in ihren Tiefenstrukturen, zu

---

1 Dies hängt nicht zuletzt mit der Tatsache zusammen, dass die moderne Philologie – zumindest im deutschsprachigen Raum – von ihrer Entstehung im beginnenden 19. Jahrhundert an mit der philosophischen Frage des Verstehens, also einer allgemeinen Hermeneutik, verbunden ist; Text- und Welterschließung unterliegen denselben erkenntnistheoretischen Voraussetzungen (vgl. Werner 1990, S. 16f.).
2 Die Aktivierung der kulturellen Ressourcen verläuft in Prozessen der Traditionsbildung, Kanonisierung und des Ausschlusses und damit auch in Auseinandersetzungen um kulturelle Hegemonie, auf deren Mechanismen hier nicht weiter eingegangen werden kann.

verstehen sucht. Damit bindet sie diese wiederum in spezifische Traditionen des Verstehens ein. Diese Dimension der Philologie ist nicht zu trennen von der zumindest kerneuropäischen Erfahrung eines rasanten gesellschaftlichen und technologischen Fortschritts, deren ambivalente Bewusstseins-Zäsur die Französische Revolution ist. Wenn die Philologie insgesamt von der Aufklärung die Vorstellung von der Zentralität der Zeichen und ihrer Beschaffenheit für das Denken erbt, so ist dieses Erbe in dieser nach ‚außen' gerichteten Dimension der Philologie von besonderer Relevanz. Denn aufgrund dieses Hintergrundes trägt die philologisch-kulturelle Öffnung zur zeitgenössischen Welt seit ihrer zunehmenden Professionalisierung am Beginn des 19. Jahrhunderts zumindest zwei große Potentiale in sich: einen historischen Verstehenszugang zur Diversität der Kulturen der Welt und eine an der Zivilisationsfrage orientierte Vergleichbarkeit der Kulturen und ihrer symbolischen Systeme.

Es ist die zweite, nach ‚außen' gerichtete Dimension der Philologie, deren Struktur mit der Ägypten-Expedition Napoleons und den Forschungsabteilungen im Tross seines Heeres ans Licht tritt, die in diesem Kontext besonders von Interesse ist. Denn wenn sie auch nicht ohne die nach ‚innen' gerichtete Dimension gedacht und verstanden werden kann, die ja im Sinne der identitären Aneignung und Abgrenzung immer auch einen Außenbezug hat, so ist es doch der philologische Blick nach ‚außen', *auf die Texte der Anderen*, der die innere kulturelle Diversität Europas auf einer übergeordneten Ebene gebündelt und so unmittelbar zur *Selbst-Verortung Europas* in der Welt beigetragen hat. Wofür – im (Unter-)Bewusstsein der Europäer selbst – die europäische Zivilisation steht, von der zunächst natürlich noch begrenzt die Rede ist, wird deutlich in der Art und Weise, wie die Europäer die Texte der Anderen lesen, deren Sprachen besprechen und Kulturen bewerten.

Dabei liegt in der Frage des Fortschritts eine Gefahr, der sich die Philologie nur begrenzt zu entziehen weiß: Hat nicht der rasante Fortschritt Europas einen aufklärerischen, wissenschaftlichen Kern? Und ist nicht gerade der wissenschaftliche Fortschritt den semiotischen Möglichkeiten der indoeuropäischen flektierenden[3] Sprachen und der lateinischen Schrift sowie den daraus erwachsenen Schrift- und Textkulturen geschuldet? Friedrich Schlegels unselige polygenetische Konzeption vom Ursprung der indoeuropäischen Sprachen aus „Besonnenheit" und demjenigen der anderen Sprachgruppen aus „thierischer Dumpfheit" findet Eingang in das kulturelle Bewusstsein der Zeit und wirkt weit darüber hinaus.

Der palästinensisch-amerikanische Intellektuelle Edward W. Said hat aus solchen Zuschreibungen in seinem berühmten Buch *Orientalism. Western Conceptions of the Orient* (1978) bekanntlich die Schlussfolgerung gezogen, dass die europäische Philologie in der Nachfolge Friedrich Schlegels in ihrem Kern rassistisch gewesen sei

---

3 In flektierenden Sprachen werden grammatische Kategorien weitgehend durch Abwandlungen inmitten eines betroffenen Wortes dargestellt, d.h. durch Änderungen des Wortstammes. In isolierenden Sprachen wird die grammatische Funktion eines Begriffs durch dessen Position innerhalb eines Satzes deutlich gemacht, wodurch die Satzstellung zum zentralen Element wird. In der Philologie des 19. Jahrhunderts stehen für den ersten Fall exemplarisch die indoeuropäischen Sprachen, für den zweiten Fall exemplarisch das Chinesische.

und eine zentrale ideologische Funktion für den Kolonialismus erfüllt habe. Folgt man diesem Vorwurf Saids zumindest in seinem diskursanalytischen Gehalt, so erscheint kritische Wissenschaftsgeschichte als dringlicher Prozess der theoretischen Bewusstseinsbildung auch der europäischen Fundamente. Spitzen wir die Problematik ruhig zu: Sind die europäischen Philologien nicht eine moralisch stark verbrauchte Wissenschaft, deren Aussagekraft über die sprachlichen Grundlagen und kulturellen Formen des menschlichen Lebens nachhaltig diskreditiert ist? Hat die Philologie – heute sagen wir eher: die Philologien, also die Wissenschaften von den Sprachen und Texten – haben also die Philologien ihr Potenzial, kulturelle Ressourcen für ein europäisches Bewusstsein zu liefern, nicht grundlegend verspielt?

Eurozentrismus und Rassismus: das Problem der europäischen Philologie(n)

Diese schwerwiegenden Fragen führen uns zurück in die Geschichte der europäischen Philologie(n). Das Problem der Repräsentation symbolischer Formen fremder Kulturen, insbesondere ihrer Sprachen, wird nicht erst im 19. Jahrhundert virulent. Doch es sollte im Umbruch vom 18. zum 19. Jahrhundert eine neue Qualität erhalten. Innerhalb eines neuhistorischen Denkens entsteht eine ‚positivistische' Wissenskultur, die sich als empirische Ethnographie und historisch-vergleichende Sprachforschung äußert und als philologische *Wissenschaft* institutionalisiert. Diese tritt mit einem neuen methodischen Selbstverständnis und einem neuen Welterklärungsanspruch auf. Zugleich philologisieren sich ganze Wissensdomänen, was insbesondere für die „orientalistischen" Disziplinen gilt. Es hat daher seinen guten Grund, dass Edward W. Said in seinem Orientalismus-Buch mit dem Umbruch zum 19. Jahrhundert beginnt. Es geht ihm um das Problem der Repräsentation im Nukleus der sich als aufgeklärt verstehenden europäischen Kultur, um die Beschreibungsmacht der modernen *Wissenschaft*.

Die von Edward W. Said vertretene These war nicht nur wirkmächtig in allen textbasierten kulturwissenschaftlichen Disziplinen, sondern ist es auch für die Deutung der postkolonialen Welt und die Reflexion der Politiken der Begegnung. Said sucht die subtile intellektuelle Vermessung der östlichen Kulturen anhand eurozentrischer Kriterien aufzudecken, in der er eine gedankliche Vorbereitung und ideologische Grundlage für die kartographische Vermessung der ‚orientalischen' Welt und ihrer Kolonialisierung sieht.[4] Dabei arbeitet er diskursanalytisch und zielt auf die epistemologischen (ideologischen) Implikationen der Texte und deren selbstreferentielle Repräsentation und Reproduktion und nicht auf ihre politische Intentionalität.

---

4   Für die Konstruktion der ausgerechnet in der aufgeklärten Wissenschaft produzierten kulturellen Hegemonie des ‚Westens' schreibt Said daher auch den zunächst nicht unmittelbar in den Kolonialismus verwickelten deutschsprachigen Denkern eine erhebliche Relevanz zu: „Yet what German Orientalism had in common with Anglo-French and later American Orientalism was a kind of intellectual *authority* over the Orient within Western culture. This authority must in large part be the subject of any description of Orientalism, […]" (Said 1978, S. 19).

In der Rückführung auf einen Diskurs der Schwächung zur Beherrschung verschwinden aber die Differenzen des Sprechens über die Anderen hinter einigen gemeinsamen Merkmalen dieses Sprechens im Nebel vermeintlicher Irrelevanz. Die kulturelle Hegemonie Europas erscheint auch deshalb so übermächtig, weil sich im Kern kein Standpunkt den erkenntnistheoretischen Prämissen des „Orientalismus" entziehen zu können scheint. Diese Fokussierung hat den großen Vorteil, dass darin ein Aspekt überdeutlich sichtbar wird: die Funktionsmechanismen und Merkmale eines kulturhegemonialen Denkens, das innerhalb der europäischen Kultur selbst zum dominanten Diskurs wird. Da aber, wo der hegemoniale Diskurs als solcher nicht gekennzeichnet ist, sondern als allumfassende Äußerungs-Tradition erscheint, tritt genau die Gefahr eines umgekehrt teleologischen Denkens auf, das heißt, einer Beurteilung der Vergangenheit nach dem sich faktisch durchsetzenden Wandel.

Dies ist vor allem dann problematisch, wenn es, wie in Saids Foucault-basiertem Buch, um Kernbereiche europäischer Kultur in der Moderne geht, die ohne Zweifel einen ideologischen Anteil am Imperialismus hatten. So hat Said zu Recht den Anteil aufgezeigt, den die Philologie als prestigereichste Wissenschaft des 19. Jahrhunderts an der Herausbildung und Ausprägung des eurozentrischen und rassistischen Diskurses hatte. Und vermutlich hat Said sogar Recht, wenn er in dem von ihm als „Orientalismus" bezeichneten Diskurs den in Europa hegemonialen Diskurs über die Anderen und das Andersartige ausmacht. Die historische Evidenz ist viel zu groß, um dem zu widersprechen. Problematisch ist nur, dass Said diesen hegemonialen Diskurs nicht ausreichend als solchen bestimmt hat und dieser so zum grundsätzlichen Vorbehalt wird, der das Sprechen der Europäer über andere Menschen, Sprachen, Kulturen und Texte vom 19. Jahrhundert an letztlich differenzlos zum „Orientalismus", ja Rassismus[5] werden lässt – und somit einer invertierten Teleologie unterwirft, in der alles vom dominanten Diskursgeschehen alternativlos mitgerissen wird. Saids Totalisierung des hegemonialen Diskurses lässt zu wenig Raum für das Denken von Widerständen und Heterogenitäten. Die individuellen Momente bleiben in *Orientalism* letztlich Spielarten, sie sind Varianten und Erweiterungen der Merkmale des orientalistischen Diskurses.

Die von Said dargelegte Betrachtungsweise ist aber natürlich nur von einem Standpunkt aus möglich, der die Erfahrungen der Katastrophen und Traumata des Imperialismus und des Totalitarismus reflexiv verinnerlicht und in der Geschichte Gründe für das zivilisatorische Scheitern sucht. Dabei müssten gerade vor dem Hintergrund dieser desaströsen Erfahrungen auch die Alternativen des Nachdenkens über ‚fremde' Kulturen und den ‚Anderen' in den Blick geraten. Es stellt sich die Frage, ob die geistige Aneignung der außereuropäischen Kulturen tatsächlich – programmatisch, aber auch unfreiwillig durch eine erkenntnistheoretische Bedingtheit – nur zur Bestärkung des ‚Eigenen' und zur Abwertung und Unterwerfung des ‚Anderen' führte?

---

5   Für Said ist der Rassismus die biologische „Betonierung" eines deterministischen Diskurses, der die Kulturen auf nicht-hintergehbare, nicht-veränderliche Essenzen zurückführt und den man als „kulturellen Rassismus" bezeichnen könnte.

Präsentation der anderen Texte:
Differente Traditionen der europäischen Philologie

Ein wichtiges Verfahren der kulturellen Repräsentation anderer ist ihre Darstellung anhand von Texten. Dabei geht es nicht in erster Linie um die Lektüre von Texten anderer Kulturen und auch nicht allein um deren Übersetzung – auch wenn entsprechende Rezeptionsfragen in diesem Kontext ohne Zweifel von erheblicher Relevanz sind. Aufrufen möchte ich hier vielmehr jene Praxis, die in Form von Text-Sammlungen versucht, Repräsentativität zu schaffen, also eine gezielte oder grundsätzliche Aussagekraft über eine andere Textkultur und damit oftmals letztlich über diese Kultur insgesamt herzustellen. In der modernen Philologie ist das ein omnipräsentes Verfahren, das zu verschiedenen Zwecken genutzt wird, insbesondere aber zwei Zielen dient: pädagogischen und im weiteren Sinne kulturellen. Für das erste Ziel kann ohne Zweifel Silvestre de Sacys berühmte *Chrestomathie arabe* (1806) stehen, eine dreibändige Textsammlung, die de Sacy insbesondere zum Nutzen seiner Arabisch-Studenten zusammenstellte. An ihr exemplifiziert Said seine Kritik des Konzepts der Repräsentativität sowie der Diskursmacht der Philologie (vgl. Said 1978, S. 128-130), die den Kolonialismus intellektuell vorbereitet und ideologisch legitimiert habe.

Anhand des Beispiels der deutschen Ausgabe von Jean-Pierre Abel-Rémusats *Contes chinois* (1827) möchte ich versuchen, plausibel zu machen, dass nicht der Anspruch der Repräsentativität, sondern allein die genaue semantische Ausgestaltung des Status der Texte entscheidend dafür ist, ob man mit Recht von einem Vorgang intellektueller Hegemonie sprechen kann, die nach den skizzierten Mechanismen funktioniert. Abel-Rémusat war als Inhaber des 1814 am *Collège de France* geschaffenen, ersten modernen Lehrstuhls für Sinologie in Europa, als Mitglied der Pariser *Académie des Inscriptions et Belles-Lettres* sowie als Mitbegründer und Sekretär der *Société asiatique* (1822) ein herausragender Repräsentant der europäischen Philologie. Diese institutionelle Einbindung mit ihrer mutmaßlichen Nähe zur (Kolonial-)Macht ist mitzubedenken, wenn es um die Untersuchung seines Werkes geht, aus dem hier allerdings nur ein minimaler Ausschnitt betrachtet werden kann. Die deutsche Fassung seiner Sammlung chinesischer Novellen erschien bereits 1827 unter dem Titel *Chinesische Erzählungen* und ist deshalb hochinteressant, weil darin neben der „Vorrede" von Abel-Rémusat auch eine „Nachschrift" des deutschen Herausgebers gedruckt wurde. Dieser gibt sich nicht zu erkennen, sondern nennt sich „*r*" – was wohl eher Ausdruck zur Schau gestellter Bescheidenheit als eine Vorahnung seines zweifelhaften Nachrufs sein dürfte.[6] Die deutsche Version ist insofern ein Glücksfall, als mit den zwei Vorworten zwei verschiedene Zugriffs-

---

6 Wie aus einem handschriftlichen Eintrag im Originalexemplar von 1827 der Göttinger Universitätsbibliothek hervorgeht, handelt es sich bei dem ominösen „r*" um Gottfried Wilhelm Becker, einen Leipziger Arzt und populärwissenschaftlichen Schriftsteller, der auch andere, zumeist französische, Pseudonyme verwendet hat.

und Beschreibungsmodi auf nichteuropäische Erzählungen direkt nebeneinander liegen, die sich auf das gleiche Textkorpus beziehen.

„r*": Verfügungsmacht

Das deutsche Vorwort erfüllt in seiner Kürze relativ krude all jene Charakteristika, die Edward W. Said an den europäischen Text-Sammlungen konstatiert: Die Erzählungen sollen in unterhaltsamer Weise dem (pädagogischen) Zweck dienen, den europäischen Leser über „das chinesische Volksleben" aufzuklären. Hier findet nun die erste feine, signifikante begriffliche Verschiebung statt: während der Begriff des „Volkslebens" zunächst durchaus im Sinne Abel-Rémusats eine soziale Kategorisierung bedeutet – im Sinne von: das Leben des „einfachen Volkes" –, so wird die Semantik in dem betreffenden Absatz beinahe unmerklich auf einen Volksbegriff verschoben, der am Ende meint: die Chinesen als Volk:

> „Sicher werden die kleinen Erzählungen viel Beifall finden. Wie Abel-Rémusat sehr richtig bemerkt, so schildern sie uns das chinesische Volksleben. Wir wohnen mit den Schiffern auf ihren Flößen und Schiffen; wir begleiten die Chinesen in Fo's Tempel; wir besuchen ihre Ehezimmer; wir sehen verhören, foltern, züchtigen, strafen; *und was sonst im himmlischen Reiche vorfällt*, spiegelt sich hier in hundert kleinen Begebenheiten ab. Die mächtige Liebe spielt ihre Streiche und Ränke, wie unter uns" (Abel-Rémusat 1827: XII; Hervorh. M.M.).

Auch die sympathetische Formulierung des letzten Satzes kann nicht darüber hinwegtäuschen, dass es hier nicht mehr um die „hundert kleinen Begebenheiten", sondern um das chinesische Leben insgesamt geht. Daran lässt dann auch schon der nächste Absatz keinen Zweifel mehr, in dem von der Multiperspektivik nichts übrigbleibt. Es geht um „die Chinesen", deren angenommene zivilisatorische Rückständigkeit nun *expressis verbis* formuliert wird, denn schließlich müsse man bedenken, „daß die Chinesen um Jahrhunderte hinter uns zurückstehen" (XII). Hier kommt dabei nicht nur die bereits thematisierte europäische Erfahrung eines rasanten politischen, gesellschaftlichen und technischen Aufstiegs zum Ausdruck, sondern es entlädt sich zugleich ein Gefühl kultureller Überlegenheit, was auch durch eine pseudo-gönnerhafte literarische Wertschätzung nur allzu schwach kaschiert wird (vgl. XII-XIII). Ihr Alter einerseits, ihr populärer, der massenkulturellen Zeitungserzählung gleichender Charakter andererseits sollen die angenommene Rückständigkeit und ästhetische Mangelhaftigkeit der Erzählungen entschuldigen. Das sind für uns heute erstaunliche Anpreisungen eines Herausgebers, die letztlich nur durch das Wissen um die Kraft des Exotischen zu erklären sind: Was nach der literarischen Abwertung bleibt, ist die Andersartigkeit der Texte einer zivilisatorisch zurückgebliebenen Nation. Dass man in ästhetisch derart schwache Texte eingreifen muss, um sie für den Europäer lesbar zu machen, erscheint dem deutschen

Herausgeber nur zu offensichtlich. Aus diesem Grund unterstreicht er abschließend die Notwendigkeit editorischer Eingriffe (vgl. XIV-XV).

So zeichnet sich klar ab, dass der Text des deutschen Herausgebers „*r" tatsächlich der Logik eines Diskurses der Macht folgt. Einerseits nämlich wird den gesammelten Texten ein Status der Repräsentativität zugewiesen. Diese wird charakterisiert durch eine behauptete ästhetische und kulturelle Minderwertigkeit, die einen gebildeten Eingriff für ein europäisches Publikum erforderlich machten. Da die Erzählungen aber als repräsentativ für das Leben eines ganzen Volkes, des chinesischen, dargeboten werden, liegt darin letztlich der Gestus der Verfügungsmacht über eine ganze Kultur, deren Unterlegenheit für den deutschen Herausgeber nicht in Frage steht.

Abel-Rémusat: ‚Übersetzung'

Abel-Rémusat dürfte diese „Nachschrift" des deutschen Herausgebers sowie die deutsche Übersetzung nicht gefallen haben – sofern er diese denn zur Kenntnis nehmen konnte. Hartnäckig verteidigte er den Status des Chinesischen gegen die Flexions-Ideologie der europäischen Philologie seiner Zeit und verortete die chinesische Sprache und die Leistung der chinesischen Literatur auf einer Ebene mit dem Sanskrit und der Sanskrit-Literatur (vgl. hierzu Messling 2008a, S. 190-202). Dementsprechend verschieden sieht auch Abel-Rémusats „Vorrede" aus. Auf mehr als der Hälfte der sieben Seiten befasst er sich mit Besonderheiten und Problemen der Übersetzung der chinesischen Erzählungen. Das ist durchaus Programm und deutet bereits auf das enorme Bewusstsein Abel-Rémusats für die Frage der Repräsentation hin. So problematisiert er die Authentizität derjenigen Texte, die ihm nur in Übersetzungen europäischer Missionare überliefert sind und derer sich die Ausgabe zum Teil bedient. Abel-Rémusat macht dabei deutlich, dass Korrekturen vorwiegend durch Fehler in diesen Übersetzungen erforderlich wurden. Darin klingt zunächst das Bemühen um eine Fassung an, die den stilistischen Eigenschaften der chinesischen Texte gerecht wird:

> „Die Übersetzungen des Pater Dentrecolles sind auf gleiche Art durchgesehen worden. Sie waren leicht genug hingeschrieben, um an mehrern Orten einer Berichtigung zu bedürfen. Der Styl in diesen kleinen Erzählungen ist in der Regel sehr klar, ohne Zierrathen und folglich frei von Schwierigkeiten. Der Missionär hat aber wahrscheinlich wenig Werth darauf gelegt. Seine Feder hätte getreuer die Maximen des Confucius, als gewisse Stellen aus der *Matrone von Soung* übersetzt" (Abel-Rémusat 1827: VIII).

Dass nicht bei allen Erzählungen eine chinesische Fassung zur Überprüfung der überlieferten Übersetzungen herangezogen werden konnte, benennt Abel-Rémusat ausdrücklich als Defizit der Ausgabe (vgl. IX-X). Aus seinen Bemerkungen spricht nicht eine philologische Strenge als Selbstzweck, sondern etwas, was man also Sorge um die Präsentation der Anderen bezeichnen könnte. Deren Texte sollen nämlich möglichst nah am Original erscheinen; Richtlinie für die Übersetzung ist nicht Gefälligkeit oder europäischer Geschmack, sondern die Texte der Anderen selbst. Wo diese Nähe nicht möglich ist, muss auf die philologischen und materiellen Probleme und Defizite hingewiesen werden. Indem Abel-Rémusat aber ausführlich all diese editorischen Schwierigkeiten benennt, zeigt er vor allem, dass die Idee der Nähe zum Original letztlich ein Ideal bleibt, der Leser es stets nur mit mehr oder weniger gelungenen Versuchen der Annäherungen zu tun hat. Diese ähneln künstlerischen Produkten, bilden die Aneignung der Übersetzer ab, weshalb Abel-Rémusat dann auch im Zusammenhang der Überarbeitung einer Erzählung mit besonders komplexer Überlieferungsgeschichte durch seinen Schüler davon spricht, dass dieser sich die Novelle „gewissermaßen zu seinem Eigenthum gemacht" (VIII) habe. Dies ist durchaus eine andersartige Inbesitznahme als jene, die sich die Texte beugt, damit sie dem entsprechen, was sie repräsentieren sollen. Diese Aneignung betont die Arbeit der Übersetzung, erhebt dabei aber die Texte der Anderen zum Maßstab und zeigt so letztlich die Imperfektibilität der eigenen Leistung. Damit unterwandert Abel-Rémusat vor allem das Prinzip uneingeschränkter Repräsentativität: Die übersetzten Erzählungen *präsentieren* die Andern in einem vom Selbst eingefärbten Lichte, sie *repräsentieren* sie nicht. Auch dass das Konzept der Repräsentativität schon deswegen problematisch ist, weil der Wissens- und Erwartungshorizont der Leser der verschiedenen Kulturen sich erheblich unterscheiden, verdeutlicht Abel-Rémusat anhand der Erzählungen.

Diese beiden Aspekte der Übersetzungsproblematik könnte man als hermeneutische Einschränkungen des Repräsentativitätsanspruchs bezeichnen. Abel-Rémusat nimmt aber noch weitere Einschränkungen vor, die gattungstheoretischer und ästhetischer Natur sind. Da es sich nämlich um Novellen, genauer um „moralische Erzählungen" handle, unterscheide sich das darin dargestellte Leben erheblich von jenem des in bekannten chinesischen Romanen geschilderten, in denen „Sitten und Sprache der vornehmen, der rechtlichen Leute, der Leute von gutem Tone, der Frauen von gebildetem Geiste" (V) Gegenstand der Darstellung seien. Die edierten Novellen präsentierten dahingegen moralische Probleme des „einfachen Volkes". Diese gattungsgebundene soziale Dimension der Erzählung skizziert Abel-Rémusat recht genau:

> „Allein wenn auch das Gewebe der Fabel und die Zeichnung der Charaktere in der Regel vernachlässigt ist, so findet man doch zum Ersatz dafür eine Menge Begebenheiten und Einzelheiten, welche die Aufmerksamkeit zu spannen vermögen und uns immer mehr und mehr mit dem Innern des häuslichen Lebens, den Sitten in den niedern Ständen der bürgerlichen Gesellschaft bekannt zu machen vermögen" (Abel-Rémusat 1827: V).

Man sieht hier, dass Abel-Rémusat bewusst ist, dass europäische Leser dazu neigen, den Geschichten Repräsentativität zuzuschreiben. Umso wichtiger ist es ihm, die gattungsbedingte Klärung der Einschränkung des Sozialen zu benennen und zugleich die dargestellte gesellschaftliche Wirklichkeit mit einem soziologischen Blick aufzuschließen. An diesem fallen vor allem Nüchternheit und ein Anspruch sozialer Differenzierung auf und weisen Abel-Rémusat als Zeitgenossen Stendhals aus. Repräsentativ sind die Erzählungen nicht für China, auch nicht für die chinesische Gesellschaft, sondern – wenn überhaupt – dann für eine spezifische soziale Situation (das häusliche Leben) in einer spezifischen sozialen Schicht (dem niederen Bürgertum).

Das vorangegangene Zitat hat schon gezeigt, dass Abel-Rémusat den ästhetischen Wert der „moralischen Erzählungen" selbst durchaus nicht überbewertet. Aber er macht deutlich, dass dies an der spezifischen Textform liegt, die es mit der Komplexität des Romans nicht aufnehmen könne: „Die Bruchstücke der Art [...] können in Betreff der Kunst nicht mit den großen Arbeiten von Romanschriftstellern verglichen werden" (IV). Man könnte darin eine eurozentrische Präferenz der Europäer des 19. Jahrhunderts für den Roman sehen, allerdings weist Abel-Rémusat unmissverständlich daraufhin, dass die Chinesen selbst Werke hervorgebracht hätten, die dem Roman gleichwertig seien, deren Übersetzung aber schlicht mehr Zeit als die europäischer Romane beanspruche: „Allein diese Arbeit hat einige Schwierigkeiten mehr, als sich bei einer Übersetzung von Walter Scott's und van der Velde's Werken zeigen" (IV). Walter Scotts Werk diente bekanntlich als Modell für den europäischen historischen Roman des 19. Jahrhunderts, und mit seiner Bemerkung zeigt Abel-Rémusat, dass sich die großen chinesischen Historienromane für ihn auf dieser Augenhöhe bewegen. Programmatisch wird die chinesische Literatur gegen eine ästhetische Nivellierung durch die edierten Novellen verteidigt, wird ihr zivilisatorische Vergleichbarkeit zugeschrieben. Dies endet in der Aufnahme der chinesischen Literatur in einem Begriff von Weltliteratur, deren Ursprünge im Orient liegen, und an der China wie Europa partizipieren: „Die letztere [der Erzählungen; M.M.], unter denen von Dentrecolles mitgetheilten die unterhaltendste, ist ein Beweis, daß die Chinesen jene milesischen Mährchen kennen, welche die Welt durchwandert sind und wozu sie gehört" (VIII-IX). Die Sorge um die Präsentation der Texte der Anderen ist also nicht weniger als die Sorge um die Darstellung ihres Beitrages zur Weltkultur.

Politik der Philologie – Philologie der Politik

Man müsste die beiden Übersetzungsfassungen – die französische und die deutsche – detailliert analysieren, um zu überprüfen, ob die theoretische Differenz sich in der Darstellungspraxis signifikant niederschlägt. Entscheidend ist aber an dieser Stelle die klar zutage tretende Differenz des Bewusstseins: Während die Status-Zuweisung, die der deutsche Herausgeber vornimmt, genau jene Diskursmerkmale aufweist, die Edward W. Said für den „Orientalismus" als charakteristisch ausgewiesen hat, weicht Abel-Rémusats Text deutlich davon ab. Er tut dies aber nicht allein programmatisch, etwa durch die Integration der chinesischen Literatur in die Weltkultur. Said hat durchaus plausibel zeigen können, dass die Programmatik von Texten mitunter durch ihre erkenntnistheoretischen Prämissen unterlaufen wird. Aber gerade hier liegt die bezeichnende Stärke Abel-Rémusats. Wenn er zunächst gegen gängige Klischees wie die Rückständigkeit der chinesischen Sprache und Literatur argumentiert, so widmet er doch den größten Raum einem Argumentationsgang, der subtil die epistemologischen Prämissen der essentialistischen Reduktion, der Homogenisierung und der Repräsentativität unterläuft. In Anbetracht der Bedeutung, die Abel-Rémusat dieser Steuerung der Leseerwartung beimisst, muss ihm das erkenntnistheoretische *Enjeu* bewusst gewesen sein. Dass dies in der Tat der Fall war, zeigt seine klarsichtige Kritik der europäischen Philologie in Zeiten ihrer gesellschaftlichen Strahlkraft, in der eine Sensibilität für die politischen Implikationen des eigenen Metiers deutlich wird und die somit zahlreiche Aspekte der Said'schen Polemik im Grunde schon vorweg nimmt (vgl. Abel-Rémusat 1843).

Heute spielt die Philologie noch nicht einmal mehr annähernd jene gesellschaftliche Rolle, die ihr im 19. Jahrhundert zukam. Wie viele andere Geisteswissenschaften hat sie an Impulskraft eingebüßt, was zahlreiche Gründe hat, von denen Ottmar Ette (2007) und Sheldon Pollock (2009, insb. S. 30 u. 48-50) wesentliche benannt haben: historische Konstellationen, das Problem unmittelbar ummünzbarer Nutzbarkeit, das dominante Paradigma der „life sciences", aber auch das Selbstverschulden einer die eigenen Grundlagen nicht mehr reflektierenden und dem Leben abgewandten Philologie. Will die Philologie – im Sinne Pollocks (2009, S. 27) verstanden als „Theorie von Texten und die Geschichte von Textbedeutung" – aber erneut eine Relevanz für das Leben und das Zusammenleben entfalten, darf sie sich nicht nur ihren Gegenständen zuwenden, sondern muss im Sinne der Bourdieu'schen Wissenschaftstheorie einen kritischen Selbstbezug entwickeln. Darin liegt eine doppelte ethische Dimension: Wird die philologische Arbeit – durchaus in der Tradition des 19. Jahrhunderts – als eine Arbeit am literarischen Reservoir eines Wissens vom Menschen betrachtet,[7] stellt sich einerseits die Frage, wie eine Philologie, die sich der historischen Alternativen zu ihrer eurozentrisch strukturierten Vergangenheit nicht oder nur unterschwellig bewusst ist, sich selbst überhaupt als ‚Ort' der Genese eines nicht-zynischen Wissens über das Leben begreifen kann?[8] Andererseits aber liegt in dem Selbstbezug jene Kraft einer „Philologie der Politik"[9], die Mechanismen der Politiken kulturellen Verstehens offenlegt. So würden zentrale ethische Implikationen der Abel-Rémusat'schen Philologie und der ihr entsprechenden Tradition wohl lauten: Präsentation der Anderen statt globaler Repräsentation; vereinheitlichendes Sprechen ist stets durch genaue Kontextualisierung einzuschränken; Maßstab der Darstellung sind die Sprachen und Texte der ‚Anderen' selbst; die

---

7 Vgl. hierzu die Dokumentation in Asholt/Ette (Hg.) 2010.
8 Dieser ethischen Dimension der Fachgeschichte habe ich mich in Messling 2008b gewidmet.
9 Den Begriff entlehne ich Pollock 2009, S. 48.

eigenen Ansprüche sind nicht aufzugeben, aber ihre Historizität ist zu reflektieren, um nachzuvollziehen, inwiefern die Ansprüche anderer damit kollidieren können. Oder, um es noch allgemeiner mit den schönen Worten zu sagen, die Sheldon Pollock von Edward W. Saids philologischer Praxis ableitet:

> „Kapituliere nicht in unkritischer Akzeptanz vor anderen, scheint er uns gesagt zu haben, sondern fordere statt dessen Wahrheit und fordere sie heraus, denn Wahrheit gibt es. Versuche gleichzeitig so konsequent, wie du kannst, die Dinge mit ihren Augen zu sehen, lass zu, dass sich deine Ansichten verändern, suche nach gemeinsamen nutzbaren Interpretationen, zeige anderen die Gastlichkeit des gegenseitigen Verständnisses" (Pollock 2009, S. 50).

Saids philologische Praxis hätte zweifelsohne eine ganz andere humanistische Kraft entfalten können, wenn sie ihre Vorläufer differenzierter wahrgenommen hätte. Philologen wie Abel-Rémusat waren in ihrer Arbeit nämlich schon auf den Spuren einer gegendiskursiven Praxis des Zusammenleben-Wissens. Diese aber ist eine der wichtigsten Ressourcen, die Europa für sich mobilisieren muss. Konkret bedeutet dies: eine Politik der Wertschätzung der anderen Sprachen und Texte und der Übersetzung; Offenheit zur Welt als Politik der Einladung zur Präsentation und Diskussion; Lernbereitschaft und zugleich beharrliche Bewahrung gerade jener freiheitlichen ‚Institutionen', die diese Politik ermöglichen.

Literatur

Abel-Rémusat, Jean-Pierre (1827): Chinesische Erzählungen. Hrsg. durch Abel-Rémusat und deutsch mitgetheilt von r* [Gottfried Wilhelm Becker]. Leipzig: Ponthieu und Michelsen.

Abel-Rémusat, Jean-Pierre (1843): Discours sur le génie et les mœurs des peuples orientaux. In : Ders.: Mélanges posthumes d'histoire et de littérature orientales. Paris: Imprimerie Royale, S. 221-251.

Asholt, Wolfgang/Ette, Ottmar (Hg.) (2010): Literaturwissenschaft als Lebenswissenschaft. Programm – Projekte – Perspektiven. Tübingen: Narr.

Ette, Ottmar (2007): Literaturwissenschaft als Lebenswissenschaft. Eine Programmschrift im Jahr der Geisteswissenschaften. In: Lendemains Nr. 125, 32. Jg., S. 7-32.

Humboldt, Wilhelm von (1832): Extrait d'une lettre de M. le baron G. de Humboldt à M. E. Jacquet sur les alphabets de la Polynésie asiatique. In : Nouveau journal asiatique, vol. 9, S. 484-511.

Jacquet, Eugène Vincent Stanislas (1831): Notices sur l'alphabet Yloc ou Ylog (Rubrik: Mélanges malays, javanais et polynésiens). In : Nouveau journal asiatique, vol. 8, S. 3-19 (+ Appendix, S. 20-45).

Messling, Markus (2008a): Pariser Orientlektüren. Zu Wilhelm von Humboldts Theorie der Schrift. Nebst der Erstedition des Briefwechsels zwischen Wilhelm von Humboldt und Jean François Champollion le jeune. Paderborn, München u.a.: Schöningh (=Humboldt-Studien).

Messling, Markus (2008b): Disziplinäres (Über-)Lebenswissen. Zum Sinn einer kritischen Geschichte der Philologie. In: Lendemains Nr. 129, 33. Jg., S. 102-110.

Pollock, Sheldon (2009): Zukunftsphilologie? In: Geschichte der Germanistik – Mitteilungen Nr. 35-36, S. 25-50.
Said, Edward W. (1978): Orientalism. Western Conceptions of the Orient. 4. Aufl. London 1995: Penguin Books.
Werner, Michael (1990): A propos de la notion de philologie moderne. Problèmes de définition dans l'espace franco-allemand. In : Michel Espagne/Ders. (Hg.): Philologiques I. Contribution à l'histoire des disciplines littéraires en France et en Allemagne au XIXe siècle. Paris: Editions de la Maison des Sciences de l'Homme, S. 11-21.

Valérie Melin

Konstruktion – Dekonstruktion – Rekonstruktion einer europäischen Bürgerschaft ausgehend vom Konzept des Anderen

In Frankreich war vor kurzem ein Theaterstück mit dem Titel „We are Europe" zu sehen, das die europäischen, politischen und sozialen Vorstellungen einer Gruppe von Franzosen um die Dreißig untersucht, die nach ihrem Platz in der Geschichte suchen. Das Werk greift alle pessimistischen Vorurteile und Klischees auf, die zu diesem Thema im Umlauf sind. Verfasst von Jean-Charles Massera, einem Autor, der zwischen Paris und Berlin pendelt, versteht sich das Stück als humorvolle Denkpause in der unruhigen Existenz seiner Protagonisten. „We are Europe" stellt die Frage nach der Möglichkeit einer gemeinsamen Zukunft im gesellschaftlichen und kulturellen Raum eines Europa in der Sinnkrise. In der Tat konfrontiert der Konflikt zwischen dem Partikularismus des Vaterlands und einer universellen transnationalen Dimension, die sich noch in den Anfangswehen befindet, uns „Europäer" mit dem Riss zwischen Individuum und Kollektiv, zwischen dem Anderen und dem Selbst. So ist der prophetische Ausruf einer der Figuren als zynische Parodie auf die Bibel zu verstehen: „Selig sind diejenigen, denen es an Lebensplänen mangelt, denn ihnen gehört die durch die Globalisierung der Information und des Austauschs zertrümmerte Zivilisation" (Massera 2009, S. 32). In der Tat sind wir, die Europäer, in einer Globalisierung der Wirtschaft und des Handels befangen. Die damit verbundenen unfreiwilligen Verbindungen und entfremdenden Verpflichtungen zwingen uns praktisch eine Gemeinschaft auf, die die inspirierende und kritische Kraft der Alterität durch Depersonalisierung und Uniformisierung negiert. Doch wie lassen sich gemeinsam Lebenspläne konstruieren, die diesem Kollektivschicksal einen Sinn verleihen können? Wie können wir im Geiste der politischen Werte von Demokratie und Allgemeinwohl eine Gemeinschaft bilden, die über unsere nationalen Zugehörigkeiten hinausgeht, ohne unsere spezifischen Eigenheiten zu nivellieren? Als deutsch-französisches Forscherteam, das sich im Rahmen eines Forschungsprogramms des DFJW mit dem Thema Erziehung zur europäischen Bürgerschaft auseinandersetzte, sahen wir uns mit einer Pluralität von Sprachen und Kulturen konfrontiert. Wir bildeten eine Gemeinschaft – zunächst potenziell und dann faktisch, durch die Erfahrung einer kollektiven, demokratisch organisierten Arbeit. Durch die Annäherung von Denkweisen und Kulturen, die sich gegenseitig in ihrer Alterität anerkannten, haben wir „Europa" in die Tat umgesetzt.

Die Produktion einer Form von europäischer Bürgerschaft und die Erziehung dazu

Der ungewöhnliche Ansatz unserer Arbeit als multinationales Forscherteam, uns selbst gleichzeitig als Subjekte und Objekte zu betrachten, ergab sich aus dieser Gemeinschaftserfahrung. Wir entdeckten im Verlauf des Projekts, dass durch unsere kollektive Arbeit eine Art interkultureller Gemeinschaft entstand und wir damit quasi selbst einen Beitrag zur Erziehung zur europäischen Bürgerschaft lieferten.

Da Gesellschaft nach Bruno Latour (2006, S. 14) eine dynamische Realität ist, die sich ständig konstruiert und wieder dekonstruiert, zusammenfügt und wieder auflöst, ist es sinnvoll, sich diesen Zusammenschluss von Forschern als einen sozialen, einen europäischen Moment vorzustellen. Dieser Moment lässt sich aus soziologischer Perspektive als ein Akteur-Netzwerk analysieren, dessen Aktivität man sich als ein ständiges Knüpfen von Verbindungen vorstellen muss. Wie Claude Clanet in der Einleitung zu seinem Werk *Comment construire une citoyenneté européenne* („Von der Entwicklung einer europäischen Bürgerschaft") schreibt, „ist Europa auf politischer Ebene ein extrem unentschiedenes Gebilde: Es ist weder ein Staat noch eine Nation noch ein Staatenbund, sondern etwas Virtuelles ... von dem man sich fragen darf, ob daraus eines Tages tatsächlich ein staatsbürgerlicher Raum werden wird" (Clanet 2007, S. 4). Aufgrund der Schwächen seiner institutionellen Organisation existiert Europa vor allem aus der Perspektive der politischen und sozialen Subjekte nur als ein Raum-Zeit-Gefüge der Begegnung auf Verbandsebene und der Entwicklung von Netzwerken, in dem besonders die Kultur gleichsam Vektor der Vereinheitlichung und der Differenzierung ist. Das gesellschaftliche Gefüge wird als ein Prozess von Neu-Verbindung und Neu-Zusammenstellung definiert, und nicht als ein von vornherein gegebener Kontext, in den sich die Aktivität der Individuen einordnen könnte. Dieser Ansatz, der auf der Ungewissheit über die Bedeutung des Begriffs „Wir" beruht und von der Idee ausgeht, dass wir von Verbindungen gehalten werden, die den traditionell anerkannten sozialen Bindungen nicht mehr ähneln, ist beim Nachdenken über Europa und unsere Erfahrung als Forschergemeinschaft äußerst hilfreich. Das „Gemeinsame" ist nicht von vornherein gegeben und verordnet, sondern wird im Rahmen der individuellen Interaktionen und durch das Spiel der Alterität entdeckt und erfahren.

Es erschien uns notwendig, die Erzählung dieser Erfahrung gemeinsam zu konstruieren, um daraus einen methodologischen Schlüssel zur reflexiven Neubetrachtung einer gleichermaßen theoretischen und praktischen Produktion zu gewinnen: Es ging uns darum, die europäische Bürgerschaft gleichzeitig zu begreifen und zu entwickeln. Das Bemühen um eine reflektierte Gesamtbetrachtung dieser Erfahrung bildet den eigentlichen Sinn dieses Artikels und stellt somit eine Meta-Erzählung dar.

Die theoretische Legitimität des narrativen Ansatzes

Der narrative Ansatz ermöglicht es, den unvorhersehbaren und schöpferischen Charakter unserer Gruppenerfahrung wiederzugeben und nachvollziehbar zu machen. Anders als eine vereinfachende Konzeptualisierung, die ihre Schlussfolgerungen aus dem zieht, was sie in der Wirklichkeit entdeckt, lässt sich dieser Ansatz ganz bewusst von den Phänomenen überraschen. Somit kann das Verstehen dieser Erfahrung eine Identitätstransformation, das heißt ein Anders-Werden, auslösen. Ein Erziehungsansatz, dem es im Wesentlichen um Entwicklung und Veränderung geht, muss die Dauer mit einbeziehen, das heißt die Geschichte, die durch eine Praxis entsteht. Was wir als Erziehung zur Bürgerschaft bezeichnen, unterscheidet sich deutlich von einer Form der Unterweisung, die sich auf den bloßen Erwerb von Wissen beschränkt. Nach Clanet „betrifft die Erziehung zur Bürgerschaft die Ausbildung der Person in den intimen Bestandteilen, die die Persönlichkeit selbst berühren" (Clanet 2007, S. 71). Die individuelle Ausbildung und Prägung beruht also auf einer erlebten und reflektierten Erfahrung, die sich in einer Narration anordnet.

Einige Narrationsanalysen, wie zum Beispiel die von Paul Ricœur, betrachten die Narration als einen Prozess, der der zeitlichen Existenz Sinn verleiht, indem er die erlebten Ereignisse ordnet und strukturiert. Die Narration besteht in einer Aktivität der Vorstellung, die die erste, das heißt die vorsprachliche Erfahrung konfiguriert. Dieser Augenblick der Komposition führt die Erzählzeit in Richtung einer linearen Darstellung und erlaubt es, die gesamte Bedeutung der Ereignisabfolge zu berücksichtigen und zu verstehen. Die Komposition verknüpft die sukzessive Bewegung der Ereignisse und die reflexive Bewegung ihres Verständnisses miteinander (Ricœur 1991). Insofern bildet der narrative Ansatz eine adäquate Methode, um „Wissenschaft" hervorzubringen und zu betreiben, und um der Kollektiverfahrung, die wir erlebt haben, eine Dimension von sozialer Kompetenz und von Wissen zu verleihen.

Zwar zeichnet sich die narrative Zeitlichkeit durch die Konfiguration der Ereignisse in einem chronologischen Rahmen aus, doch verfügt sie auch über eine affektive Dimension. Diese Dimension interessiert das Subjekt, das in dieser erlebten und reflektierten Dauer auf die Probe gestellt wird: Es sucht oder verliert sich darin; es transformiert sich immer weiter, konfrontiert mit der verändernden Kraft der Zeit selbst. Eine narrative Konstruktion des Selbst setzt voraus, dass man sich nicht nur mit den Wandlungen der Ereignisse auseinandersetzt, sondern auch mit den Wandlungen eines „Ich", das unterschiedliche Zustände emotionaler Mobilisierung erlebt. Anders gesagt, ist die narrative Zeitlichkeit untrennbar mit einer affektiven Zeitlichkeit verbunden (Labov 1978). Die Narration ist nicht nur Komposition oder Konfiguration, sondern gleichzeitig auch eine „Affektivierung" der erzählten Ereignisse.

Aus dieser Perspektive beschreibt die affektive narrative Zeitlichkeit die Art und Weise, wie jedes Mitglied der Gruppe mit seiner persönlichen Beziehung zu Dauer und Raum die chronologische Zeitlichkeit der gemeinsamen Forschungsarbeit empfand. Dieser narrative Ansatz setzt eine unmittelbare Beschreibung der Erfahrung sowohl der Individuen als auch der Gruppe selbst voraus, um so die Verbindung zwischen der Zeitlichkeit, der Konstituierung des Selbst und seiner Vorstellungen zu untersuchen. Der Gegenstand des DFJW-Forschungsprogramms mobilisiert die Empfindungen, Motivationen und Vorstellungen jedes einzelnen Forschers durch die Konfrontation zwischen ihren individuellen und nationalen Identitäten auf der einen Seite und der europäischen Bürgerschaft auf der anderen Seite. Die Gruppenerfahrung entstand aus dem Zusammentreffen unterschiedlicher „affektiver Neigungen" in Bezug auf den Forschungsgegenstand und die gemeinsam durchgeführte Arbeit. Die affektive Färbung der Vorstellungen jedes einzelnen Mitglieds der Gruppe, die Entwicklung dieser Gruppe im Verlauf ihrer gemeinsamen Geschichte und die affektive Wertung der geteilten Zeit als bedeutsame Erfahrung und Transformationsprozess sind entscheidende Bestandteile der narrativen Konstruktion.

Reflexive Konstruktion der Kollektivgeschichte

Der Beitrag der Institutionsanalyse

Die Institutionsanalyse nach René Lourau (Lourau 1969) hat es uns ermöglicht, die Zeitlichkeit dieser kollektiven Meta-Erzählung aufzuzeigen. Wir waren zuerst mit dem Auftrag des DFJW konfrontiert, einer institutionellen Weisung, die Erziehung zur europäischen Bürgerschaft als eine mögliche Perspektive zu denken. In einem ersten Schritt haben wir eine kritische Herangehensweise an diese Vorgabe entwickelt, die die Figur Europa und den Sinn der europäischen Bürgerschaft in Frage stellte. Die Dynamik der kritischen Neubetrachtung dieser Vorgabe war für uns eine unverzichtbare Etappe, um dem Forschungsprojekt einen Sinn zu verleihen und um uns aufs Neue daran machen zu können, dem Auftrag nachzukommen. Aus der Perspektive der institutionellen Vorgehensweise bedeutet dies, dass wir gemeinsam ein Analysewerkzeug konstruiert haben, um dadurch die Vorstellungen, Bestrebungen und Widerstände zu erhellen, die dieses gemeinsame Forschungsprojekt bei jedem einzelnen von uns hervorrief. In einem letzten Schritt gingen wir dann zu einer Institutionalisierung über, der Produktion einer neuen institutionellen Ordnung auf der Grundlage der Verknüpfung unserer Alteritäten. Es bietet sich an dieser Stelle an, eine Parallele zur Erfahrung der europäischen Geschichte selbst zu ziehen und so von der Mikro-Geschichte zur Makro-Geschichte überzugehen. Als Mitglieder der Europäischen Union müssen wir von Anfang an eine politische Identität hinnehmen, die wir uns nicht ausgesucht haben, und die uns quasi verordnet wird. Indem wir diese verordnete Identität kritisch hinterfragen, können wir anfangen, sie zu verinnerlichen, ihren Sinn ganz auszuschöpfen und zu begreifen, worin wohl eine tatsächliche europäische Bürgerschaft bestehen könnte.

Diese Historisierung eines Forschungsprojekts stellt natürlich gleichzeitig die Historisierung einer demokratischen Erfahrung dar. Die Entwicklung eines kollektiven Forschungsansatzes setzt eine Reflexion über die Rechte jedes einzelnen voraus, und über eine kollektive Justiz, die eventuelle Konflikte regelt und eine intellektuelle Rechtsprechung einführt, die diese Konflikte vermeidet und begrenzt. Im Verlauf unserer gemeinsamen Geschichte haben wir einander kennengelernt und die Fähigkeiten entwickelt, die notwendigen institutionellen Rahmenbedingungen für eine intellektuelle Gesellschaft zu schaffen, die auf ein gemeinsames Ziel ausgerichtet ist. Indem wir durch die Konstruktion eines Dispositivs zur gemeinsamen Forschung unser eigenes Regulierungssystem hervorgebracht haben, haben wir in gewisser Weise Karl Poppers Theorie in die Tat umgesetzt, nach der „Wissenschaft und Demokratie dieselbe Struktur [haben], da die Wissenschaft letztlich auch nur eine Spielregel ist, die ihre eigenen Sanktionen verhängt und die Konfrontation unterschiedlicher Konzepte und Theorien erlaubt" (Popper 1992, S. 249).

Individuelle Beteiligung und kollektive Sicherheitsvorkehrungen

Dieses produktive Hinterfragen des institutionellen Auftrags geht mit einer Rückbesinnung auf die subjektive Beteiligung jedes einzelnen von uns an dem Forschungsprojekt einher. Die Zuhilfenahme von Devereux' Methologie, die die Subjektivität des Forschers in seine Wissensproduktion integriert, erhellt unser kollektives Vorgehen.

Devereux, Ethnologe und klinischer Psychoanalytiker, gibt uns Gelegenheit, über den Standpunkt des Forschers und den Einfluss seiner Persönlichkeit und seiner Geschichte nachzudenken. Devereux geht davon aus, dass „Ängste, die durch wissenschaftliches Material erregt werden, [...] für die Wissenschaftler deshalb relevant [sind], weil sie Abwehrreaktionen mobilisieren, deren Ausprägung und Hierarchie durch die Persönlichkeitsstruktur des Wissenschaftlers bestimmt werden, und diese letztlich die *Art* bestimmt, in der er sein Material verzerrt. [...] Sie sind die Ursache für die Verzerrungen bei der Darstellung und wissenschaftlichen Verwendung seines Materials" (Devereux 1984, S. 69). Ein gewissenhafter Forscher in den Humanwissenschaften muss sich zunächst bemühen, die Schwierigkeiten seiner eigenen Analyse zu überwinden, bevor er unter den geeigneten Bedingungen das Phänomen analysieren kann, das er erforschen will. Unter dieser Bedingung wird er in der Lage sein, bestimmte Verzerrungen in seiner Wahrnehmung anderer zu korrigieren.

Um Zugang zu den Verzerrungen zu bekommen, die unsere Herangehensweise an das Thema Erziehung zur europäischen Bürgerschaft verändern können, hat sich jeder einzelne von uns bereit erklärt, gleichzeitig Forscher zu sein, der die anderen Gruppenmitglieder als Studienobjekte verwendet und beobachtetes Subjekt. Wir haben sogar einen von uns beauftragt, die Gruppe selbst zu beobachten.[1]

---

1 Die Forschergruppe, die diesen Band verantwortet, hat zeitweise in Arbeitsgruppen gearbeitet. Zu der Arbeitsgruppe, auf die sich die Verfasserin hier bezieht, gehörten außer der Verfasserin selbst Augustin Mutuale, Jérôme Mbiatong und zeitweise Bernd Wagner und Karsten Lichau.

Weston La Barre deutet in seiner Einführung zu Devereux' Werk mit Ironie an, dass „Devereux die alarmierende Möglichkeit aufgezeigt [hat], dass die Feldethnographie (und in Wirklichkeit jede Sozialwissenschaft), wie sie im Augenblick praktiziert wird, eine Form der Autobiographie sein könnte" (Devereux 1984, S. 10). Wir haben diesen Kommentar wörtlich genommen und unsere Biographien bewusst in die Arbeit integriert, die für einige unmittelbar oder indirekt zu Forschungsfeldern wurden.

Individuelle Lebenswege, europäische Geschichte: die Auswirkungen der individuellen Vorstellungen auf die Kollektivdynamik

Jedes Mitglied der Gruppe stellt ausgehend von seiner persönlichen Geschichte und seinen Forschungsanliegen Fragen an Europa und die europäische Bürgerschaft. So hängen die Bedenken eines unserer deutschen Kollegen mit der Exil-Erfahrung seiner Familie zu Anfang des 20. Jahrhunderts zusammen, während die Identitätsproblematik unserer Kollegin kamerunischer Herkunft von den Integrationsschwierigkeiten der Migranten des darauffolgenden Jahrhunderts in Frankreich zeugt. Beide Erfahrungen treffen sich in einer mehr oder weniger expliziten Kritik an einem „Wir" der Zugehörigkeit, das sich zum Identitätsprinzip des Individuums erhebt. Sie haben sich deutlich von dieser „Zugehörigkeitslibido" distanziert, die Michel Serres als „mimetisches Training, durch Druck von seinesgleichen und in der blinden Begeisterung des nationalen, familiären oder Stammes-Zusammenhalts ... aus Corpsgeist oder aus mafiöser Verbundenheit" (Serres 2004, S. 81) definiert. Zwei andere Forscherkollegen analysieren die Institutionen des französischen Schulsystems und die sozio-politischen Einbürgerungsriten in Deutschland und Frankreich. Indem sie über die prägenden Auswirkungen der staatlichen Institutionen und ihrer integrativen Maßnahmen auf die Individuen nachdenken, hinterfragen sie gleichzeitig ihre eigene Haltung. Die erste, eine französische Lehrerin und Ausbilderin des Erziehungsministeriums, analysiert im Rahmen ihrer Forschungsarbeit ihren eigenen Status und das Ausmaß der Vorgaben, die damit einhergehen. Begeistert von Deutschland und seiner Kultur, überzeugt von der Rechtmäßigkeit eines Europas, das über wirtschaftliche Verbindungen hinausgeht, und von der institutionellen Notwendigkeit, diese Überzeugung zu vermitteln, stellt sie sich die Frage danach, was es zu vermitteln gilt und auf welche Weise diese Vermittlung geschehen soll. Der zweite, ein deutscher Lehrer, der ebenfalls die Institutionen anerkennt, analysiert den pädagogischen Wert der Riten und vermutet in ihrer Anwendung eine entfremdende Dimension, die seinen humanistischen Wertvorstellungen zuwiderläuft.

Die zwei Forscher, beide Philosophen, haben sich die Frage nach dem Sinn der europäischen Bürgerschaft ausgehend von ihren jeweiligen theoretischen Referenzen gestellt. Am Anfang stand für sie der Konflikt zwischen zwei philosophischen

Europa-Modellen: einem demokratischen Europa, also einem Europa der Subjekte, und einem staatlichen Europa. Dadurch wurde außerdem eine Dialektik zwischen der vorordnenden Dynamik zwischen Subjekten (Mounier 2000) und der Einführung von Institutionen, die es erlauben, Europa als eine rechtsprechende und gesetzgebende Entität zu konstruieren (Kant 1968), deutlich. Beide Modelle, das personalistische und das legalistische, erschienen gleichermaßen unbefriedigend: Ohne Verfassung, ohne Staat im eigentlichen Sinne, hat der Begriff der Bürgerschaft nicht wirklich Sinn. Auf der anderen Seite kann sich auch eine europäische Republik, die eine wirkliche Bürgerschaft begründen würde, als kontraproduktiv erweisen und zu einem autokratischen Regime pervertieren, wenn sie, aus dem Wunsch heraus, Willkür zu vermeiden, eine zu große Distanz zwischen dem Bürger und der Regierung aufrecht erhält.

Die so deutlich gewordene Uneinigkeit hinsichtlich der Definition Europas wurde zum Hauptthema der Diskussionen, die die Gruppe zu spalten drohten. Für den einen war Europa ein leeres Konzept, da es keine Verfassung hatte. Für einen anderen hatte Europa vor allem einen negativen Inhalt, da es gegründet wurde, um weitere Kriege zu vermeiden. Wieder ein anderer verweigerte auf Grund seiner Familiengeschichte jegliche Form von Anhängerschaft und Engagement in Bezug auf ein Staatsgebilde. Der Kollege kameruner Herkunft beschränkte sich darauf, die Identitäts-Bricolage des Migranten zu behandeln, ohne überhaupt auf Europa zu verweisen. Indem er den Begriff der Weltbürgerschaft erwähnte, den er für sich einforderte, verdrängte er die Frage nach Europa durch den Verweis auf ein noch umfassenderes Gebilde. Als Migrant übernahm er sofort die Funktion des Kritikers, der das Kollektiv in Frage stellte. Seine Ausführungen konnten durch die Analysen unseres deutschen Kollegen zu den Einbürgerungsriten weiter vertieft werden. Schließlich unterstrich unsere Kollegin, die Lehrerin, die sich in ihrer Forschung mit dem Schulsystem beschäftigt, bei der kollektiven Reflexionsarbeit von Anfang an ihren demokratischen Anspruch. Sie nahm an dem Forschungsprojekt aus politischer Überzeugung teil, um Europa zu verteidigen, das sie als ein Ideal betrachtete, das es auf Grundlage von Werten zu konstruieren gilt.

Die konzeptuelle Spannung äußerte sich auch durch einen mehr psychologischen Antagonismus zwischen Skepsis und Optimismus. Dieser Antagonismus stellte eines der Hindernisse des Forschungsprojektes dar und machte ein Vorgehen von Dekonstruktion und Rekonstruktion in der kollektiven Arbeit notwendig. Auf Seiten der Skeptiker zeichneten sich drei Fragestellungen ab. Die eine betraf den Verdacht, das Konzept Europa sei im Grunde ein leeres Konzept, was somit eine europäische Bürgerschaft nur schwerlich denkbar machen würde. Die zweite entwickelte einen mehr soziologischen Ansatz, der durch die Angst vor Totalitarismus und die Bekräftigung der Gemeinschaft motiviert war. Die letzte baute auf der mehr psychologischen Erfahrung von Ausgrenzung auf und führte so zur Einnahme eines politischen Standpunktes. Unter den Optimisten stützte sich der eine auf die Idee einer geschichtlichen Logik, indem er behauptete, der europäische Aufbauprozess sei unvermeidbar, und man müsse ihn begleiten und anregen. Ein anderer legte einen pädagogischen Optimismus an den Tag, gepaart mit einem eindeutig humanistischen Standpunkt und der republikanischen Idee, dass sich durch das Streben nach Allgemeinwohl jeder Konflikt überwinden ließe. Ein letzter Ansatz zeichnete sich durch einen funktionalen politischen Optimismus aus. Er ging davon aus, dass sich eine Gemeinschaft vor allem durch das Hinterfragen der Grenzen und Widersprüchlichkeiten der bestehenden Institutionen begründen ließe.

Trotz der Schwankungen und Instabilitäten innerhalb der Gruppe, die dieses außergewöhnliche Unternehmen mit sich brachte, behauptete sich das Projekt der kollektiven Reflexion gegen alle Widrigkeiten, da es sich auf einen gemeinsamen Wunsch stützte: den Wunsch nach einer individuellen Transformation durch den Kontakt mit einer wohlgesonnenen Alterität. Jeder von uns wünschte sich eine interkulturelle Erfahrung im Rahmen seiner wissenschaftlichen Aktivitäten.

Die Frage nach dem „Wir": ein neu aufgenommener Dialog

Die Erforschung der Differenz[2]

Nachdem diese kollektive Geschichte einer Gruppe von Forschern mit vielfach verschiedenen Wissenschaftskulturen dargestellt wurde, soll der letzte Blick, den wir darauf werfen, der philosophischen Subjektivität gelten. Die gewöhnliche Meinung neigt dazu, die philosophische Nation als eine Gesellschaft von Heimatlosen zu definieren, von ewigen Migranten des Denkens und Schmugglern des Universellen, die sich dem Dialog und der Begegnung mit dem anderen verschrieben haben. Da die Philosophie das Denken als eine Zwiesprache der Seele mit sich selbst definiert, wie es ihr Begründer Platon[3] formulierte, kann sie auf der Suche nach einem Wissen über Europa und die europäische Bürgerschaft als geeignetes Modell dienen, um von dieser kollektiven Reflexion zu zeugen, die schon immer am Schnittpunkt von Beziehungen und Aktionen angesiedelt war. Ein Modell, das uns als vielfältige Gemeinschaft beschreiben würde und die Begrenzungen des Territoriums genau umreißen würde, von dem ausgehend wir gemeinsam denken können.

Inspiriert von François Julliens Ansatz, nehmen wir den Begriff „Dialog" und seine beiden etymologischen Bestandteile „dia" und „logos" wörtlich. Die „unterscheidende" Bedeutung der griechischen Präposition „dia", hält somit die Versuchung der Uniformisierung auf Abstand, ohne das vom Logos getragene Streben nach universeller Verständlichkeit aufzugeben, das es den Ideen erlaubt, zu zirkulieren. Denn, wie Jullien noch einmal erwähnt, ist „unsere Intelligenz keine gegebene, vollendete, abgeschlossene Fähigkeit; sondern sie ist dabei, sich zu entfalten und wird durch alle Unterschiede, die sie durchläuft, bereichert" (Jullien 2005, S. 12). Nach Jullien ist der Dialog zwischen den Kulturen von entscheidender Bedeutung, nicht nur als notwendige Lösung von Konflikten, sondern vor allem als Gelegenheit

---

2 Jullien 2005, S. 63.
3 Becker, *Platon: Theätet*, 189 e 8-190 a 1: „Die Seele befragt sich und antwortet sich selbst".

für die Menschheit, sich selbst durch ihre unterschiedlichen kulturellen Gestalten neu zu denken.

Offensichtlich haben wir anlässlich dieser kollektiven Forschungsarbeit zum Thema europäische Bürgerschaft die Erfahrung dieses möglichen Dialoges gemacht und sind uns seiner bewusst geworden. Die sprachliche Konfrontation und die Notwendigkeit, sich sowohl auf Deutsch als auch auf Französisch zu verständigen, haben dazu geführt, dass wir das Übersetzen nicht nur als eine funktionale Bequemlichkeit betrachteten, sondern auch als Gelegenheit, den kulturellen Reichtum des jeweils anderen zu entdecken und so neue Reflexionsperspektiven zu eröffnen. Besonders die Analyse des Begriffs „Bürger" in den beiden Sprachen hat es uns ermöglicht, einen der Hauptunterschiede zwischen den Vorstellungen der Deutschen und der Franzosen zu begreifen. „Bürgerschaft" verweist auf die Begriffe der *Burg*, der Siedlung und der Stadt.[4] Dort muss das Individuum seine Rechte aushandeln, um seine Eigeninteressen geltend zu machen. In der französischen Vorstellung dagegen, die wir von Rousseau geerbt haben, ist der Bürger derjenige, der im Einklang mit dem Allgemeinwohl handelt, das eine abstrakte Bedeutung hat, die an moralische Universalität grenzt. Dank der Entdeckung dieses Unterschieds haben wir die Unmöglichkeit einer eindeutigen Definition von europäischer Bürgerschaft begriffen, da jede Eindeutigkeit darauf hinauslaufen würde, ein kulturelles Modell zu Ungunsten aller anderen vorzuziehen.

Im Rahmen dieses Denkens der Differenz werden die Kulturen nicht mehr aus der Perspektive der eigenen, nach Julliens Meinung teilweise imaginären Identität betrachtet, sondern aus der Perspektive der Ressourcen, die sie dem Denken zur Verfügung stellen, um den Menschen andere Wege zu eröffnen. Wir können hier die Anfangsgründe einer neuen Form von Bürgerschaft heraufbeschwören, die nicht mehr mit einer Identität der Zugehörigkeit deckungsgleich wäre, hinter der sich die nationale Kultur verbarrikadiert. Sich im Rahmen einer Ökologie der Kulturen zu verorten, ist genauso wichtig, wie an den ökologischen Erhalt der natürlichen Ressourcen zu denken. Wenn man Unterschiede zulässt, tut man dies nicht, um etwas einzuordnen oder zu ordnen, sondern um seine eigenen Vorstellungen zu hinterfragen – und um die Spannung wieder in das Denken einzuführen, wie Jullien betont. Kultur wird im gegenseitigen Austausch somit nicht mehr als ein Wert betrachtet, der die Grundlage für die notwendige Selbstdefinition und Identitätsbehauptung bildet, sondern stattdessen als eine Ressource, die durch die Begegnung mit anderen mannigfaltigen und unterschiedlichen Ressourcen die Entwicklung einer intellektuellen Kreativität erlaubt, aus der eine Gemeinschaft ohne Gleichförmigkeit entstehen könnte.

Jullien empfiehlt eine angemessene Verwendung des Negativen. Sein Ansatz betont die Trennung und die Verschiedenheit der kulturellen Vorstellungen, um sie dadurch in ein Spannungsverhältnis zu setzen. Er stellt der Dichotomie „negativ-positiv", die eine Grenze, ein gegenseitiges Ausschließen, eine unüberwindbare

---

4 Vgl. auch den Beitrag von Franck Hofmann im vorliegenden Band.

Mauer und die Fruchtlosigkeit des Nicht-Verstehens symbolisiert, ein fruchtbares aktives Negativ gegenüber, das sich niemals in einer falschen vereinheitlichenden Totalität auflöst. Dieses schöpferische Negativ „lässt die Differenz zu", öffnet das Feld der Alterität, hält die Möglichkeit eines Außerhalb aufrecht und löst eine Begegnung aus, die alle möglichen Formen annehmen kann, gesetzt den Fall, dass die dem Dialog und der Gegenseitigkeit innewohnende Distanz bewahrt wird.

Das Subjekt und seine Kultur, Europa und das Universelle: dialogische Raum-Zeit-Gefüge

Das Nachdenken über diese kollektive Forschungserfahrung veranlasste uns, die Beziehung des Subjekts zu seiner Kultur zu hinterfragen. Denn entweder stellt man sie sich als Zugehörigkeit vor, die eine Identität begründet, oder man negiert sie, indem man die Forderung nach einer gleichmäßigen Empfänglichkeit der Subjekte für ein Universelles erhebt, das alle Unterschiede und Wurzeln nivelliert. Unser Ansatz überwindet diesen Widerspruch und knüpft an das dialogische Vorgehen an, das Edgar Morin in seinem Buch *Penser l'Europe* beschreibt. Das dialogische Prinzip besteht darin, dass „zwei oder mehrere Logiken in komplexer, komplementärer, konkurrierender, antagonistischer Art und Weise zu einer Einheit verbunden werden, ohne dass sich die Dualität in der Einheit verliert" (Morin 2006, S. 24). Dieses Prinzip erhält hier seinen vollen Sinn, wenn es darum geht, auf der Ebene des Raumes die Verknüpfung zwischen dem Lokalen, dem Nationalen und dem Globalen zu denken, und auf der Ebene der Zeitlichkeit die Schnittstelle zwischen der unauslöschlichen Diversität und einer gemeinsamen Universalität.

Bei einer Herangehensweise, in der sich der von Jullien definierte Dialog und Morins Begriff des „Dialogischen" verbinden, muss das kulturelle Subjekt lernen, sich zwischen dem Lokalen und seiner Logik der Immanenz, der existenziellen Beteiligung und dem Globalen als neuem Maßstab einer grenzenlos gewordenen Welt zu verorten. Seine Ressourcen liegen im Lokalen, in seiner Verankerung in der Muttersprache und an einem genau bestimmten Ort. Das kulturelle Subjekt der Zukunft spricht mehrere Sprachen, die es von der einen in die andere übersetzen kann, und ist zugleich verankert und unterwegs. Es strebt nicht nach einer Vereinheitlichung und Ausdünnung der Werte zur Konfliktvermeidung. Stattdessen wird es sich bemühen, zu interpretieren und zu verstehen. Bei der ständigen Neukonfigurierung der Identität von einer Stufe seiner Existenz zur nächsten, bei seiner Teilnahme als Bürger-Akteur, wird es weltumspannende Interessen miteinbeziehen, nationale Projekte fördern und zugleich unmittelbar am regionalen politischen Leben teilnehmen. Da es keinem exklusiven kulturellen Modell mehr unterworfen ist, wird es für die Diversität der Möglichkeiten offen sein.

Zwar gilt Europa in der Menschheitsgeschichte als der Ort, an dem der Begriff der Universalität aufkam, doch ist es unbedingt notwendig, dieses Konzept neu zu betrachten. Das Universelle kann nur in einer anerkannten Diversität zwischen den

Kulturen und durch die Produktion des Dialogischen seinen Sinn zurückbekommen. Vermutlich müssen wir, wie Jullien betont, die traditionelle Vorstellung von Universalität in Frage stellen, die sich als das Produkt einer ganz bestimmten kulturellen Geschichte erweist, der Geschichte der westlichen Welt, insbesondere Europas, und somit im Widerspruch zu seinem eigenen Anspruch steht. Wir sind verpflichtet, unsere Vorstellung vom Universellen neu zu konfigurieren, es nicht mehr als von vornherein gegeben, in einer wie auch immer gearteten menschlichen Natur oder einer wie auch immer gearteten Kategorietabelle niedergelegt zu betrachten. Stattdessen müssen wir es uns als Perspektive und als regulierende Idee in dem niemals endenden Siegeszug der Vernunft vorstellen.

Das Ideal ist nach François Jullien eine Erfindung Europas. Man muss Europa beibringen, beim Nachdenken über dieses Ideal den Imperativ einer objektivierenden Vorstellung zu verlassen. Um wieder sichtbar zu machen, was der Begriff Ideal wirklich bedeutet und um zu begreifen, unter welch einzigartigen Bedingungen er im Denken entstand, gilt es, ihn von der Standardisierung zu befreien, die er weltweit unter dem Einfluss der intellektuellen Hegemonie des Westens erlebt hatte, und die ihn brüchig werden ließ. Es geht nicht darum, künstliche kulturelle Identitäten zu errichten, sondern darum, das schöpferische Potenzial dieses Begriffs wiederzufinden.

Das Ideal der westlichen Welt wird vor allem von der Demokratie verkörpert, die nach Morin „das letzte fragile Produkt der europäischen Nationen ist" und „zutiefst dem dialogischen Wesen der europäischen Kultur entspricht, die sich aus einander ergänzenden Gegensätzen und Antagonismen zusammensetzt" (Morin 2006, S. 249). Letztendlich können wir die Ansätze von Jullien und Morin miteinander verknüpfen, indem wir die glückliche Formulierung Morins übernehmen: „Die Demokratie ist nichts anderes als die Konstitutionalisierung einer pluralistischen Spielregel. Die demokratische Spielregel erlaubt es der sozialen, kulturellen und politischen Diversität, mittels ihrer Konflikte produktiv zu sein" (Morin 2006, S. 247).

Das Paradox, europäischer Bürger zu sein, bevor man dazu wird[5]

Welche Transformation des Politischen kann die Vorstellung einer europäischen Bürgerschaft mit sich bringen, die sich an Zwischenräumen orientiert, an Alterität und Intersubjektivität, anstatt an Rechtsprechung und Gesetzgebung und einer normalisierenden Vereinheitlichung? Wenn es keine vorgefertigte Definition der europäischen Bürgerschaft gibt, gibt es auch keine mögliche Definition für Europa, und man kann sich eine Europaerfahrung ohne Bezug auf ein klar definiertes Konzept der europäischen Bürgerschaft vorstellen. Durch die narrative Rekonfigurierung einer Kollektivverfahrung hat jeder von uns seine nationale und kulturelle Identität gebildet. Wenn man lernen kann, frei zu sein, ohne die Erfahrung der Freiheit zu

---

5 Morin, 2006, S. 251: „Wir befinden uns nicht im Zeitalter der Vollendung der Demokratie, sondern im Zeitalter ihrer Anfänge".

machen, wie es Kant[6] betont, kann man auch die europäische Bürgerschaft erlernen, ohne sie tatsächlich zu erfahren, und zwar durch ein Streben nach Dezentrierung, das ein Einbeziehen der Alterität voraussetzt. Habermas[7] hat dieses Streben als „Verfassungspatriotismus" bezeichnet.

Aus dem Französischen von Frank Weigand[8]

Literatur

Becker, Alexander (2007): Platon: Theätet. Frankfurt/Main: Suhrkamp.
Clanet, Claude (dir) (2007): Comment construire une citoyenneté européenne. Toulouse: Presses universitaires du Mirail.
Devereux, Georges (1984): Angst und Methode in den Verhaltenswissenschaften (Vorwort von Weston La Barre.). Frankfurt/Main: Suhrkamp.
Habermas, Jürgen (1990): Die nachholende Revolution. Frankfurt/Main., Suhrkamp.
Jullien, François (2008): De l'universel, de l'uniforme, Du commun et du dialogue entre les cultures. Paris: Fayard.
Jullien, François (2005): Le Pont des singes- De la diversité à venir- Fécondité culturelle face à identité nationale. Paris: Editions Galilée.
Jullien, François (2009): L'invention de l'idéal et le destin de l'Europe. Paris: Seuil.
Kant, Immanuel (1968): Idee zu einer allgemeinen Geschichte in weltbürgerlicher Absicht, in: Kant, Immanuel: Kants Werke. Akademie Textausgabe VIII. Berlin: de Gruyter.
Kant, Immanuel (2004): Die Religion innerhalb der Grenzen der bloßen Vernunft. Mit einer Einleitung und Anmerkungen herausgegeben von Bettina Stangneth. Hamburg: Felix Meiner.
Labov, William (1978): Sprache im sozialen Kontext. Beschreibung und Erklärung struktureller und sozialer Bedeutung von Sprachvariation. Band 2. Hrsg. v. Norbert Dittmar und Bert-Olaf Rieck. Königstein: Scriptor, S. 129-146.
Lourau, René (1969): L'instituant contre l'institué. Paris: Anthropos.
Masser, Jean-Charles (2009): We are l'Europe. Paris: Editions Verticales.
Morin, Edgar (2006): Penser l'Europe. Paris: Folio Actuel.
Mounier, Emmanuel (2000): Ecrits sur le personnalisme. Paris: Le Seuil Points Essais.
Popper, Karl (1992): Die offene Gesellschaft und ihre Feinde. Stuttgart: Moor.
Ricœur, Paul (1991): Zeit und Erzählung. München: Fink.
Serres, Michel (2004): Rameaux. Paris: Editions Le Pommier.

---

6 Kant 2004, 4. Teil, 2. Abschnitt, § 4.
7 Habermas 1990, S. 217: „Wenn wir uns von den diffusen Vorstellungen über den Nationalstaat nicht freimachen, wenn wir uns der vorpolitischen Krücken von Nationalität und Schicksalsgemeinschaft nicht entledigen, werden wir den längst eingeschlagenen Weg in eine multikulturelle Gesellschaft, den Weg in einen regional weit aufgefächerten Bundesstaat mit starken föderativen Kompetenzen, vor allem den Weg zum Nationalitätenstaat eines vereinigten Europas nicht unbelastet fortsetzen können. Eine nationale Identität, die sich nicht in erster Linie auf ein republikanisches, ein verfassungspatriotisches Selbstverständnis stützt, kollidiert mit den universalistischen Regeln des Zusammenlebens gleichberechtigt koexistierender Lebensformen."
8 Abgesehen von den Werken, die im deutschen Original oder in deutscher Übersetzung vorliegen, habe ich die Zitate aus der Sekundärliteratur ebenfalls ins Deutsche übertragen (Anm. d. Übers.).

Jérôme Mbiatong

Gestalten des Fremden – von der Komplexität des Bürgerschafts-Begriffs

Es wird allgemein angenommen, dass eine Person, die innerhalb der EU geboren wurde, de facto europäischer Bürger ist. Dies führt uns zu der Frage, ob das Erlernen der europäischen Bürgerschaft nicht vor allem diejenigen betrifft, die keine Unionsbürger sind, das heißt Ausländer und Immigranten. Ausländer und Immigranten erleben die europäische Bürgerschaft von vornherein von außen, da sie als ihr nicht zugehörig betrachtet werden. Es wird von ihnen erwartet, die europäische Lebensweise zu übernehmen, um nicht gegen die europäischen Wertvorstellungen und Gewohnheiten zu verstoßen. Doch welchen Platz nehmen Ausländer oder Immigranten in der europäischen Gemeinschaft ein? Wie äußern sie sich über die europäische Bürgerschaft und ihre Erfahrung als Migranten? Was können wir dadurch über die praktischen Modalitäten des Erlernens oder der Entwicklung der europäischen Bürgerschaft erfahren? Der vorliegende Beitrag versteht sich als eine äußerst bescheidene Betrachtung der Frage nach dem Begriff der europäischen Bürgerschaft. Er wirft einen individuell-subjektiven Blick auf die Gestalten des Fremden im europäischen Raum und will damit den Fremden ansprechen, der in jedem von uns steckt. Er lädt uns dazu ein, einige Analyseinstrumente zum Erlernen der europäischen Bürgerschaft zu begutachten, ausgehend von unseren persönlichen Erfahrungen mit ihnen. Es handelt sich um die Identitätskrise, die Öko-Bürgerschaft und die Anpassungsfähigkeit.

Dieser Text beruht auf Interviews mit drei Franzosen „mit afrikanischem Migrationshintergrund", einer Französin, die in Griechenland gelebt hat, und einer Québecerin, die seit vier Jahren in Frankreich lebt. Hinzu kommen Stationen aus dem Lebenslauf des Autors. Der Interviewleitfaden hat sich im Laufe der Interviews verändert. Er konzentriert seine Fragen auf präzise Themen, die sich in den vorausgegangenen Interviews herauskristallisiert haben. Mit der Ausgangsfrage wurden die Interviewpartner gebeten, ihr Verständnis von europäischer Bürgerschaft zu erläutern. Durch offene Fragen wurden die Befragten immer wieder neu zur Reflexion angeregt. Es handelte sich um Fragen wie: Betrachten Sie sich als europäische Bürger? Inwiefern fühlen Sie sich europäisch? Wenn Sie sich europäisch fühlen, was hat Sie Ihrer Meinung nach europäisch werden lassen? Welche Elemente Ihres Lebenslaufs haben Ihre Sicht auf die europäische Bürgerschaft beeinflusst? Die Fragen hatten zwei Ziele: Themen anzusprechen, über die noch nicht gesprochen wurden (Anekdoten, bestimmte Situationen, die den Befragten geprägt hatten, und wie er in diesen Situationen reagiert hatte), und genauere Erklärungen zu allzu einsilbigen Antworten zu erhalten. Wenn die Probanden andere Themen ansprechen wollten, ließ ich dies zu. Ich interessierte mich vor allem für den kulturellen Prozess des Erlernens der Bürgerschaft. Mein Beitrag soll versuchen, einen Aspekt dieser Problematik zu beleuchten: den der interkulturellen Gestalt des Fremden und des Ausländers im europäischen Raum.

Von manchen Politikern als „Kanaille des Volkes" bezeichnet, könnte der Ausländer zunächst als derjenige betrachtet werden, der kommt, um „die Arbeit", „das Brot" und „die Frauen der Eingeborenen" zu stehlen. Vielleicht muss man das Anwachsen von Identitätsbehauptungen und gemeinschaftlichen Zusammenschlüssen im Verlauf der letzten zehn Jahre als Reaktion auf diese Vorurteile betrachten, die einem friedlichen Zusammenleben im Wege stehen.

Vorab gilt es, die Begriffe „Ausländer" und „Immigrant" zu definieren, um den paradoxen kosmopolitischen Charakter Europas zu verdeutlichen. Der Beitrag nimmt mit Hilfe der später im Text definierten Konzepte von Identität, Identitätskrise und kultureller Transition eine Beschreibung des Bürgerschaftsprozesses vor. Wie wir sehen werden, entsteht die europäische Bürgerschaft aus einer individuellen *Bricolage*, die eine „Anpassungskompetenz" hervorbringt. Dies wird das dritte Thema dieser Untersuchung sein. Diese Kompetenz ist „im Werden", eine soziale Kompetenz, die sich nicht mit einer Summe von Kenntnissen gleichsetzen lässt. Man wird nicht als europäischer Bürger geboren, man wird dazu.

Verschiedene Definitionen: Ausländer, Immigrant und Nationalität

Ausländer ist jedes Individuum, das eine andere Nationalität besitzt als diejenige des Landes, in dem es seinen „gewöhnlichen Wohnsitz" hat. Der Immigrant dagegen ist eine im Ausland geborene Person, die ihren Wohnsitz in einem Land hat, das nicht das ihrige ist. In Frankreich bleibt der Immigrantenstatus permanent erhalten: Ein Individuum, das durch Erwerb der Staatsbürgerschaft Franzose wird, wird nach wie vor zur eingewanderten Bevölkerung gezählt. Denn der Immigrantenstatus wird durch das Geburtsland und nicht durch die Nationalität definiert. Die Nationalität oder Staatsbürgerschaft bezeichnet die rechtliche Zugehörigkeit einer Person zu einem bestimmten souveränen Staat.

Diese rechtlichen Definitionen wurden mir vom staatlichen Institut für Meinungsforschung (INED= Institut National d'Études Démographiques) zur Verfügung gestellt. Sie geben jedoch nicht die Realität wieder, die ich beschreiben möchte. In Frankreich zum Beispiel ist es im Diskurs von Medien und Politik gängig, die Kinder „eingewanderter Franzosen" durch Ausdrücke wie „der Immigration entstammende Franzosen" oder „Franzosen ausländischer Herkunft" zu bezeichnen. Angesichts der oben geäußerten Definitionen sind diese Ausdrücke fehlerhaft. Es genügt, das Immigrationsmuseum Cité nationale de l'histoire de l'immigration in Paris zu besuchen, um zu begreifen, dass die Bevölkerung Frankreichs – vor allem seit dem 19. Jahrhundert – das Ergebnis zahlreicher Einwanderungswellen ist.

Bakary K., einer der Teilnehmer unserer Untersuchung, wurde 1984 im Großraum Paris geboren. Sein Vater, ein Maurer, und seine Mutter, eine Putzfrau, sind Gastarbeiter. Beide stammen aus Mali und haben sich in den 1970er Jahren in Frankreich niedergelassen. Mittlerweile haben sie die französische Staatsbürgerschaft erhalten. Für Bakary gilt der Ausdruck „Franzose ausländischer Herkunft" nur „für diejenigen, die hierhergekommen sind. Nicht wenn du in Frankreich geboren bist". Auch Farah B., 1986 in Amiens geboren, bestätigt Bakarys Aussage. Farah ist die Vierte von sechs Geschwistern. Ihr Vater kam Ende der 1960er Jahre aus Algerien. Er wurde bei Renault eingestellt und holte dann seine Frau nach, mit der er seine Familie gründete. Die Mutter blieb Hausfrau und kümmerte sich um die Kinder. Sie spricht hauptsächlich Kabylisch. Farah argumentiert :

> „Unsere Eltern haben hier gelebt, es gibt Leute, deren Großeltern schon hier gelebt haben, und trotzdem gibt es immer noch das Wort Immigration, das Wort Diskriminierung, obwohl es die doch gar nicht mehr geben dürfte. Das heißt also, dass auch unsere Kinder das noch zu hören kriegen werden, obwohl wir schon seit drei Generationen hier leben. Im schlimmsten Fall sprechen wir noch nicht einmal mehr Arabisch und werden auch dafür noch angegriffen. Das ist ein Unglück."

Wir haben es also mit einer Verschmelzung von Ausdrücken zu tun, die unterschiedliche Vorstellungen von den Identitäten der betroffenen Personen transportieren. In diesem Beitrag ersetzt der Ausdruck „Franzose mit Migrationshintergrund" die Bezeichnung „Franzose ausländischer Abstammung". Da der französische Wortschatz keine Vokabel enthält, um die Ausdrücke Immigrant, Ausländer und Person mit Migrationshintergrund zusammenzufassen, werde ich das Wort „Ausländer" als Kollektivbezeichnung verwenden. Es ist zutreffender, da es gleichzeitig eine rechtliche, administrative, anthropologische und gesellschaftshistorische Dimension widerspiegelt.

Inmitten eines paradoxen kosmopolitischen Raumes

Die Länder Europas sind Asyl- und Einwanderungsländer. Einige von ihnen sind ehemalige Kolonialmächte. Daher ist ihre Geschichte durch einen anwachsenden Strom von Migrationsbewegungen geprägt. In den Ländern der EU finden sich heutzutage Hunderte von kosmopolitischen und multiethnischen Gemeinschaften. Obwohl das einheitliche Staatskonzept dieser Länder den Nationenbegriff politisch und nicht mehr ethnisch definiert, wird ein Ausländer paradoxerweise durch seine Herkunft identifiziert.

Zwar hat sich die Europäische Union mit Strukturen ausgestattet, mit Gesetzen zur Harmonisierung und Regierung der Mitgliedsstaaten, doch ist es nach wie vor sehr schwierig, ja aussichtslos, eine europäische Bürgerschaft ausschließlich auf diesen rechtlichen und politischen Einrichtungen konstruieren zu wollen. Innerhalb der EU herrscht eine extrem vereinfachende Vorstellung von Bürgerschaft, die andere Formen von Bürgerschaft, wie die soziale und die wirtschaftliche Bürgerschaft, aus der Wahrnehmung verdrängt. Nach diesem Modell wäre ein Ausländer kein Bürger. Dabei arbeitet er wie alle anderen Einwohner, zahlt Steuern, schickt seine Kinder in die Schule, nimmt am Vereinsleben teil, konsumiert, lässt sich medizinisch behandeln und genießt das System der sozialen Absicherung. Kurz gesagt, er nimmt am wirtschaftlichen und gesellschaftlichen Leben des Staates teil. Liegt die Bürgerschaft nicht auch in der Form der Teilhabe des Immigranten am Leben des Staates? Mein Ansatz interessiert sich daher vor allem für die Lebensumstände von Leuten, die innerhalb der EU leben. Auch der Ausländer gehört zu diesem kosmopolitischen Raum. Sein Beispiel gibt uns die Möglichkeit, andere Komponenten des Bürgerschaftsbegriffs zu untersuchen, die sich in einem langjährigen Erfahrungsprozess entwickelt haben.

Die Identitätskrise oder die Unfähigkeit, sich selbst genau zu bestimmen

Bevor wir den Sinn dieses Ausdrucks genauer erklären, ist es angebracht, die Bedeutung des Wortes „Identität" im Text zu präzisieren. Der Begriff Identität kommt in den Aussagen der Interviewpartner sehr häufig vor – und zwar meist in Verbindung mit einer „Identitätskrise". Er bezeichnet die Zugehörigkeit zu einer Gruppe und ist somit ein wichtiger Beitrag zur Herausbildung eines Bürgerschaftsgefühls. Diese Klarstellung ist umso notwendiger, als die Literatur zum Begriff Identität extrem umfangreich ist. Identität wird in diesem Text als eine konzeptuelle Kategorie zur Einordnung menschlicher Wesen betrachtet. Ich beziehe mich dabei auf die Definition von Petit (Petit 2001, S. 19), für den

> „Identität ein Bewusstsein von sich selbst [ist], in dem das Subjekt seine Einheit erkennt: das Gefühl, ein zusammenhängendes ungeteiltes Ganzes zu sein; seine Fortdauer: das Gefühl, sich in Raum und Zeit in Kontinuität zu befinden; seine Einzigartigkeit: das Gefühl, sich von den anderen und von den Objekten zu unterscheiden; seine Zugehörigkeit: das Gefühl der Identifikation mit den wesentlichen Charakterzügen seiner Kultur, seiner Gruppe. Solcherart definiert zeigt sich die Identität als eine Dialektik zwischen dem Bedürfnis, sich von den anderen und den Objekten zu unterscheiden (Einzigartigkeit), und dem Bedürfnis nach Assimilierung, nach der Identifikation mit den Charakterzügen einer Gruppe, einer Kultur (Zugehörigkeit)."

Der Begriff Identität verweist somit auf eine Kombination von Zugehörigkeiten, die jedem Individuum eigen sind und die sich im Laufe des Lebens weiterentwickeln.

Zu dieser Definition möchte ich hinzufügen, dass die Identität für das Individuum eine sinnstiftende Funktion hat. Sie entsteht durch persönliche Entwicklungs- und

Individualisierungsprozesse. Anders ausgedrückt, schafft sich jedes Individuum durch das Streben danach, seiner Erfahrung Sinn zu verleihen, seine ganz persönliche Identität. Im soziologischen Sinne handelt es sich also um eine konstruierte, bewusste und behauptete Identität.

Außerdem wird die Identität auch durch den Blick des Anderen definiert (Sartre 1943). Diese Vermittlung von Identität durch einen Anderen bringt sehr zwiespältige Beziehungen zwischen Personen und Gruppen hervor. Die identitäre Zielsetzung von Beziehungen ist auf Anerkennung und ein Zugehörigkeitsgefühl durch soziale Bindung ausgerichtet. Manchmal ist die Identität des Ausländers Vorurteilen und Stigmatisierungen unterworfen. Aus dieser Perspektive bildet der Identitätsbegriff eine Form sozialer Kategorisierung ab, die es erlaubt, das zu benennen und zu unterscheiden, was anders ist als man selbst. Er transportiert religiöse Überzeugungen, Vorstellungswelten, Gestalten und Vorstellungen davon, was die bezeichnete Gruppe sein soll. Im Bezug auf die so kategorisierte Gruppe könnte man von einer „erlittenen" oder „aufgezwungenen Identität" sprechen. Kurz gesagt, handelt es sich um Identitäten, die auf Etiketten und Vorurteile reduziert wurden. Dies ist beispielsweise bei zahlreichen französischen Bürgern der Fall, die auf einen Migrationshintergrund und ethnischen Hintergrund reduziert werden, die ihnen selbst längst fremd sind. Sehr häufig wird in Fragen von Delinquenz, Autorität, Respekt, Ordnung und Sicherheit auch der Begriff Jugend zu einem negativen Identitätsmerkmal.

Wie man sieht, ist Identität ein außerordentlich vielschichtiger und veränderlicher Begriff. Sie ist kein statisches „Konstrukt", sondern ein dynamischer Prozess von Selbsterkenntniss und Selbstanerkennung. Sie ist in einem paradoxen Spannungsverhältnis angesiedelt, zwischen einem Ideal (das, was ich gerne wäre), und den Möglichkeiten, die die Umwelt bietet. Unter „Identitätskrise" verstehe ich den von Verwirrung begleiteten Eindruck, nicht mehr man selbst zu sein, seine Identität verleugnet zu haben, auf der Suche nach einer Zugehörigkeit in der Zwickmühle zu stecken. Ist es möglich, nach einer einzigen Identität zu streben, wenn man zu vielfachen Zugehörigkeiten gezwungen ist? In der Tat gehören wir alle mehreren Gruppen gleichzeitig an. Jede dieser Gruppen hat ihre eigene Kultur. Was wir als Kultur unserer Gesellschaft bezeichnen, ist ein kollektives, übertragbares Phänomen, das in der Lage ist, sich weiterzuentwickeln und das einen bewussten und einen unbewussten Anteil enthält. Wie unsere Zugehörigkeiten, muss man sich unsere Kultur im Plural denken.

Die Verwirrung wird noch durch die Tatsache gesteigert, dass wir nicht immer eine klare und genaue Vorstellung von diesen Zugehörigkeiten haben. Morin (Morin 1994, S. 140) gibt uns eine überzeugende Illustration des Begriffs Identitätskrise:

> „Ich habe Momente identitären Unwohlseins erlebt, in denen ich mich wie in einem Loch zwischen Juden und Gojim fühlte, doch noch häufiger verspürte ich lediglich ein Unbehagen, eine Unzulänglichkeit, einen Mangel gegenüber beiden von ihnen."

Anders gesagt, ist eine Identitätskrise ein mehr oder weniger langer, mehr oder weniger schlimmer Moment der Ungewissheit, währenddessen die Benennung des Ichs auf dem Territorium des Anderen durch Vermittlung fiktiver Figuren oder realer Personen geschehen muss, und nicht durch das Ich selbst (Therrien 2003). Drei Faktoren der Identitätskrise sind: das Gefühl der Zerrissenheit, die Angst vor Ausgrenzung und der soziale Imperativ.

Das Gefühl von Zerrissenheit

Die Identitätskrise betrifft ganz besonders den Ausländer, da er sich in der tragischen Zwickmühle befindet, sich zwischen seinen Gewohnheiten und Gebräuchen, den symbolischen Schemata, die seine Persönlichkeit konstituieren, und den Gebräuchen der Räume, die er durchquert und bewohnt, entscheiden zu müssen.[1] Der Ort, der ihn aufnimmt, ist ein „unbekanntes Teritorium", und wie man weiß, verursacht das Unbekannte Ängste und Sorgen, die hemmend wirken können. Dies geht auch aus der Aussage von Clémentine R. hervor, die wir hier zusammenfassen. Sie ist 13 Jahre alt, als ihre Familie Frankreich verlässt, um sich in Athen niederzulassen. In Paris lässt sie

> „Freunde, die französische Küche, das Brot und die Croissants [zurück].
> In Griechenland gibt es morgens kein Croissant."

Clémentine besucht die französisch-griechische Schule und leistet dort fünf Jahre lang ihre Schulpflicht ab. Doch außerhalb der Schule ist sie mit dem Hindernis der Sprache konfrontiert, was ihr die Dinge zunächst nicht leicht macht. Sie drückt dies folgendermaßen aus:

> „Man empfindet immer Angst und Ablehnung gegenüber einer Kultur, die man nicht kennt. Auch deshalb traute ich mich nicht, auf die anderen zuzugehen, ich blieb lieber im Kokon der französischen Sprache und Kultur. Besonders die Sprache spielt eine große Rolle, man hat den Eindruck, dass man nicht verstanden wird. Also bleibt man lieber mit den Leuten zusammen, die einen verstehen, und strengt sich nicht unmittelbar an."

Die Anstrengung, die man unternehmen muss, hat einen Preis, und angesichts des Unbekannten kann der Ausländer nicht objektiv einschätzen, was er gewinnen wird, und auch nicht, ob das, was er gewinnen wird, ebensoviel wert ist wie das, was er verlieren wird. Er ist also in einer Form von Unsicherheit gefangen: bleiben oder gehen. Es stellt sich daher die Frage, wie man seine Traditionen überwindet, ohne das Gesicht zu verlieren. Samba Diallo, der Held von Cheick Hamidou Kanes

---

1 Eine Wahl treffen heißt verzichten. Eine Wahl wird immer auf Kosten einer anderen getroffen. Aus der Sicht der Akkulturation ist die Entscheidung extrem schwierig, da man nicht weiß, ob das, was man erhält, ebensoviel wert ist wie das, worauf man verzichtet.

Roman *L' Aventure ambiguë* [Das unklare Abenteuer], fasst die Verwirrung, die diese Unklarheit bei ihm hervorruft, folgendermaßen zusammen:

> „Ich bin kein bestimmtes Land der Diallobés an einem bestimmten Ozean, der sich mit kühlem Kopf darüber freut, was ich ihm wegnehmen kann und was ich ihm lassen muss. Stattdessen bin ich alle beide geworden. Es gibt keinen kühlen Kopf zwischen zwei Ausdrücken. Es liegt eine seltsame Hilflosigkeit darin, nicht zwei sein zu können." (Kane 1961, S. 164).

Trotz seiner zahlreichen Facetten und Zugehörigkeiten braucht der Ausländer also das Gefühl der „Selbigkeit", der Kontinuität in der Zeit. Er kann sich nicht in mehrere Teile zersplittern, sonst kommt es zur Identitätskrise.

Die Angst vor Ausgrenzung

Farahs Aussage zeigt, dass eine Identitätskrise auch aus der andauernden Angst davor entstehen kann, sich ausgegrenzt, isoliert, ohne wirkliche Zugehörigkeitsgruppe wiederzufinden. Farah lebt in zwei Welten, die sie als parallel beschreibt: der Welt der Familie und der Welt der Schule. Da sie an den Gebräuchen ihrer Herkunft hängen, haben die Eltern ihre Töchter nach diesem kulturellen Modell erzogen und legen Wert darauf, dass sie ihre Wurzeln nicht vergessen.

> „Zu Hause", sagt Farah, „sind die Dekoration und das Essen orientalisch. Wenn ich die Türe aufmache, ist das erste Wort, das ich höre, ein arabisches."

In der Schule, wo sie gerne viele Freunde hätte, ist sie mit einem anderen Modell konfrontiert. „Das sind zwei Parallelwelten!", ruft sie aus. Sie erklärt, dass ihre Angst, sich in der Schule ganz allein auf dem Pausenhof wiederzufinden, sie dazu bringt, zweigleisig zu fahren und folgert: „Wir waren so, aus Angst, ausgeschlossen zu werden, und auch unseren Eltern gegenüber." Man sieht, dass es hier um den Versuch der gleichzeitigen Zugehörigkeit zu unterschiedlichen Gruppen geht, auch auf die Gefahr hin, ausgegrenzt zu werden.

Der soziale Imperativ

Wenn sich der Ausländer nach seiner tatsächlichen Bürgerschaft fragt, sieht er sich mit einer verwirrenden Doppelzugehörigkeit konfrontiert. Nehmen wir mein eigenes Bespiel: In Kamerun geboren, bin ich rund zwanzig Jahre später nach Frankreich ausgewandert. Seitdem werden meine Zugehörigkeiten ständig verleugnet. In Frankreich bin für die Einheimischen ein typischer Afrikaner oder einfach „der

Kameruner". In Kamerun dagegen bin ich „der Pariser", also überall ein Ausländer. Émilie H. hat ähnliche Erfahrungen gemacht. Sie wurde 1982 in Québec geboren. 2001 verließ sie Québec, um in England eine Art soziales Jahr zu absolvieren. Dort lernte sie ihren zukünftigen Ehemann Bertrand P. kennen. Sie folgte ihm nach Frankreich, wo beide seitdem leben. Québec ist heute nur noch eine Erinnerung und ein Synonym für Ferien. Wenn sie dort hinfährt, ist sie für ihre Familie eine Besucherin, eine Ausländerin auf der Durchreise. Die erste Frage, die Freunde und Bekannte ihr stellen, macht das deutlich: „Wann fährst du wieder?", „Wie viele Tage wirst du bei uns bleiben?", „Wie läuft das so dort bei euch?" In Québec wird sie ständig auf ihre Zugehörigkeit zu Frankreich verwiesen. In Frankreich dagegen identifizieren ihre Gesprächspartner sie aufgrund ihres Akzents als Québecerin. Man sieht an diesem Fall, dass ein Reisender dazu verdammt ist, in seinem eigenen Land zum Ausländer zu werden. Indem er das Land seiner Herkunft verlässt, tritt der Migrant für immer in den „paradoxen Kreislauf" von Fremdheit und Ausländertum ein. Er wird sich selbst fremd, wird den Räumen fremd, die er durchquert, und auch dem Ort seiner Geburt. So ist auch der Satz von Daniel, einem Freund von einer Insel im Indischen Ozean, zu verstehen: „Sobald du reist, bist du überall fremd."

Die Kinder migrantischer Eltern können dieser Art von Orientierungslosigkeit nicht entgehen. Wie zum Beispiel Donia M., die 1987 in einem Vorort von Paris geboren wurde. Ihr Vater und ihre Mutter kamen Ende der 1970er Jahre aus Marokko. Ihr Vater begann sein Berufsleben mit 18 in der Fabrik Arcelor. Er arbeitete dort mehrere Jahre lang, bis er durch einen Arbeitsunfall invalide wurde. Donias Meinung nach wäre er besser behandelt worden, wenn er lesen und schreiben könnte. Die Mutter kümmerte sich zunächst um die Kinder und musste dann arbeiten gehen, um für die Bedürfnisse der Familie zu sorgen. Sie hat Alphabetisierungskurse besucht, spricht sehr gut Französisch und ist stark im Vereinsleben engagiert. Donia beschreibt ihre Erfahrung in Marokko folgendermaßen:

> „In dem Land, aus dem ich stamme, merken die Leute immer, dass ich nicht von da bin. Ich weiß nicht, wie sie das machen … wir werden immer die aus Frankreich sein. Ich habe schon versucht, mich zu tarnen, weil das schrecklich ist, dass sie uns erkennen, wenn wir in Marokko sind. Sie merken es einfach an unserer Kleidung."

Die Welt verweist den Ausländer auf seine Differenz und bedeutet ihm, dass er überall Ausländer ist. Es ist somit zwecklos, seine ursprüngliche Zugehörigkeit behaupten zu wollen. In meinem Fall hat die Tatsache, dass ich mehrere Jahre lang im Ausland gelebt habe, zwangsläufig mein Wesen und meine Einstellungen verändert, manchmal unbewusst, manchmal ganz bewusst, wie eine Art Übergangsritus, um meinen Platz in den Räumen zu finden, die ich mit den anderen teile. Selbst wenn man versucht, jedes allzu sichtbare Zeichen der Differenz auszulöschen, gibt es immer irgendetwas oder irgendjemand, der einen verrät und auf eine Differenz aufmerksam macht, die man manchmal als einziger nicht bemerkt hat. Man könnte also glauben, dass der Ausländer nur da Bürger ist, wo er sich nicht befindet. Seine Bürgerschaft wird ihm von den anderen verliehen. Das Subjekt ist nicht in der Lage, sich eine Bürgerschaft anzueignen. Daher können unsere Zugehörigkeiten zu Orientierungslosigkeit führen.

Wie man sieht, impliziert die Beziehung zum Anderen einen „sozialen Imperativ": den Imperativ, „von irgendwoher" zu stammen. Die Beziehung entsteht entweder dadurch, dass das Subjekt seine Zugehörigkeit behauptet, oder dadurch, dass ihm jemand anders eine Zugehörigkeit zuschreibt (Kategorisierung). Im universitären Kontext verweist dieses „irgendwo" beispielsweise auf die theoretischen Hilfsmittel und auf die Strömungen, von denen ausgehend man seine Forschungsgegenstände entwickelt. Wenn wir uns nicht selbst behaupten können, werden wir in zahlreichen Situationen nach den Kriterien anderer definiert (erlittene Identität). Dabei besteht die Gefahr, in ein „irgendwo" verbannt zu werden, in dem wir uns selbst nicht mehr wiedererkennnen. Als wäre die Identitätskrise allein nicht schon genug, sorgt dieser soziale Imperativ, einer Gruppe anzugehören, zusätzlich für Angst. Denn manchmal kann das Subjekt keine Wahl treffen, weil seine Zugehörigkeiten ständig durch die Alterität in Frage gestellt werden, oder weil es nicht mehr in der Lage ist, sich ausschließlich als Mitglied der einen oder der anderen Gruppe zu bestimmen. Émilie fühlt sich weder ausschließlich als Französin noch ausschließlich als Québecerin, wie ein Mischlingskind, das nicht klar sagen kann, welchem Elternteil es seinen Phänotyp verdankt. Sie ist zu beidem geworden. Im Interview sagt sie Folgendes:

> „Genau wie du bin ich in Frankreich Québecerin und in Québec Französin. Ich muss es akzeptieren, dass ich zwei Identitäten habe, denn schließlich habe ich es selbst so gewollt."

Das Gefühl, gleichzeitig von hier und dort zu stammen, ist nichts anderes als eine neue Identität, die die bereits vorhandenen Identitätsbegriffe mischt. Das Ergebnis ist eine „hybride Identität", die die Identität der beiden Welten übernimmt, die wir verinnerlicht haben. Falicov bezeichnet diese Dynamik von Krise und Idealisierung, durch die sich Leute eine neue Identität schaffen, als kulturelle Transition (Falicov 1998). Unsere Persönlichkeit wird von der Tatsache beeinflusst, dass wir gleichzeitig Mitglied mehrerer verschiedener Gruppen sind. Diese Gruppen prägen unsere Affektivität und gestalten aktiv unser Verhalten, unsere Identität und – davon ausgehend – unsere Bürgerschaft.

Von der Identitätskrise zur kulturellen Transition

Das Subjekt wird von dem Augenblick an zum Bürger, wo es den anderen nicht entfremdet ist und aktiv an der Gemeinschaft teilnimmt. Um den sozialen Imperativ und die damit verbundene Identitätskrise zu überwinden, muss es eine kulturelle Transition vollziehen. Darunter ist die Entwicklung einer adaptiven und flexiblen

Sichtweise der kulturellen Unterschiede zu verstehen, die das Aufrechterhalten bestimmter persönlicher Wertvorstellungen erlaubt: Es geht also darum, die Konflikte auszuhandeln und sogar einen neuen kulturellen Code zu entwickeln, der Elemente beider Kulturen beinhaltet (Petit 2001). Das Subjekt, dem dieser Prozess gelingt, schafft sich selbst eine unverwechselbare, für es selbst akzeptable Identität, und findet so einen Ausweg aus der Identitätskrise. Mitten in meiner Krise hatte ich die „insight", die mir half, meine Verwirrung zu überwinden: Ich bin ein „Weltbürger". Auch Morin fand darin die Antwort auf sein Identitätsproblem (Morin 1994). Indem er seine Identität als Mensch voll und ganz annahm, entdeckte er jenseits von Juden und Gojim eine neue universelle Religion. Außer Clémentine bezeichnen sich alle Teilnehmer der Untersuchung als Weltbürger. Bakary sagt:

> „Ja, ich fühle mich als europäischer Bürger, aber das ist mir ziemlich wurscht. Das ist nicht sehr ausgeprägt ... In meiner Vorstellung bin ich eher Weltbürger als ein europäischer Bürger. Wenn ich kleine Chinesen oder Afrikaner sehe, dann fühle ich mich mit ihnen verbunden."

Farah sagt:

> „Ich fühle mich mehr als Weltbürgerin denn als Bürgerin Europas. Ich fühle mich nicht mit Europa verbunden. Jetzt haben wir zum Beispiel als Ehrenamtliche für die Länder dieser Welt gearbeitet. Wir interessieren uns dafür, was anderswo passiert, das berührt uns, wir möchten gerne etwas tun"

Donia teilt diese Sicht, doch sieht sie keinen Gegensatz zwischen der europäischen Bürgerschaft und irgendeiner anderen Bürgerschaft. Hier ihre Version:

> „Europa ist ein Prinzip, das entwickelt wurde, um die Leute zusammen zu bringen. Und wir befinden uns auf einem Territorium mit Qualitäten. Man wird zum Beispiel sagen: Es gibt acht unterschiedliche Größen von Kreisen, doch wir gehören alle zu diesem Kreis da, einem großen Kreis, der all die unterschiedlichen Kreise umschließt. Also ist man Franzose, und wenn man sich das Ganze noch größer vorstellen kann, ist man Europäer. Und noch größer, dann ist man Weltbürger. Das heißt, dass man sich nicht beschränken darf, das heißt: Man darf sich nicht auf Frankreich beschränken, selbst wenn man in Frankreich geboren ist. Man muss den großen Zusammenhang sehen, muss die Solidarität sehen, die Multikulturalität. Wir alle beziehen uns auf den großen Kreis und nicht auf unsere kleinen Kreise."

Später fügt sie hinzu:

> „Ich weiß, dass ich anders bin, aber ich fühle mich nicht ausgeschlossen. Ich gehöre zu keiner Gruppe, ich gehöre zur Gruppe der Erde."

Man sieht an diesen Beispielen, dass der Synkretismus für die Subjekte zu einer Möglichkeit wird, ihre Bürgerschaft durch ihre vielfältigen Zugehörigkeiten zu definieren. So gelingt es ihnen, ihre Identitätsproblematik zu überwinden und aus dem Wechselspiel der kulturellen Einheiten eine einzigartige Identität entwickeln. In der Tat impliziert das Sprechen von einer europäischen Bürgerschaft eine Übergangssituation, in der das Subjekt nicht mehr ausschließlich als Franzose, Deutscher, Italiener, Schwede, Portugiese, usw. wahrgenommen wird und sich selbst so wahrnimmt. Diese internationale Bürgerschaft hat ihre Wurzeln in unterschiedlichen Territorien und geht weit über das Territorium der Herkunft hinaus. Bedeutet dies, dass der europäische Bürger eigentlich ein Weltbürger ist? Wie lassen sich europäische Bürgerschaft und Weltbürgerschaft miteinander verknüpfen?

Wie man an den vorausgegangenen Aussagen sieht, umfasst der Begriff der Bürgerschaft auch Offenheit und Alterität, Engagement und die Teilnahme an einer gemeinsamen Sache. Farah spricht von ihrem Engagement im Ehrenamt. Doch Bakary drückt es noch deutlicher aus:

> „Der Traum in Bezug auf die Bürgerschaft ist, dass man normalerweise in der Lage sein muss, auch an die anderen zu denken. Ich nenne das bürgerschaftlichen Geist, das heißt, dass es etwas gibt, das uns verbindet; wie nach dem Zweiten Weltkrieg, da fühlten sich die Leute miteinander verbunden. Man hat das später vernachlässigt, und heute ist es vollkommen vergessen. Heute heißt es nur noch jeder gegen jeden. Ich glaube, wir gehorchen heutzutage einer individualistischen Logik, wo sich die Bürgerschaft beschränkt auf: ‚Ich habe Rechte, ich habe gewählt', also auf punktuelle Sachen. Ich habe Rechte, ich habe gewählt, und das war's. Dabei denke ich, dass Bürgerschaft normalerweise etwas ist, was sich über eine Dauer hinweg erstreckt. Leider ist es heute normal geworden, nicht zu helfen, wenn man einen Obdachlosen sieht oder eine Frau, die mit ihrem Kinderwagen eine Treppe heruntersteigt. Es ist fast eine Ausnahme geworden, wenn man es tut. Mit der Zunahme des Individualismus will man persönlichen Erfolg haben und kümmert sich nicht mehr um die anderen."

Ich stütze mich auf diese Äußerungen, um der Weltbürgerschaft einen Gehalt zu verleihen, der auf den ersten Blick utopisch erscheinen mag. Unter diesem Begriff verstehe ich keineswegs ein Streben nach Universalität, bei dem das Subjekt Gefahr laufen würde, den Bezug zur Realität zu verlieren. Es handelt sich auch nicht um einen rhetorischen Ausweg für ein Subjekt, das sich in einem existenziellen und intellektuellen Komfort niederlassen möchte, um der Angst vor Ungewissheit zu entgehen. Es handelt sich um einen Partikularismus, der offen für die Alterität ist. „Das ist ein schöner Geist", sagt Émilie. Diese individuellen Definitionen ermöglichen es, dem Begriff des „Weltbürgers" einen Inhalt zu verleihen und eine Bürgerschaft zu definieren, die die Menschen dazu aufruft, sich zu engagieren und an der Entwicklung und Bewahrung des Zusammenlebens in der Welt teilzunehmen. Wir alle sind ein Teil des menschlichen Abenteuers, und das Zusammenleben gestaltet sich durch den Respekt für mehrere Werte, von denen einige bereits vom Großteil der Europäer geteilt werden, wie zum Beispiel: Frieden, Toleranz, Respekt, Ablehnung des Terrorismus, soziale Gerechtigkeit und nachhaltige Entwicklung. Ausgehend davon entwickle ich das Konzept der Öko-Bürgerschaft, das ich als Gesamtheit von kurz-, mittel- oder längerfristigen Zielen, Verhaltensweisen und Handlungen definiere, die darauf abzielen, das individuelle und kollektive Verhalten zu verändern, eine nachhaltige „menschliche" Entwicklung zu gewährleisten und die Praktiken und Organisationsformen zu verändern, um die Lebensqualität der Leute zu verbessern, die in einer Gemeinschaft leben. Der Öko-Bürger stellt sich bei jeder Geste die Frage nach ihrer Auswirkung auf spätere Generationen, die Wirtschaft, die Umwelt und die Gleichheit aller Bürger des Planeten. Nach diesem Konzept bedeutet Bürger sein auch dementsprechend zu handeln. Genau wie die Identität wird auch die Bürgerschaft zur Handlung. Die Öko-Bürgerschaft ist eine neue Form von Bürgerschaft, die für ganz Europa gelten könnte. Es ist eine Bürgerschaft, mit der wir uns alle identifizieren können, über all unsere individuellen Eigenschaften hinweg. Ist sie möglich?

Bis hierhin habe ich versucht, zu erklären, dass der Ausländerstatus das Subjekt in die Identitätskrise führt. Wie wir gesehen haben, kann der Ausländer seine Bürgerschaft annehmen, sobald es ihm gelingt, ein fragiles Gleichgewicht zu finden, ein Gleichgewicht der „distinktiven Identität", das zur Öko-Bürgerschaft führt. Es bleibt also noch zu erklären, durch welchen Mechanismus die Bürgerschaft entwickelt oder erlernt wird. Die Öko-Bürgerschaft ist eine Handlung. Könnte sie also das Ergebnis einer „Bricolage" und einer Anpassung sein?

Von der „Bricolage" zur Anpassungsfähigkeit

In der Einleitung zu *Das wilde Denken* hat Lévi-Strauss den Begriff der „Bricolage" als eine Art Arbeit formuliert, die er der Kunst des Ingenieurs gegenüberstellt (Lévi-Strauss 1962). Einige Jahre später erweitert Bastide seinen Anwendungsbereich und denkt über seine gesellschaftliche Verankerung nach (Bastide 1970). Seit diesen Autoren wurde der Ausdruck Bricolage auf unterschiedlichste Art und Weise verwendet und hat die unterschiedlichsten Arbeiten im Bereich der Sozialwissenschaften inspiriert. Ich verstehe darunter die Art und Weise, wie das handelnde Subjekt Elemente versammelt, die zu unterschiedlichen Traditionen und Kulturen gehören, wie es ihre Bedeutungen einschätzt und sie nach eigenem Belieben verwendet. Die Bricolage des Ausländers besteht darin, seine Herkunftskultur dergestalt zu reinterpretieren und zu rekonstruieren, dass die Normen und Verhaltensweisen der „Gastkultur" mit dieser Konstruktion eine Einheit bilden. Die Bricolage ermöglicht es dem Ausländer, die ihn umgebende Welt zu hinterfragen, sie zu dekonstruieren und dann zu rekonstruieren, um sie an seine Bedürfnisse und die Bedürfnisse des Anderen anzupassen und um außerdem neue Normen zu verinnerlichen. Die Bricolage führt unweigerlich zu einer Transformation des Subjekts, und zu einer Transformation seiner Beziehung zum Anderen.

Im vorangegangenen Abschnitt habe ich behauptet, die Bricolage sei das Haupthilfsmittel des Subjekts, um sich an seine Umwelt, an den Anderen, an sein Projekt anzupassen. Dies lassen zumindest die Aussagen der interviewten Personen vermuten. Auf die Frage, wie sie europäische Bürger geworden sind, wie sie es gelernt haben oder wie ihnen der Übergang von einer Zugehörigkeit zur anderen gelingt, haben alle Interviewten ein Credo formuliert: „Ich passe mich an." Die Anpassung – die man ganz deutlich von der Assimilierung unterscheiden muss (passiver Prozess) – kann als Ausbildung von Orientierungspunkten in bestimmten Kontexten verstanden werden oder als Aneignung neuer Orientierungspunkte durch das Subjekt. Das Subjekt, das sich anpasst, richtet sich nach den anderen, definiert ständig die Situationen neu, in denen es sich befindet, und entwirft seine Handlungsstrategie in Bezug auf die potenziellen Reaktionen seiner Umgebung. Es versucht dabei, existentielle Wahlmöglichkeiten und persönliche Interessen und Neigungen miteinander in Einklang zu bringen. Angesichts eines Hindernisses sind vier Reaktionen möglich: sich verändern, die Umgebung verändern, nichts tun, weggehen. Nur zwei Reaktionen sind adaptiv: sich verändern und die Umgebung verändern, die objektiv oder subjektiv durch ihre konzeptuelle Neudefinition verändert werden kann (Petit 2001, S. 85). Anpassung ist folglich ein sich wiederholender und interaktiver Prozess zwischen dem Individuum und der Umwelt, der sich durch eine Haltung des Erforschens von Situationen und der allmählichen Konstruktion auszeichnet. Émilie formuliert dies folgendermaßen:

> „Ab dieser ersten Expedition (nach London) habe ich langsam aber sicher angefangen, an meiner Anpassungsfähigkeit zu arbeiten; völlig unwillkürlich hat meine Sprache begonnen, sich zu verändern, denn die zahlreichen Franzosen in dem Hotel, wo ich arbeitete, verstanden mich nicht und baten mich häufig, zu wiederholen, was ich sagte … Die Abwesenheit von Landsleuten in meinem Umfeld beschleunigte diesen Prozess natürlich ebenso wie die Tatsache, dass ich mich gerne heimisch fühlen wollte."

Sie fügt hinzu:

> „Inzwischen lebe ich in Frankreich, also muss ich die Lebensweise übernehmen, die dazugehört, denn es ist zu ermüdend, ständig gegen den Strom zu schwimmen."

Es handelt sich nicht um eine Anpassung aus Übereinstimmung, wo sich das Subjekt „einfach so" an seine Umgebung anpasst. Der Anpassungsprozess, aus dem ich ein Konzept ableiten will, setzt ein handelndes Subjekt voraus, das sich durch die Anpassung selbst verwirklicht. Es handelt sich also um eine konstruktive Anpassung durch eine Einwirkung des Individuums auf seine Umgebung und gleichzeitig auf sich selbst. In diesem Prozess entwickelt das Individuum eine neue Identität und gleichzeitig eine Offenheit für neue Zugehörigkeiten. Dadurch wird es zu sich selbst. Sich nicht anzupassen würde bedeuten, in einer Form von Unbeweglichkeit oder Konservativismus zu erstarren. So sind auch Farahs Äußerungen zu verstehen:

> „Man passt sich an alle Menschen an. Man darf sich nicht auf die Gruppe seiner Freunde beschränken. Ich habe keine Lust, mich mein ganzes Leben lang an einer Gruppe festzuhalten. So kommt man nicht weiter."

Auch Donia bestätigt diesen Standpunkt:

> „Ich passe mich an Leute an, an Situationen. So kommt man weiter. Natürlich kann man sagen, dass wir uns selbst verleugnen, doch das stimmt nicht, und mir geht es gut dabei. Mehrere Ursprünge zu haben, verschiedene Sprachen, mehrere Kulturen zu haben, das ist ein Glück."

Später fügt sie hinzu:

> „Zum Glück sind wir alle verschieden. Es wäre doch langweilig, wenn alle absolut identisch wären."

Diese Äußerungen geben uns einerseits zu verstehen, dass die Anpassung eine Quelle menschlicher Entwicklung ist: Durch das Erlernen von Rollen lässt sie das Bricolage betreibende Subjekt Kenntnisse und Fähigkeiten entwickeln. Andererseits wird deutlich, dass der Lernprozess, um den es hier geht, vor allem darin besteht, mit dem Gefühl des Identitätsverlusts umzugehen, das sich aus dem Erlernen einer neuen Kultur ergibt. Der Anpassungsprozess verändert den Ausländer dergestalt, dass seine Codierungs- und Decodierungsmuster effizient werden (Petit 2001). Diese Feststellung und die Entwicklung, die dem vorausgeht, veranlassen mich, den entscheidenden Faktor für das Lernen in einem von Pluralität geprägten Kontext als „Anpassungskompetenz" zu bezeichnen. Unter Kompetenz verstehe ich dabei ein System von Kenntnissen, das das Subjekt in die Lage versetzt, genau die Aktivität hervorzubringen, die den Aufgaben einer bestimmten Klasse entspricht (Leplat 1992). Die Aufgabe, um die es hier zunächst geht, ist die Arbeit an sich selbst, das heißt ein Prozess der Selbsterkenntnis, durch den das Subjekt seine eigenen inneren Widersprüche ausgleicht.

Anpassungskompetenz zeichnet sich also durch die Entwicklung von Fähigkeiten aus, von denen ich bereits einige erwähnt habe. Sie zeichnet sich auch durch den Einsatz von Kenntnissen zum Vollzug einer kulturellen Transition aus. Diese Kompetenz ist eine wahrhaftige „Erfahrungswissenschaft". Das heißt, dass sie ein Wissen mobilisiert, das sich entwickelt und nicht als feste Größe gegeben ist. Denn es liegt im Wesen der Anpassung, von einer nichtlinearen und nichtsystematischen Strategie auszugehen. Als Wissenssystem, das sich gleichzeitig durch Ungewissheit auszeichnet, ist die Anpassungskompetenz ein Paradox. Dieses Paradox lässt sich durch das Bild des Künstlers und des Handwerkers beschreiben. Der Handwerker übt eine traditionelle Technik aus und passt sich dem Auftrag an, während der

Künstler, genauer gesagt, der moderne Künstler, ein Wissen ausdrückt, das durch Originalität und Kreativität beeindruckt. Das Bricolage betreibende Subjekt kann als ein Handwerker in dem Sinne betrachtet werden, dass er eine mehr oder weniger effiziente Technik ausübt: die Auswertung der Bedeutungen und die Definition eines provisorischen Rahmens. Der menschliche Geist ist so beschaffen, dass das Subjekt in jeder Situation zu allererst das Bedürfnis hat, den Dingen Kategorien zuzuordnen, um sich in der Umgebung zurechtzufinden. Genau dies beschreibt Donia:

> „Ich sehe jemand, und sofort, ganz unwillkürlich, stecke ich ihn in eine Gruppe, und ich weiß, wie man reden muss, ich weiß, wie man sich benehmen muss, ich weiß, wie ich meine Hände halten muss, ich weiß, welche Position ich mit meinem Körper einnehmen muss, ich weiß, was ich sagen muss, wie ich die Wörter aneinander reihen muss, unwillkürlich. Trotzdem heißt das nicht, dass ich, obwohl ich das alles weiß, auch so mit der Person reden werde. Denn, wenn diese Person in ihrem Kopf so denkt wie ich, wenn sie sich an mich anpassen will, dann werde ich ganz deutlich nein zu ihr sagen! Nein! Ordne mich nicht irgendwo ein, dann ordne ich dich bei der gleichen Gelegenheit auch nicht ein, und dann können wir miteinander reden. Ich ordne sie ein, um zu wissen, ob ich sie da lasse oder nicht, und nachher sehe ich das. Ich werde mit der Person reden und danach werde ich wissen, ob das jemand ist, der im Fach B bleibt, oder im Fach …"

Dieses Vorgehen provisorischer Kategorisierung führt zu einer methodischen Ungewissheit, die an sich eine Fähigkeit ist. Das Bricolage betreibende Subjekt operiert jedoch auch wie ein Künstler, weil es nie im Voraus weiß, was es bekommen wird. Deshalb liegt ihm das bloße Reproduzieren von Gestalten fern – es erfindet sie lieber. Die Anpassungskompetenz setzt also einen Anteil Kreativität voraus, der durch den Prozess der Aneignung ermöglicht wird. Deshalb führen in einer identischen Situation dieselben Gründe nicht immer zu denselben Auswirkungen. Dies erklärt auch, warum die von dem Ausländer gestaltete Identität distinktiv bleibt.

Es lässt sich also schlussfolgern, dass es, wie im Falle des Ausländers, der sich an einen neuen Lebensraum anpassen muss, beim Erlernen der europäischen Bürgerschaft vor allem um Wissen geht, und weniger um eine Summe von Kenntnissen, die es zu assimilieren gilt. Nach dieser Vorstellung ist die Bürgerschaft weder angeboren noch dauerhaft durch das Recht des Bodens oder des Blutes erworben, und auch nicht durch Ausweispapiere verliehen. So formuliert es jedenfalls Clémentine:

> „Man muss nicht die Ausweispapiere eines Landes haben, um sich einer Kultur zugehörig zu fühlen. Ich bin keine Griechin, aber ich fühle mich einer Kultur zugehörig, die im Grunde nicht meine ist, doch die ich in mich, in meine Wertvorstellungen aufgenommen habe. Das ist sehr angenehm. Meiner Familie ist es ebenso ergangen."

Man kann sich das Erlernen der europäischen Bürgerschaft nur vorstellen, wenn diese Bürgerschaft nicht als dauerhaft festgelegte Kategorie verstanden wird. Das Erlernen der Bürgerschaft hat nur wenig mit Verordnungen von Oben (Kategorien und Normen) zu tun, sondern vor allem mit einem „verordnenden" Prinzip: der Bricolage, der prinzipiellen Ungewissheit, der Anpassungskompetenz. Bei dem Projekt des Erlernens der Bürgerschaft geht es hauptsächlich um die Möglichkeit und das Gefühl, zu einer menschlichen Gemeinschaft zu gehören, in der unsere Unterschiede Bereicherungen und keine Hindernisse darstellen. Denn bei einem solchen Abenteuer muss jeder seinen Beitrag leisten.

Ausgehend von der Fragestellung nach dem Platz des Ausländers bei der Entwicklung und dem Erlernen der europäischen Bürgerschaft habe ich gezeigt, dass Europa ein kosmopolitischer Raum ist, und dass ein rein rechtlich-politisches Verständnis von Bürgerschaft wichtige Aspekte ignoriert. Ich habe darauf beharrt, dass die Bürgerschaft auch auf Seiten der Menschen, die in der EU leben, zu suchen ist, und in der Art und Weise, wie sie am Leben der Gemeinschaft teilnehmen. So entstand die Idee der Öko-Bürgerschaft als Modell für die europäische Bürgerschaft. Die Gestalt des Ausländers hat es ermöglicht, festzustellen, dass diese Form der Bürgerschaft mittels einer Bricolage des Individuums an sich selbst entsteht, die diesem Individuum Anpassungskompetenzen verleiht. Diese Verwandlung ist kein Selbstgespräch; denn das Subjekt verwandelt sich dank eines Anderen, den es durch seine Verwandlung ebenfalls verwandelt. Im Zeitalter der Globalisierung kann die Frage nach der europäischen Bürgerschaft nur in Hinblick auf die Zukunft gestellt werden, und nicht im Hinblick auf die Bewahrung von Traditionen und Gebräuchen. Diese Zukunft wird von der Kenntnis und der Anerkennung des Anderen, seiner Kultur, seiner Religion, seiner Sprache geprägt sein, von Diversität und gegenseitigem Austausch. Es gilt also, dafür Sorge zu tragen, dass sich niemand von der gemeinsamen Zivilisation ausgeschlossen fühlt, die Europa aufbauen möchte. Jeder Mensch soll darin die Sprache seiner Identität finden können und das Bedürfnis entwickeln, an diesem menschlichen Abenteuer teilzuhaben. Dies ist die eigentliche Grundlage der Öko-Bürgerschaft. Um den Anderen anzuerkennen, ist es notwendig, nicht nur etwas über die anderen zu lernen, sondern auch in sich selbst einzutauchen, um festzustellen, auf welche Art und Weise die eigene kulturelle Konditionierung den Blick auf die anderen prägt. Im Alltag ist dafür eine Anstrengung notwendig, um in jedem Augenblick zu begreifen und zu akzeptieren, welche Charakterzüge des Anderen kulturell geprägt und welche wirklich einzigartig sind.

Aus dem Französischen von Frank Weigand

Literatur

Bastide, Roger (1970): „Mémoire collective et sociologie du bricolage", L' Année Sociologique, troisième série, Vol. 21, S. 65-108.

Falicov, Celia Jaes (1998): Latino Families In Therapy: A Guide To Multicultural Practice. New York: the Guilford Press.

Kane, Hamidou (1961): L' aventure ambiguë. Paris: Julliard.

Leplat, Jacques (1992): L' analyse du travail en psychologie ergonomique: recueil de textes. Toulouse: Octares.

Lévi-Strauss, Claude (1968): Das wilde Denken. Frankfurt/Main: Suhrkamp.

Morin, Edgar (1994): Mes Démons. Paris: Éditions Stock.

Petit, Catherine (2001): La migration dans l'organisation psychique des couples interculturels. Paris: L' Harmattan.

Sartre, Jean-Paul (1993): Das Sein und das Nichts. Hamburg: Rowohlt.

Therrien, Denyse (2003) „Exil et errance identitaire – Les premiers films de Léa Pool et Marilú Mallet", in Pierre Ouellet (dir) (2003). Le soi et l'autre – L'énonciation de l'identité dans les contextes interculturels. Québec: Les Presses de l'Université Laval, coll. „InterCultures", S. 51-64.

Augustin Mutuale

Über die Notwendigkeit der Begierde bei einer Erziehung zur europäischen Bürgerschaft

Über die Notwendigkeit von Gabe und Gegengabe

Der institutionelle Rahmen des DFJW ermöglicht es Forschern aus Deutschland und Frankreich, zusammenzukommen und einander zu begegnen. Diese Forscher finden sich anschließend in kleinen Gruppen wieder, nicht (nur) in Abhängigkeit von eventuellen Gemeinsamkeiten, sondern aufgrund eines durch eine Fragestellung hervorgerufenen Interesses.

Anlass für diesen Text ist der biographische Moment einer kleinen Gruppe, die sich mit folgender Frage beschäftigte: „Die Erziehung zur europäischen Bürgerschaft: verordnende Dynamiken und die Rolle der Institutionen". Er versteht sich als Antwort, nicht im Sinne einer Lösung, sondern vielmehr im Sinne einer reflexiven Weiterentwicklung. Sein Ausgangspunkt ist der Austausch, der sich bei dieser Zusammenkunft zwischen Menschen ergab, die je nach der momentanen Stimmung und dem Gegenstand der Dialoge als Pessimisten, Optimisten, Idealisten oder Pragmatiker auftraten. Denn auch Forscher werden von persönlichen Fragestellungen umgetrieben – besonders wenn ihre Biographie von den tragischen Perioden der Geschichte dieses Europa geprägt ist. Wie lassen sich diese Fragestellungen in eine Diskussion einbeziehen, die sowohl die totalitären Erscheinungen Europas als auch die Behauptung einer Gemeinschaft behandeln soll?

Am radikalsten äußern sich die Pessimisten, die dazu auffordern, sich vor jeglichem Gedanken an eine mögliche Erziehung zunächst die Frage zu stellen, wie sich mit einem Konzept, das sich als leer entpuppt, eine europäische Bürgerschaft überhaupt denken lasse. Auch der Autor dieser Zeilen, Optimist von Natur aus und aus Überzeugung, fragt sich, wie man sich im Kontext dieses „schwächlichen" Europas äußern soll, das trotz all seiner Beschränkungen einen wichtigen Platz in der Geschichte einnimmt und dessen Aufbau wir unbedingt anregen und begleiten sollten.

Mein Text ist eher eine Antwort auf die in diesem Zusammenhang aufgeworfene Frage nach einem Europa zwischen „Gabe" und „Verdienst", im Kontext der Weitergabe oder der feierlichen Verleihung einer europäischen Bürgerschaft. Ich gelange dabei zu der folgenden Feststellung: Europa verschenkt sich durch (nationale) Geburt und Einbürgerung. Es handelt sich um eine Gabe im Sinne Derridas, da sie durch die Mediatisierung der Identität in Vergessenheit geraten ist. Das Ritual der Einbürgerung macht dieses Vergessen offenbar: Wenn es um die Aufnahme eines neuen Mitglieds geht, kümmert sich die Nation ausschließlich um „Verdienste" und vergisst dabei vollkommen, Europa zu erwähnen.

Ist dieses Vergessen Europas in der Begierde nach oder in der Zugehörigkeit zu Europa eine gute Sache oder nicht? Ist es eine gute Sache, Europa im Bereich seiner Funktionalität eine Beschränkung aufzuerlegen? Wie kann das Ritual, das die Begierde weckt, eine Schicksalsgemeinschaft zu bilden, auch ein Begehren nach dem vergessenen Europa wecken?

Eine Institution wie die Schule vermeidet die Frage nach Gabe und Verdienst und kümmert sich stattdessen nur um die Weitergabe, als sei diese selbstverständlich. Die Schule ist nicht daran interessiert, einen europäischen Bürger hervorzubringen, sondern ausschließlich daran, ein Wissen über Europa weiterzugeben, das dieser Bürger seinerseits eines Tages wiedergeben soll.

Einige Texte dieses Buches zeigen, wie unbefriedigend dieses Erlernen der europäischen Bürgerschaft ist und wie lachhaft dieses Ritual der Einbürgerung. Eine solche Feststellung regt dazu an, die Frage nach den Grundlagen der Zugehörigkeit neu zu überdenken. Aufgrund seiner Zugehörigkeit zu dem Land, das seine Aufenthaltsgenehmigung ausgestellt oder ihm die Staatsbürgerschaft verliehen hat, ist der Migrant im europäischen Raum nämlich nicht unmittelbar in seiner Identitätsproblematik identifizierbar.

In dieser Vorstellung von Europa hallt das Denken Platons wider. Europa wird hier als ein Ideal gedacht. Es geht also darum, eine Idee oder eine Gemeinschaft zu finden, die in der Lage ist, die Gesamtheit der Partikularerfahrungen zu transzendieren. Kann man Europa als ein Geheimnis denken, das sich nur durch seine Tugenden offenbart?[1] Wahrscheinlich kommen wir der Idee ein Stück näher, indem wir uns auf die ursprüngliche Bedeutung des Namens „Europa"[2] besinnen. Der Name beschwört, provoziert eine Öffnung für den Anderen und entfaltet einen Horizont von Möglichkeiten. Und wenn nun Europa dieser Andere wäre, dem wir begegnen und mit dem wir in einen Dialog treten sollen?

Wie man seinem Kind Europa erklärt

Bevor man sich mit der Zukunft beschäftigt, ist es notwendig, eine geschichtliche Einordnung vorzunehmen. Doch bleibt jeder Versuch der Historisierung ein bloßer Versuch. Soll man mit Karl dem Großen beginnen, mit Napoleon oder mit Monnet? Jede Wahl ist willkürlich. Sie rechtfertigt sich nur durch die Tatsache, dass eben eine Wahl getroffen werden muss. Wir entscheiden uns für die Ära von Monnet und Schumann, die mit dem Ereignis „Rom 1957" beginnt und sich bis „Rom 2004" hinzieht. Es ist eine Geschichte, wie wir sie unserem Kind erzählen könnten. Es war einmal ein Volk oder vielmehr eine Gruppe von Völkern, die tief verletzt und traumatisiert waren, da sie gerade erst eine gewalttätige Auseinandersetzung hinter sich

---

[1] Vgl. Sokrates in *Menon*, 74: „Wir haben wieder viele Tugenden gefunden, während wir eine suchen, nur in anderer Weise als vorhin. Die eine aber, die alle diese begreift, können wir nicht auffinden."
[2] „Europa" bedeutet auf Altgriechisch „die mit der weiten Sicht". (Anm. d. Übers.)

gebracht hatten, und die einander wie die Bürger in dem Chanson von Jacques Brel versprachen, „dass dieser [Krieg] der letzte war".

Zwei Franzosen, Robert Schumann und Jean Monnet, dachten, dass man ein föderalistisches Europa nach Art der USA schaffen müsste, um einen Ausweg aus dem Kreislauf ständig aufeinanderfolgender Kriege zu finden. Ihnen war jedoch bewusst, dass die Wunden des Krieges und die Identitätsbehauptungen noch so großen Einfluss hatten, dass es notwendig war, die Sache langsam anzugehen. Um die Solidaritätsbande zwischen den Völkern effizient zu gestalten, schlugen sie vor, mit einem strategischen Sektor zu beginnen, der weniger durch nationalistische Diskurse „verunreinigt" war: mit der Wirtschaft. Sie regten die Gründung der Wirtschaftsunion von Kohle und Stahl (EGKS) an. Der Pariser Vertrag von 1951 versammelte also sechs Länder: die Bundesrepublik Deutschland, Belgien, Frankreich, Italien, Luxemburg und die Niederlande. Das Europa der Sechs entstand aus dem Handel von Stahl und Kohle, der in der Ökonomie jener Zeit eine wichtige Rolle spielte. Dieses Wirtschaftseuropa wurde von einer „übergeordneten Instanz" geleitet, die von den jeweiligen Regierungen unabhängig sein sollte und sich sowohl um die Regulierung der Produktion als auch um die Verwaltung der Rohstoffe kümmern sollte.

Behalten wir im Gedächtnis, dass das Ziel nicht nur ein wirtschaftliches war, sondern vor allem, dass es nie wieder Krieg geben sollte. Nachdem sie einen Teil des Friedens erkauft hatten, wollten sie weiter gehen, indem sie die Schaffung eines Europas vorschlugen, dessen Verteidigung den sechs Unterzeichnern gemeinsam obliegen sollte. Doch endete das Jahr 1954, ohne dass eine Einigung erzielt worden wäre; die Nationalinteressen waren zu präsent, und das gegenseitige Misstrauen war immer noch stark ausgeprägt. Man musste sich mit einem Wirtschaftseuropa begnügen und dieses weiter vorantreiben. Daher der römische Vertrag von 1957, der immer noch auf Grundlage der Wirtschaftsbeziehungen eine europäische Kommission einrichtete, die ihre Kompetenzen erweiterte, indem sie dem europäischen Ministerrat, der die verschiedenen Unterzeichnerländer vertrat, gemeinsame politische Strategien vorschlug. Es kam auch zur Schaffung des Europaparlaments, das mit beratender Macht ausgestattet war, sowie eines europäischen Gerichtshofs, dessen Aufgabe es war, über die korrekte Anwendung der beiden Verträge zu wachen. Der erste Vertrag zur Wirtschaftsunion zielte darauf ab, für alle Sechs einen großen Markt mit Wirtschaftsabkommen und gemeinsamen politischen Strategien zu schaffen. Der zweite Vertrag begründete eine gemeinsame Energiepolitik, die die Entwicklung einer gemeinsamen Atomindustrie vorsah. Diese beiden Verträge sollten das begründen, was lange Zeit als EWG (Europäische Wirtschaftunion) oder „Binnenmarkt" bezeichnet wurde.

Im Jahre 1973 wird das Europa der Sechs durch den Beitritt Großbritanniens, Dänemarks und Irlands zum Europa der Neun. Hinzu kommen 1981 Griechenland, dann im Jahr 1986 Spanien und Portugal, 1995 schließlich Österreich, Finnland und Schweden. Im Jahr 2004 ist das Europa der Sechs von 1957 mit zehn neuen Ländern zum Europa der 25 geworden: Zypern, Estland, Ungarn, Lettland, Litauen,

Malta, Polen, Tschechien, die Slowakei und Slowenien. Die zur EU (Europäischen Union) gewordene EG, die durch den Vertrag von Maastricht 1992 geschaffen wurde, umfasst heute rund 450 Millionen Einwohner. Die anderen Länder, die an ihre Tür klopfen, nicht mitgerechnet.

Heute hat sich dieses geographische Gebilde, innerhalb dessen Reisefreiheit herrscht, mit einer von den meisten Mitgliedern anerkannten Einheitswährung und einer gemeinsamen politischen Instanz ausgestattet: dem Europarat. Von einem Europa der Wirtschaft sind wir zu einem Europa des Rechts gelangt. In Maastricht entstand auch das Konzept des europäischen Bürgers, das die Identität, die Wurzeln und die Zugehörigkeit dieses neuen „Volkes" charakterisieren soll. Die Verfassung verlieh Europa mit den folgenden wohlklingenden Worten eine Identität: „Die Union der europäischen Bürger und europäischen Staaten" und nannte seine Einwohner offiziell „die Völker Europas". Schumanns und Monnets föderalistischer Traum steht kurz vor seiner Verwirklichung; auch wenn Europa offensichtlich die Bezeichnung „föderalistisch" ablehnt und lieber von einer Union der Nationen spricht.

Doch wie kommt es dann, dass diese Ereignisse das Gefühl der Zugehörigkeit und die Begierde nach Europa keineswegs verstärkt haben? Kann man dafür ausschließlich die Bürokratie verantwortlich machen? Die Komplexität der Institutionen? Das, was Jacques Delors zu der Aussage veranlasste, Europa sei ein unidentifizierbares politisches Objekt?

Es wäre ungerecht, Europa rein negativ zu betrachten und es nur als eine schwerfällige Maschinerie ohne nachvollziehbare Organisation zu beschreiben. Schließlich verfügen auch die einzelnen Nationalstaaten über komplexe Organisationssysteme, ohne dass dies die Völker daran hindern würde, sich mit diesen Nationen zu identifizieren. Woher rührt also dieser Mangel an Zustimmung und Zugehörigkeit, obwohl doch Europa alle Merkmale einer Nation aufweist?[3]

Die technokratischen Grenzen

Europa wollte den Frieden erkaufen, indem es listig mit der Wirtschaft paktierte. Nun sitzt es in diesem System in der Falle, denn seine heutige Gestalt wird von Geschäftsbeziehungen bestimmt: die europäische Währung – der Euro.

Der Konvent zur Zukunft Europas von 2001, der 500 Mitglieder versammelte, führte zu der „Erklärung von Laeken", die sich die Definition der „europäischen Demokratie, ihre Organisation, ihr Funktionieren und ihre Zukunft" (Bastien 2005, S. 54) zum Hauptziel machte. Diese hehren Ziele wurden jedoch von der Frage nach dem Beitritt zehn neuer Länder in den Hintergrund gedrängt, die weniger wie ein wirkliches Gemeinschaftsprojekt behandelt wurde als wie ein Sachverhalt, um den gefeilscht werden konnte. Die „Ode an die Freude" war durch die Missklänge der Anliegen und egoistischen Interessen jedes einzelnen gestört worden.

---

3 Europahymne: Ode an die Freude (Beethovens 9. Sinfonie); Fahne: Ein Kreis aus zwölf goldenen Sternen auf blauem Grund; Wahlspruch: In Vielfalt geeint; Währung: Euro; Gedenktag: 9. Mai.

Gehemmt wird die Zukunft der Demokratie bereits durch das Zögern, mit dem das aus den Verträgen entstandene Europa und das Europa der Verfassung einander gegenüberstehen. Eine Verfassung stellt den grundlegenden Text einer Nation dar und symbolisiert eine gemeinsame Zugehörigkeit und gemeinsame Werte. Ein Vertrag bildet die Grundlage für ein Abkommen zwischen souveränen Staaten, die beschließen, gemeinsam politische Maßnahmen durchzuführen. Der Vertrag hat einen wirtschaftlichen Charakter, die Verfassung dagegen einen geistigen. Um beide Seiten zufrieden zu stellen, entschied man sich für eine Methode des vorsichtigen Ausbalancierens: Die Verfassung wird durch einen Vertrag erlassen.

Die europäische Verfassung beschwört eine Einheit der Staaten und der europäischen Bürger. „Die durch den Vertrag von Maastricht eingeführte europäische Bürgerschaft ist nur eine Ergänzung der nationalen Staatsbürgerschaft und tritt nicht an deren Stelle. Es handelt sich um eine Bürgerschaft, die die andere überlagert" (Bastien 2005, S. 121). Die Europäische Union definiert sich als Union der Bürger und der Staaten; allerdings sind die Staaten mächtig und gut organisiert. Dies hindert die Bürger daran, die Realität ihrer Zugehörigkeit im Alltag tatsächlich fassbar zu erleben – und dies, obwohl die Verfassung behauptet, dass „das Parlament sich aus Vertretern der Bürger Europas zusammensetzt". In den früheren Verträgen dagegen vertraten die Mitglieder „die Völker der Staaten".[4]

Doch es gibt auch noch ein anderes technisches Problem.

Zum Beispiel macht die Tatsache, dass ein Staat beschließen kann, sich auf eigenen Wunsch aus der Europäischen Union zurückzuziehen, dieses Abkommen zwangsläufig so angreifbar, dass sich nicht jeder damit identifizieren kann.

Wenn zum Beispiel ein Immigrant die Staatsbürgerschaft eines der Nationalstaaten erhält, bekommt er gleichzeitig Europa gewissermaßen als Geschenk. Dennoch bleibt sein Schicksal weitaus enger mit dieser Nation verknüpft als mit Europa, weil die betreffende Nation, wie bereits erwähnt, in Abhängigkeit von ihrer Lage, ihren Interessen oder ihrer Unzufriedenheit beschließen kann, sich zurückzuziehen. Kann diese Ungewissheit, ob man nun definitiv oder unwiderruflich Europäer ist, die der Nationalität eines Staates vollkommen entgegengesetzt ist, auch konstruktiv sein?

Es gibt eine europäische Bürgerschaft, die die nationalen Staatsbürgerschaften überlagert. Sie ist nicht autonom und auch kein „zeitloser" Schutz.
- Wie kann man Bürger eines öffentlichen Raumes sein, der sich noch nicht als nationenübergreifend behauptet, da die Nationalstaaten darin deutlich identifizierbar bleiben und ihr Engagement bestenfalls symbolisch ist?
- Welcher Mittelweg lässt sich zwischen einem Markt „des freien Austauschs" und einer förderalistischen Struktur finden?

---

4 Die Europabürgerschaft wird in sechs Punkten ausgeführt, die in einem einzigen Artikel des Vertrages 1-10 zusammengefasst sind. Die konstituierenden Mitglieder Amerikas schrieben im Jahr 1789: „Wir, das Volk der Vereinigten Staaten".

Europa hat eher ein seelisches Problem als ein organisatorisches. Europa ist voll von gutem Willen. Es will nicht nur ein wirtschaftlicher Organismus sein, sondern auch ein politischer, geistiger und moralischer Organismus. Doch niemand hört seinen Forderungen zu.[5] Niemand ist in der Lage, seinen allzu schüchternen und furchtsamen Aufforderungen nachzukommen. Die Verfassung an sich ist nicht schlecht. Was ihr jedoch fehlt, ist ein identitätsbildender Funke. Sie hat keine Flügel, mit denen sich über die europäischen Köpfe erheben und sich so für alle sichtbar und begehrenswert machen könnte. Hat Europa womöglich durch seine allzu zurückhaltende Antwort auf die katastrophalen Ereignisse der jüngeren Vergangenheit eine geschichtliche Entwicklung verfehlt? (Katastrophé auf Griechisch bedeutet: das, was eine Erneuerung gebietet).

Das Europa von heute hat das Europa der Werte vergessen, das in dem „Zusammen-Leben" vor dem Krieg zaghaft Gestalt annahm. Europa ist vergewaltigt und geplündert worden; es hat sich noch nicht davon erholt. Seine durchaus berechtigte Vorsicht gegenüber den Nationalismen, die Konsequenz zahlloser Missgeschicke und Dramen hat dem Begriff „Zugehörigkeit" eine beunruhigende und keineswegs positive Konnotation verliehen. Europa denkt kartesianisch und will zuerst erkennen, bevor es investiert. Leidenschaft, Gabe und Erfüllung sind ihm fremd. Dieses Europa ist nicht in der Lage, sich zu vergeben und sich selbst als freudige Gabe zu verschenken.

Heutzutage verschenkt sich Europa durch die Nationalität eines Staats, der einen Vertrag unterschrieben hat. Dies ist eine Form der Gabe wie bei Eheleuten, die eine Mitgift mitbringen. Wird ein Immigrant Deutscher oder Franzose, so wird er automatisch Europäer.

In unserer Gruppe ging es um die Frage, wie auf diese Gabe eine Gegengabe erfolgen soll, vor allem, wenn die Kompetenzen der Immigranten nicht gewürdigt werden.

Es ist an dieser Stelle vielleicht angebracht, über den Begriff der Gabe nachzudenken. Wenn sich Europa hingibt, auf welche Weise geschieht dies? Wie kann man den Begriff der Gabe neu betrachten und ihm zugleich Effizienz und Leidenschaft verleihen? In welchem Diskurs soll Europa sich hingeben? Soll ein historisches Ereignis/ein historischer Schock zur Identifikation mit Europa beitragen?[6]

In unserer Forschungsgruppe wurden häufig Mauss (1950) und Derrida (1991) in Zusammenhang mit der Möglichkeit zitiert, Europa als eine Gabe betrachten. Es

---

5 „In die Verfassung wurde eine allgemeine soziale Klausel eingeführt, die die Berücksichtigung der „Erfordernisse, in Bezug auf die Förderung eines hohen Beschäftigungsniveaus, die Garantie einer angemessenen sozialen Absicherung, den Kampf gegen gesellschaftliche Ausgrenzung, sowie in Bezug auf das Niveau von Erziehung und Ausbildung und dem Schutz der menschlichen Gesundheit" in die Definition und die Umsetzung der Gesamtheit der politischen Strategien der Union einbrachte". (Bastien François, *op. cit.*, S. 79).
6 Warum sollte man den 9. Mai nicht zu einem arbeitsfreien Tag machen und ihm dadurch ein besonderes Gewicht verleihen? Welchen Sinn hat dieses Datum in der Geschichte der Völker Europas? Wir könnten ihn auch zu einem ganz besonderen Arbeitstag machen, in den Farben Europas, in allen staatlichen und privaten Institutionen. Mit einem Preis für Europa, der an diesem Tag verliehen wird.

erscheint somit angebracht, in einem kurzen Exkurs zu betrachten, wie die beiden Autoren diesen Begriff definieren.

Von der Gabe zum Interesse

Was lässt sich über die Gabe sagen? Was ist ihr wirklicher Inhalt? Kann man außerhalb des wirtschaftlichen Kontexts von einer Gabe sprechen?

Marcel Mauss präsentiert seinen Essay *Die Gabe* (1990) als ein Fragment umfassenderer Studien, die ihr Interesse „sowohl auf den Bereich des Vertragsrechts wie auf das System der wirtschaftlichen Leistungen zwischen den verschiedenen Sektoren oder Untergruppen [richten], aus denen sich die sogenannten primitiven Gesellschaften und auch jene Gesellschaften zusammensetzen, die wir archaische nennen könnten. Es gibt hier einen großen Komplex außerordentlich vielschichtiger Tatsachen" (Mauss 1990, S. 17). Er bezeichnet diesen Komplex, der das Leben dieser Gesellschaften konstituiert, indem er sich in „religiösen, rechtlichen und moralischen" Institutionen ausdrückt, als „totale" gesellschaftliche Phänomene. Sein Ziel ist es, einen der Charakterzüge dieser gesellschaftlichen Realitäten zu isolieren. Er macht sich in Bezug auf diese gesellschaftlichen Leistungen keine Illusionen und versucht auch nicht, dem Leser etwas vorzumachen. Mauss erklärt ganz einfach, dass das, was er Gabe nennt und was er weiterhin so nennen wird, keine Gabe ist, oder vielmehr ein komplexer Austausch, ohne den bestimmte Gesellschaften nicht auskommen. Hier beschreibt er ihn theoretisch im Kontext einer polynesischen Gesellschaft. Er nennt diese Form des Austauschs „Potlatsch", was für ihn „ernähren" oder „verbrauchen" bedeutet. (Mauss 1990, S. 23)

Der Aufsatz *Die Gabe* will das „ökonomische Tier" bekämpfen, zu dem der Mensch in der westlichen Welt geworden ist (Mauss 1990, S. 173). Mauss' politische Moral einer Umverteilung der Reichtümer (Gotbout 1993) strebt nach einer Entwicklung vom ökonomischen Tier zum *homo oeconomicus*. Hierbei inspiriert ihn zum Beispiel die „Tafelrunde" des König Arthur, wo alle Ritter auf der gleichen Ebene angeordnet waren, um fruchtlose Streitigkeiten und Kriege zu vermeiden. Die Lektion der „praktischen" Moral der Ökonomie liegt somit in ihren drei Verpflichtungen: Geben, Nehmen, Zurückgeben. „Diese neue Moral wird sicherlich in einer guten und angemessenen Mischung von Wirklichkeit und Ideal bestehen" (Mauss 1990, S. 183).

Indem er eine andere Form von Austausch und eine Gesellschaft von Gleichrangigen vorstellt und dabei auch ihre Irrungen nicht verschweigt, will Mauss die vergessene Großzügigkeit des Menschen wachrufen, die er selbst als reine und irrationale Verschwendung bezeichnet. Dieses Übermaß an Benennungen hat für ihn nur einen Sinn, wenn man es im Vergleich zu unserer von Zahlen beherrschten Gesellschaft betrachtet, wo sich alles auf den Cent genau ausrechnen lässt.

Diese Gabe stellt keine Gabe dar, so wie sie die allgemeine Moral versteht, und auch nicht im erheblich erweiterten Sinne Derridas. Für Letzteren ist die Gabe das, was den Kreislauf von Leistung und Gegenleistung unterbricht oder aufhebt. Er spricht von Gabe, wenn das Gegebene und das Erhaltene in ihrer Reinheit gegeben und erhalten werden. Doch stellt sich das Problem, wie etwas bewusst „Gegebenes" seine Reinheit bewahren kann, wenn es mit einer Absicht gegeben wird, selbst wenn es sich um die „beste Absicht der Welt" handelt, wie im Falle der europäischen Einbürgerung.

Vielleicht ist es einfacher, auf Mauss' Definition der Gabe zurückzukommen und sich deutlich bewusst zu machen, dass es sich dabei nicht um ein Konzept handelt, das egoistisches Interesse vollkommen ausklammert. Mir geht es darum, zu verstehen, wie sich Beziehungen schaffen lassen, die auf Würde und gegenseitigem Respekt aufbauen und allen Beteiligten die Möglichkeit geben, ihrerseits zu geben und zu empfangen.

Das Ritual der Einbürgerung lässt sich als eine Anerkennung durch die Gesellschaft denken, als Möglichkeit, je nach Schicht, eine vollwertige Rolle in einer neuen Beziehung zur Welt und zum Anderen einzunehmen. Der Andere nimmt einen immer größeren Raum in der Beziehung des Selbst zu sich selbst ein. Ich werde mit dem Anderen und durch den Anderen zu mir selbst. Wir treten somit in die Alterität (der Andere, der anders ist als ich) und in die Interität (das, wozu die Begegnung uns macht) ein. Wir befinden uns im Bereich der zwischenmenschlichen Begegnung – mit allem, was sie mit sich bringt: Konflikte, Versprechen, Engagement, Aufnahme, Ungewissheiten und als positiv oder negativ erlebte Gefühle.

Wie jede Institution muss Europa für den Anderen interessant sein. Der Andere muss ein Interesse an dieser Begegnung finden, eine Erwartung, durch sie zu etwas zu werden. Inwiefern besteht zwischen Europa und mir eine Interität? Inwiefern bringt mich Europa wirtschaftlich, moralisch und geistig voran? Welchen Platz räumt mir Europa als Bürger, als Mitglied der Gemeinschaft ein? Wenn wir über ein Europa sprechen, das sich hingibt, berühren wir damit den Begriff der Gabe. Europa ist nicht mehr eine Instanz, die mir eine Existenz verleiht, sondern ein Individuum, das sich mir hingibt und mich auffordert, es ihm gleich zu tun. Wenn Europa so erlebt wird, wird es zum Fleisch von meinem Fleisch. Man kann von einer Liebesgabe Europas sprechen, die meinem Engagement Sinn verleiht, bis hin zum Opfer. Nicht das Opfer verleiht Sinn, sondern der Affekt, der die objektivierende Rationalität zu Gunsten einer gegenseitigen Zärtlichkeit aufgibt.

Ich werde anerkannt und erkenne mich in diesem Europa wieder, in dem ich einen Platz habe. Ich muss dieses Europa schützen, das mir meinen Platz verleiht. Damit akzeptiere und empfange ich den verborgenen Anteil Europas.

Ich befinde mich nicht mehr in einer Konsumbeziehung mit einem Objekt, denn ich existiere in einem lebendigen Raum, in dem ich meinen Platz als Person habe; das heißt, als eine Person, die in ihrer verantwortungsvollen schöpferischen Freiheit anerkannt und gefördert wird.

Diese Freiheit gilt es in ein mögliches Europa zu investieren, das sich als ein unmittelbarer, deutlicher Appell versteht.

Das andere Europa als Inspiration für die Erziehung zur Bürgerschaft

Kehren wir zur ursprünglichen Frage „Wie kann man die europäische Bürgerschaft in einer Pluralität von Kulturen und Sprachen erlernen?" zurück und betrachten wir diesen Appell als eine Öffnung für die Begierde. Eine Begierde, die bei den Gründervätern Schumann und Monnet vorhanden war, die über ein „nie wieder Krieg" hinaus zu Gunsten eines dauerhaften Friedens tätig werden wollten, indem sie mit der Wirtschaft begannen, um eine echte Begierde nach einem gemeinsamen Leben in der „Ode an die Freude" zu erwecken.

Vielleicht sollte man die verpassten Gelegenheiten Europas, auf die Traumata der Vergangenheit zu reagieren, anders interpretieren und das Zögern und das Misstrauen Europas als das Zögern und das Misstrauen einer Frau betrachten, die, nachdem sie mehrmals betrogen wurde, ihren Liebhabern gegenüber misstrauisch geworden ist. Europa muss von Neuem durch ein Projekt verführt und motiviert werden; zum Beispiel durch die Suche nach einer Möglichkeit, durch das Ideal der Hingabe zu tatsächlichem Frieden und sozialer Gerechtigkeit zu gelangen – einer Möglichkeit, die uns veranlassen würde, unser Ego zugunsten einer wirklichen Teilhabe aufzugeben.

Es ist ein Interesse an Europa notwendig, eine Leidenschaft für eine gemeinsame Sache: Das Streben nach Gleichheit und sozialer Gerechtigkeit oder das Streben nach dem Schutz der Kinder dieser Welt könnten dieses Interesse wecken.

Es ist ein neuer Kampf notwendig, ein neues Ereignis, das die Zukunft nach Europa und in die Welt bringt: Europa muss sich mit Worten und Taten für die Situation der Frauen engagieren und für die Anerkennung und Wertschätzung eines jeden Menschen.

Angesichts der Lage ist ein intelligentes Engagement für die Anerkennung der Frau dringend geboten. Ein Engagement, das trotz aller Dringlichkeit wachsam bleibt und eine Zukunft aufbauen möchte.

Einen Auslöser gibt es längst. Den Schrei der Frauen dieser Welt nach der Anerkennung ihrer Menschenwürde. Den Appell der Frauen, eine Welt mit menschlichem Antlitz zu schaffen. Den Appell, an diesem Ereignis sowohl auf offizieller Ebene (Institutionen: Schule …) als auch auf inoffizieller Ebene (Vereine …) teilzuhaben.

Europa ist es sich wegen seines mythischen Vorbilds schuldig, einen Blick zu haben, der große Breitenwirkung erzielt und zur Zeugenschaft auffordert. Europa muss sich selbst als eine Stimme, als einen Aufruf zur Fruchtbarkeit annehmen.

Die Notwendigkeit, für die Rechte der Frauen zu kämpfen, ist nach wie vor groß. Die europäische Frau bekommt immer noch, sogar in ihrem eigenen geographischen Raum, dieselbe Ungerechtigkeit zu spüren, die nach einer weiblichen Revolution in der Welt gegen jegliche Form von Diskriminierung und für die Verbesserung der Rechte schreit. Ein Vertrag, der für das soziale Europa ähnlich bahnbrechend wäre wie der Vertrag von Maastricht für die Währung der 25 Länder, könnte eine Utopie in Bewegung setzen, die es den Menschen ermöglichen würde, sich mit einer Schicksalsgemeinschaft zu identifizieren, die den Einzelnen in seiner Einzigartigkeit respektiert.

Europa kann nur zur Identitätsbildung beitragen, indem es sich in einem engagierten Appell für die Benachteiligten dieser Welt einsetzt, indem es den Dialog der Kulturen fördert und allgemein zugänglich macht.

Nur so können wir ein Herz für dieses Europa der Händler finden. Der europäische Bürger muss an einer geistigen Utopie teilhaben, wenn er zum Engagement für die Menschenwürde aufruft. Dieses Engagement kann zum Projekt einer europäischen Anerkennung werden. Europäischer Bürger zu sein bedeutet somit, eine spirituelle Utopie zu leben, die durch ein konkretes Engagement für die Menschenwürde Gestalt annimmt.

Europa als Modell sozialer Gerechtigkeit, als Zukunftsprojekt für die Schwachen, die in ihren Möglichkeiten zu geben anerkannt werden müssen (Gegengabe) und vor allem als Kampf für die Frauen, der seine Stimme erhebt und einen neuen Weg für eine Wirtschaft im Dienste der Menschenwürde eröffnet. Ein Europa, das zu *einer* Europa wird, die ihr Schicksal und ihre Bestimmung im Femininum denkt und erlebt.

Diese Europa vollzieht den Übergang von einem negativen Frieden (der Verweigerung des Krieges) zu einem positiven Frieden (der Wertschätzung der Menschenwürde). Diese Wertschätzung äußert sich durch die Begegnung mit dem Anderen, die an sich bereits eine Gabe ist. Anstatt zu grollen, sollte Europa singen und ihre Weiblichkeit ausleben.

Sie ist eine Europa, die die Welt durch das Gebären erneuert und sich als Gebärerin und Erzieherin akzeptiert. Sie akzeptiert sich selbst als Gebärerin der Welt und als Liebende, die für ein gemeinsames Ideal, das Ideal der Anerkennung kämpft. Sie ist auch eine Europa, die sich selbst als interkulturell akzeptiert, und für die der Begriff Identität von der Anerkennung der fruchtbaren Präsenz des Anderen geprägt ist.

Öffnungen: Europa muss als ein Ort der Begegnung gedacht werden, wie es sein Wahlspruch „In Vielfalt geeint" verheißt

Die Begegnung vollzieht sich innerhalb eines Raumes. Der Raum „besteht aus bewohnten, verlassenen, unbewohnten, wilden usw. Orten ... sowie aus dem Horizont" (Jullien 2010, S. 58). In diesem Raum treffen wir auf Grenzen, auf Landschaften. Jede Person, der man begegnet, bringt ihre eigene Landschaft mit, das heißt, ihre Kultur. Die Begegnung erweist sich als Begegnung mit den Landschaften, die entweder miteinander harmonieren oder im Zusammenprall unterschiedlicher Weltsichten in Konflikt geraten.

Die Interkulturalität stellt die Frage nach einer notwendigen Akzeptanz der Landschaften des Anderen und nach der Öffnung für einen Horizont von Möglichkeiten. Wenn es einen Horizont gibt, kann es auch eine andere Welt geben, die von uns unabhängig ist. Ein Horizont ermöglicht neue Begegnungen. Der Raum ist der Ort der Begegnung. Während die Zeit die Begegnung vertikal einschreibt, eröffnet der Raum die Möglichkeit für Gegenwart, Nähe und Komplizität, die uns in einen Dialog eintreten lassen, der die Identitäten auffordert, zu sprechen und einander zu begegnen.

Wir müssen uns die Begegnung als einen Dialog aus der Distanz heraus vorstellen, der sich nicht auf eine Kenntnis des Anderen beschränkt (ein hypothetisch-deduktives Denken des Anderen), sondern eine Komplizität herstellt, die es erlaubt, dem Anderen in seiner Intimität zu begegnen: „Sich abzuwenden, bedeutet, eine andere Möglichkeit zu eröffnen" (Jullien 2010, S. 63). Wer weiß mehr über Intimität als das Weibliche?[7]

Aus dem Französischen von Frank Weigand

Literatur

Bastien, François (2005): Pour comprendre la constitution européenne. Paris: Odile Jacob.
Derrida, Jacques (1993): Falschgeld: Zeit geben I. München: Fink.
Godbout, J. (1993): Le langage du don. Québec (Canada): Fidès.
Jullien, François (2010): Le pont des singes. De la diversité à venir. Fécondité culturelle face à identité nationale. Paris: Galilée.
Mauss, Marcel (1990): Die Gabe. Form und Funktion des Austauschs in archaischen Gesellschaften. Frankfurt/Main: Suhrkamp.
Platon (1994): Menon. Ditzingen: Reclam.
Ricœur, Paul / Lacocque, André (1998): Penser la bible. Paris: Seuil.

---

7   Wir sprechen hier vom Weiblichen und nicht vom Mann oder der Frau.

Karsten Lichau

Unbehagen und Resonanz: interkulturelle Schlüsselmomente

In diesem Artikel möchte ich das Modell einer ‚interkulturellen Resonanz' vorstellen und damit einen Beitrag zur Theorie des interkulturellen Moments liefern, wie sie insbesondere von Remi Hess entwickelt wurde. Gestützt auf empirisches Material aus biographischen Schilderungen und teilnehmender Beobachtung soll dabei insbesondere die Relevanz von ‚Schlüsselmomenten' für den interkulturellen Prozess herausgearbeitet werden. In solchen Schlüsselmomenten kann sich ein Phänomen der interkulturellen Resonanz einstellen, das die biographischen Momente eines interkulturellen Austauschs an gelegentlich recht unvermuteten Punkten miteinander verbindet oder Ähnlichkeiten zwischen ihnen hervortreten lässt, ohne Differenzen und Alteritätserfahrungen zu ignorieren.

Interkulturelle Momente: Zeit-Punkte und Raum-Zeiten

Die Entstehung und Entwicklung eines interkulturellen Austauschs über längere Zeiträume hinweg fasst Remi Hess als Konstruktion des interkulturellen Moments. Sie geht zurück auf eine elementare soziale Praxis – auf die

> „Fähigkeit, soziale Formen aufzubauen […]. Jedem Moment entspricht eine bestimmte soziale Form, ein bestimmter Rahmen, aber auch eine Psychologie, ein Bezug zu sich selbst, was dazu führt, daß die einen ein solches Moment leben und andere nicht. Die Identität des Subjekts oder diejenige sozialer Gruppen baut sich über die Organisation von Momenten auf" (Hess 2002, S. 108).

Auch wenn es sich um eine „soziale Form" handelt, spielen subjektive und biographische Aspekte für die Ausgestaltung oder „Organisation von Momenten" aber eine entscheidende Rolle. Und so gewinnt die Methode der *Biographisation* für die Erforschung eines der vielgestaltigen interkulturellen Momente große Bedeutung. Die

> „Formen biographischen Schreibens sind wichtige Quellen, die Interkulturalität im Verlauf ihres Entstehens an den Tag zu bringen. Sie gehen unterschiedlich mit dem Bezug zur Zeitlichkeit […] um […]. In der Lebensgeschichte legt man den Akzent mehr auf die zeitliche Dimension, man betont die entscheidenden Augenblicke, die dazu geführt haben, daß man den einen oder anderen Weg eingeschlagen hat und die

> zu Momenten werden, welche als historisch oder grundlegend bezeichnet
> werden können" (Hess 2002, S. 118).

Insofern sie nicht nur auf politische oder kulturelle Strukturen als historische Kontexte, sondern auch auf die (Lebens-)Geschichte von Individuen, Familien oder Gruppen zurückgehen, stellen interkulturelle Momente ihre eigene „Raum-Zeit" her. Hess verweist in diesem Zusammenhang darauf, dass der Begriff ‚moment' im Französischen zwei Aspekte vereint, die im Deutschen durch den Artikel unterschieden werden:

> „Im Französischen bedeutet der Ausdruck «Moment» zweierlei: Er kann
> zunächst ein Synonym des Begriffs «Zeitpunkt» («instant») sein […]. Es
> kann sich auch um etwas Komplexeres handeln, das «Raum-Zeit» bedeutet. So könnte man sagen: «Ich liebe das Moment der Mahlzeit, oder
> ich liebe das Moment des Spaziergangs.» Im Deutschen unterscheidet
> man diese beiden Bedeutungen des Begriffs durch den Wechsel des Geschlechts: der Moment oder das Moment. In unserem Zusammenhang
> wird der Begriff in dem zweiten Sinn des Wortes verwendet, es geht also
> um das Moment des Interkulturellen" (Hess 2002, S. 107).

Ich möchte im Folgenden zeigen, dass sich das interkulturelle Moment durch eine biographische Dialektik von umfassenden raum-zeitlichen Zusammenhängen und eher punktförmigen Momenten auszeichnet. Denn auch wenn das interkulturelle Moment sich vor allem als „Raum-Zeit-Gefüge" erweist, das sich über einen längeren Zeitraum entfaltet, so beruht es doch auf bestimmten Schlüsselmomenten, in denen sich die Konstruktion eines interkulturellen Moments instituiert und artikuliert:

> „Es braucht Zeit, bis man zur Innensicht gelangt, zu einer systematischen
> Wahrnehmung des Moments des Anderen. Sobald man diese Stufe der
> Wahrnehmung erreicht hat, erhellt sich plötzlich das gesamte Soziale des
> Anderen. Einige Schlüsselmomente einer Gruppe zu kennen, hilft letztlich dabei, die anderen Momente dieser Gruppe wahrzunehmen" (Hess/
> Weigand 2007, S. 288).

Zwei solche Schlüsselmomente möchte ich aus dem „Raum-Zeit-Gefüge" eines interkulturellen Moments herausgreifen, das sich in einer interkulturellen Forschergruppe entwickelt hat, die sich im Rahmen eines vom Deutsch-Französischen Jugendwerk initiierten wissenschaftlichen Austauschs formierte. Beide Schlüsselmomente zeichnen sich dadurch aus, dass es in ihnen zu einer Wende kommt: Subjektiv empfundenes Unbehagen wird artikuliert und eröffnet so den Raum für eine Erfahrung von Alterität, (Inter-)Subjektivität und Komplexität. Unser interkultureller wissenschaftlicher Austausch wird dabei zu einer Erfahrung der Transversalität – er ermöglicht Perspektiven, "die sich auf eine Kultur des Unvermuteten hin öffnen […], die sich gegenseitig in Frage stellen und befruchten, die Heterogenität und Komplexität zulassen, […] die Positionen von Partikularität und Singularität mit solchen der Universalität verbinden, die Temporalität, Historizität und Dauer Bedeutung einräumen und die das Politische, das Praxeologische und das Wissenschaftliche zusammenbringen" (Ardoino 2004; Übers. K.L.).

Anhand von autobiographischen und teilnehmenden Beobachtungen werde ich eine unvermutete Wende vom Unbehagen zum interkulturellen Austausch nachzeichnen; ich gehe dabei von drei Momenten meines eigenen privaten und wissenschaftlichen Werdegangs aus – einem familiengeschichtlichen, einem wissenschaftlich-disziplinären und einem forschungsmethodischen. Auch wenn diese drei Momente sich z.T. berühren oder überschneiden, so stellen sie doch eigenständige „Raum-Zeit-Gefüge" dar. Deshalb gehe ich in meiner Darstellung zunächst den familiengeschichtlichen, dann den durch meine wissenschaftliche Ausrichtung bedingten und schließlich forschungsmethodischen Aspekten jenes Unbehagens nach, das ich am Beginn unserer gemeinsamen Arbeit verspürte.

Momente des Unbehagens

Als ich im Januar 2007 am ersten Treffen des Forschungsprojekts „Europäische Bürgerschaft durch Erfahrung lernen? Mit der Pluralität der Sprachen und Kulturen" teilnahm, empfand ich ein gewisses Unbehagen, das sich aus mehreren Momenten zusammensetzte und mich den Zielen und Inhalten des Projekts mit Distanz begegnen ließ. So befand ich mich an einem recht außergewöhnlichen Punkt meines Lebensweges: Ich hatte soeben erfahren, dass ich bald Vater werden sollte, und diese Nachricht verstärkte aus biographischen Gründen meine kritische Einstellung gegenüber dem Projekt einer ‚Europäischen Einheit'.

Moment 1: Die Geschichte(n) einer Familie

Mit der bevorstehenden Geburt meines Sohnes würde sich meine Biographie, die bis dahin weitgehend auf die engen deutschen Grenzen meiner Herkunft begrenzt war, noch enger mit einer anderen Familiengeschichte verknüpfen, die die europäischen Grenzen überschreitet, ja selbst über die Grenzen der Nationalstaaten als solche hinausgeht und außerordentlich reich an interkulturellen Momenten und Bewegungen ist.

Schon die Urgroßeltern meines Sohnes haben die Welt umwandert. Sein Urgroßvater, als Sohn eines Rabbiners in Chişinău (Kischinew) im heutigen Moldawien geboren, erlebt die russische Revolution und wandert dann 1921 mit seinen

Eltern nach Palästina aus, um dem nach der Besatzung Chişinăus durch rumänische Truppen zunehmenden Antisemitismus zu entgehen. Dort tritt er innerhalb der 1920 gegründeten Kommunistischen Partei Palästinas gegen zionistische Strömungen und für eine internationalistische Linie ein. Insbesondere die Integration der arabischsprachigen Bevölkerung ist Ziel der von ihm unterstützten parteiinternen Gruppe, die etwa Arabisch und nicht Jiddisch als Parteisprache durchzusetzen versucht – eine Position, die letztlich jedoch scheitert. 1924 versucht er, über Paris in die Sowjetunion zurückzugelangen, um sich dort politisch zu engagieren. Doch seine kommunistische Haltung stand den an der Macht befindlichen bolschewistischen Strömungen zu kritisch gegenüber; die Einreise in die Sowjetunion wird ihm verwehrt und das Vorhaben scheitert. Er bleibt als Staatenloser in Frankreich und heiratet eine Französin (deren Mutter aus der Krim stammt und ebenfalls vor dem Antisemitismus geflohen ist). 1940 wird er – trotz seiner Staatenlosigkeit – zum Militär eingezogen und schließlich von den deutschen Truppen gefangengenommen. Mit Hilfe seiner Frau gelingt es ihm, den nationalsozialistischen Such- und Vernichtungsbemühungen gerade noch zu entkommen. Während der Korea-Krise ergreifen beide erneut die Flucht – diesmal aus Angst vor einem dritten Weltkrieg – und finden sich in Venezuela wieder. Ihr Sohn, Großvater meines Sohnes, wird einen Großteil seiner Kindheit und Jugend in Caracas verbringen. Dorthin kehrt er 1972 – nach einem kurzen Europaaufenthalt, u.a. in Paris und Berlin – mit seiner deutschen Frau zurück, während seine Eltern ab 1968 wieder in Paris leben. Die Geschichte dieses Hin und Her setzt sich 1985 fort, als das Paar mit seinen beiden Kindern Venezuela verlässt, um sich in Deutschland anzusiedeln.

Diese ‚Geschichte' ist mir schon in den langen Jahren meiner Partnerschaft vertraut geworden und durch die bevorstehende Geburt unseres gemeinsamen Sohnes noch einmal näher gerückt. Sicher ist dieses immer wieder von Ausgrenzungserfahrungen geprägte interkulturelle Moment, das seine Spuren in den Individuen zurückgelassen hat, von den Höhen und Tiefen der deutsch-französischen Beziehungen deutlich gezeichnet. Aber geht die Perspektive einer solchen Geschichte nicht weit über die eines europäischen Prozesses hinaus?

Moment 2: Meine wissenschaftliche Ausrichtung

Auch als Wissenschaftler, dessen Tun immer von den mehr oder weniger institutionalisierten Programmen, Projekten und Anforderungen, in denen er arbeitet, durchzogen wird, sehe ich mich zu Beginn der gemeinsamen Arbeit im Projekt mit Zweifeln konfrontiert. Mein wissenschaftliches Interesse gilt zu dieser Zeit vornehmlich meiner Dissertation über den Schriftsteller Max Picard und seine literarisch-physiognomischen Schriften. Durch diese Arbeit habe ich mich seit einiger Zeit mehr und mehr von meiner ursprünglichen wissenschaftlichen Orientierung – der eines Pädagogen – entfernt und den Kulturwissenschaften, der Literatur oder dem, was in Berlin ‚Historische Anthropologie' genannt wird, zugewandt. Und so verspüre ich eine gewisse Skepsis, als ich mich – ohne recht zu wissen, wie es dazu kam – in der Untergruppe wiederfinde, die nach dem Bezug der jungen Generation zu Europa und der Rolle der Erziehungsinstitutionen fragt, und dies vornehmlich auf empirische Weise. Ich verfüge weder über die Kontakte zur ‚jungen Generation', die die übrigen Gruppenmitglieder besitzen, noch über deren professionelle Erfahrungen im Forschungsfeld oder deren Vertrautheit im Umgang mit empirischen Erhebungen. Was und wie kann ich überhaupt zur Arbeit der Gruppe beitragen?

Moment 3: Die Frage nach der Forschungsmethode

Aspekte des Institutionellen tragen auch zu dem dritten Moment des Unbehagens bei, das ich zu Beginn der Arbeit verspüre: zu meiner Skepsis hinsichtlich der gewählten Methoden. Dieses Unbehagen wird durch die auch von den übrigen Gruppenmitgliedern geteilte Kritik an einer allzu einheitlichen, direktiven und institutionalisierten Konstruktion von Europa bestärkt. Überkommene, von nationalstaatlichem Denken geprägte Traditionen, die in die Idee einer Europäischen Bürgerschaft einfließen, begründen unsere Skepsis, dass die mangelnde Partizipation der handelnden Subjekte nicht allein Klischee, sondern politisch zu verantwortende Institution ist. Daher rufen solche empirische Methoden meinen Zweifel hervor, die die Direktivität des politischen Projekts auf methodischer Ebene verdoppeln, indem sie einen impliziten Druck erzeugen und von Beginn an voraus- und festsetzen, was sie als lebendigen Prozess beobachten möchten.

Interkulturelle Schlüsselmomente

Um zu zeigen, wie sich Momente des Unbehagens durch Erfahrungen der Alterität in ein produktives interkulturelles Moment verwandeln können, wende ich mich nun zwei Schlüsselmomenten zu, die es uns erlaubt haben, in der wissenschaftlichen Arbeit die Konstruktion unseres interkulturellen Moments voranzubringen. In ihnen kommt es zur Artikulation eines Unbehagens, das wir – aus unterschiedlichen Positionen und Perspektiven heraus – angesichts der Konstruktion einer Europäischen Bürgerschaft, so wie sie sich heute darstellt, empfinden.

Von dem Moment an, in dem die anderen Mitglieder bekennen, dass auch sie ihre Zweifel und Bedenken haben, wird es mir möglich, jenes Übergangsstadium zu erreichen, das zur Selbst-Täuschung verleitet, ohne das aber kein interkulturelles Moment auskommt:

> „Die interkulturelle Arbeit setzt eine akribisch genaue Beobachtung des In-der-Welt-des-Anderen-Seins voraus. Dieses In-der-Welt-Sein vollzieht sich in so genannten Momenten. Der Beobachter neigt im ersten Augenblick dazu, im Leben des Anderen die Widerspiegelung seiner eigenen Momente zu sehen. Dabei handelt es sich um einen methodischen

Irrtum, zugleich aber um ein notwendiges Übergangsstadium" (Hess/Weigand 2007, S. 288).

Es zeigt sich, dass mein Unbehagen sich auf allen drei der eingangs dargestellten Ebenen „im Leben der Anderen" widerspiegelt. Die Offenheit unserer Diskussion über individual-biographisches, institutionelles und methodisches Unbehagen erweist sich dabei als ein Weg, um die „Transversalität explizit [zu] machen" und sowohl „die inneren Konflikte jedes Einzelnen, seine Dissoziationen, als auch die äußeren Konflikte, die die Gruppe als Ganze betreffen, zu artikulieren und zu thematisieren" (Hess/Weigand 2007, S. 286).

Methodische Wenden

Wir entscheiden uns, die empirische Beschäftigung mit unseren Fragen anhand von Interviews anzugehen. Doch die Vorschläge für Interviewfragen, die mir die anderen Mitglieder der Gruppe – weitaus erfahrener und vertrauter als ich mit der interkulturellen Arbeit im Allgemeinen und dem europäischen Prozess im Besonderen – schicken, können meine Skepsis gegenüber den Techniken einer direktiven empirischen Umfrage nicht beschwichtigen. Sowohl die von ihnen selbst entwickelten Fragelisten als auch die anderer Wissenschaftler (wie etwa eine Umfrage aus dem von Wim Friebel herausgegebenen Sammelband zur Education for European Citizenship/Éducation à la Citoyenneté Européenne) enthalten suggestive bis direktive Fragen wie „Was haltet Ihr/Sie (vous) von dem Begriff der Europäischen Bürgerschaft?" oder „Welches Element wäre das wichtigste für diese Bürgerschaft?" (vgl. Friebel 1996, S. 251) mit vorgegebenen Antworten, die auszuwählen und anzukreuzen sind.

Ein Umweg macht es mir möglich, dieses Unbehagen in Worte und Begriffe zu fassen und mit meiner Gruppe zu teilen: die Teilnahme an einem Treffen einer anderen Untergruppe des Projekts „Europäische Bürgerschaft", die empirische Beobachtungen an Europa-Schulen durchführt[1] und dazu die nicht-direktive „dokumentarische Methode" verwendet (vgl. Bohnsack/Nentwig-Gesemann/Nohl 2001). Weil sie meine Zweifel gegenüber den erhaltenen Fragebögen recht gut artikuliert, schlage ich meiner Untergruppe vor, diese Methode, die ich einige Jahre zuvor kennengelernt, aber nie angewandt hatte, bei unserem nächsten Treffen vorzustellen.

Die Reaktionen überraschen mich. Ganz anders als ich geglaubt und befürchtet hatte, zeigen sich die übrigen Mitglieder meiner Gruppe keineswegs angegriffen oder verärgert. Meine Darstellung der dokumentarischen Methode mündet in den Ausdruck eines von allen geteilten Unbehagens gegenüber den ausgewählten Interview- und Fragetechniken. Brigitte Leclaire[2], die bereits seit einiger Zeit in dem

---

[1] Vgl. hierzu die Texte von Gerald Blaschke, Ingrid Kellermann, Juliane Lamprecht und Christoph Wulf in diesem Band.
[2] Siehe auch den Beitrag von Brigitte Leclaire im vorliegenden Band.

Feld forscht, findet sich in dem von der dokumentarischen Methode angestrebten nicht-direktiven Zugang und der darin implizierten Kritik an direktiven Interviews wieder. Daran schließt sich eine lebhafte Diskussion darüber an, wie die nicht-expliziten Aspekte der Kommunikation – das ‚Performative' oder ‚Paraverbale' – zu fassen sein könnten: all jene Elemente, die manchmal mehr sagen als Bekenntnisphrasen wie „Ja, doch, Europa ist wichtig für uns alle" oder „Ich bin gegen Europa, weil dahinter nur Bürokraten stecken". Solche Phrasen hört Brigitte oft in ihren Untersuchungen – zu oft, wie sie findet.

Wir beginnen also an einer Methode zu arbeiten, die sich aus sehr verschiedenen Elementen zusammensetzt und sich auf wissenschaftliche Traditionen von diesseits und jenseits des Rheins (und von noch weiter her) berufen kann: In ihr verbinden sich die Perspektiven der Ethnomethodologie, der ‚Biographisation' und der ‚analyse institutionelle'.

Der gegenseitige Austausch hinterlässt Spuren: Brigitte Leclaire wird nach dieser Diskussion einen neuen Fragebogen erstellen, der sich durch verschiedene Elemente eines nicht-direktiven Vorgehens auszeichnet. Und ich entscheide mich, die Methode der ‚Biographisation', die in der französischen Diskussion sehr wichtig und anerkannt ist, aber in Deutschland (und zunächst auch bei mir) oft Skepsis hervorruft, für die Rekonstruktion meiner interkulturellen Erfahrung und (Schlüssel-)Momente zu nutzen.

Zwischen *Instituant* und *Institué*

Die Diskussion geht weiter und führt schließlich über das Gebiet der methodischen Fragen hinaus. Mit der Erwähnung der ‚analyse institutionelle' richtet sich unser Interesse auf das Verhältnis von ‚instituant' und ‚institué'[3] – ein Konzept, das bei zukünftigen Arbeitstreffen immer wieder ins Spiel gebracht wird und das es mir erlaubt, meine Einstellungen auch im Hinblick auf ihre institutionellen Aspekte genauer zu begreifen und in Worte zu fassen: mein ‚institutionelles Unbehagen', das mit meiner wissenschaftlichen Position innerhalb der Disziplinen zusammenhängt wie auch mit dem, was ich außerhalb des interkulturellen Moments (im engeren Sinne) tue.

Mehr oder weniger alle Mitglieder der Gruppe empfinden es als gravierenden Mangel, dass die europäische Einigung ‚von oben' vorangetrieben wird, ohne einer aktiven Partizipation ‚von unten' allzu große Bedeutung beizumessen oder den ‚Subjekten' Europas eine konstruktive Aufgabe bei der Errichtung Europas einzuräumen. Die ‚analyse institutionelle', die von Forschern wie René Lourau oder Georges Lapassade in den Jahren nach den Bewegungen von 1968 entwickelt wurde, beschreibt dieses Problem der Erstarrung von Institutionen und spricht in die-

---

3 Vgl. hierzu die Ausführungen von Valérie Mélin.

sem Zusammenhang vom Gegensatz zwischen dem Instituierenden (‚instituant') und dem Instituierten (‚institué').

> Während „das Instituierte [...] all das umfasst, was etabliert ist", wie Gesetze, bürokratische Einrichtungen oder kulturell ritualisierte Verhaltensweisen, ist „das Instituierende (tatsächlich eine Vielzahl [Multitude] von instituierenden Kräften) [...] das, was das Instituierte in Spannung versetzt, verneint, in Frage stellt [...]. Das Instituierte kann einen Teil des Instituierenden in sich aufnehmen, d.h. sich in diesem Sinne modifizieren. Ein Teil der Spannung zwischen den beiden verschwindet dann. Ein anderer Teil ist in diesen Prozessen der Institutionalisierung nicht inbegriffen, die Spannung besteht also fort. Die neue Form des Instituierten kann neue Formen des Instituierenden generieren" (Analyse institutionnelle 2010).

Uns eint also ein Unbehagen angesichts einer Europäischen Bürgerschaft, die weitgehend auf die Partikularität und Multitude von politischen Subjekten oder Gruppen und ihre „instituierenden Kräfte" verzichtet.

Damit es mehr Raum gibt für Partizipation, bräuchte es zuallererst mehr Offenheit im Rahmen der Projekte, die Teil der Konstruktion ‚Europa' sind. Eine Offenheit, die Christoph Wulf besonders hervorgehoben hatte, als er mich einlud, am Forschungsprojekt „Europäische Bürgerschaft durch Erfahrung lernen? Mit der Pluralität der Sprachen und Kulturen" teilzunehmen; so etwas gäbe es (nur noch) selten, ein längerfristiges Projekt ohne ein vorher exakt festgelegtes Programm. Die Art und Weise, in der das Projekt sprachlich in Form gebracht wird, belegt sein Versprechen – und auch die offizielle Einladung betont: „Die genaue Fragestellung und das genaue Arbeitsprogramm werden von den Teilnehmern gemeinsam erarbeitet." Nur kann ich zunächst einmal nichts damit anfangen. Als ‚Historischer Anthropologe' oder literatursoziologisch orientierter Kulturwissenschaftler fühle ich mich in all dem ein wenig verloren …

Doch dann entdecke ich, dass die Offenheit einer Bewegung, der wissenschaftliche Austausch und die Begegnung von Kulturen auch in einem ganz anderen Kontext auftauchen, mit dem ich mich als Forscher gerade beschäftige: Mit zwei Kolleginnen habe ich soeben ein Buch über den Begriff der Resonanz als akustische Figur und ihre kulturwissenschaftlichen Potentiale herausgegeben. In der Einleitung heißt es dort:

> „Eine [...] metaphorische Rede von Kultur als Resonanzraum muss stets in Erinnerung rufen, dass Kultur Bewegung ist, dass sie zwischen Figuration und De-/Transfiguration oszilliert. Der Austausch von Figuren zwischen Wissenschaft, Literatur, Musik, Theater oder Bildkunst versetzt nicht nur die ausgetauschten Wissens-Objekte, sondern auch die Orte ihrer Herkunft und Transformation in Anregung" (Lichau/Tkaczyk/Wolf 2009, S. 24).

Was aber sind gemeinsam erlebte Schlüsselmomente, unsere gegenseitig mitgeteilten und ausgetauschten Bekenntnisse des Unbehagens, wenn nicht ein In-Resonanz-Versetzen des Ortes bzw. der Individuen und ihrer „Raum-Zeit-Gefüge", ermöglicht durch den Austausch wissenschaftlicher Begriffe und Figuren?

Es liegt also nahe, auch nach den Potenzialen der ‚Resonanz'-Metapher für die Theorie des Interkulturellen zu fragen. Denn zwei zentrale Aspekte unseres interkulturellen Moments und seiner Schlüsselmomente lassen sich metaphorisch übertragen auf zwei Phänomene, die unserem Interesse an der physikalischen Figur der Resonanz zugrunde lagen: Zum einen verbindet nämlich der Resonanzeffekt in der Physik oder Akustik zwei Objekte oder Systeme, die unter Umständen räumlich weit voneinander entfernt sind, in einer geteilten oder gemeinsamen Bewegungsform – es entsteht eine Korrespondenz über eine zuweilen beträchtliche Distanz hinweg. Und zum zweiten lässt das Resonanz-Phänomen in der Physik einen Spielraum für Differenzen zu. Damit es zu einem Resonanzeffekt kommt, ist es nicht notwendig, dass die beiden physikalischen Objekte oder Systeme hinsichtlich ihres Schwingungsverhaltens exakt identische Eigenschaften besitzen; es reicht aus, wenn ihre unterschiedlichen Eigenfrequenzen innerhalb eines gewissen Differenzbereiches liegen: Die Resonanzfrequenz muss nicht genau, sondern nur ungefähr mit der Eigenfrequenz des Resonators übereinstimmen.

Mit der Figur der Resonanz lässt sich also auch eine interkulturelle Bewegung des Austauschs und der Kommunikation, in der Alterität und Differenz zugelassen werden, metaphorisch fassen. In Remi Hess' Theorie des interkulturellen Moments findet sich eine ganz ähnliche akustisch-physikalische Metapher. Und zwar dort, wo er seinen Lehrer Henri Lefebvre zitiert, um die Dialektik oder das „Wechselspiel" zwischen dem zeit- und raumgreifenden kulturellen Moment und seinen einzigartigen ‚Schlüsselmomenten' zu beschreiben:

> „Das Moment tritt nicht wie durch ein Wunder in unser Leben. Es bietet sich an, reift heran, mit oder ohne unser Zutun. Es baut sich auf, indem es sich Elemente greift, wo es kann: in der Freude und im Leid, in der Freundschaft und in der Einsamkeit, im Leben der Gruppe, der Familie und außerhalb der Gruppe. Fast zufällig fügen sich seine Verästelungen ineinander, bringen das Feuer zum Brennen und verzehren sich. Es umfaßt die Elemente und alles, was dazu gehört, verändert alles und eignet es sich an. Es hat sein Verlangen, seine Erinnerungen, sein Gedächtnis, seine Ab- und Anwesenheiten, seine Höhepunkte und Schrumpfungen, seine Verrücktheit und Gesundheit. Es oszilliert also zwischen einem unmöglichen Absoluten und dem Eingefügtsein in eine Alltäglichkeit, die es ebenfalls unmöglich macht" (Lefebvre, Henri: La somme et le reste, zit. n. Hess 2002, S. 98).

Differente Welten auf einem resonanten Planeten

Lefèbvres Rede von den „Elementen" der Freude und des Leids, der Freundschaft oder des „Leben[s] der Gruppe, der Familie" weisen über das Moment der Wissenschaft hinaus und auf jene lebensgeschichtliche Dimension, die am Beginn meiner Beobachtungen und Reflexionen stand. Das Biographische ist auch der Schauplatz für den zweiten Schlüsselmoment innerhalb des ‚heranwachsenden' interkulturellen Moments – für einen Schlüsselmoment zudem, der jene andere Seite des Interkulturellen hervortreten lässt, die die Selbstspiegelung im anderen begleitet und unterläuft: die bleibende Differenz des anderen und zum anderen.

Dieser zweite Schlüsselmoment ereignet sich während eines Arbeitstreffens, das zwei Tage nach der Diskussion über die dokumentarische Methode stattfindet: Jérôme Mbiatong[4] erzählt uns recht spontan von seinem Unbehagen angesichts der Rede von einer Europäischen Bürgerschaft. Damit fasst er seine Zurückhaltung in Worte, die sich bereits zuvor in paraverbaler, aber sehr sprechender Weise manifestiert hatte – in seinem gelegentlichen Schweigen zu mancher Diskussion über die Definitionen und Grenzen einer Europäischen Bürgerschaft. Seine Erfahrungen als Migrant – in einem ‚Dazwischen', das sich zwischen Frankreich und Kamerun, oder zwei so weiten und mannigfaltigen Sphären wie ‚Europa' und ‚Afrika' gebildet hat, aber keines von ihnen ist – machen es ihm unmöglich, sich mit dem Konzept der ‚Europäischen Bürgerschaft' zu identifizieren. Denn was sein interkulturelles Moment ausmacht, sind Erfahrungen oder Schlüsselmomente des Ausschlusses, in denen ihm die Zugehörigkeit sowohl zu einer französischen oder europäischen als auch zu einer kamerunischen oder afrikanischen Kultur abgesprochen wird.

> „Wenn ich nach Kamerun zurückgehe, nennt man mich das «Bounty». Wisst Ihr, was das ist, ein «Bounty»? Das ist der Schokoriegel, der von außen die Farbe von Schokolade hat, und innen ist er weiß, mit – ich weiß nicht, ob das Milch ist – aber innen ist er weiß. Ich bin ein «Bounty», weil man zu mir sagt: «Ja, klar, Du trägst die schwarze Haut, aber Du tust wie ein Weißer.» Ich bin ein Bounty weil man mich, wenn ich in Kamerun bin, als den Fremden betrachtet. Nur, das ist das Land, in dem ich gelebt habe, bis ich zwanzig war […]. Wenn ich in Kamerun bin, hält man mich für den Franzosen. […] Und wenn ich in Frankreich bin, kaum dass ich X treffe, zum Beispiel, zwei, drei Worte: «Wie heißt Du? Wo kommst Du her?» Das kommt immer. Man vermittelt mir eben: «Du bist nicht wie ich». […]. «Du bist nicht wie ich, Du bist nicht wie die anderen.» […] Es gibt also in der Konversation, in vielen anderen Dingen des Alltags, Sachen, die mir klar zu verstehen geben, das ich nicht von hier bin und dass ich nicht mal der Kameruner, sondern, ganz simpel, der Afrikaner bin. Und das, das wirkt auf mich ein, das beeinflusst mich, wenn ich mir die Frage stelle: «Auf welche Seite gehöre ich denn eigentlich? Was bin ich in all dem? Weder Kameruner, noch Afrikaner, noch

---

4   Vgl. hierzu den Beitrag von Jérôme Mbiatong in diesem Band.

Franzose.» Und wenn ich «Franzose» sage, heißt das in logischer Konsequenz, auch «Europäer». [...] Man landet in einer Art identitärer Irrfahrt [errance identitaire]. Das tut weh."

Trotz all der subjektiv entwickelten Strategien der kulturellen Adaptation prägen diese immer wiederkehrenden Schlüsselmomente des Ausschlusses sein interkulturelles Moment. Um angesichts dieser Exklusionserfahrungen nicht zu resignieren und einen Ausweg aus der ‚errance identitaire' zu finden, konstruiert Jérôme sich aus der Perspektive des „Weltbürgers":

„Und daher komme ich auf die Idee, dass man statt von einer Europäischen Bürgerschaft – jedenfalls für jemanden, der aus der Migration kommt – von einer universellen Bürgerschaft [citoyenneté universelle] sprechen könnte. [...] Weil das eher vage bleibt und weil es schwerer ist, dass man sie Dir abspricht. [...] Wenn ich sage: Ich bin Weltbürger [citoyen du monde], kann mir das niemand absprechen. [...] Und so findet meine errance identitaire eben letztlich darin Zuflucht."

Ein interkulturelles Moment der Alterität, über das es nicht hinwegzugehen gilt, wenn wir nicht im notwendigen Übergangsstadium stehenbleiben wollen, „im Leben des Anderen die Widerspiegelung [unserer] [...] eigenen Momente zu sehen" (Hess/Weigand 2007, S. 288). Die migrantische Differenzerfahrung durchzieht das „Raum-Zeit-Gefüge" des interkulturellen Moments – und sie verschwindet daraus auch nicht durch die Prozesse der Artikulation und Bewusstwerdung. Denn zum einen haben die meisten anderen Mitglieder der Gruppe keine ähnliche Erfahrung gemacht; und zum zweiten ist die Alterität in Jérômes Erfahrung präsent und lebendig – und sie bleibt es, trotz seiner Strategien der Adaptation und der Zuflucht in die „Weltbürgerschaft".

„Also, dieses Herumirren [errance], das weh tut, weil man nicht weiß, wer man wirklich ist oder auf welche Seite man gehört – ich habe Zuflucht gesucht [je me suis réfugié] in der Idee, dass ich letztlich ein Weltbürger [citoyen du monde] bin. Denn [...] trotz allem fühle ich mich immer als der andere, wenn ich also trotz allem weder europäischer Bürger, noch Bürger Kameruns bin, dann bedeutet das, dass ich einfach Weltbürger [citoyen du monde] bin."

Und doch stellt sich durch die Schilderung dieser Alterität so etwas wie eine Art ‚interkultureller Resonanz' ein, in der eine andere, mir nahestehende Migrationsgeschichte mitschwingt. Auch wenn die Erfahrungen eines nach Europa eingewanderten Staatsbürgers Kameruns und eines jüdischen Staatenlosen ganz gehörige Differenzen aufweisen – was ihre (Vor-)Geschichte, die Orte und Formen der Exklusion oder die Verwobenheit der eigenen Kultur in die europäische anbelangt –, so verbindet sie die Zuflucht in eine kosmopolitische oder ‚kosmoproletarische' Sehnsucht: Auf der Flucht vor den nationalsozialistischen Vernichtungspolitiken gelangte der Urgroßvater meines Sohnes (dessen Geschichte ich eingangs erwähnte) 1940 nach Marseille. Erinnerungen an die schwierigen Versuche des Überlebens in dieser Stadt, die vom Moment des Interkulturellen – oder genauer: von den Mühen und Ängsten der Migration – durchzogen ist, hat sein Freund, der Schriftsteller Jean Malaquais[5], der auch das Schicksal der Staatenlosigkeit mit ihm teilte, bewahrt. In einem seiner Bücher hat er von dieser einzigartigen interkulturellen Atmosphäre im Marseille der Jahre nach 1940 geschrieben – und sie bis auf das Niveau der Sprache einzufangen versucht, die aus den Migranten-Slangs und den Dialekten des Südens zusammengebastelt ist, immer wieder die Grenzen der Grammatik durchbrechend und überschreitend. Dem Roman, in dem Malaquais das Leben seines Freundes und anderer Verfolgter zu Literatur werden lässt, hat er einen Titel gegeben, der zugleich auf die Ängste der Ausgrenzungs- und Fluchterfahrungen eines Staatenlosen wie auf die Utopie einer Welt jenseits national definierter Bürgerschaften verweist: Planète sans visa.

Literatur

„Analyse institutionnelle" (2010). Online: http://fr.wikipedia.org/wiki/Analyse_institutionnelle [24.07.2010].
Ardoino, Jacques (2004): Transversalité. Online: http://www.barbier-rd.nom.fr./transversalite.html [27.04.2010].
Bohnsack, Ralf/Nentwig-Gesemann, Iris/Nohl, Arnd-Michael (Hrsg.) (2001): Die dokumentarische Methode und ihre Forschungspraxis. Grundlagen qualitativer Sozialforschung. Opladen: Leske und Budrich.
Friebel, Wim (Hrsg.) (1996): Education for European Citizenship. Theoretical and practical approaches – Education à la Citoyenneté Européenne. Approches théoriques et pratiques. Freiburg: Fillibach.
Hess, Remi (2002): Zur trinationalen Begegnung. In: Demorgon, Jacques/Wulf, Christoph (Hrsg.): Binationale, trinationale und multinationale Begegnungen. Gemeinsamkeiten und Unterschiede in interkulturellen Lernprozessen. Deutsch-Französisches Jugendwerk. Arbeitstext Nr. 19. 2002, S. 81-119. Online: http://www.ofaj.org/paed/texte/bitrimulti/bitrimulti13.html [05.11.2009].
Hess, Remi/Weigand, Gabriele (2007): Ausblick: Auf dem Weg zu einer hermeneutischen Beobachtung interkultureller Situationen. In: Dies. (Hrsg.): Teilnehmende Beobachtung in interkulturellen Situationen. Frankfurt/Main: Campus, S. 280-294.
Lichau, Karsten/Tkaczyk, Viktoria/Wolf, Rebecca (Hrsg.) (2009): Resonanz. Potentiale einer akustischen Figur. München: Fink.

---

5 Jean Malaquais (1908–1998); das Buch „Planète sans visa" ist erstmals 1947 erschienen.

Lavinia Barlogeanu

Die „heiligen Kühe" des kulturellen Europa: zwischen Kanon und Metamorphose

Wenn sich die europäische Identität historisch betrachtet durch eine Reihe von kulturellen Spaltungen herausgebildet hat (hervorgerufen durch jeweilige territoriale und kulturelle Grenzverschiebung in Europa, so zum Beispiel durch die Trennung des griechisch-römischen Mittelmeerraumes vom „Rest" des damals bekannten europäischen Raums, die Abspaltung des römischen vom byzantinischen Reich, die Loslösung Westeuropas vom exotisch-balkanischen Europa, die Spaltung Europas in zwei ideologisch-differente Blöcke), so steht Europa heute, da der Kontinent sich in eine riesige kulturelle Kontaktzone verwandelt hat, vor der Herausforderung, sich mittels einer hybriden Begrifflichkeit neu zu definieren. Dieser Paradigmenwechsel erweitert die Wahrnehmung der Vielschichtigkeit und Vielgestaltigkeit des Territoriums und legt den Gedanken nahe, es gäbe mehrere Europa, deren Gestalt sich dem Beobachtenden, dem Ohr, das hinhört, der Mentalitätsverfassung derer, die zu verstehen suchen, verdankt oder den Wertvorstellungen und Leidenserfahrungen derjenigen, die ihren Alltag innerhalb dieses geographischen Raums zu organisieren suchen, der sich ständig neu zusammenfügt, als sei er einer seismischen Aktivität unterworfen. Der Fall der Berliner Mauer hat eine ohnehin schizoide Wirklichkeit deutlich gemacht: Die Mauer ist nur als physische Gegebenheit verschwunden, im Kopf der Akteure besteht sie jedoch fort. So gesehen ließ sich in den vergangenen zwanzig Jahren eine kontinuierliche Verschiebung der Mauer nach Osten beobachten, ja sogar ihre Vervielfachung: So existiert einerseits eine „Mauer", die den harten Kern Europas (den Westen) und eine Peripherie integrierter postkommunistischer Staaten (den Osten) trennt und eine „Mauer", die die geopolitische Grenze bildet, die das neue „hybride" Europa von einem nicht integrierten Resteuropa abgrenzt.

Der Fall der Berliner Mauer hat somit nicht die Blockbildung der Nachkriegszeit überwunden, weil diese einstige Grenze zwischen Ost- und Westeuropa in der Vorstellungswelt der Akteure weiter existiert. Dies macht deutlich, wie fragil, flüchtig und prekär die heutige europäische Identität eigentlich ist. Die gesamte schriftliche und visuelle Kultur der vergangenen zwei Jahrzehnte scheint darauf zu verweisen, dass die Identitätsverunsicherung Osteuropas mittlerweile auf den gesamten europäischen Raum übertragen worden ist. Das durch die Mauer ausgelöste Trauma setzt sich sowohl im zeitgenössischen künstlerischen Diskurs als auch in der Legitimierung neurotischer, separationistischer Äußerungen fort, deren künstlerische Aufarbeitung nichts anderes ist als eine Form von Verdrängung. Bedenkt man, welche Autoren – z.B. Imre Kertesz, Orhan Pamuk und Herta Müller – in den letzten Jahren durch den Nobelpreis „nobilitiert" wurden, so stellt man fest, dass der

Diskurs zur Legitimierung kultureller Erzeugnisse nicht einmal versucht, die Bewältigung historischer Traumata anzustoßen. So transferiert zum Beispiel das berühmteste Kulturforum unserer Zeit, das für die Fabrikation unserer „heiligen Kühe" verantwortlich ist (wenn man die Erklärung des Nobelpreis-Komitees wörtlich nimmt, das es als seine Aufgabe ansieht, bedeutende Werke auszuzeichnen, die aus einer authentisch-idealistischen Absicht heraus entstanden sind) die Empörung eines ungarischsprachigen jüdischen Schriftstellers von der Ebene des künstlerischen Ausdrucks auf die Ebene der Legitimierung von Kunst:

> „Die an einem Vaterkomplex leidende, sadomasochistische perverse osteuropäische Kleinstaatenseele kann, wie es scheint, nicht ohne den großen Unterdrücker leben, auf den sie ihr historisches Missgeschick abwälzt, und nicht ohne den Sündenbock der Minderheiten, an dem sie all den Hass und all das Ressentiment, das der tägliche Frust erzeugt, abreagiert. Wie soll einer, der permanent mit seiner spezifisch ungarischen Identität beschäftigt ist, ohne Antisemitismus zu einer Identität gelangen? Was aber ist das ungarische Spezifikum? Zugespitzt formuliert, lässt es sich nur durch negative Charakteristika bestimmen, deren einfachstes – redet man nicht um die Sache herum – so lautet: Ungarisch ist, was nicht jüdisch ist. Nun gut, was aber ist jüdisch? Das ist doch klar: was nicht ungarisch ist. Jude ist der, über den man in der Mehrzahl reden kann, der ist, wie die Juden im allgemeinen sind, dessen Kennzeichen sich in einem Kompendium zusammenfassen lassen wie die einer nicht allzu komplizierten Tierrasse (dabei denke ich natürlich an ein schädliches Tier, das – schiere Irreführung – ein seidiges Fell hat) usw.; und da ‚Jude' im Ungarischen zum Schimpfwort geworden ist, macht der als Kollaborateur ehrenhaft ergraute politische Redner und schnellgebackene Ungar einen Bogen um den heißen Brei und benutzt das Wort ‚Fremder' – doch weiß jedermann, wer gegebenenfalls seiner Rechte beraubt, gebrandmarkt, geplündert und totgeschlagen wird" (Kertesz 1999, S. 77f.).

Dieser Text wirft gleichzeitig zwei Fragen auf: einerseits die nach der nationalistischen Prägung und ihrer „Kanonisierung" in der geistigen Welt des Ost-Europäers, und andererseits die nach der faktischen multikulturellen Kohabitation. Für Kertesz, wie für andere berühmte zeitgenössische Schriftsteller (Milan Kundera usw.), führen diese Fragen zum Problem der metaphorischen Existenz, denn

> „man kann die Freiheit nicht am gleichen Ort kosten, wo man die Knechtschaft erduldet hat. Ich müsste weggehen, weit weg von hier ... Ich müsste wiedergeboren werden, mich verwandeln – doch in wen, in was?" (Kertesz 1999, S. 11).

Zwei Fragen stellen sich somit gegenwärtig: erstens die Frage nach der *Prekarität der beschriebenen europäischen Identität,* die aufgrund der massenhaften Migration nach Westen alle Ungewissheiten der Osteuropäer mit sich schleppt, und zweitens die Frage nach der *Notwendigkeit einer eingehenden Reflexion über die kulturellen*

Voraussetzungen, über dieses Ungesagte, welches die „Kuh" dazu treibt, auf der „Weide des Kanons" zu grasen statt auf der des Metaphorischen: Sie denkt, dass sie auf diesem Terrain voller durcheinander wachsender Gräser ohne hinreichend tiefe und starke Wurzeln nicht mehr als „heilig" angesehen werden könnte.

Bei der ersten Frage, der Frage nach der Prekarität der europäischen Identität, geht es um die Folge der erneuten Infragestellung der Idee von einer stabilen, festgelegten Identität des Individuums, ausgelöst durch das Engagement in einer Phase des Übergangs und durch die De-Lokalisierung. Mit dieser Prekarität sind zwei Aufgaben verbunden: das Festhalten an einer kulturellen Zugehörigkeit und zugleich die Enthüllung der Identität, die dadurch zerbrechlich, verletzlich, heterogen, abhängig, selbst-beschränkt, immunschwach wird:

> „Aber was bin ich dann? In Deutschland war ich natürlich weniger zu Hause als ‚Zuhause', und bei mir in Ungarn wurde ich zum Fremden erklärt",

schreibt Kertesz (1999, S. 130), bevor er die Folgen seiner De-Lokalisierung genauer beschreibt:

> „Neben meinem Judentum erfahre ich jetzt auch eine Diskriminierung als Ungar; mit ersterem habe ich keine Probleme, das hat sozusagen Stil. Letzteres empfinde ich als ungerecht. Es verletzt nicht mein Ungarntum, sondern mein strapaziertes Judentum, weil mich jede Diskriminierung ausschließlich in meiner Eigenschaft als Jude trifft. Vielleicht ist es das, was man Identität nennt?" (Kertesz 1999, S. 130)

Die Verschiebung der europäischen Grenzen dekonstruiert also nicht die Prekarität der Identität des Anderen, d.h. des „exotischen" Europäers, sondern – im Gegenteil – diese Prekarität wird auf alle Akteure des europäischen Raums übertragen:

> „Es ist als ob die Entledigung von der schweren Last des Kommunismus plötzlich die Dämonen entfesselte, die Schreckensbilder des Antisemitismus und der verschiedenen ethnischen und rassischen Kämpfe und die Spannungen unter den verschiedenen Konfliktparteien des sowjetischen Imperiums. Gleichzeitig erleben wir in West-Europa die Wiedergeburt der Xenophobie. Wenn man dies noch steigerte und apokalyptisch-maximalistische Töne anschlagen wollte, dann könnte man sagen, die Zukunft Europas wird rassistisch sein, in der Xenophobie und Unterdrückung der rassischen und ethnischen, der intellektuellen und spirituellen Minderheiten heraufziehen, und es wird ein Jahrhundert sein, in dem abscheuliche innere Machtkämpfe die Oberhand gewinnen" (Rushdie 1994).

Um zu zeigen, wie sich diese Unsicherheit auswirkt, soll noch einmal Kertesz zu Wort kommen. Als er mit einem Auto mit deutschem Kennzeichen durch die französische Stadt Avignon fuhr, wurde er mit folgender Erfahrung konfrontiert:

„... plötzlich schlug etwas Hartes aufs Wagendach, und jemand schrie mit furchtbar hasserfüllter Stimme und stark französischem Akzent: ‚Weg von hier!' Nach dem Schrecken begreife ich: ein schlichtes Missverständnis, die Stimme war die eines französischen Deutschenhassers, der mich, dem hergelaufenen Budapester Juden, als vermeintlichen Deutschen am liebsten in ein von ihm ausgedachtes französisches Inferno verbannt hätte. Aus einem verfolgten Juden wurde ich also innerhalb von Sekunden zu einem verfolgten Deutschen – so ist diese Welt, sie rächt sich immer an sich selbst, wenn sie sich rächt" (Kertesz 1999, S. 130).

Dieses Beispiel konfrontiert uns mit einer der unerwünschten Folgen des Prozesses zur Konstruktion einer europäischen Identität: der unvermeidlichen „Anders-Werdung", die die symmetrische Kehrseite der fortschreitenden Hybridisierung des europäischen Territoriums bildet. Offensichtlich wurde die Aufhebung der räumlichen Grenzen in keiner Weise von einem analogen Prozess auf der Ebene der kognitiven Grenzen begleitet. Mit anderen Worten: die klassischen Grenzen der europäischen Identität wurden bisher durch keine europäische Grenz-Identität ersetzt. Dabei wäre eine solche Identität die einzige momentan vorstellbare.

Wenn wir den klassischen Ausdruck „europäische Identität" betrachten, dann ist leicht erkennbar, dass die ihm zu Grunde liegenden Werte durch die Realität vor Ort entschieden in Frage gestellt werden: Angefangen mit den Kulturformen der europäischen Völker, die angeblich nationale Spezifika definieren und stark kanonisiert sind, bis hin zum christlichen Denken, das im Verlauf der Jahrhunderte verschiedene Assoziationsketten als einzig geltende durchgesetzt hat, wie z.B. christlich = zivilisiert = europäisch im Gegensatz zu der Assoziation heidnisch/muslimisch = unzivilisiert = nicht europäisch, oder auch der seit der europäischen Antike behauptete Gegensatz eines demokratischen Europas zu einem autokratischen Asien oder auch der Gedanke von Freiheit und Toleranz, der sich in einer immer hybrider werdenden Gegenwart Europas nur noch auf nicht weiter störende Unterschiede bezieht – all dies muss neu betrachtet werden. Dabei kommen wir nicht umhin, uns zu fragen, was mit den Bürgern geschieht, die auf europäischem Gebiet geboren und seit Jahren hier ansässig sind, aber eine andere (religiöse) Identität haben als die christliche. Wie steht es mit den europäischen Bürgern, die ihre Zugehörigkeit zum Christentum zugunsten anderer Beziehungen zum Transzendenten aufgegeben haben? Was wird aus denjenigen, die schlicht und einfach die Existenz Gottes leugnen? Verlieren sie das Anrecht darauf, sich als Europäer zu konstruieren? Und wie steht es um die angebliche Toleranz des Europäers, wenn er gezwungen ist, Wertvorstellungen zu akzeptieren, die ihn seine Ursprungskultur abzulehnen gelehrt hat?

Mit diesen Fragen wenden wir uns der zweiten Problematik zu: der Reflexion über die stillschweigenden kulturellen Voraussetzungen in der europäischen Gegenwart. Bei der Betrachtung der Frage nach dem Wert der Toleranz als unbestrittenem Bestandteil des europäischen Ideals lässt sich mühelos vor Ort feststellen, dass es im Denken der Akteure noch eine Reihe von Hindernissen zu überwinden gilt:

Die Toleranz vom Sockel der Idealisierung zu stoßen, so dass sie auf dem Boden der individuellen Realität mit ihren je eigenen Bewertungsmaßstäben landet, bedeutet letztendlich, bei den anderen zu tolerieren, was man sich selbst verbietet, und somit die Existenz eines anthropologischen Pluralismus zu akzeptieren. Dies setzt unter anderem voraus, dass man akzeptiert, dass Identität in einem ambivalenten Raum entsteht und dass diese Ambivalenz einen Wert darstellt; es bedeutet, dass die Menschenrechte, die als verbindlicher Wertekanon der europäischen Nationen angesehen werden, anderen Gemeinschaften, die sie nicht anerkennen, nicht aufgezwungen werden können. Es bedeutet auch zu akzeptieren, dass die europäische Monogamie ein Wertemodell unter anderen ist, das keinen axiologischen Vorrang beanspruchen darf. Letztendlich bedeutet es, zu akzeptieren, dass wir uns nicht für tolerant halten dürfen, nur weil wir in chinesischen Restaurants essen oder gelegentlich eine Folkloreveranstaltung besuchen.

Der Weg von der Realitätsbeobachtung zur kognitiven Umsetzung setzt eine Bewusstwerdung dieser Ambivalenz voraus. Ebenso gilt es, sich der Tatsache bewusst zu werden, dass trotz aller Komplexität des menschlichen Wesens, seine Treue gegenüber bestimmten Werten seine Sensibilität für die Wertvorstellungen anderer einschränkt. Großteils sind die für Bildung Zuständigen verantwortlich. Oft wird behauptet, dass Toleranz unter anderem bedeutet, Akzeptanz zu zeigen: so z.B. zu akzeptieren, dass die Werke von Bach nicht wertvoller sind als traditionelle afrikanische Musik oder Rockmusik. Hören wir aber aufmerksam auf den Diskurs der sogenannten kulturellen Eliten, so müssen wir feststellen, dass diese axiologische Gleichwertigkeit in keiner Weise anerkannt wird. Begründet wird dies schlicht und einfach mit der Existenz des Kanons, der nicht von seinem Sockel gestoßen werden dürfe. So wird in kulturellen Fragen scharf getrennt: Byron ja – Bob Dylan nein, Emily Dickinson ja – Madonna nein, Shakespeare ja – Dan Brown nein, Wissenschaft ja – Okkultismus nein! Die Personen, für die mit „ja" gestimmt wird, erhalten einen Platz im Kanon und infolge der didaktischen Vermittlung werden sie unsterblich. Die anderen, die mit dem Stigma „Nein" gekennzeichnet worden sind, verschwinden in der Blackbox der Massenkultur, in den kulturellen Niederungen. Entweder wehren sie sich und fordern ihr Recht, als Subkulturen anerkannt zu werden, oder sie präsentieren sich dauerhaft oder auch nur vorübergehend in der Sphäre, in der sich – zugegebenermaßen – äußerst lebendige kulturelle Ausdrucksformen entwickeln. Nur wenige anerkannte Künstler, die als Teil der Hochkultur gelten, erklären – wie Salman Rushdie z.B. – bei öffentlichen Auftritten, dass sie die Fernsehserie Twin Peaks ebenso interessiert wie ein Theaterstück von Shakespeare. Sie halten es sogar keineswegs für unangebracht, die Massenkultur in die schulischen Lehrpläne einzuführen, da wir letztendlich auch diese authentische Kultur kennenlernen müssen. Hierbei wird deutlich, wie der Kanon, dieser wichtige axiologische Bezugspunkt des Europeanismus[1], in einem tiefen Widerspruch zur Toleranz gerät, die

---

1 Im französischen Original: européanisme. Angemerkt sei, dass der Begriff „Europenaismus" von Max Scheler in die deutschen Debatten eingeführt wurde, siehe seinen 1915 erschienenen Aufsatz „Die geistige Einheit Europas und ihre politische Forderung" (Anm. M. K.-P.).

wiederum Bezugspunkt des europäischen Ideals ist, und wie die Auseinandersetzung, die sich diese beiden Werte auf der Bühne der kulturellen Debatten liefern, ein Anzeichen für das Bedürfnis ist, sich selbst aus einer kritischen Perspektive – einerseits selbstlos, verständnisvoll und philanthropisch und andererseits masochistisch und selbstquälerisch – zu analysieren.

Einer der Gründe für dieses Bedürfnis liegt in dem stark hybridisierten Terrain des heutigen Europa, das die Menschen für die Werte der Alterität sensibilisiert und sie mit der mehr oder weniger expliziten Absicht handeln lässt, die Leiden zu verringern und die individuelle Freiheit zu erweitern. Doch der kulturelle Dialog ist durch die gewaltige Kluft zwischen der Alltagserfahrung der Akteure und der Unnachgiebigkeit der Vertreter des Kanons geprägt. Einerseits begegnen wir im Alltag neuen Lebensformen, entstanden durch Verschmelzungen und Vermischungen, die uns erkennen lassen, dass eine Anthropologie der Durchmischung nicht mehr nur auf bestimmte, von Europa weit entfernte Gegenden anzuwenden ist, sondern durchaus bestimmend ist für die Kriterien, mit Hilfe derer wir den alten Kontinent analysieren, der unablässig seine kulturelle Physiognomie verändert. Während der westliche Teil des „europäischen Körpers" schon eine umfangreiche Erfahrung mit dem Phänomen Hybridisierung gemacht hat, lässt sich dies für den östlichen Teil nicht sagen. Dieser Teil leidet augenscheinlich unter einem Phänomen, das man als „axiologische Anorexie" bezeichnen könnte: Er scheint pathogen, religiös, kulturell und ethnisch von einer nationalistischen Ätiologie kontaminiert zu sein. Es wird interessant sein, zu verfolgen, ob die mit der europäischen Konstruktion verbundenen systemischen Effekte zur Folge haben, dass nationalistische Wertvorstellungen sich mit denen der Demokratie mischen, oder ob sich der Nationalismus mit ethnischer, kultureller und religiöser Exklusion verbindet. Der Kampf um diese beiden Auffassungen von Nation ist im Innern des „europäischen Körpers" noch lange nicht entschieden.

> „Ich glaube, dass wir – angesichts dieses sehr realen Problems – in West-Europa Unterscheidungen vornehmen müssen. Es gibt einen neuen Tatbestand, ich meine damit die neue Immigration, die alles verändert. Sie ist ein reales Problem, das zu all diesen Spannungen und zu einer Renaissance von Fremdenhass, Demagogie und so weiter führt. Während Frankreich sozusagen seit langem an Immigration gewöhnt ist und bisher versucht, dieses Problem durch kulturelle Integration zu lösen – sind Sie da vielleicht nicht ganz meiner Meinung …..? Es ist mir persönlich so ergangen! Ich wurde als Franzose auf französischem Boden geboren. Meine Eltern kamen in den dreißiger Jahren aus Polen. Mein Vater wurde deportiert und kehrte nach dem Krieg nach Frankreich zurück. Ich fühle mich der französischen Integrationspolitik irgendwie sehr verpflichtet, weil mir durch sie und durch die Förderung in schulischen Institutionen erlaubt wurde, mich als französischer Bürger zu etablieren. Augenblicklich scheint das System jedoch brüchig zu werden. Die Integration ist nicht mehr möglich, denn es scheint, als gäbe es gar keine Kultur mehr. Als hätten wir keine überzeugenden Prinzipien mehr. Dies könnte zu

einer Art neuer Gesellschaft führen, in der das Französische nicht mehr die Rolle des ‚gemeinsamen Nenners' spielt … Französisch nur noch als Verkehrssprache – zur Konversation über Kultur und als Instrument ihrer Vermittlung – das Französische als Mosaik von unverbunden nebeneinander bestehenden Parallelgesellschaften. Dies erscheint mir sehr gefährlich, denn es könnte zu mannigfaltiger Fremdenfeindlichkeit sowohl seitens der Immigranten als auch von Seiten der Franzosen führen" (Finkielkraut in: Rushdie/Finkielkraut/Hall 1994).

Auf der anderen Seite, wenn wir uns nicht mehr – wie oben – auf die Frage nach dem „Körper" in seiner physiognomischen Gestalt konzentrieren, sondern uns die Frage nach dem Ideal stellen – das heißt, nicht mehr den Alltag betrachten, sondern den Kanon –, so kommen wir von einem inklusiven zu einem exklusiven Nationalismus.

Auf dieser Ebene scheint die Situation zwischen Westen und Osten ausgeglichener zu sein. Die britische Debatte über die Vermittlung von Geschichtskenntnissen in der Schule ähnelt sehr der rumänischen Diskussion in Bezug auf den Geschichtsunterricht für die Kinder rumänischer Herkunft und für diejenigen, die ethnischen Minderheiten angehören. Hier wie dort sind – wenn auch gedämpft – Stimmen zu hören, die eine „Sedierung" der Geschichte mit dem Ziel empfehlen, eine Gemeinschaft und ein wirkliches Miteinander unterschiedlicher Ethnien zu schaffen, indem weniger die tragischen Ereignisse der Vergangenheit vermittelt, sondern die gemeinsamen kulturellen und zivilisatorischen Aspekte betont werden. Weniger die trennenden Elemente, die die Differenzen vertiefen, sollen betont werden als vielmehr diejenigen, die die kulturellen Kontaktzonen, die Bereiche des Austauschs von Bedeutungen, Werten und kulturellen Praktiken erkennen lassen. Nun scheint aber die kanonische Sicht, die darin besteht, ein schwieriges kulturelles Erbe getreulich zu vermitteln, im Widerspruch zu dem Phänomen der massiven Migration und der zunehmenden Hybridisierung des Terrains zu stehen. Fast sieht es aus, als sei es das Ziel der Geschichte, das darin besteht, dass Menschen lernen, mit der Differenz zu leben, von Anfang an verfehlt worden, da bei dem Wertetransfer aus den Bereichen der akademischen Lehre und Forschung in den Schulunterricht die Tatsache, dass die Schule ihre eigenen Werte hat und dass sie nicht Schleppenträgerin anderer kultureller Bereiche ist, vollkommen ignoriert wurde. Mit anderen, für heilig erklärten Bestandteilen des Kanons ist ebenso verfahren worden: Es ist unmöglich, ein Curriculum ohne Aristoteles, Hegel, Shakespeare und andere ‚monströse Heiligtümer' der herrschenden Kultur zu entwerfen. Die Vertreter der ‚Hochkultur'[2] sind der Meinung, dass das Verschwinden von Bestandteilen des Kanons gefährlich sei: Jeder Verzicht oder jede Veränderung auf dieser Ebene könnte die Hochkultur so

---

2   Die sehr bildhafte Sprache der Autorin ist teilweise nur schwer wiederzugeben; an dieser Stelle kommt hinzu, dass die Autorin in der Formulierung „Haute couture de la culture" spielt, und auch damit, dass das Adjektiv „haute" auf „culture" sozusagen abfärbt – im Sinn von „Hochkultur" (Anm. M. K.-P.).

sehr schwächen, dass sie nicht mehr in der Lage wäre, dem Ansturm der Massenkultur zu widerstehen.

Aus anthropologischer Perspektive betrachtet, erweist sich die Idee der kulturellen Reinheit des Kanons als eine restriktive Sicht auf den Mensch und die mit ihm verbundene Kultur. Das Ideal der Europäisierung, das im Umfeld des Kanon minutiös herausgearbeitet wird, scheint kaum der menschlichen Realität zu entsprechen, auch wenn sich die Vertreter des Kanons paradoxerweise auf den Universalismus beziehen. Dabei handelt es sich um eine Art Diskurs, in dem sie das ihnen innewohnende Elitedenken zu verbergen suchen. Selbstverständlich wird der Kanon in der und für die Öffentlichkeit als liberal und alle einbeziehend dargestellt, doch das völlige Desinteresse der Hüter des Kanons an den kulturellen Gemeinsamkeiten innerhalb eines kulturell vielfältigen Europas, mit dem sich jedermann identifizieren und sich als Europäer konstruieren kann, zeigt, dass der Diskurs von innen betrachtet ganz anders verläuft, insofern hier die Idee vorherrscht, dass Personen, die keine Affinitäten zu den Wertvorstellungen des europäischen Kanons hätten, in dieser Kultur nichts zu suchen haben, und somit weder an den Bildungssystemen in Europa noch am europäischen Arbeitsmarkt teilhaben sollten.

> „In Frankreich beispielsweise ist die Diskussion über Multikulturalität lediglich ein Alibi für das eruptive Erscheinen der Massenkultur in der Schule. Es wird gesagt, die Kulturen der Anderen werden in der Schule nicht gelehrt. Und gleichzeitig wird gefordert, die Schule müsste lebendiger sein. Aber konkret? Was bedeutet es wirklich? Was heißt lebendig? Was ist damit gemeint ? ... das Fernsehen, bestimmte Sendungen? All das, was heute auf dem Spiel steht! Es ist die Frage, ob es eine menschliche Kultur gibt, die der Massenkultur die Stirn bieten kann" (Finkielkraut in: Rushdie/Finkielkraut/Hall 1994).

Wenn wir die folgenden Fragen auf den stark kanonisierten Diskurs beziehen, so erkennen wir das gesamte Ausmaß dieser axiologischen Auseinandersetzung, die sich auf der Bühne der europäischen Kultur abspielt:

> „Warum sollen klassische Autoren barocken Autoren vorgezogen werden, warum sollen tote Sprachen an Stelle von modernen Sprachen gelehrt werden, warum Theater und nicht Film usw.???? Warum sorgen sich Gelehrte und Forscher so wenig um die Menschen aus Fleisch und Blut und verkünden zugleich auf Französisch oder Latein: ‚Nichts Menschliches ist uns fremd'. Warum sorgen sie sich so wenig um die Menschen aus Fleisch und Blut?" (Reboul 1984, S. 42).

Der Kanon repräsentiert den Raum, der eine dominante, ethnozentrische und/oder eurozentrische kulturelle Position garantiert und der unweigerlich kulturelles Ausschlussdenken hervorbringt. Während er von seinen Verteidigern als das legitime *Selbst der europäischen Kultur* betrachtet wird, eine bestimmte Art gemeinsamer Welt von hoher Qualität, deren ozonhaltige Luft uns lehrt, durch die Institution der

Schule hindurch zu atmen, bleibt das Verständnis der Massenkultur eine Privatangelegenheit, denn die Schule übernimmt keinerlei Verantwortung in Bezug auf diese Pseudo-Kultur, die so stark verbreitet ist, dass sie gefährlich zu werden droht, und die ihre verpestete Luft ausdünstet.

Im Folgenden möchten wir der Frage nachgehen, ob es heute immer noch möglich ist, an ein kulturell vielfältiges Europa zu glauben, trotz aller Reden der Hüter des Kanons, die behaupten, dass die europäische – sprich westliche – Tradition für alle Menschen die ideale Kultur darstelle und die gemeinsame Quelle, aus der wir alle schöpfen sollten, und die so das Spiel der herrschenden Kultur fortsetzen. Anders gesagt: Bringen wir die „heilige Kuh" nicht in Gefahr, wenn wir sie dazu zwingen, in einem Garten mit vertrocknendem Gras zu weiden, während in Nachbars Garten zwar verschiedenartige, doch dafür kräftige und saftige Kräuter wachsen? Oder würde das Hinübergehen der „Kuh" auf die andere Seite des Zauns bedeuten, dass der gegenwärtige Kanon durch einen anderen, interkulturellen Kanon ersetzt würde, der dann mit der Zeit dieselben Probleme hervorbringen könnte?

Wenn man die Frage so stellt, so wird zugleich der Konfliktherd vergrößert. Es besteht das Risiko, dass die jeweils herrschende Macht durch eine andere Macht mit dem gleichen Exklusivitätsanspruch ersetzt wird. Diese würde dann zum Beispiel nur Kulturzeugnisse in die „Große Neue Tradition" aufnehmen, die von Angehörigen stark diskriminierter Gruppen, wie zum Beispiel Afroamerikanern, Homosexuellen oder Frauen geschaffen wurden. Es gilt also, politisch engagiertes Handeln und ethnozentrische Äußerungen im kulturellen Feld miteinander zu versöhnen und vor allem letztere von allen kulturellen Exklusivitätsansprüchen zu reinigen. Dies würde einen Raum für Verhandlungen eröffnen und ein Programm schaffen, das in der Lage wäre, kulturelle Mischformen in angemessener Weise anzuerkennen und zu schätzen. Zweifellos würde dies mit dem europäischen Toleranzideal übereinstimmen, einem Ideal, das von den Verteidigern des Kanons nicht geteilt wird. In ihrem kritischen Diskurs definieren sie, dass es Aufgabe des Kunstwerks sei, für ein besseres Verständnis der Welt zum Zeitpunkt seiner Entstehung zu sorgen. Dies bedeutet, dass dem Werk in erster Linie ein soziokultureller Wert beigemessen wird, der durch das Phänomen der „Nobelisierung" einen Exklusivitätsanspruch bekommt.

Wir haben es mit einem soziokulturellen Phänomen zu tun, welches die Prekarität der europäischen Identität noch verstärkt, da kulturelles und künstlerisches Tun nur gewürdigt wird, wenn es mit den jeweiligen Zugehörigkeitsquellen in Verbindung steht. Die künstlerische Darstellung von „Wurzeln", die sich durch andere kulturelle Codes ausdrückt, also beispielsweise den ost-europäischen Ursprung betont, erfolgt, als reagiere sie auf eine Nachfrage des Marktes, so als würde von den Künstlern verlangt, sich ein für alle Mal zu ihrer Herkunftsidentität zu bekennen und klar und deutlich zu erklären: „Ich bin aus dem Westen", „Ich bin aus dem Osten", „Ich bin Moslem", „Ich bin Jude". Vielfach rufen diese Erklärungen Traumata wach, die für eine bestimmte post-kommunistische Selbstdarstellung konstitutiv waren (z.B. bei Herta Müller oder Imre Kertesz). Sie bestimmen die Erinnerung und prägen das Umfeld; es sind die Symptome einer Selbstrepräsentation, die auf die radikale

Trennung zwischen dem westlichen Zentrum und der kommunistischen Peripherie ausgerichtet ist, auf die Trennung von authentischen Werten und Pseudo-Werten, von Universellem und Partikularem bzw. Randständigkeit. In der Tat scheint die „Nobelisierung" im Einklang mit der neoliberalen Erfolgs-Logik zu stehen und sich nur äußerlich von der Logik der Neo-Aufklärer zu unterscheiden, die den offiziellen Diskurs der Europäischen Union prägt. In ihren Erklärungen zur europäischen Identität beruft sich die EU in der Tat auf das Kantische Ideal der *Aufklärung*, das heißt auf eine Ideologie, die all das überwinden will, was eine traumatische oder prekäre Identität charakterisiert. Beide Argumentationen verweisen auf die Identitätsungewissheiten der Menschen aus dem Osten oder auch anderer, die in einer noch weiter entfernten Peripherie leben. Sie machen eine Mauer sichtbar, die in den Köpfen weiterbesteht. Diese beiden kulturellen Logiken bestimmen die Kontinuität der Beziehung von Ausschluss und projektiver Identifikation mit Andersseienden und dies vor dem Hintergrund, dass den Menschen aus Osteuropa ihre eigene Identität im Gegensatz zu den Westeuropäern traumatisch unfertig erscheint. Diese Tatsache gibt der exotischen Vorstellung Nahrung, die sich die Osteuropäer von den Westeuropäern machen, als seien diese die Besitzer einer Identität, die mit all den Qualitäten ausgestattet ist, die ihrer eigenen prekären Identität fehlen.

Die Überwindung dieser Identitätsdichotomie setzt voraus, dass man auf die Logik des Gegensatzes Zentrum – Peripherie verzichtet, indem man die fiktionalen Spielarten einer Identität, die dem Erwartungshorizont des Zentrums entsprechen, aufwertet: den spezifischen, traditionalistischen und exotischen Diskurs, der lokalen, regionalen Motiven oder Motiven aus bestimmten Zonen neues Leben einhaucht, oder der eine unlängst geschehene Geschichte zu neuem Leben erweckt, über die man gegenwärtig ungehindert schreiben kann, und der das Kräfteverhältnis zwischen den unterschiedlichen Typen von Zugehörigkeiten, Verbundenheiten, Mitgliedschaften, Erinnerungen und *Wurzeln* hierarchisch neu ordnet oder wiederherstellt. Die „Nobelisierung" scheint seit einiger Zeit dank der ideologischen Substrate ihrer kulturellen Praktiken eine Art positiver Diskriminierung gleichzukommen. Doch unterstreicht dieses Verfahren – um es in der Terminologie der Kulturpsychoanalyse auszudrücken – bestenfalls den Komplex des Andersseins und die Frustration darüber, vom Zentrum lediglich durch den Exotismus seiner Zugehörigkeit anerkannt zu werden. Wie müsste die europäische Identität repräsentiert werden, um die Dichotomie zwischen Zentrum und Peripherie zu überwinden? Wie könnte die Berliner Mauer zerstört werden, die im Spannungsfeld zwischen *Europeanismus* und *Differenz* weiterhin in der kulturellen Repräsentation der Identität besteht?

Wenn wir den Diskurs der Kultureliten über die europäische Identität analysieren, stellen wir fest, dass sich diese Identität zwischen zwei Polen bewegt: Einerseits einer *festen, kanonischen Identität*, die die Selbstrepräsentation in Begriffen von Zugehörigkeit und Integration innerhalb einer kulturellen Spezifik fasst, also einer Identität mit dichotomischen Orientierungsmustern: innen versus außen, und andererseits eine nomadische, metaphorische Identität, spezifisch für den Fremden, für denjenigen, der permanent auf der Grenze zu leben scheint, d.h. weder innerhalb noch außerhalb, oder aber sowohl innerhalb als auch außerhalb eines bestimmten Territoriums – und damit im Inneren des kulturellen Kontaktraums.

Die Realität des europäischen Territoriums zeugt von der immer stärkeren Ausweitung der kulturellen Kontakträume und der Aufhebung einer eindeutigen Zugehörigkeitsidentität zugunsten einer Mehrfachzugehörigkeits-Identität. Die künstlerische und kulturelle Repräsentation dieser Realität führt zu heftigen Kontroversen zwischen den Hütern des Kanons, die implizit für eine auf eine eindeutige Zugehörigkeit ausgerichtete Identitätspolitik eintreten, und den Vertretern der metaphorischen Richtung, für die Pluralität konstitutiv für das Menschsein ist und nicht nur eine Folge der Unterschiede zwischen den Kulturen:

> „Wir sind alle ... in gewisser Hinsicht ... plural. Leider empfindet die Politik unserer Epoche dies als einen Schicksalsschlag: Man erwartet von den Menschen, dass sie ein für alle Mal kundtun: ‚Ich bin Moslem', ‚Ich bin Westler', während doch jeder von uns auf mindestens fünfzehn verschiedene Weisen beschrieben werden kann. Je mehr wir bereit sind, uns als ‚plural' zu verstehen, desto leichter werden Übereinstimmungen zu entdecken sein. Manchmal reicht ja schon ein kleines Detail! Ich erinnere mich an ein Abendessen, bei dem ich neben dem Maler Francis Bacon saß. Er stand in dem Ruf, schwierig und abweisend zu sein. Daher war ich etwas ängstlich. Als er jedoch sah, wie ich meinen Asthma-Inhalator aus der Tasche zog, veränderte sich sein Gesichtsausdruck und er sagte: ‚Sie sind Asthmatiker? Ich auch!', zog sein Gerät aus der Tasche und zeigte es mir. Von da an waren wir Freunde" (Rushdie 2008).

Um einander zu verstehen, so die Aussage des Schriftstellers, ist es nicht nötig, die gleichen Wurzeln zu haben. Identität lässt sich nicht erschöpfend durch eine einmal fixierte Anzahl von Determinanten bestimmen. Für all jene, die sich auf der Grenze oder im Metaphorischen ansiedeln, ist die aus der Pluralität entstandene Unbestimmtheit keineswegs eine traumatische Erfahrung, sondern sie ist die Normalität in einer Welt, die unablässig ihre Farbe wechselt und die – um einen Begriff der Kulturanthropologie zu nutzen – zunehmend dunkelhäutiger wird bzw. sich kreolisiert. In Wirklichkeit ist das Auf-der-Grenze-Bleiben und -Leben der Normalfall in Europa. Die Prekarität des Metaphorischen ist als solches kein Problem, sondern die Folge der Wertevorstellungen, denen zufolge Identität auf einer eindeutigen Zugehörigkeit basiert, so wie es auch die Vertreter des Kanons sehen. Doch Literatur oder andere künstlerische Sprachen beruhen auf der Möglichkeit der Transgression der Besonderheiten mittels Grenzverschiebung wie auch der Pluralisierung der Darstellungsmodalitäten des entwurzelten Akteurs, der unablässig auf der Suche nach einem neuen Territorium ist. Doch der Kontakt mit der Mentalität vom Typus Hochkultur führt dazu, dass die Metamorphose schmerzvoll ist, da mit dem ‚Heiligen' gebrochen werden muss, mit Tabus, mit der Herkunftssprache. Die *Babelisierung* der Identität eignet sich als Metapher für ein erweitertes Europa und ist zugleich eine kritische Antwort auf die von den Vertretern des Kanons aufrechterhaltene Reinheitsidee und den Versuch, die Kultur neu zu kanonisieren:

> „Mir wird übel, wenn ich die Leute immer wieder von der Tradition sprechen höre. Egal ob von der westlichen oder der östlichen. Persönlich lege ich im westlichen Gedankengut großen Wert auf das ikonoklastische Prinzip. Damit ist die Tradition der Umkehrung der Tradition gemeint. Es kann nicht angehen, dass man zunächst ein solches Prinzip als grundlegend etabliert, um es dann selbst zu unterlaufen, indem die ‚heiligen Kühe' der europäischen Kultur davon ausgeschlossen werden. Sie gehören hinein, mitten in das Durcheinander. Mein Problem besteht nun darin, dass ich mich im Widerspruch zu mir selbst befinde. Auch ich würde gerne die Idee einer Großen Tradition vertreten, aber nicht mehr die jetzige, sondern eine andere" (Rushdie 1994).

Diese Versuchung der Rekanonisierung, die sowohl in Salman Rushdies literarischem Werk als auch in seinen Interviews oder Äußerungen in den Medien eine wichtige Rolle spielt, stimmt mit den Impulsen und Gefühlen einer immer größeren Anzahl von Menschen überein, die Vermischung und Hybridisierung wertschätzen und der kulturellen Reinheit und Monochromie des Kanons weniger Bedeutung beimessen. Aus dieser Perspektive könnten die Debatten, in denen versucht wird, die Frage nach der europäischen Identität zu stellen, in Rushdies Romanfiktionen eine Pseudo-Mythologie sehen, die hybride Identitätsformen hervorbringt, Elemente zusammenfasst, die in Zeit und Raum äußerst weit voneinander entfernt liegen und sie sich aneignet, indem sie daraus ein kohärentes Gebäude errichtet, das die Welt neu aufbaut. In seinem Roman „Die bezaubernde Florentinerin" setzt sich Rushdie zum Ziel, eine Brücke zwischen zwei vermeintlich durch einen Abgrund getrennte Kulturen zu schlagen: auf der einen Seite Florenz, auf der anderen das Mongolenreich des 15. Jahrhunderts. Er gesteht in dem Buch, dass er gezwungen gewesen sei, seine Ausgangsabsicht zu verändern, da er bei der Recherchearbeit zahlreiche Gemeinsamkeiten zwischen den beiden Welten entdeckt habe:

> „Diese Ähnlichkeiten beziehen sich nicht allein auf die Elite dieser Gesellschaften: alle von Shakespeare beschriebenen Personen der Straße, Taschendiebe und Prostituierte, Banditen, Männer der Unterwelt und deren unbestrittener König Falstaff, existierten sowohl in Florenz als auch im Reich der Mogule. Diese Welten konnten sich untereinander verständigen, sie waren sich ähnlich – sowohl in ihren freizügigen Lebensweisen, im Missbrauch von Narkotika als auch in ihrem übertriebenen Puritanismus, der in regelmäßigen Abständen dem Hedonismus ein Ende setzte" (Rushdie 1994).

Der Ausdruck „Zusammenprall der Zivilisationen" lässt sich also weder auf Rushdies Dichtung noch auf sein Denken anwenden. Außerdem verspürt der Autor keinerlei Affinität zur Vorstellung einer europäischen Identität. Sobald man einmal die

Diversität innerhalb jeder Welt, jeder Kultur oder jeder Gemeinschaft wahrnimmt, kann man diese sozialen Formen nicht mehr als ein jeweils in sich geschlossenes Ganzes betrachten, das im Gegensatz zur Alterität steht:

> „Die in meinen Büchern erkennbare Bedeutung dieser Themen hat mit meinem persönlichen Leben zwischen verschiedenen Kulturen zu tun, das schon früh zu dem Wunsch führte, Verbindungen herzustellen. Ich habe sie nie als getrennt voneinander erlebt, da sie in mir selbst miteinander verbunden lebten und in gewisser Weise in mir einen ‚inneren Dialog' führten. Denken Sie daran, wo ich aufgewachsen bin. Bombay ist alles andere als eine alte indische Stadt. Als die Briten kamen, gab es dort lediglich ein paar Fischerdörfer. Sie bauten die Festung, dann die Innenstadt, so dass Bombay heute eine westliche Stadt im Orient ist. Es ist der Ort in Indien, wo Ost und West völlig ineinander übergehen ... angefangen vom Handel, über den Tourismus, bis zum Film und so weiter. Eine vollständige Mischung: Als Kind spielte ich mit Engländern, Schweden, Japanern, Amerikanern, Hindus, Parsen, Buddhisten und so weiter. Die ganze Welt war in Bombay präsent! Und bis zu meiner Ankunft in England glaubte ich, dass es überall auf der Welt so sei. Diese Lebenserfahrung wurde auf ganz natürliche Weise zum Inhalt meiner Bücher" (Rushdie 1994).

Wir haben es bei diesem Beispiel mit einer Denkweise zu tun, die man als „marginales", nicht konformes Denken einstufen könnte. Hybridisierung ist nur deshalb so schwer vorstellbar, weil sie als Folge des Bruchs mit den ontologischen Voraussetzungen der Identität verstanden wird, denen zufolge Differenz als etwas Absurdes oder potenziell Feindliches anzusehen ist, und weil nicht verstanden wird, dass jedem Vertreter der menschlichen Rasse ein gewisses Maß an Alterität innewohnt. Die hartnäckige Vorstellung, die die Alterität nach außen und die Identität nach innen verlegt, die Unfähigkeit, die Existenz des Eigenen im Anderen und des Anderen im Eigenen zu erfassen, sind die Haupthindernisse gegenüber dem „marginalen Denken". Dieses Denken verteidigt die Idee von einer hybriden Identität, die so ist, wie die europäische Identität sein sollte: eine Identität, die das „Ich" als dialogisches und vorläufiges Phänomen begreift, weit entfernt von dem kanonischen, offiziellen, institutionellen und dominierenden Denken, das Alterität auf „mehrheitskonforme" Weise als Ethnos, als reine Äußerlichkeit, interpretiert. Insofern Identität und literarisches Schaffen sich das marginale Denken aneignen, das nicht affirmativ verfährt oder gar in bestimmter Weise Sinn oktroyieren will, sondern das hinterfragt und diskussionsoffen ist, gibt es – ungeachtet der Minderheitenspezifik – letztlich doch eine Verbindung zum Raum der Dominanz: die Kultur. Während das „mehrheitskonforme" Denken elitäre Erzeugnisse erwartet, die auf Erklären und Verstehen setzen, auf sachbezogene Beschreibungen, die schließlich zur Darstellung sozialer Fresken führen, konzentriert sich das „marginale" Denken auf winzige Einzelheiten; es will das Fließende und die kaum wahrnehmbaren Spannungen erfassen und wirkt zutiefst rebellisch, da es demonstrativ die „Ordnung der Welt" infrage stellt: Reinheit, Genauigkeit, Klarheit, Harmonie und andere Werte der „Mehrheits-Welt". Das „marginale" Denken ist das Denken semantischer Ungewissheiten: Seine Suchbewegungen zielen auf das Singuläre, auf das Spiel, das Ereignis, auf Instabilität, Zweifel, Originalität, Exzentrizität, Extravaganz, das Anormale, die Ausnahme. Es widersetzt sich statischen Definitionen, Kausalitäten, Begründungen, Grundsätzen, Überprüfungen, verordneten Wahrheiten. Das „marginale" Denken ist eine Reaktion auf die Krankheit des Vollenden-Wollens im „mehrheitskonformen" Denken, die dazu führt, alles in Begriffen von Anfang und Ende, von Dauer, von aufeinanderfolgenden Epochen und von Revolutionen zu betrachten. Die vom „marginalen" Denken erfasste Realität ist eine Realität, die ihren Ort dort hat, wo die Dinge zusammentreffen, die von irgendwoher kommen und anderswohin gehen. Für diese Art zu denken sind plötzlich auftretende, radikale Ideen, Trennungen und absolute Brüche schlicht Illusionen. Der wesentliche Unterschied zwischen dem „mehrheitskonformen" und dem „marginalen" Denken wird auf der Ebene des traditionellen konzeptuellen Gegensatzpaars Tradition – Neuerung offensichtlich. In diesem Sinne stellt Rushdies Erzählweise ein Modell für die hybride Identität dar: Sie zeigt, wie das Neue in der Welt entsteht. Die Antwort bleibt dabei unverändert: durch Verschmelzung und Hybridisierung. Neuerungen sind nicht zwangsläufig radikal. Meist entstehen sie durch das Zusammenbringen und Neu-Zusammenfügen von bereits existierenden Dingen zu neuen Konstellationen.

Abschließend ist festzuhalten, dass sich das „marginale" Denken vom Typus Hybridisierung gegen das Paradigma der Integration richtet, das von der Idee einer dominanten (Referenz-)Kultur ausgeht. Es richtet sich gegen unverrückbare Prinzipien, gegen eine offizielle Sprache und auch gegen die Perspektive der Assimilierung, die sich hinter dem Diskurs über die Qualität der Kultur verbirgt, oder auch gegen die Kriterien, die zur Begründung, dass man Eine Welt begründen könne, herangezogen werden. Aus dieser Perspektive passt dieses Denken besser zur gegenwärtigen Tendenz der Hybridisierung innerhalb der Nationalstaaten, in denen die Menschen manchmal trotz der offiziellen Identitätspolitik zahlreiche Übereinstimmungen und Elemente kultureller Gemeinsamkeit finden. In diesem Sinne können wir festhalten, dass das „marginale" Denken eine Pädagogik der Differenz(en) und ihrer Veränderung darstellt. Allerdings ruft die Fülle von Veränderungen, die die Alltagswelt erschüttern, immer stärkeren Widerstand seitens derer hervor, die die Idee der *einen* Identität und des Kanons vertreten, und führt somit im besten Fall zu hitzigen Debatten, im schlimmsten Fall zu Bannsprüchen (wie die gegen Salman Rushdie verhängte Fatwa) oder zu Gewalttaten.

Aus dem Französischen von Frank Weigand und Gisela Dreyer

Literatur

Kertesz, Imre (1999): Un autre. Paris: Actes Sud.

Reboul, Olivier (1992): Les valeurs de l'éducation. Paris: PUF.
Rushdie, Salman/Finkielkraut, Alain/Hall, Stuart (1994): La fin de l'Histoire ? Entretien entre Salman Rushdie, Alain Finkielkraut et Stuart Hall. In: La République des Lettres. http://www.republiquedeslettres.fr/165-salman-rushdie.php.
Rushdie, Salman (2008): Des cultures diverses cohabitent en moi. Entretien. Télérama. http://www.telerama.fr/livre/salaman-rushdie-des-cultures-diverses-cohabitent-en-moi, 37179.php.

Brigitte Kather & Michel Cullin

Zwischen Inklusion und Exklusivität – Juden in Deutschland und Frankreich heute Beobachtungen eines europäischen Wandels?

Anlässlich des internationalen Holocaust-Gedenktages und der Befreiung von Auschwitz hielt Shimon Peres als israelischer Staatspräsident am 27. Januar 2010 eine Rede vor den Abgeordneten des Deutschen Bundestags. Als Nachfahre einer Familie von Rabbinern aus Weißrussland beschrieb er die komplexen Verbindungen, die zwischen Deutschland, Judentum, Israel und auch Europa bestehen. Welche Rolle spielen die jüdische Kultur und jüdische Lebensweisen in Europa, in Deutschland und Frankreich heute?

Im Folgenden werden diese Fragen anhand der Beobachtungen und Äußerungen einzelner Jugendlicher untersucht und durch historische Exkurse vertieft. Dabei kommt auch immer wieder eine gewisse Verwunderung darüber auf, warum diese Fragen überhaupt in einem vereinten Europa gestellt werden. Auf diesem Kontinent haben immer Menschen unterschiedlicher Kulturen und Konfessionen zusammengelebt. Warum erhält bis heute ausgerechnet die öffentliche Beschäftigung mit der Geschichte des europäischen Judentums einen besonderen Stellenwert? Die Überlegungen einzelner israelischer Autoren wie Dan Diner, Moshe Zimmermann und Natan Sznaider geben hierzu Denkanstöße. In den Medien lässt sich ebenfalls ein Wandel im Umgang mit dem Phänomen des „Jüdisch-Seins" feststellen.

Das Museale oder das oftmals latent philosemitisch motivierte Erstaunen, das der Erwähnung anhaftet, der oder diejenige sei jüdisch, dringt jedoch immer wieder durch. In einem im Magazin der Süddeutschen Zeitung erschienenen Interview (2009) gehen Henryk M. Broder und Maxim Biller mit Ironie und Sarkasmus auf diesen Sachverhalt ein (SZ Nr. 50 2009, S. 12). Es geht darum, ob ein Jude das Buch eines anderen Juden scharf verurteilen darf: „Du bist vollkommen ironiefrei". – „Klingt wie judenrein."

Juden in Deutschland

In Bezug auf die jüdischen Gemeinden in Deutschland kann man heutzutage nicht mehr eindeutig von ‚deutschen Juden' sprechen, wie es bislang in der traditionellen Wahrnehmung in Wissenschaft und Medien der Fall war. Dank der Zuwanderung aus Osteuropa nach 1989 sind die jüdischen Gemeinden in Deutschland stetig gewachsen. Die jüngste Statistik geht von ungefähr 110.000 Mitgliedern aus (Zentralrat der Juden, vgl. Statista 2010); die Wochenzeitschrift „Die Zeit", sogar von 200.000.

Die Jüdische Gemeinde in Berlin ist in den 1990er Jahren innerhalb kurzer Zeit von einer dreistelligen zu einer nunmehr fünfstelligen Mitgliederzahl, nämlich 11.000, angewachsen. Hier prägen die russischen Einwanderer das Gemeindeleben. Die Öffnung hin zu anderen Nationen und Kulturen bietet Chancen auf Veränderung. Lala Süsskind, die Vorsitzende der Jüdischen Gemeinde zu Berlin, schreibt auf ihrer Internetplattform: „Wir sind stolz auf das – besonders durch die Zuwanderer – wiederaufblühende, lebendige jüdische Leben in Berlin. Dabei stellen die Jüdischen Kulturtage die größte kulturelle Veranstaltung der Gemeinde dar."

Der Gemeinde geht es weitaus mehr um die Bewältigung alltäglicher Probleme wie die behördliche Arbeitserlaubnis oder den Schulbesuch der Kinder. Die Beschäftigung mit der Shoah rückt in den Hintergrund, und die Bekanntgabe des ersten Abiturjahrgangs der Jüdischen Oberschule 2004 beweist die Ankunft in der Gegenwart.

Dieses Ankommen in der Gegenwart bleibt nicht auf die Alltags-Normalität beschränkt; es gibt vielmehr Bestrebungen, an das europäisch-jüdische Leben anzuknüpfen, das es vor der Shoah gegeben hat. Im November 2009 wurde die erste internationale Konferenz der *Hebraic Graduate School of Europe* in Berlin eröffnet; sie bot Diskussionsforen zur politischen und kulturellen Beziehung zwischen Israel, dem Judentum und Europa an. Bereits im darauffolgenden Februar folgte an der Europäischen Akademie zu Berlin die zweite Konferenz zu diesen vielfältig miteinander verflochtenen drei Themen.

Juden in Frankreich

Ist und war die Assimilierung an die Mehrheitsgesellschaft bzw. die Integration in dieselbe für jüdische Franzosen eher möglich als für deutsche Juden?

Die Familiengeschichte der jüdisch-algerisch-französisch-israelischen Autorin Valérie Zenattis könnte viel über die Beziehung von Juden und Frankreich, bzw. von Juden *in* Frankreich erzählen. Nachfolgend dazu ein kleiner historischer Exkurs.

Es ist bekannt, dass die französische Gesellschaft nicht erst während der *années noires* (1940–1944) antisemitische Haltungen offenbarte. Die deutschen Besatzer brauchten mit ihrer rassenideologischen Propaganda nur an den französischen Antisemitismus anknüpfen, um sich seiner bedienen zu können.

Die literarische Aufarbeitung der Mitverantwortung für die Arisierung jüdischen Eigentums in Frankreich, für die Verschleppung und Ermordung französischer Juden zwischen 1941 und 1945 begann erst im Laufe der 1980er bzw. 1990er Jahre (Altwegg 1998). Anfang 1960 wurde das Thema der Résistance in den Lehrplan für die 3ème – entspricht der 9. Jahrgangsstufe in Deutschland – aufgenommen. Diese curriculare Verankerung beinhaltete jedoch nicht automatisch die Beschäftigung mit der eigenen Verantwortung für die Judenverfolgung in Frankreich. Erst seit der Jahrtausendwende spiegelt sich im Pariser Straßenbild ein sichtbarer Meinungswandel wider. Nun sieht man besonders im Marais Hinweisschilder an vielen Gebäuden, aus denen hervorgeht, dass Juden von Franzosen und der französischen Miliz abgeholt und in die berüchtigten Todeslager im besetzten Polen deportiert wurden.

Auch ein anderer Aspekt verdient Beachtung. Die Stellung der Juden in Frankreich unterschied sich seit der Französischen Revolution in vielerlei Hinsicht von der innerhalb des deutschen Staates. Allein schon zahlenmäßig gab es erhebliche Unterschiede: Lebten in Frankreich um 1900 etwa 86.000 Juden, so waren es im Deutschen Reich 590.000. Während sich danach die Zahl in Deutschland stetig verringerte, erhöhte sie sich vor dem Zweiten Weltkrieg in Frankreich auf ca. 300.000 (Zahlen nach Brandenburgische Landeszentrale für politische Bildung, Juden in Europa). Die heutige Gesamtanzahl französischer Juden ist auf mehr als 600.000 angewachsen. Der hohe Anstieg erklärt sich vor allem durch die Übersiedlung vieler Juden aus Algerien nach 1962. Sie galten nämlich durch das *Décret Crémieux* von 1871 als französische Staatsbürger und stellten so einen Großteil der sogenannten *pieds noirs*.

In der nachnapoleonischen Zeit, etwa seit 1820, immigrierten zunehmend Juden aus Ost- und Mitteleuropa westwärts. Juden oder die verschiedenen Judenheiten in Europa verfügten über ein „transkulturelles und transnationales" Netzwerk durch die Wahrung ihrer „religiös-textuellen Verbundenheit" (Diner 2003, S. 247). Diese ermöglichte Wanderungsbewegungen von Ost- und Mitteleuropa nach Frankreich. Die Nachrichten über die Emanzipationsbewegungen in den westeuropäischen Staaten gelangten bis hin zu Städten wie Odessa. Die mit der Französischen Revolution beginnende Emanzipationsbewegung berechtigte zur Hoffnung auf staatlich sanktionierte Gleichheit und gesellschaftliche Integration. Mit dem französischen Republikanismus erfolgte zwar einerseits die Emanzipation, aber andererseits bildete dieser auch eine Form von radikalem Nationalismus aus.

Die Affäre um den jüdischen Hauptmann Alfred Dreyfus von 1894 bis 1906 stellt dafür das wohl spektakulärste Beispiel dar. Er wurde der Spionage für das Deutsche Reich verdächtigt und in einem Militärprozess trotz erklärter Unschuld degradiert und verbannt. Die Wiederaufnahme des Verfahrens 1898 und Dreyfus' Rehabilitierung 1906 spalteten Frankreich in zwei Lager. Vincent Duclerc sieht in der Affäre Dreyfus dennoch das „Zusammentreffen von Recht, Denken und Gesellschaft." (Duclerc 1994, S. 3).

Gemeint ist damit die außerordentliche Protestwelle – so Emile Zolas: *J'Accuse* (1898) –, die sich gegen den Ausbruch von Judenhass und die Republikfeindlichkeit richtete und bis 1944 fortbestand. Beide, Judenhass und die Republikfeindlichkeit, wirkten in die Zukunft hinein und bildeten das Fundament des Etat français von 1940 bis 1944.

Die Dreyfus-Affäre brachte, wie Michel Winock in seinem *Siècle des intellectuels* (Winock 1997) verdeutlicht, maßgeblich den Typus des französischen Intellektuellen hervor, der sich als gesellschaftskritische Instanz der Französischen Republik versteht. Jene war ausschlaggebend für die Entstehung des Zionismus (Gehrke/ Freyberg/Grünberg 2009). Theodor Herzl, der als österreichischer Journalist über diesen Fall berichtete, sah in der Affäre einen erneuten Beweis für die Schutzlosigkeit der Juden in den modernen europäischen Nationalstaaten und die Notwendigkeit einer eigenen nationalen Bewegung für eine jüdische Heimat: für Eretz Israel.

Eine weitere Folge der Selbstbehauptung in der Dreyfus-Affäre war, dass die französischen Juden in ihrem Selbstverständnis „französischer" als alle anderen gesellschaftlichen Gruppen wurden. Es erlaubte ihnen über die Verankerung als „Les Fous de la République" (Birnbaum 2000), sich gleichzeitig zur französischen Nation **und** zum Zionismus zu bekennen.

Trotz oder gerade wegen der Dreyfus-Affäre strömten Juden aus Russland, Polen und der K.u.K.-Monarchie nach Frankreich. Sie bekamen ein Aufenthaltsrecht und konnten nach 1886 und 1927 an den Verfassungsfreiheiten der Dritten Französischen Republik teilhaben.

Ein Beispiel jüdischer Migration beschreibt Patrick Modiano in seinem Roman *Doras Bruder*. Einer polnisch-jüdische Familie, die seit Mitte der zwanziger Jahre unter ärmlichsten Bedingungen in Paris lebt, gelingt es kurz vor den ersten Deportationen 1942, ihre Tochter in einem katholischen Pensionat unterzubringen. Bis dahin hatte die Familie immer noch die Hoffnung gehabt, dass der französische Rumpfstaat, Vichy, sie vor der Auslieferung und Deportation schützen würde. Auch Dr. Sam Braun, französischer Arzt jüdischer Herkunft, erzählt französischen Schülern und Schülerinnen von seinen Erfahrungen in Auschwitz. Sein Vater war polnischer Jude, der Mitte der zwanziger Jahre nach Frankreich gekommen war. Er sah sich durch und durch als Franzose an und hatte bis 1942 fest an den Schutz durch den Vichy-Staat geglaubt (Magontier 2004). Bis die französische Miliz eines Tages die gesamte Familie abholte und der Gestapo zur Deportation auslieferte.

Unter einem anderen Blickwinkel beschreibt Renée Posnanski in ihrem Vorwort zu *Les Juifs en France* (1998), wie sehr die *Union des communautés juives de France* (1808–1943), der heutige *Conseil Représentatif des Institutions juives de France* (CRIF), auf die Verfassungsprinzipien der Dritten Französischen Republik gebaut hatte. Noch im Juni 1940 sprachen sich die Mitglieder des *Consistoire* für Philippe Pétain aus (Posnanski 1998, S. 20). Doch gerade in diesem und im darauffolgenden Sommer, also 1940 und 1941, wurden Juden rechtlich diskriminiert. Die Vichy-Regierung übernahm aus freien Stücken die Nürnberger Rassengesetze von 1935 und grenzte ihrerseits Juden aus rassischen Gründen aus.

In den drei angeführten Beispielen wird ein großes Vertrauen in die Werte der französischen Verfassung sichtbar. Sie garantierte rechtlich und politisch die Aufnahme von Immigranten, die Aufenthaltsgewährung und, was von besonderer Bedeutung war, die Verleihung der französischen Staatsbürgerschaft an die in Frankreich geborenen Kinder der Einwanderer. Das „Bodenrecht" erwies sich für die nach Frankreich strömenden Immigranten als Schutz vor Ausweisung.

Die Verankerung demokratischer Bürgerrechte in Frankreich konnte allerdings nicht darüber hinwegtäuschen, dass seit Beginn des 20. Jahrhunderts konservative und antisemitische Kräfte innerhalb der Französischen Republik die öffentliche Meinung stark beeinflussten. An die Stelle des Ideals einer nichtethnisch definierten Nation trat nun eine diffuse Angst vor Überfremdung. Man kann also annehmen, dass diejenigen Franzosen, die der Gestapo oder der französischen Miliz bereitwillig in denunziatorischer Absicht Auskunft über Juden gaben, dies nicht allein aus antisemitischen, sondern auch aus fremdenfeindlichen Beweggründen getan haben.

Rechtsextreme Kräfte gibt es bis heute in Frankreich. Zwar ist es der derzeitigen französischen Regierung bisher gelungen, den Front National (FN) in Schach zu halten, doch gehört dessen Präsenz in einigen regionalen *Conseils généraux* leider auch zur politischen Wirklichkeit. Wieder wird die Angst vor Überfremdung geschürt. Darin ist einer der Gründe für die antisemitische Welle zu sehen, die Frankreich zwischen 2000 und 2010 überzog. Innerhalb eines Jahres, 2000/2001, stieg die Zahl antisemitischer Vorfälle von 600 auf 900 an.

Michel Wieviorka stellt in seinem Buch *La tentation antisémite. Haine des Juifs dans la France d'aujourd'hui* (Wieviorka 2005) die Vielschichtigkeit der Gründe dieses Antisemitismus dar. Die Autorin Doris Bensimon fasst Wieviorkas Überlegungen wie folgt zusammen:

> „ ... l' actuelle haine des juifs due à la rencontre explosive entre mouvements d' extrême droite et d' extrême gauche aggravée par des actes commis (...) par des personnes immigrées venues du monde arabo-musulman et, victimes, elles-mêmes, de la xénophobie" (Bensimon 2006, S. 2).

Dagegen scheinen die Haltungen der muslimischen Gemeinden uneinheitlich, ja zum Teil sogar indifferent zu sein. Sicherlich spielt dabei eine Rolle, dass viele Juden nach der Unabhängigkeit des Maghreb mehr oder weniger freiwillig aus Nordafrika nach Frankreich übergesiedelt sind. Allerdings bestand zwischen ihnen und der Französischen Republik seit langem auch ein emotionales Band. Dies ist bei den meisten muslimischen Einwanderern nicht der Fall. In der Regel sind sie allein aus wirtschaftlichen Gründen nach Frankreich gekommen und hatten die Absicht, nach einer gewissen Zeit wieder in ihr Herkunftsland zurückzukehren. Eine Bindung an den französischen Staat lag bei diesen Einwanderern kaum vor.

Shmuel Trigano sieht die Verantwortung für die antisemitischen Ausschreitungen und deren Folgen eher in der französischen Einwanderungs- und Integrationspolitik als in einem Wiederaufleben eines manifesten Antisemitismus begründet (Trigano 2007). In diesem Zusammenhang weisen immer wieder politische Kräfte, die sich um einen Dialog zwischen jüdischen und muslimischen Gemeinden bemühen, auf das historische Gedächtnis des Mittelmeerraumes hin. Dabei erinnern sie an den „l' esprit de Tolède", der den Rahmen für ein friedliches und geistig fruchtbares Zusammenwirken der drei großen Religionen Judentum, Christentum und Islam im mittelalterlichen Westeuropa ermöglicht hatte.

Laut der israelischen Tageszeitung Ha'aretz emigrieren französische Juden nach Israel, um dem neu aufkeimenden Antisemitismus in Europa und damit auch in

Frankreich zu entkommen. Der Zusammenhang zwischen einer in den vergangenen Jahren anwachsenden Zuwanderung nach Israel und den antisemitischen Ausschreitungen von 2002 und 2004/2005 scheint nicht so eindeutig zu sein. Dagegen wandte sich auch der französische Wirtschaftswissenschaftler Jacques in der Ha'aretz vom 27. Oktober 2010:

> „Tous les matins (en Israël, Anm. d. A.) dans le taxi qui me dépose au travail, j'ai le droit à un fameux: „Ah, tu es français. (…).Tu as donc fui l' antisémitisme!" Non, je ne l' ai pas fui. Je n' ai jamais eu le moindre problème antisémite en France. Il existe de l' antisémitisme en France comme partout ailleurs, il y en a toujours eu et il y en aura toujours. Il se transforme, il change de nom et de banderole (aujourd' hui on l' appelle antisionisme et c' est l' extrême gauche qui le propage) mais, à titre personnel, je n' ai jamais eu aucun problème."

War und ist also die Integration in die Mehrheitsgesellschaft für jüdische Franzosen eher möglich als für jüdische Deutsche?

Kontinuitäten und Diskontinuitäten

Im Berliner Stadtmagazin *tip* (Herbst 2009) porträtiert Wolfgang Altmann „Junge Juden in Berlin", so unter anderen junge israelische Discjockeys, die in der hauptstädtischen Szene sehr gefragt sind. Der Artikel spiegelt ein neues Selbstverständnis jüdischer Jugendlicher in Berlin wider. Daher meint Elina Tilipman: „Nur im Rahmen einer zeitgemäßen Veranstaltung kann man junge Leute für das Judentum begeistern" und fährt fort: „Wir möchten nicht immer mit erhobenem Zeigefinger auf die schreckliche Vergangenheit deuten, sondern gemeinsam die Zukunft gestalten."

Die angesprochenen Jugendlichen, Juden und Israelis, wollen also mit ihrer Zukunft offen umgehen. Dieses Thema hat offensichtlich mediale Aufmerksamkeit erregt. Jörg Lau von der Wochenzeitschrift „Die Zeit" widmet dem Thema Juden in Deutschland ein vierseitiges Dossier. Unter dem Titel „Leben statt mahnen" (Zeit Online, 07. Februar 2010) wird auf gegenwartsbezogene Aktivitäten statt auf vergangenheitsorientierte Reflexion von jungen deutschen Juden Bezug genommen.

Das Goethe-Institut hatte bereits 2005 ein Projekt an der Universität Konstanz über junge deutsche Juden begleitet, bei dem junge nicht-jüdische Studenten mit jüdischen Studenten in Kontakt kamen. Die Ausstellung „Jüdische Jugend heute in Deutschland" der Konstanzer Universität wurde daraufhin landesweit, aber auch in Tel Aviv und New York gezeigt. Die neun beteiligten Universitätsstudenten gaben an, dass sie vorher keine jüdischen Kommilitonen gekannt hätten.

Warum gibt diese Aussage dennoch Anlass zum Nachdenken? Sind dergestalt Ausstellungen, Artikel und Gedenktage wichtige Indikatoren für Themen, die im Alltagsbewusstsein festgehalten werden sollen, gerade weil sie belastende oder traumatische Erfahrungen in sich tragen? Natan Sznaider meint jedenfalls, dass trotz aller Rituale und Gedenktage das jüdische Gedächtnis aus dem europäischen Diskurs verschwunden sei (Sznaider 2008, S. 7). Hingegen erweckt das publizistische Interesse an jüdischen Jugendlichen den Eindruck, dass jüdische Jugendliche sich ihres Judentums bewusst sind und sich in der deutschen Öffentlichkeit selbstbewusst zu ihm bekennen. Offensichtlich hat sich da einiges getan. Sicherlich nicht überall, aber in Städten wie Berlin oder Hamburg zeigt sich ein zunehmend offenerer Umgang mit persönlichen Einstellungen. Vermutlich hängt dies auch damit zusammen, dass viele der jungen, weltgewandten und häufig säkularen Juden, die vor allem nach Berlin kommen, kein „moralischer Stachel im Fleisch der Deutschen" sein wollen, so Mandy Schielke im dradio.de am 23.11.2010.

Fragt man Berliner Schüler und Schülerinnen der Staatlichen Internationalen Schule Nelson Mandela nach ihrem Interesse an der jüdischen Geschichte, dann lautet die Antwort, dass für sie der Nahost-Konflikt und der Wunsch, dessen Gründe besser verstehen zu wollen, relevant ist und weniger oder zunächst gar nicht der historische Aspekt. Anders als bei den deutschen Schülern der 60er und 70er Jahre geht es heutzutage weniger allein um die Shoah als singuläres Ereignis, sondern auch um das Verhältnis zwischen Israel und Deutschland bzw. Europa.

Bemerkenswert und nachvollziehbar ist dabei, dass für sie jüdische Lebensweisen und jüdische Kultur eher ein Teil der Vergangenheit denn aktuelle Lebenswirklichkeit sind. Abgesehen davon beschäftigen sie der Zweite Weltkrieg und der Holocaust seit ihrer 5. Schulklasse. Im gegenwärtigen Deutschunterricht fällt in der Regel die erste Begegnung mit jüdischem Leben in Deutschland mit der Epoche der NS-Diktatur zusammen. Manche Schüler und Schülerinnen sind damit überfordert; bei anderen setzt anschließend ein Nachdenken über den Zusammenhang zwischen dem heutigen Israel und dem Schicksal der europäischen Juden zwischen 1933 und 1945 ein. Dieses wird allerdings als historisches Ereignis wahrgenommen. Der hier beschriebenen Beobachtung entspricht Jörn Rüsens Auffassung, dass „in der zweiten Epoche nach der Shoah eine spezifische historische Distanz" (Rüsen 2002, S. 258) aufgebaut worden ist. Für die 16- bis 18-jährigen Schüler und Schülerinnen ist die Shoah Geschichte.

Im Unterricht befragt, ob sie junge Juden kennen, antworteten die besagten Schüler und Schülerinnen meistens mit „Nein" oder dass sie nicht wüssten, ob der eine oder andere ihrer Freunde Jude sei. Für den Umgang untereinander sei dies nicht von Bedeutung. Nur wenn ausdrücklich danach gefragt wurde, entsteht eine Neugier, ein Nachhaken, ein Nachbohren. Denn nur eine persönliche Beziehung weckt in der Regel ein reflexives und gegenseitiges Interesse an dem, was „Jüdisch- und was Deutsch-Sein" bedeutet oder bedeuten kann.

Die Wahrnehmung der Besonderheiten des gegenwärtigen jüdischen Lebens in Deutschland setzte in den 1980er Jahren vor allem in Berlin ein. Allmählich, so scheint es, löst sich der Eindruck des Musealen, der häufig jüdischem Leben hierzulande anhaftet. Es sei daran erinnert, dass jüdische Einrichtungen in Deutschland nach wie vor unter ständigem Polizeischutz stehen müssen.

Normalität, Alltäglichkeit, Besonderheit, Pariadasein

Infolge der Auseinandersetzung mit dem Buch *Leihst du mir deinen Blick* der französisch-israelischen, in Algerien geborenen Autorin Valérie Zenatti gründete eine Gruppe von Schülern und Schülerinnen der SISB Nelson Mandela eine Arbeitsgemeinschaft (AG). Sie wollte mehr über das Leben von Jugendlichen in Israel erfahren. Zwar ist das Buch fiktional, nämlich eine fiktive Korrespondenz zwischen einer jungen Israelin aus Jerusalem und einem gleichaltrigen Palästinenser aus Gaza, aber es hat bei den Berliner Schülern und Schülerinnen viele Fragen hinterlassen. Denen wollten sie nun nachgehen. Sie wollen Antworten finden auf die Frage, wie das Leben für Jugendliche im Nahen Osten ist oder auch, worin der Unterschied zwischen dem „Jude-Sein" in Europa und in Israel besteht. Durch das Buch neugierig geworden hat die AG eine Schule in Marseille kontaktiert, wo viele arabische und jüdische Schüler leben.

In der eigenen Berliner Lebenswelt hat die AG sich u.a. zunächst mit dem Thema „Juden im heutigen Deutschland" beschäftigt. Zwei Schüler der Projektgruppe Nahost haben sich mit ihren Freunden den Film *Ein gewöhnlicher Jude* von Sebastian Hirschbiegel (2006) angesehen. H., einer der Schüler, fasst seine Eindrücke so zusammen:

> „Besonders interessiert hat mich die Frage, inwiefern ein Jude heutzutage in die Gesellschaft eingegliedert ist und ganz ‚normal' leben kann. Anhand des Hauptcharakters kann man ja sehen, dass Jude-Sein selbst im heutigen weltoffenen und relativ toleranten Deutschland noch als besonders (sic!) gilt. […] Dies kann er genauso wenig ändern, wie die Tatsache, dass er Jude ist. Obwohl er nicht gläubig ist, musste er als kleines Kind diese ihm noch fremde Religion annehmen. Ich finde das (sic!) also das Wort ‚ReligionsFREIHEIT' hier nicht wirklich passt."

Indem H. sich in die Lage des Protagonisten versetzte, wurde ihm klar, dass es in unserer Gesellschaft eine Diskrepanz zwischen der jüdischen und anderen Religionen gibt. In den Bemerkungen von H. steckt die Frage, ob das Bekenntnis zur jüdischen Religion eine nationale Zugehörigkeit erlaubt bzw. einschließt oder nur eine kulturelle.

Nach dem Film gab es eine Diskussion. Die Schülergruppe war sich darin einig, dass sich Christen weitaus weniger schwer tun, wenn es darum geht, sich von der eigenen Religionszugehörigkeit loszusagen, um einen anderen Glauben anzunehmen. Sollte diese Beobachtung zutreffen, dann stellt sich die Frage nach den Gründen dafür. Liegt es möglicherweise am „jüdischen Gedächtnis", das bis heute Jugendliche jüdischen Glaubens in ihrer persönlichen Entwicklung stark beeinflusst? Oder hängt es mit der belasteten deutsch-jüdischen Geschichte zusammen – oder nur mit der jüdischen allein? Die Antwort muss hier offen bleiben, die Feststellung eines anderen Umgangs mit der eigenen Religion liegt allerdings auf der Hand.

A., der die 7. Klasse der SISB Nelson Mandela besucht, meint fast lakonisch zu seinem „Jüdisch-Sein": „Ich bin Atheist, ich glaube nicht an Gott, aber an die Religion." Anders als der „deutsche Jude" im Film, ist der Schüler A. der Sohn eines jüdischen Amerikaners aus Kalifornien. Im Gespräch teilt dieser seine äußerst unterschiedlichen Erfahrungen in den dortigen jüdischen Gemeinden, wo die Shoah nur wenig oder kaum „präsent" sei, und den hiesigen mit, allen voran der Berliner Gemeinde. Für ihn ist „Jüdisch-Sein" nicht abgespalten von seiner amerikanischen Identität. Außerdem gibt es mehr amerikanische als deutsche Juden, weshalb jene in den USA im Allgemeinen und in Kalifornien im Besonderen eine jüdisch geprägte Lebenswelt im Alltag haben. Die Aussage des Schülers A., er glaube nicht an Gott, aber an die Religion, mag von seinem Vater, der sephardische Wurzeln hat, beeinflusst sein; darin mag sich auch ein Bekenntnis zu den gelebten Werten des väterlichen Elternteils widerspiegeln trotz oder gerade wegen des Wissens um die Ermordung zahlreicher Verwandter.

Im Gegensatz dazu geht es aber in dem Film *Ein gewöhnlicher Jude* tatsächlich mehr um das Abgespalten-Sein von der jüdischen als von der deutschen Identität. S., ebenfalls aus der Nahost-AG, schätzt den Film ähnlich wie H. ein:

> „Der Film ‚Ein ganz gewöhnlicher Jude' hat mir nach anfänglichen Bedenken sehr gut gefallen. Obwohl er einfach gemacht ist und man sich erst in die Person, die Ben Becker spielt, hinein fühlen muss, hat man das Gefühl von Authentizität. Es ist gut, die jüdischen Mitbürger von einer anderen Seite zu sehen, von einer Perspektive, von der man sie vorher noch nie betrachtet hat. Und genau bei dieser Formulierung liegt schon das Problem. Eigentlich sollte ich nicht so von ihnen reden, wie von etwas Fremden, Besonderen, sondern als Deutschen, der nicht anders ist als ich. Genau bei dieser Ansicht fängt die Zerrissenheit des Protagonisten an. Auf der einen Seite weiß er, dass er eine andere Vergangenheit hat, andere Wurzeln, deren er sich mehr oder weniger bewusst ist. Doch auf der anderen Seite will er deswegen nicht anders, mit Vorsicht und Mitgefühl, behandelt werden."

Beide, H. und S., sprechen von einem besonderen Verhältnis zwischen, plakativ ausgedrückt, Juden und Deutschen und heben den Wunsch des jüdischen Protagonisten hervor, ein ‚normaler' Deutscher sein zu wollen. Wo H. betont, dass Deutschland heute relativ weltoffen und liberal sei, gibt S. zu bedenken, dass die Rede von den „jüdischen Mitbürgern" doch eine Einschränkung bedeute oder bedeuten könnte.

Der Film offenbart zugleich Befangenheit und Naivität in Bezug auf den Wunsch des Lehrers, seinen Schülern einen „richtigen Juden" vorzustellen. Der Anspruch, anschaulichen Unterricht zu machen, führt dazu, Überlebende des Holocausts einzuladen, um den Schülerinnen und Schülern die einstige Wirklichkeit der Verfolgung, der Erniedrigung, der realen Todesgefahr und des Überlebenswillens lebensgeschichtlich darstellen zu lassen.

Ab Mitte der 1970er Jahre haben Zeitzeugenberichte im Rahmen der Oral History und Dokumentar- wie Spielfilme, zum Beispiel *Holocaust*, *Shoah* oder *Schindlers Liste*, einen medialen Rahmen geschaffen, der in die Schulen hinein verlängert wurde. Dort traten nun immer häufiger Zeitzeugen der Shoah auf, die den Schülern dieses historische Ereignis als ein persönliches vermittelten. Diese Form des Geschichtsunterrichts ermöglichte ein perspektivisch neues Geschichtsbild über den Vernichtungswillen der NS-Diktatur. Das neue Bild aus der Opferperspektive unterschied sich stark von den zu Bildern verdichteten Erfahrungen der Groß- und Elterngeneration hinsichtlich der rassenideologisch motivierten Vernichtung von Millionen von Juden und von Angehörigen der von den Nazis so bezeichneten Ostvölkern. Das neue Geschichtsbild schuf ein Bewusstsein für das Erleben der Opfer und bewirkte einen neuen Blick auf die Shoah. Die neue, intensive Beschäftigung mit ihr motivierte viele geschichtlich interessierte und sensibilisierte Studenten und Studentinnen deshalb nach dem Examen in den Schuldienst zu gehen. Dort aber auch außerhalb setzte dann eine aktive Auseinandersetzung mit dem Holocaust ein (Welzer 2003).

In der in den Schulen organisierten Annäherung an die jüdische Geschichte durch die persönliche Begegnung schimmert sicher ein Hauch von Faszination für das „Fremde" durch. Die Wahrnehmung des „Andersseins" bleibt bei Schülern wegen der Einmaligkeit der Begegnung auch danach oft noch bestehen. Bei den Zeitzeugen wiederum verhält es sich so, dass sie durch die wiederholte Schilderung einst erlittener Gräuel einen Akt der persönlichen Verarbeitung durchleben.

Emmanuel Goldfarb, gespielt von Ben Becker, will von all dem nichts wissen; er ist ausschließlich bemüht, ein „normaler Deutscher" zu sein. Doch am Ende des Films geht er trotz aller Vorbehalte zu dem Klassengespräch. Warum? Weil es keine sogenannte „Normalität" gibt? Weil ein Jude ein Jude und ein Deutscher ein Deutscher ist? Und weil ein Deutscher als Angehöriger der Nation, in deren Namen die Shoah, die Ermordung der europäischen Juden begangen wurde, sich dieser historischen Verantwortung nicht entziehen kann? Das Ende des Films, so scheint es, deutet auf die Negation des Anspruchs auf Normalität hin. Diesen Begriff hat Jörn Rüsen in dem hier interessierenden Zusammenhang so definiert: „Wenn es zur Normalität gehört, negative historische Erfahrungen der eigenen Geschichte sich deutend anzueignen, dann ließe sich dieser Begriff verwenden" (Rüsen 2002, S. 256). Die Shoah und die Verantwortung für die Judenvernichtung ist insofern Teil eines normativen Verhaltens der Deutschen geworden. Normalität unterliegt insofern gesellschaftlichen Veränderungsprozessen, oder besser, das sensible Verhältnis zwischen Juden und Nicht-Juden in Deutschland ist etwas Besonderes und eben auch Normalität."

Valérie Zenatti kommt zum gleichen Schluss. Sie erzählte bei ihrem Besuch an der SISB Nelson Mandela, dass sie nach zwanzig Jahren in Israel jetzt ganz bewusst wieder nach Paris zurückgekehrt sei. Frankreich sei ihre Heimat. Das von ihr gelebte Hin und Her zwischen Frankreich und Israel scheint nur bedingt etwas mit den antisemitischen Vorfällen der vergangenen Jahre zu tun gehabt zu haben.

Integration – Kooperation – Inklusion:
was bedeutet jüdisches Gedächtnis in Europa?

In Frankreich wie in Europa überhaupt stellt die Einwanderungs- und Integrationspolitik eine wichtige Aufgabe in den Regierungsprogrammen dar. Die Öffnung der Grenzen, die Vielzahl von Flüchtlingen aus den unterschiedlichsten Ländern sowie die gesteuerte Zuwanderung verursachen eine weitere De-Homogenisierung nationaler Ethnien hin zu größerer ethnischer Heterogenität. Dan Diner bietet in diesem Zusammenhang einen interessanten Gedanken an, wenn er sagt: „Jüdische Geschichte der Neuen und der Neuesten Zeit kommt mit der Historie Europas gleichsam zur Deckung. ... Aus einem vermeintlich engen Blickwinkel bietet sich eine umfassende europäische Perspektive" (Diner 2003, S. 147).

Für Diner kann das „übernationale Gewebe jüdischer Lebenswelten" ein Muster für die nationalen und kulturellen Verschiebungen sowie das Ineinanderwirken unterschiedlicher Kulturen in Europa darstellen. Allerdings nur unter der Voraussetzung, dass diese Verschiebungen freiwillig und ohne gewaltsame Vertreibungen erfolgen.

Natan Sznaider meint in der Einleitung seines Buches „Gedächtnisraum Europa – die Visionen des europäischen Kosmopolitismus", dass „jüdische Stimmen in den Debatten über Europa nicht wahrgenommen werden (Sznaider 2008, S. 7). Gerade im Hinblick auf die Bildung Europas waren und sind Juden in Vergangenheit und Gegenwart von besonderer Bedeutung. Er weist daraufhin dass das heute vereinte Europa ohne den Zweiten Weltkrieg und die Judenvernichtung nicht vorstellbar sei (Sznaider 2008, S. 30).

Aleida Assmann bestätigt mit ihren Überlegungen zum „Holocaust als Gedächtnis Europas" zwar Sznaiders Position, gibt aber zu bedenken, dass „Erinnerungen nicht nur Mittel zur Einigung" sind, „sondern dieser auch im Wege stehen." (Assmann 2007, S. 264).

In dieser Hinsicht ist auch Sznaiders Bezugnahme auf Hannah Arendt zu sehen: Sie stehe beispielhaft für die kosmopolitischen und transnationalen Vorstellungen jüdischer Intellektueller. „Wenn Moralität und Identität, das Sein und das Sollen sich kreativ miteinander verbinden", dann liegt so etwas wie eine kosmopolitische Philosophie vor (Sznaider 2008, S. 140). Arendts Kosmopolitismus ist auch an die Idee des Volkes geknüpft: „Nur innerhalb eines Volkes kann ein Mensch als Mensch unter Menschen leben – wenn er nicht er nicht vor Entkräftung sterben will." (Sznaider 2008, S. 14).

Nach Hannah Arendt ist also ein „Volk" gerade das, was Sznaider mit kosmopolitischer Philosophie meint, nämlich dass sich über die Gemeinsamkeit des Denkens eine Identität herstellt, die nicht territorial verankert sein muss. Dies kommt der Idee eines vernunftgeleiteten Europas im Angedenken an dessen zahlreiche Opfer sehr nahe; ein Europa, das Minderheiten respektiert und nationale Kulturen gleichermaßen bestehen lässt.

Literatur

Altmann, Wolfgang (2009): Junge Juden erobern das Berliner Nachtleben. In: tip Berlin. http://www.tip-berlin.de/musik-und-party/junge-israelis-erobern-das-berlinernachtleben-0.
Altwegg, Jürg (1998): Die langen Schatten von Vichy. München: Hanser.
Assmann, Aleida (2006): Der lange Schatten der Vergangenheit, Erinnerungskultur und Geschichtspolitik. München: C.H. Beck.
Bensimon, Doris (2006): La tentation antisémite. Haine des Juifs dans la France d'aujourd'hui. In : Archives des Sciences sociales des religions. http://assr.revues.org/index3245.html.
Birnbaum, Pierre, (2000): Fous de la République. Paris: Points.
Brandenburgische Landeszentrale für politische Bildung: Jüdische Geschichte. http://www.politische-bildung-brandenburg.de/juden/juden_europa.htm.
Diner, Dan (2003): Gedächtniszeiten – über jüdische und andere Geschichte. München: C.H. Beck.
Duclerc, Vincent (1994): Die Dreyfusaffäre, Militärwahn, Republikfeindschaft und Judenhass. Berlin: Wagenbach.
Gehrke, Wolfgang Freyburg, Jutta v., Grünberg, Harri (2009): Die deutsche Linke, der Zionismus und der Nahostkonflikt. Köln: Papyrossa Verlag.
Lau, Jörg (2010): Leben statt mahnen. In: Die Zeit, Nr. 6; http://www.zeit.de/2010/06/Juedische-Gemeinde.
Magontier, Pascal (2003): Les enfants de Sam. Strasbourg: Centre national de la Cinématographie de la Région Alsace [Film].
Modiano, Patrick (1997): Dora Bruder. Paris: Gallimard.
Posnanski, Renée (1997): Les Juifs en France. Paris: Hachette.
Peres, Shimon (2010): Rede des Präsidenten des Staates Israel Shimon Peres im Deutschen Bundestag am 27. Januar 2010. http://www.bundestag.de/kulturundgeschichte/geschichte/gastredner/peres/rede.html [20.8.2010].
Rüsen, Jörn (2002): Holocaust, Erinnerung, Identität. In: Welzer, Harald (Hg): Das soziale Gedächtnis. Hamburg: Hamburger Edition, S. 256-259.
Schielke, Mandy: Selbstbewusst im Hier und Jetzt. Jüdisches Leben in Deutschland. www.dradio.de/dkultur/sendungen/zeitfragen/1324829, 23.11.2010
Sznaider, Nathan (2008): Gedächtnisraum Europa – Die Visionen des europäischen Kosmopolitismus. Eine jüdische Perspektive. Bielefeld: Transcript Verlag.
Süsskind, Lala (o.D.): Jüdische Gemeinde zu Berlin {Kurzporträt}. http://www.jg-berlin.org/ueber-uns/kurzportraet.html.
Henryk M. Broder trifft Maxim Biller. In: Süddeutsche Zeitung, Magazin, Nr. 50 (2009).
Statista 2010, http://de.statista.com/statistik/daten/studie/1232/umfrage/anzahl-der-juden-in-deutschland-seit-dem-jahr-2003
Uni Konstanz (2005): Jüdische Jugend in Deutschland, Uni Konstanz. http://juedischejugend2005.ag.fh-konstanz.de/projekt.html
Tigano, Shmuel (2007): Le Judaisme français: La fin d'un modèle d'identité. Conveant: Global.
Welzer, Harald (2003): Opa war kein Nazi. Frankfurt/Main: Fischer-Verlag.
Wieviorka, Michel (2005): La tentation antisémite. Haine des Juifs dans la France d'aujourd'hui. Paris: Laffont.
Zenatti, Valérie (2005, 2008): Une bouteille dans la mer de Gaza. Paris: L' École des Loisirs [Leihst du mir Deinen Blick. Frankfurt/Main: DTV.].

Autorinnen und Autoren

Prof. Dr. Lavinia Barlogeanu, Professorin für Kulturanthropologie an der Fakultät für Psychologie der Universität Bukarest. Arbeits- und Forschungsschwerpunkte: Axiologie, Aesthetische Bildung, Psychopädagogik und Philosophie der Erziehung.
Kontakt: lavinia.barlogeanu@idilis.ro

Dr. Gerald Blaschke, Gastprofessor für Erziehung und Bildung im Kindesalter an der Alice-Salomon-Hochschule Berlin. Arbeits- und Forschungsschwerpunkte: Qualitativ-empirische Forschungsmethoden, interkulturelles Lernen in der frühen Kindheit und pädagogische Anthropologie.
Kontakt: gerald-blaschke@gmx.de

Dr. Marie Brégeon, Erziehungswissenschaftlerin, Inspecteur de l'Education Nationale im Schulbezirk Poitiers. Arbeits- und Forschungsschwerpunkte: Ausbildung und Wiedereingliederung von sozial- und bildungsbenachteiligten Jugendlichen.
Kontakt: marie.bregeon@ac-poitiers

Prof. Dr. Michel Cullin, Lehrprofessur an der Diplomatische Akademie Wien und Leiter der „Felix Kreissler Forschungsstelle"; Honorarprofessor an der Fachhochschule Merseburg; 1999 bis 2003 stellvertretender Generalsekretär des DFJW. Arbeits- und Forschungsschwerpunkte: Erinnerungskulturen, interkulturelle Pädagogik, Emigrationsforschung Deutschland – Österreich.
Kontakt: cullin_michel@yahoo.fr

Dr. habil. Pascale Delormas, Lehrprofessur in Sprachwissenschaften an der Universität Paris 12; Mitglied der Forschergruppe Circeft-Escol. Arbeits- und Forschungsschwerpunkte: Diskursanalyse in Erziehungswissenschaft, Über-sich-selbst-Schreiben als diskursive Kategorie, Literaturwissenschaft, Genderforschung, Ungleichheitsforschung.
Kontakt: pascale.delormas@orange.fr

Prof. Dr. Christine Delory-Momberger, Professorin für Erziehungswissenschaft an der Université Paris 13; Stellvertretende Direktorin des interuniversitären Forschungszentrums EXPERICE und Leitung der Forschergruppe „Le sujet dans la Cité". Arbeits- und Forschungsschwerpunkte: hermeneutische Biographieforschung, interkulturelles Lernen.
Kontakt: christine.delory@lesujetdanslacite.com

Prof. Dr. Gunter Gebauer, Professor für Philosophie an der Freien Universität Berlin, Sprecher des interdisziplinären Zentrums Historische Anthropologie. Arbeits- und Forschungsschwerpunkte: Historische Anthropologie, Sozialphilosophie, Sportphilosophie, Sprachphilosophie und Aesthetik.
Kontakt: ggebauer@zedat.fu-berlin.de

Dr. Franck Hofmann, Komparatist; Mitglied des Interdisziplinären Zentrums für historische Anthropologie an der Freien Universität Berlin. Arbeits- und Forschungsschwerpunkte: Ästhetische Erfahrung und Erkenntnisfunktion von Bewegung, Ästhetik der Unbestimmtheit in Sprachphilosophie, Fotografie und Literatur der Moderne, Mediterranes Denken als Ressource europäischen Bewusstseins.
Kontakt: hofmann@transversale.org; hofmann.text@snafu.de

Brigitte Kather, Stellv. Schulleiterin der Internationalen Nelson-Mandela-Schule, Berlin. Arbeits- und Forschungsschwerpunkte: Schulentwicklung, Gedenkstättenarbeit, Geschichte des Widerstands und Erinnerungsarbeit, internationale Schul- und Jugendprojekte, Politische Bildung.
Kontakt: b.kather1@mac.com

Dr. Ingrid Kellermann, Wissenschaftliche Mitarbeiterin im Exzellenz-Cluster Languages of Emotions, Projekt: „Wertschätzung – Leistungsbewertung – Lernatmosphäre". Arbeits- und Forschungsschwerpunkte: Performative (Bildungs-)Prozesse, mimetisches Lernen, rekonstruktive Sozialforschung , ethnografische Schulforschung.
Kontakt: ingrid.kellermann@berlin.de

Prof. em. Dr. Marianne Krüger-Potratz, Professorin für Interkulturelle Pädagogik und Vergleichende Erziehungswissenschaft, Westfälische Wilhelms-Universität Münster, Ko-Leitung des deutsch-kroatischen Zentrums für Europäische Bildung. Arbeits- und Forschungsschwerpunkte: interkulturelle Bildung, historische Minderheitenbildungsforschung.
Kontakt: potratz@me.com

Dr. Juliane Lamprecht, Wissenschaftliche Mitarbeiterin im Arbeitsbereich Qualitative Bildungsforschung des Fachbereichs Erziehungswissenschaft und Psychologie an der Freien Universität Berlin. Arbeits- und Forschungsschwerpunkte: Rekonstruktive Sozialforschung in Schulen, Familien und Kliniken, Responsive Evaluationsforschung.
Kontakt: j.lamprecht@fu-berlin.de

Dr. Elsa Lechner, Anthropologin am Centro de Estudos Sociais der Universität Coimbra (Portugal), Leiterin der Forschergruppe „Humanités, Migrations et Études pour la Paix". Arbeits- und Forschungsschwerpunkte: Biographieforschung, Identität und Migration, interkulturelle Bildung.
Kontakt: elsalechner@ces.uc.pt

Dr. Brigitte Leclaire, Erziehungswissenschaftlerin und Bildungsberaterin in der Schulaufsicht der Stadt Reims, Lehrerfortbildnerin, assoziiertes Mitglied der Forschergruppe CIRCEFT-REV. Arbeits- und Forschungsschwerpunkte: Schulentwicklung, interkulturelle und europäische Bildung.
Kontakt: brigitte.leclaire15@orange.fr

Karsten Lichau, Wissenschaftlicher Mitarbeiter im Centre Marc Bloch – Deutsch-Französisches Forschungszentrum für Sozialwissenschaften an der Humboldt Universität Berlin. Arbeits- und Forschungsschwerpunkte: Historische Anthropologie, Kulturwissenschaften, Körper-Inszenierungen, Akustik und Kulturtheorie.
Kontakt: karsten.lichau@cmb.hu-berlin.de.

Dr. Ralf Marsault, Anthropologe, Photograph und Filmemacher; Mitglied von „Phanie, centre de l'ethnologie et de l'image" in Paris; Arbeits- und Forschungsschwerpunkte: Marginalisierung in westlichen Gesellschaften, Visuelle Anthropologie, Choreographie der Identität, Formen des Nomadisierens, Trauerriten.
Kontakt: ralfmars@free.fr

Dr. Jérôme Mbiatong, Erziehungswissenschaftler, Bildungsberater und Fortbildner, Leiter von Academos Consulting (Recherche & Développement en Sciences humaines et sociales), Mitglied der Forschergruppe EXPERICE. Arbeits- und Forschungsschwerpunkte: Bildungsberatung, Bildungsbenachteiligung und Integration, berufliche Bildung, learning by doing (Erfahrungslernen) und Verbundforschung.
Kontakt: mbjerome@yahoo.co.uk

Valérie Melin, Lehrerin für Philosophie/Sekundarstufe 2 am und Mitbegründerin des Micro-Lycée de Sénart, Doktorandin in Erziehungswissenschaft an der Universität Paris 13. Arbeits- und Forschungsschwerpunkte: Bildungsmöglichkeiten für Schulabbrecher, Identitätsprobleme von ehemaligen Schulverweigerern im erneuten Kontakt mit Bildungsinstitutionen.
Kontakt: valerie-melin@orange.fr

Dr. Markus Messling, Universität Potsdam, Institut für Romanistik. Leiter der von der Deutschen Forschungsgemeinschaft finanzierten Emmy Noether-Nachwuchsgruppe „Philologie und Rassismus im 19. Jahrhundert". Arbeits- und Forschungsschwerpunkte: Texttheorie als Kulturtheorie, Epistemologie der Philologie.
Kontakt: messling@uni-potsdam.de

Bruno Michon, Doktorand in Religionssoziologie an der Universität Straßburg und am Institut für Soziologie der TU Berlin, Mitglied der Forschergruppe „Cultures et sociétés en Europe", Mitbegründer des Vereins „Educ-Rel". Arbeits- und Forschungsschwerpunkte: Religionssoziologie, Laizität und Interkulturalität, Jugendsoziologie, Wissenssoziologie.
Kontakt: bruno.michon@misha.fr

Prof. em. Dr. Christiane Montandon, Professorin für Erziehungswissenschaft an der Universität Paris 12. Arbeits- und Forschungsschwerpunkte: Pädagogische Psychologie, Sozialpsychologie Interaktion und Mediation in Ausbildungsverhältnissen, interkulturelle Bildung.
Kontakt: montandon@u-pec.fr

Dr. Augustin Mutuale, Erziehungswissenschaftler und Philosoph, Lehrbeauftragter an der Universität Paris 8 und am Pariser Institut Supérieur de Pédagogie. Arbeits- und Forschungsschwerpunkte: Bildungsphilosophie, Andersheit in pädagogischen Diskurs, pädagogische Ethik, Biographieforschung.
Kontakt: mutualeaugustin@yahoo.fr

Dr. Diogo Sardinha, Habilitand am Institut für Philosophie der Freien Universität Berlin und Mitglied der Forschergruppe „Normes, sociétés, philosophies" (NoSoPhi) an der Université Paris 1; Programmdirektor des Pariser Collège international de philosophie. Arbeits- und Forschungsschwerpunkte: Philosophische Anthropologie, Politische Philosophie, deutsche und französische Philosophie der Gegenwart.
Kontakt: diogo_pt@hotmail.com

Dr. Bernd Wagner, Vertretungsprofessur für Sachunterrichtsdidaktik/Lernbereich Gesellschaftswissenschaften der Universität Paderborn. Arbeits- und Forschungsschwerpunkte: interkulturelle Bildung, pädagogische Ritualforschung, narrative Didaktik und Citizenship Education.
Kontakt: berndwagner_berlin@yahoo.de

Prof. Dr. Christoph Wulf, Professor für Anthropologie und Erziehung am Institut für Erziehungswissenschaft der Freien Universität Berlin, Mitglied des Interdisziplinären Zentrums für Historische Anthropologie, Leiter des Projekts „Wertschätzung – Leistungsbewertung – Lernatmosphäre" im Excellenzcluster „Languages of Emotion", Mitglied des Graduiertenkollegs „InterArts Studies" und Leiter der Berliner Ritual- und Gestenstudie. Arbeits- und Forschungsschwerpunkte: Historische und Pädagogische Anthropologie, Ritual-, Mimesis- und Emotionsforschung, interkulturelle und ästhetische Bildung.
Kontakt: christoph.wulf@fu-berlin.de